中国旅游研究院旅游学术评价研究基地成果汇编

Research of Tourism Academic Community

旅游学术共同体研究

张凌云 等 著

北京·旅游教育出版社

责任编辑：张　萍

图书在版编目(CIP)数据

旅游学术共同体研究 / 张凌云等著. -- 北京：旅游教育出版社，2014.10
ISBN 978 - 7 - 5637 - 3029 - 2

Ⅰ.①旅…　Ⅱ.①张…　Ⅲ.①旅游经济—经济共同体—文集　Ⅳ.①F590 - 53

中国版本图书馆 CIP 数据核字(2014)第 207620 号

旅游学术共同体研究

张凌云　等著

出版单位	旅游教育出版社
地　　址	北京市朝阳区定福庄南里1号
邮　　编	100024
发行电话	(010)65778403 65728372 65767462(传真)
本社网址	www.tepcb.com
E - mail	tepfx@163.com
印刷单位	北京京华虎彩印刷有限公司
经销单位	新华书店
开　　本	787 毫米×1092 毫米　1/16
印　　张	20.25
字　　数	353 千字
版　　次	2014 年 10 月第 1 版
印　　次	2014 年 10 月第 1 次印刷
定　　价	58.00 元

(图书如有装订差错请与发行部联系)

目 录
CONTENTS

我国旅游学术共同体的形成和发展(代序) ············ 张凌云 1
解构与重构:旅游学学科发展的新思维 ·········· 杜 江 张凌云 30
走出混沌:旅游学科的归属与性质探索 ·················· 张凌云 42
我国旅游学研究现状与学科体系建构研究 ················ 张凌云 61
回顾与展望:中国旅游教研成果出版30年 ················ 张凌云 70
我国旅游学术期刊影响力和影响因子研究 ·········· 兰超英 张凌云 96
2007~2009年中国旅游学术研究现状与展望
——对我国四种旅游学术期刊的论文统计分析 ······ 张凌云 崔秀娟 108
2009年旅游管理理论研究现状及热点问题窥探
——基于2009年人大复印报刊资料《旅游管理》的统计分析
·· 张凌云 冉亚楠 119
近年来我国主流旅游刊物选题内容特征比较研究
——以2007~2009年4种旅游学术期刊为例 ········ 张凌云 赵瑞娟 130
近十年我国旅游学术共同体的发展格局与分类评价
——基于旅游学术期刊论文大数据的视角
······················· 张凌云 兰超英 齐 飞 吴 平 140
中国旅游研究的国际影响力分析
——基于对2001~2012年国内外旅游类核心期刊论文的统计
·································· 孙业红 魏云洁 张凌云 159
近十年我国旅游学术共同体成果的h指数测度与评价
······································ 张凌云 齐 飞 吴 平 175
近年来国际旅游学术期刊和论文选题的特征分析 ············ 张凌云 191
国际旅游学术共同体研究成果述介 ······················ 张凌云 209
结论与展望 ·· 317
后记 ·· 319

我国旅游学术共同体的形成和发展（代序）

张凌云

　　学术共同体这一概念是由英国科学家和哲学家波拉尼（M. Polanyi）于 1942 年在《科学的自治》一文中首次的"科学共同体"（scientific community）一词引申而来。波拉尼提出"科学共同体"的概念，他把全社会从事科学研究的科学家作为一个具有共同信念、共同价值、共同规范的社会群体，以区别于一般的社会群体与社会组织。

　　1962 年，美国科学哲学家托马斯·库恩（T. Kuhn）在《科学革命的结构》中对这一概念做了专门论述，指出："科学共同体是由一些学有专长的实际工作者所组成的。他们由所受教育和训练中的共同因素结合在一起，他们自认为也被人认为专门探索一些共同的目标，也包括培养自己的接班人。"他把科学共同体作为研究科学发展模式的逻辑起点，认为科学范式与科学共同体在逻辑上是等价的，"一种范式是，也仅仅是一个科学共同体成员所共有的东西。反过来，也正由于他们掌握了共有的范式才组成了这个科学共同体"。美国社会学家 R. K. 默顿（Robert King Merton）在《科学的规范结构》（原名《论科学与民主》，1942）、《科学发现的优先权》（1957）、《科学社会学》（1973）和《建立科学评价体系》（1978）等一系列社会学著作中十分强调科学共同体的作用，认为科学的目的是获取可靠的知识，科学共同体的任务则是建立和发展科学家之间那种为获得可靠知识而必需的最佳关系。他提出科学共同体的准则规范和精神气质是：普遍性、公有性、有根据的怀疑性和竞争性。

　　学术共同体（academic community）与科学共同体类似，但不完全相同。学术共同体指以学术研究为职业和旨趣，具有相同或相近的价值取向、科学态度、内在精神和具有特殊专业技能的人，为了共同的价值理念或目标，并且遵循一定的行为规范而构成的一个群体。本文所指的学术共同体仅限于某一特定的研究领域（如旅游学科等）。事实上，不同的研究领域对于某些问题的价值取向差异会很大，如在三峡工程论证中，我国水利工程界的权威专家，清华大学副校长、两院院士张光斗教授，对于三峡工程造成的全国重点文物被淹，竟然说："几件陶罐、石器之类淹了就淹了，算不了什么……涪陵的那个白鹤梁，听说要花上亿元的钱来保护，根本没有什么意义，看又怎样，不看又怎样？对我来说，没有张飞庙又有多大事呢！"被联合国教科文组织（UNESCO）誉为"保存完好的世界唯一古代水文站"的白鹤梁位于长江三峡库区上游涪陵城北的长江中，是一块长约 1600 米、宽 15 米的天然巨型石梁。白鹤梁景观是三峡文物景观中唯一的全国重点文物保护单位，每年 12 月到次年 3 月长江水枯的时候才露出水面。相传唐朝时朱真人在此修炼，后得道，乘鹤仙去，故名"白鹤梁"。由于其特殊的历史价值现已在我国申报世界遗产的候补名录上。相信今天,即使是水利专家也未必都认同张光斗院士的这种价值取向。由此可见,旅游学科的发展需要有自己的学术共同体,它不同于利益共同体和命运共同体,而是由学术把不同专业的研究人员联系在一起,强调学术研究人员所具有的共同信念、共同价值,遵守共同规范,以区别于一般社会群体和社会组织。

旅游学科的生存与发展必须有一批从事研究本学科领域的专家学者队伍(团队和梯队),一批高质量的研究成果和一批以刊载旅游学术论文为主或经常刊载旅游学术论文的学术期刊,这些就是所谓的"旅游学术共同体"的主要成员。旅游学术共同体的形成和发展壮大是旅游研究可持续发展的基础和保障。

一、旅游学科:学术共同体的硬核

(一)旅游学科的艰难诞生

1978年是我国现代社会发展的一个重要转折点,这一年我国结束了"十年动乱",走上了改革开放之路。为了解决国家经济建设中的外汇短缺,我国开始大力发展入境旅游,但当时旅游还是一项新生事物,人才匮乏,旅游研究也是白手起家,尤其是对于旅游是不是一门科学(或学问),社会上和学术圈内对此都存在很大争议。高校是学术共同体的主要成员,旅游是不是一门学科关系到其能否拿到在高校立足的身份证。而旅游成为一门学科进入高等学府经历了一番曲折的过程。1979年,南开大学历史系著名现代史专家魏宏远去北京看望老同学席海潮,席时任中国旅行游览事业管理总局(国家旅游局的前身,以下简称旅游总局)办公室主任兼政策研究室主任,当谈及我国旅游事业发展的前景时,席当时就建议母校南开设立旅游专业,以应国家急需。魏对此很感兴趣,因旅游是与文化历史联系在一起的。魏回校后,向著名经济学家滕维藻校长陈述并申请开办旅游专业。南开要办旅游专业的消息一经传出,引发了关心南开发展的校内外人士的不少非议,有人认为"旅游不就是打个小旗,带着游客去游山玩水吗","这种专业在中专办,学一二年就可以了"。有的提出"办个短期培训班就行了",认为"旅游不是学问","更谈不上是学科",南开作为全国重点大学"办旅游是自降身价"。这些议论,有的来自官场的老校友,有的来自经济学家,引起了滕校长的高度重视,也给其带来了不小的压力。滕校长本着兼听则明的民主作风,也倾听来自旅游部门的意见,他们认为旅游将发展成为产业部门,旅游有国外和国内两个市场,旅游企业需要经营管理人才,旅游景点需要规划管理人员,导游需要懂多种外语并懂得文化历史,旅游应该是一门学科,中国当时还没有,但美国、瑞士、英国、法国等旅游发达国家都办有著名的高等旅游学院。在充分的调查研究之后,这位早在20世纪60年代就翻译出版了弗里德里希·哈耶克名著《通往奴役之路》的国内研究跨国公司权威,以其敏锐和前瞻性的战略眼光以及敢于担当的使命感,力排众议与娄平副校长一起拍板决定在全国重点大学中率先创办旅游专业。今天旅游专业不仅有本科生,还有硕士生和博士生。这在当时是难以想象的。但当南开上报教育部,申办旅游管理和旅游英语专业时,碰到了极大的难题,这就是在教育部当时制定的专业目录上,没有这两个专业。在教育体制的改革还没有深入到改革专业目录的情况下,南开是没有权力设置新专业的。尤其是在教育部内部相关的司局领导同样持有"旅游不是学科,不必在高校办此专业"的看法,这更是难上加难了。如得不到教育部的批准,那合作办学就只能半途而废了。幸运的是,教育部综合教育司财经政法处王泽农处长是一位有识之士,热心支持新事物,他是教育部的老人,与一些司局长是"文革"前的同事,与部领导也能说得上话,经他与有关司局领导沟通商讨后,终于会签同意,再经部领导批准后,于1981年3月正式下文,同意南开增设旅游专业,学制四年,1981年开始招生。经过一年多的反复酝酿,并经教育部批准设立旅游专业后,在老校友席海潮的引荐下,旅游总局教育司司长陈淑辛来南开与李万华、王大璲、李国骥多次商谈,终于在1981年6月17日签订了南开有史以来第一个合作办学协议,由旅游总局向南开投资440万元,南开为该局每年计划招生100名,设旅游管理和旅游英语两个本科专业,全国招生,首届学生中就有现任国家旅游局副局长杜江、国家旅游局旅游促进与国际联络司副司长张新红。这一协议开创了南开与教育部外的中央部门合作办学的第一例,也是教育部部属高校中的首例。1981年9月,新生开学上课。建专业后的前两年该专业设在历史系。1982年4月,成立旅游学系(这是全国高校中最早设立的旅游学系),任命何自强教授为首任旅游学系主任,并将该系改属经济学院领导。1983年,南开经济研究所鲍觉民教授和其弟子何自强教授首批招生旅游地理方向的硕士研究生,笔者有幸成为首批三位开门弟子之一,也从此走上了旅游学术研究道路。申葆嘉、林南枝两位先生为南开旅游学科和旅游学系的创建发挥了重要作用。

除南开大学外,旅游总局还与其他几所院校合作创建旅游专业。其中最早的是杭州大学,1980年该校创建了全国第一个旅游经济本科专业(现任北京第二外国语学院酒店管理学院院长谷慧敏教授是该校的首届学生),并于1984年开始招收培养硕士研究生。1987年旅游经济专业扩展成旅游系。1993年杭州大学旅游学院正式成立,旅游学院创始人陈纲教授是全国首个旅游的"海归"博士,曾留学南斯拉夫贝尔格莱德大学(现属塞尔维亚)。陈纲教授与吕建中、傅文伟、邹益民等当时的中、青年骨干创立了杭州大学旅游学科。1998年杭州大学整体并入浙江大学,改称浙江大学西溪校区。

西北大学旅游管理专业是于1981年开始招生的,旅游总局和西北大学商定投资120万元设立旅游管理专业(当初称旅游经济专业),在校长郭琦和政治理论系主任何炼成、系党总支书记李德江等人的大力支持下,1981年9月开始招收第一批旅游管理专业本科生,并同时聘任朱玉槐教授为旅游管理专业主任。朱玉槐教授带领几位刚毕业的青年教师冯宗苏、张辉、张晓明、罗莉、胡阳舟等人组成了创建团队,朱玉槐教授为此倾注了大量心血。1985年,国家旅游局又投资240万元在西北大学设立旅游会计专业,同年成立旅游管理系,朱玉槐教授任第一任系主任,下设三个教研室,冯宗苏担任旅游管理经济教研室主任,徐芳任外语教研室主任,张晓明任会计教研室主任。

除与中央和地方院校合作共建旅游专业外,国家旅游局曾有过自己的直属本科院校。1983年2月1日,国务院做出批复,将北京第二外国语学院(以下简称北二外)由教育部划归国家旅游局主管,成为国家旅游局唯一直属本科院校。划归国家旅游局主管后,北二外首任校长由时任国家旅游局局长的韩克华兼任。划归国家旅游局主管后,学校开始转型,重点建设旅游学科,提出了以外语为基础、旅游为特色的发展战略。出现了一批全国早期研究旅游的学者,如庄玉海(曾留学于美国康奈尔大学饭店管理学院)、吴正平、李良玉(留学德国)、罗结珍(留学法国)、王立纲(后调任国家旅游局政策法规司司长)、张宝玉、孙仲明、蒋桂良、庞规荃、王兴斌等,以及青年学者王柯平、张辉(由西北大学调入)、邹统钎、谷慧敏、张吉林(现任国家旅游局综合司司长),为该校的旅游学科发展奠定了良好的基础。在这段时期,学校的大门上同时挂有"北京第二外国语学院"和"中国旅游学院"的牌匾,故有旅游界的"黄埔军校"之誉。现任国家旅游局副局长杜江曾任该校的校长,现任中国旅游研究院院长戴斌曾任该校校长助理兼科研处处长,现任北京交通大学旅游系主任张辉曾任该校旅游管理学院和旅游发展研究院院长,现任北京联合大学旅游发展研究院院长张凌云曾任该校旅游发展研究院院长。2000年,随着高校体制改革,北二外由国家旅游局划归北京市教委,北京市教委对于北二外发展旅游学科非常重视,早在2003年时任北京市委书记刘淇就亲自过问在北二外的基础上组建"北京旅游大学"的规划,后由于种种原因,中途搁置,痛失了绝好的发展良机。20世纪末到21世纪初是北二外旅游学科发展的巅峰时代,校领导班子认识统一,求贤若渴,不拘一格,广揽英才,旅游学科发展呈现蓬勃气象。在武汉大学中国科学评价研究中心发布的《中国大学及学科专业评价报告》中,当年北二外旅游管理专业曾列全国第二,仅次于中山大学,超过许多其他985、211院校。随着近年来学校发展战略的调整,虽然旅游学科仍然是该校的特色学科和重点建设学科,但其地位有所下降。

以上这四所院校,由于在旅游本科专业创建过程中相继都得到了旅游总局(1982年8月后改称国家旅游局)的资金支持和业务指导,长期以来,被全国旅游教育界尊称为"老四家"。在"老四家"后,1986年9月25日,国家旅游局与中山大学签署协议,开办旅游酒店管理专业,并在教学设备和教材等方面给予资助,学制4年。1987年该专业招生20人,从1988年起,每年招生40人,面向全国统一招生,统一分配。而后旅游酒店管理专业发展成为酒店管理系,设在中山大学管理学院,专业带头人是获美国康奈尔大学酒店管理博士学位的汪纯本(亦名汪纯孝)教授。2004年4月成立了由保继刚教授领衔的旅游学院,由此奠定了在全国旅游学界的"霸主"地位。

在大专层面,全国第一所培养旅游高级专门人才的高等专科学校是创立于1979年的上海旅行游览专科学校,隶属上海市外办;1980年,教育部批准该校更名为"上海旅游专科学校";1983年,该校划归上海市旅游局、高教局双重领导;1986年,划归国家旅游局领导;1992年,更名为"上海旅游高等专科学校";2000年,划归上海市教委领导;2003年,划归上海师范大学管理。此外,1979年,旅游总局还与大连外国语学院合作,在该院筹建日语导游翻译专业,并于1980年面向全国招生,统一分配,学制4年(本科)。1986年初,国家旅游局又委托西安外国语学院(2006年改名为西安外国语大学)在该院的旅游系(1985年成立)内开设英语、日语翻译导游大专班,学制2年(后改成3年),面向全国招生,统一分配。同年国家旅游局又委托长春外国语专科学校(1984年成立,后并入长春大学)开办日语翻译导游专业系,学制2年,面向全国招生。

总之,从1980年起,国家旅游局先后投资了2654万元,与杭州大学、南开大学、西安外国语学院、西北大学、中山大学、长春外国语专科学校、大连外国语学院等7所院校,联合开办了旅游系或翻译导游专业。

在上述这些与国家旅游局合作的院校之外,全国最早的旅游本科院校是始建于1978年的北京第二外国语学院分院,1980年9月在该分院的基础上筹办北京旅游学院,直属北京旅行游览事业管理局(先后更名为北京市旅游事业管理局、北京市旅游局和北京市旅游发展委员会)。廖承志先生为"北京旅游学院"题写了校名。国内资深旅游学者王洪滨、李明德先生等就是从北京第二外国语学院调任到分院后,才改行从事旅游教学研究的。当时,北京旅游学院聚集了一批国内早期旅游研究的先行者,除了上述提及的两位学者外,还有刘振礼、杨乃济、蔡万坤、刘德谦、邢道隆等学界前辈。在历任北京旅游学院院长中,朱葆琛教授曾任国旅总社副总经理、国家旅游局综合业务司司长;吴统慧教授曾任北京市旅游局局长;美国中佛罗里达大学罗森酒店管理学院副院长王有成教授在负笈美国之前,也曾是北京旅游学院外事处处长。创刊于1986年的《旅游学刊》(初创时前三期刊名为《旅游论坛》)是目前国内旅游学界权威学术期刊(国内三大核心期刊)、中国最具国际影响力学术期刊(人文社科类)、国家社科基金资助期刊,在国际旅游学术界也享有盛名。1985年4月,经国家教委(现改称教育部)批准,正式定名为北京联合大学旅游学院,主管部门也随之改为北京市教委。由于缺乏像"老四家"那样深厚的行业资源背景,随着一批985和211院校开始增设旅游专业,再加上自身在办学方向和定位上的调整,转型为以职业技术和职业培训为主,很长一段时间内学院因没有硕士点(直到2012年才开始首次招收硕士研究生),也无法引进高层次的人才,教师队伍青黄不接。学科建设缺乏学术研究支撑,这所国内最早设立的旅游学院一度被边缘化。近年来学校高度重视发展旅游学科,加大对旅游学院的投入和人才引进,近两年先后引进的应届博士毕业生、海归博士、高层次人才达20多名,专任教师已达150多人,教学实验室数量和教学环境都达到全国之最,旅游学科建设取得了长足的进步。

此外,还有几位最早从事旅游研究和教学的个人和团队分别是中国科学院地理研究所(现更名为地理与资源研究所)郭来喜研究员和北京大学陈传康教授,以及中国社会科学院和上海社会科学院的一些专家学者。

1979年底,中国科学院地理研究所正式组建了旅游地理学科组,郭来喜任组长,成员有杨冠雄、宋力夫等。这是我国成立最早的旅游研究组织。郭来喜研究员被推崇为我国旅游地理学的创始人。旅游地理学科组成立之初的工作主要是考察长城及其沿线旅游资源和桂林旅游风景区,并对旅游地理学的性质与任务,我国旅游资源的开发、利用和保护,中国特色的旅游事业发展道路等课题做了探索研究。并为北京旅游学院(筹)开设了"中国旅游地理"基础课,为北京第二外国语学院旅游干部培训班做了"旅游地理"专题讲座。1982年,旅游地理学科组将三年来的研究成果汇编成《旅游地理文集》,虽然该文集是内部发行,但在当时的旅游地理学术圈内颇具影响。北京旅游学院筹办处编辑的《旅游资源的开发与观赏》,也是一本内部发行,但具有很大影响力的文集。论文作者都是相关领域的著名学者:如中国科学院地理研究所的吴传钧、郭来喜、杨冠雄;北京大学陈传康、谢凝高;清华大学的何重义、曾昭奋;北京林学院(现北京林业大学)的孟兆祯;南京大学的吴友仁、苏世郡;同济大学的陈从周;杭州大学(现已并入浙江大学)的周复多;以及北京旅游学院(现更名为北京联合大学旅游学院)的刘振礼等。

陈传康教授早在20世纪70年代在大学本科自然地理教学中就开设了旅游地理专题。1980年全国高校综合自然地理教师研讨班上,他讲授了"建筑景观学"和"旅游地理"专题,同年发表了《天然风景组成及其构景》《建筑与景观》《园林建筑景观》等文章。陈传康教授因病已于1997年故世,他是我国旅游地理学的拓荒者和奠基人。

中国社会科学院财贸物资经济研究所外贸旅游室乔玉霞、张广瑞、魏小安等是较早从事旅游经济研究的学者。1988年底,魏小安调入国家旅游局政策法规司政研处工作,参与了国务院发展研究中心副主任孙尚清主持的国家哲学社会科学"七五"重点课题"中国旅游经济发展战略",提出了"旅游业是永远的朝阳产业"等非常具有前瞻性的论点,这个成果为后来国家旅游局的一系列的宏观决策和政策制定提供了坚实的理论基础。

上海社会科学院部门经济研究所黄辉实研究员领导的团队(成员有沈杰飞、吴志宏、王大悟、范家驹等)在国内最早从事旅游经济理论研究,他与王大悟主编的《旅游经济学》(上海社会科学出版社,1985),是国内第一本旅游经济学教材。王大悟主编的《饭店世界》杂志,长期以来一直是国内饭店界从业人员的学习专业知识和交流工作经验的平台,深受饭店管理人员的欢迎。

中国科学院和中国社科院这两个国家级的研究机构虽然不属于教学单位,但都承担培养博士、硕士研究生的任务,其中中国科学院地理所的郭来喜和中国社科院财贸所的张广瑞两位是指导旅游学科博士生最多的导师,旅游学科虽然在教育部系统内不这么被认可,而国家级的最高科研学术机构对此却非常重视。特别是旅游行业行政管理部门需求殷切,主动委托一些高校或合作创建旅游学科和旅游院系。高校工作的三大任务是学科建设、科学研究和社会服务。其中核心是学科建设,以学科建设带动科学研究,再将研究成果推广应用于经济社会建设。但旅游学科并非如此,而是逆序发展,是由社会服务(行业需求)推动科学研究,继而带动学科建设,形成了由行业需求和科学研究来倒逼学科建设这一逆向发展路径。在旅游学科的建设中,旅游管理部门和科研机构表现都要比教育部门更积极,这也是长期以来"老四家"院校在全国旅游院校中享有较高地位的原因。现在回想起来,南开滕维藻校长当年能下决心成立旅游学系,真是独具慧眼,眼光超前。

总之,在20世纪80年代初,在国家旅游局和相关学科众多学术前辈的共同努力下,旅游学科终于呱呱坠地了,从此旅游教育在本科高校中有了立足之地。

(二)旅游学科的四处游荡

旅游业是一项综合性很强的产业,涉及面广,关联性强。著名学者于光远对于旅游的性质下过一个绕口令似的定义:旅游是一个经济性很强的文化事业,也是一个文化性很强的经济事业。这说明了旅游具有经济和文化的双重属性,同时还具有事业和产业两个不同层面。这些属性和特点为旅游学科的归属认定带来了困难,这也直接影响到旅游学科在现行教育体制内的学科地位。

我国曾于20世纪五六十年代先后两次起草《学位条例》草案,但由于种种原因没能通过。1980年2月12日,第五届全国人大常务委员会第13次会议通过了《中华人民共和国学位条例》,确立了我国学士、硕士和博士三级学位制度,并于1981年1月1日起正式实施。这是新中国成立后颁布的第一部教育法律。1981年5月20日,国务院又批准了《中华人民共和国学位条例暂行实施办法》,该办法第二条规定:"学位按以下学科的门类授予:哲学、经济学、法学、教育学、文学、历史学、理学、工学、农学、医学。"由此规定的学科门类就形成了我国现行学科专业目录的基本框架。《学位条例》实施30多年来,我国先后施行过四个版本的学科专业目录。

第一版是1983年3月15日国务院学位委员会第4次会议决定公布、试行的《高等学校和科研机构授予博士和硕士学位的学科专业目录(试行草案)》。

《试行草案》将学科专业分为10个学科门类,与《中华人民共和国学位条例》中的学科门类相统一,即包括哲学、经济学、法学、教育学、文学、历史学、理学、工学、农学、医学。在十大学科门类中共设置了63个一级学科、638个二级学科。

第二版是1990年10月国务院学位委员会第九次会议正式批准的《授予博士、硕士学位和培养研究生的学科、专业目录》(简称《学科、专业目录》)。

第三版是1997年国务院学位委员会、国家教育委员会联合发布的《授予博士、硕士学位和培养研究生的学科、专业目录(1997年颁布)》。

第四版是2011年2月国务院学位委员会第28次会议审议批准的《学位授予和人才培养学科目录(2011年)》。但2011版仅是《学科目录》,而不再像前三版那样是《学科、专业目录》,这是因为根据国务院学位委员会、教育部2009年颁布的《学位授予和人才培养学科目录设置与管理办法》,一级学科的调整每10年进行一次;二级学科目录每5年编制一次。授予硕士、博士学位和培养研究生的二级学科,原则上由学位授予单位依据国务院学位委员会、教育部发布的学科目录,在一级学科学位授权权限内自主设置与调整,有利于高等院校办出自己的特色。根据《管理办法》,授予学士学位和培养本科生的二级学科目录由教育部有关职能部门依据国务院学位委员会、教育部发布的学科目录,每10年编制一次。高等学校依据高等学校本科专业设置的有关规定申请增设新专业,由教育部备案或审批后统一向社会公布。

以上这四个版本都仅适用于博士、硕士学位和研究生培养,而本科专业目录是由教育部制定发布的。本科专业目录在制定时,一般都参考博士、硕士学位的学科、专业目录。至今本科的学科目录也经历了四次修改调整。

第一次修订目录于1987年颁布实施,专业由1300多种删减到671种,整理和规范了专业名称和专业内涵。

第二次修订目录于1993年颁布实施,专业为504种,重点解决专业归并和总体优化的问题。

第三次修订目录于1998年颁布实施,修订工作按"科学、规范、拓宽"的原则进行,使本科专业目录的学科门类达到11个,专业类71个,专业减少到249种,改变了以前过分强调"专业对口"的教育观念和模式。

第四次修订目录于2012年颁布实施,新目录的学科门类增加到12个,新增了艺术学门类。专业类增加到92个,专业分为基本专业和特设专业两类,分别为352种和154种。

研究生学科目录和本科专业目录是两个不同的目录,除发布主体不同外,在学科分类上也不同。研究生的学科目录分为学科门类、一级学科和二级学科(专业)三个级别,而本科目录则对应的是学科门类、专业类和专业三级。

1998年以前,本科的旅游学科设在经济学学科门类中的工商管理专业类项下的旅游管理专业。1998年以后增设了管理学学科门类,旅游管理随工商管理类归入管理学。在这次调整中,有一种意见是要将旅游管理从目录中删除,后经国内旅游重点院校和旅游学科同行的共同努力才得以保留。2012年的最新版将旅游管理从工商管理类中分离出来,独立成类(见表1、表2)。在管理学门类下与工商管理类并列,提高了旅游管理的专业地位,据称这是教育部落实国务院41号文件精神的具体举措。这一利好消息曾让国内从事旅游学科教学和研究的教师奔走相告、欢欣鼓舞。但有的同行误认为旅游管理已经升为一级学科,可以与工商管理平起平坐了,甚至连有的媒体记者在报道中也出现误导,这是混淆了专业目录和学科目录之间的差异所致。如前所述,学科目录是由国务院学位委员会颁发的,目前最新的学科目录是2011年修改的,在研究生的学科目录中,旅游管理依然是列在工商管理名下的二级学科(见表3)。

表1 旅游管理在新旧版专业目录中的地位比较表

1993年专业目录	1998年专业目录	2012年专业目录
02 学科门类:经济学	11 学科门类:管理学	12 学科门类:管理学
0202 工商管理类	1102 工商管理类	1209 旅游管理类
020201 企业管理	110201 工商管理	120901K 旅游管理
020202 国际企业管理	110202 市场营销	120902 酒店管理

续表

1993 年专业目录	1998 年专业目录	2012 年专业目录
02 学科门类:经济学	11 学科门类:管理学	12 学科门类:管理学
020203 会计学	110203 会计学	120903 会展经济与管理
020204 理财学	110204 财务管理	120904T 旅游管理与服务教育
020205 市场营销	110205 人力资源管理	
020206 经济信息	110206 旅游管理	
020207 人力资源管理		
020208 房地产经营管理		
020209 旅游管理		
020210 物流管理		
020211 海关管理		
020212 商品学		

注:K 为国家控制布点专业,T 为特设专业,W 为目录外专业。

表2 普通高等学校本科专业目录中旅游管理类新旧版内容比较

专业代码	学科门类、专业类、专业名称	原专业代码	原学科门类、专业类、专业名称
1209	旅游管理类	1101	工商管理类(部分)
120901K	旅游管理	110206	旅游管理
		090302	森林资源保护与游憩
120902	酒店管理	110218S	酒店管理
120903	会展经济与管理	110311S	会展经济与管理
120904T	旅游管理与服务教育	040331W	旅游管理与服务教育

表3 本科专业目录与研究生学科专业目录比较表

普通高等学校本科专业目录(节选) (1998 年颁布)	授予博士、硕士学位学科专业目录(节选) (1997 年颁布)
管理学门类下设二级类5个,18 种专业	管理学门类下设5个一级学科,14 种学科、专业
11 学科门类:管理学	12 学科门类:管理学
……	……
1102 工商管理类	1202 工商管理

续表

普通高等学校本科专业目录（节选） （1998年颁布）	授予博士、硕士学位学科专业目录（节选） （1997年颁布）
110201 市场营销	120201 会计学
110203 会计学	120202 企业管理学（含财务管理学、市场营销学、人力资源管理学）
110204 财务管理	120203 旅游管理学
110205 人力资源管理	120204 技术经济管理学
110206 旅游管理	……

各旅游院校之所以这么关心旅游管理的学科地位，是与博士点以及一些重要的学术资源只在一级学科上配置这一现行政策有关。在1990年版《学科、专业目录》中旅游学科是在经济学门类中经济学一级学科下的旅游经济（0201S1），与消费经济（0201S2）、信息经济（0201S3）、商品学（0201S4）和城市经济（0201S5）同属于试办专业。1997年和2011年的《学科目录》旅游学科改称旅游管理，都是在管理学门类中工商管理一级学科下的二级学科（专业）。下一版的《学科目录》能否参照现在的本科专业目录，将旅游管理上升为一级学科，还是一个未知数。在管理门类下，与旅游管理类相似的没有列入一级学科的还有其他三类（见表4）。此外，按照目前国务院学位委员会、教育部管理办法规定，一级学科是每10年才调整一次，即下次调整要到2021年。旅游学科成为一级学科还有很长的路要走。

表4 本科管理类专业目录与学位管理一级学科目录比较表

学科门类	普通高等学校本科专业目录（2012年） 专业类名称	学位授予和人才培养学科目录（2011年） 一级学科名称
12 管理学	1201 管理科学与工程类	1201 管理科学与工程（可授予管理学、工学学位）
	1202 工商管理类	1202 工商管理
	1203 农业经济管理类	1203 农业经济管理
	1204 公共管理类	1204 公共管理
	1205 图书情报与档案管理类	1205 图书情报与档案管理类
	1206 物流管理与工程类	
	1207 工业工程类	
	1208 电子商务类	
	1209 旅游管理类	

除高教系统外,目前其他较有影响力的学科分类方案有:

1. 国家标准《学科分类与代码》(GB/T 13745—2009)

这是由中国标准化研究院和中国科学院联合起草的,于1992年首次发布,2009年第一次修订,主要应用于基于学科的信息分类。在这个国家标准中,旅游学科没有被归入管理学,而是分别置于经济学(二级学科:旅游经济学)和地理学(三级学科:旅游地理学)项下。

在国家标准《学科分类与代码》(GB/T 13745—2009)中,旅游地理学是2009版新增加的,但在其他一级学科或学科群下均未出现旅游学的分支学科,如心理学(190)下未列旅游心理学,社会学(840)下未列旅游社会学,民族学与文化学(850)下未列旅游民族学、旅游人类学或旅游文化学等。

2. 《中国图书分类法》(1999年版)

原称《中国图书馆图书分类法》,是我国目前国内图书馆使用最广泛的图书(文献)分类体系,简称《中图法》,初版于1975年,最新版是于2010年修订的第5版。《中图法》是对各学科学术研究发表的成果进行分类,主要用于图书编目和检索,但无法反映学科发展的最新动态。尽管如此,鉴于《中图法》在出版业界、图书馆界有着广泛的影响力,这也可以视作是一种学科分类的参考方案。

《中图法》共有5个基本部类及下设的22个大类,但在《中图法》中没有"管理学"和"工商管理"类别,而是在"F 经济学"大类下的"F2 经济计划与管理"中的"F27 企业经济"(其中"F270.7 企业现代化管理"等)。而旅游学科则归属于经济学(F)之下的"F5 交通运输经济"的亚类——"F59 旅游经济",在《中图法》中,旅游学科的地位要高于工商管理。

3. 《〈复印报刊资料〉分类指南》(第一版)

《复印报刊资料》是由中国人民大学书报资料中心出版的,该中心成立于1958年,目前编辑出版的纸质期刊148种,其中"复印报刊资料"系列期刊118种,分为五个大类,在学术界颇具影响;经济、管理类的系列期刊有30种,在这30种中就有《旅游管理》《企业管理研究》(但没有《工商管理》)。《旅游管理》的前身是1982年创刊的《旅游经济》,2000年改为现名,出版方认为,《旅游管理》是属于"直接与人文社会科学有关学科相对应的学术类专题期刊"。从《〈复印报刊资料〉分类指南》中我们还是可以看出该分类方案受《中图法》影响的痕迹较深,也是除"旅游学"教科书之外,关于旅游学科分类中内容最为齐全、涉及范围最广的方案。尽管这一分类是基于图书情报和文献编目,但对于旅游学科建设仍有一定的参考作用。

上述对旅游学科(或旅游业)的不同分类方案中,既有将其列入经济学、管理学,也有列入地理学项下,但都不是以"旅游学"名义出现的,而是分别以旅游经济学、旅游管理(旅游管理学)和旅游地理学等分支学科作为旅游学科的代名词,这些分支学科又往往被片面地拿来代表整个旅游学科,从而造成旅游学科的"四处游荡"。并且从学科的地位看,近年来呈逐渐下降趋势,有被逐步边缘化之虑,这与我国蓬勃发展的旅游业大势相悖。

二、旅游学术共同体的建构

旅游学术共同体的主体是高等院校和科研机构,这因为它们不仅是以学术研究为己任,而且也是旅游人才培养的摇篮,而旅游学术期刊则是旅游学术成果发表、传播和交流的园地和平台,是支撑整个旅游学术共同体发展壮大的重要基础。旅游学术期刊在我国学术期刊界的地位在一定程度上决定了旅游学术成果在我国主流学术圈中的学术地位和学术话语权,增强了旅游学术共同体的向心力和凝聚力。

(一)旅游院校和科研机构

据国家旅游局统计,2012年全国旅游院校数量已达2200多所,其中高等院校1000多所(含高等专科学校),大专以上的学生约58万,规模数量出现大涨小落、涨多跌少的发展格局(见表5)。

表5　1999~2012年全国旅游院校数量和学生人数

年度	旅游院校数(所)				旅游院学生数(人)			
	高等院校	中等职业学校	总计	增长率(%)	高等院校	中等职业学校	总计	增长率(%)
2012	1097	1139	2236	1.27	576 217	497 188	1 073 405	-0.91
2011	1115	1093	2208	12.20	599 828	483 386	1 083 214	-0.29
2010	967	1001	1968	13.56	596 095	490 263	1 086 358	14.06
2009	852	881	1733	-2.37	498 379	454 059	952 438	12.77
2008	810	965	1775	8.17	440 038	404 566	844 604	9.16
2007	770	871	1641	-3.64	397 365	376 392	773 757	5.29
2006	762	941	1703	27.47	361 129	373 725	734 854	29.72
2005	693	643	1336	1.75	308 408	258 085	566 493	-2.10
2004	574	739	1313	8.78	274 701	303 921	578 622	26.06
2003	494	713	1207	8.45	199 682	259 322	459 004	10.07
2002	407	706	1113	-3.39	157 409	259 613	417 022	21.65
2001	311	841	1152	-3.60	102 245	240 548	342 793	4.53
2000	252	943	1195	0.67	73 586	254 352	327 938	18.63
1999	209	978	1187	—	54 041	222 388	276 429	—

资料来源:根据历年《中国旅游统计年鉴》整理。

全国旅游院校的成分复杂,类型多样,办学层次可以从大专一直到博士。为了较全面客观地评价全国旅游院校的本科旅游专业竞争力,我们引入武汉大学中国科学评价研究中心所做的中国大学及学科专业评价工作。武汉大学中国科学评价研究中心是我国高等院校中第一个综合性的科学评价研究中心,自 2004 年起,该中心开始按年度连续发布《中国大学及学科专业评价报告》等各种专题的 500 多项竞争力排行榜单,其中也包括旅游专业,是目前较为全面系统、客观公正的科学评价报告。从中国旅游管理专业大学竞争力排行榜看,前 20 名中,前 19 名都是 985 和 211 院校,但北京地区的院校整体不如广州和上海(见表 6)。说明国内一流院校也开始重视旅游学科建设,旅游研究开始进入主流学术圈,目前有不少于 370 所旅游院校(系科)设立旅游管理专业。这可能也是教育部在设立旅游管理专业类的同时,又将其中的旅游管理专业定为国家控制布点专业的原因吧。

表6　2013～2015 年中国旅游管理专业大学竞争力排行榜

2014～2015 排序	学校名称	水平	学校等级		2013～2014 排序	学校名称	水平	学校等级	
			985	211				985	211
1	中山大学	5星	√	√	1	中山大学	5星	√	√
2	复旦大学	5星	√	√	2	复旦大学	5星	√	√
3	南开大学	5星		√	3	云南大学	5星		√
4	四川大学	5星	√	√	4	浙江工商大学	5星		
5	浙江大学	5星	√	√	5	四川大学	5星	√	√
6	北京交通大学	5星		√	6	暨南大学	5星		√
7	厦门大学	5星	√	√	7	南开大学	5星	√	√
8	东南大学	5星	√	√	8	厦门大学	5星	√	√
9	华南理工大学	5星	√	√	9	东北财经大学	5星		
10	南京农业大学	5星		√	10	西北大学	5星		√
11	华东师范大学	5星	√	√	11	中南财经政法大学	5星		√
12	山东大学	5星	√	√	12	西安交通大学	5星	√	√
13	北京林业大学	5星		√	13	浙江大学	5星	√	√
14	东北师范大学	5星		√	14	东北师范大学	5星		√
15	兰州大学	5星	√	√	15	陕西师范大学	5星		√
16	武汉大学	5星	√	√	16	北京交通大学	5星	√	√
17	中国地质大学	5星		√	17	华侨大学	5星		
18	云南大学	5星		√	18	哈尔滨商业大学	4星		
19	暨南大学	4星		√	19	扬州大学	4星		
20	东北财经大学	4星			20	成都理工大学	4星		

注:2014～2015 年开办此专业的学校为 379 所,2013～2014 年开办此专业的学校为 363 所。
资料来源:武汉大学中国科学评价研究中心,下同。

与旅游管理专业不同的是,酒店管理专业的前 20 名(2013～2014 年仅列出前 15 名)中仅有湖南师范大学和海南大学两所是 211 院校,并且在前 20 名中还有两所民办院校,设立酒店管理专业的院校数量不多,但增长较快。随着旅游住宿业的迅猛发展,国家对酒店管理专业人才的需求强劲。与改革开放初期不同,那个年代能在涉外酒店和外资酒店工作是很令人羡慕的,据报道,当年上海第一家外商独资经营的希尔顿酒店开业,向社会公开招聘前台服务员,应聘者如云,其中不乏高学历者,甚至还有高校的副教授。但时过境迁,现在名牌大学的本科毕业生一般都不愿意去酒店工作。因此,目前 985 和 211 院校在开设酒店管理专业上积极性不高,竞争优势也不明显,这反倒给一些地方性院校和民办院校带来新的发展机遇。2014～2015 酒店管理专业的竞争力排行榜与上一年相比,院校数量增加了一倍以上,上榜院校的排序变化较大,稳定性较差(见表 7),说明尽管酒店管理并不是一个新设专业,但目前仍未出现一所或几所占绝对竞争优势的院校。

表 7 2013～2015 年中国酒店管理专业大学竞争力排行榜

2014～2015 排序	学校名称	水平	学校属性	2013～2014 排序	学校名称	水平	学校属性
1	天津商业大学	5 星	市属重点	1	华侨大学	5 星	国侨办直属
2	北京联合大学	5 星	市属普通	2	哈尔滨商业大学	4 星	省属重点
3	湖南师范大学*	5 星	省属重点	3	天津商业大学	4 星	市属重点
4	华侨大学	4 星	国侨办直属	4	上海师范大学	4 星	市属重点
5	四川旅游学院	4 星	省属普通	5	福建师范大学	4 星	省部共建
6	上海师范大学	4 星	市属重点	6	北京联合大学	4 星	市属普通
7	上海杉达学院	4 星	私立民办	7	海南大学	3 星	省部共建
8	江西科技师范大学	4 星	省属普通	8	湖南师范大学	3 星	省属重点
9	浙江越秀外国语学院	4 星	私立民办	9	天津财经大学	3 星	市属重点
10	海南大学*	4 星	省部共建	10	青岛大学	3 星	省市共建
11	福建师范大学	4 星	省部共建	11	西北师范大学	3 星	省部共建
12	武夷学院	4 星	省属普通	12	广东商学院**	3 星	省属重点
13	桂林理工大学	4 星	区属重点	13	新疆财经大学	3 星	区属重点
14	忻州师范学院	4 星	省属普通	14	沈阳师范大学	3 星	省属重点
15	天津财经大学	4 星	市属重点	15	北京第二外国语学院	3 星	市属普通
16	黄山学院	3 星	省属普通				

续表

2014~2015 排序	学校名称	水平	学校属性	2013~2014 排序	学校名称	水平	学校属性
17	北京第二外国语学院	3星	市属普通				
18	青岛大学	3星	省市共建				
19	宁德师范学院	3星	省属普通				
20	西北师范大学	3星	省部共建				

注:1. 2014~2015年开办此专业的学校为78所,2013~2014年开办此专业的学校为30所。
2. 带*者为211院校,**现更名为广东财经大学。

与酒店管理专业相比,会展经济与管理专业设立时间较晚,目前有50多所本科院校开设该专业,在排行榜中不乏985和211院校的身影。但这些院校也没形成明显的竞争优势。从前20名院校的地区部分看,上海、天津、广州都各有3所,重庆有2所,主要是由于这些地区会展业较发达,会展业人才需求量大。北京也是一个会展业很发达的国际性大都市,但北京旅游院校在会展专业方面远远落后于上述城市,进入前20名的只有北京农学院1所,且仅列在第20位(见表8)。

表8 2014~2015年会展经济与管理专业大学竞争力排行榜

排序	学校名称	水平	学校属性	学校等级	
				985	211
1	华南师范大学	5星	省属重点		√
2	上海师范大学	5星	市属重点		
3	云南财经大学	4星	省属重点		
4	重庆文理学院	4星	市属普通		
5	南开大学	4星	部属重点	√	√
6	中山大学	4星	部属重点	√	√
7	上海对外经贸大学	4星	市属重点		
8	沈阳师范大学	4星	省属重点		
9	河北经贸大学	4星	省属重点		
10	华东师范大学	4星	部属重点	√	√
11	济南大学	3星	省部共建		
12	杭州师范大学	3星	省属普通		

续表

排序	学校名称	水平	学校属性	学校等级 985	211
13	海南大学	3星	省部共建		√
14	成都学院	3星	成都市属		
15	苏州大学	3星	省属重点		√
16	天津商业大学	3星	市属重点		
17	重庆第二师范学院	3星	市属普通		
18	华南理工大学	3星	部属重点	√	√
19	天津工业大学	3星	市属重点		
20	北京农学院	3星	市属普通		

注：开办此专业的学校为53所。

以上的评价主要是基于本科专业的教学教科、招生就业等诸多方面。但作为高等院校，科学研究也是提升竞争力的一个重要方面，这里引用笔者曾经做过的对于国内旅游学术共同体（主体是高等院校）评价研究的成果（具体详情可参见参考文献）。从旅游的学术研究成果看，旅游地理学在旅游学科建设中占据特殊重要的地位。前10位旅游院校和科研机构几乎全部都是以地理学的专业背景来从事旅游研究的，而目前旅游在学科分类上则是归属于管理学学科门类。

总之，目前在旅游学科的建设中，出现两种互相脱节现象：即在学科和专业定位上，研究生与本科生脱节；在学科的基础理论支撑上，教学与科研脱节。但随着我国旅游业的迅猛发展，旅游学科已经越来越多地受到各相关学科的重视，这也是不争的事实。

科研院所是旅游学术共同体中另一部分重要成员，旅游科研院所一般可分三种类型：

1. 两大国家级科学院

（1）中国科学院地理与资源研究所，前身是地理研究所，曾是国内最早进行旅游地理学研究的科研机构，但目前在体制内并未设置专门的旅游研究室（组）。另建有旅游研究与规划设计中心，是拥有国家旅游局甲级旅游规划资质的经营实体。所内有些博士生导师也带旅游地理研究方向的博士生。主办的地理与资源类中英文学术期刊有《地理学报》《地理研究》《地理科学进展》《地球信息科学学报》《自然资源学报》《资源科学》《Journal of Geographical Sciences》《Resources and Ecology》等，《地理学报》《地理研究》等刊载旅游学术论文较多，并具有较高的学术影响力。

（2）中国社会科学院财经战略研究院，下设旅游与休闲研究室。前身是财贸物资经济研究所外贸旅游室,也是我国最早从事旅游经济研究的科研单位之一。另还设有"旅游研究中心",为非实体的松散型、开放型研究组织,外聘的特约研究员来自官、产、学、研各个方面,自2000年起,每年度连续出版《中国旅游绿皮书》,在学界和业界较有影响。财经战略研究院出版的主要学术期刊有《财贸经济杂志》和《China Finance and Economic Review》,但较少刊发旅游学术论文。

2. 中国旅游研究院

国家旅游局直属的专业研究机构,2008年6月6日成立。以"促进中国旅游产业发展和国际交流的政府智库、业界智囊、学术高地"为建设宗旨,重点开展影响旅游业发展的基础理论、政策和重点、难点问题的研究,参与旅游发展规划的研究、编制和论证工作,承担对地方报审的旅游发展规划审查的相关技术支持工作,积极开展旅游领域的高层次人才培养、专业人才培训和国际国内学术交流工作。现设三个管理部门、四个研究所和一个实验室(筹)。管理部门设办公室、科研管理部和学术推广部;研究所(室)包括旅游政策与发展战略研究所、旅游产业运行与企业发展研究所、区域旅游发展与规划研究所、国际旅游研究所、国家旅游经济实验室(筹)。根据《中国旅游研究院建设大纲(2008~2010)》,成立了14个外设研究机构,包括昆明分院、武汉分院、旅游市场与目的地营销研究基地、旅游基础理论研究基地、旅游影响研究基地、饭店产业研究基地、旅游安全研究基地、都市旅游研究基地、台湾旅游研究基地、西部旅游发展研究基地、旅游职业教育研究基地、旅游标准化研究基地、边境旅游研究基地、旅游学术评价研究基地。

2014年8月19日,经全国博士后管委会办公室批复同意设立中国旅游研究院博士后科研工作站,独立招收博士后研究人员。中国旅游研究院是目前旅游行业内等级最高、规模最大、学科最全、影响力最大的学术研究机构和最大的旅游学术研究开放性平台,每年向全国征集和发布研究课题(省部级)以及学术成果评奖(省部级)活动深得全国旅游院校旅游学术同行的拥护和响应。

该院每年发布《中国旅游经济蓝皮书》《中国区域旅游发展年度报告》《中国旅游集团发展报告》《中国入境旅游发展年度报告》《中国旅行社产业发展报告》《中国旅游景区发展报告》《中国休闲发展年度报告》《中国饭店产业发展报告》《中国旅游评论》《中国出境旅游发展年度报告》。

3. 各高等院校下设的旅游研究机构

目前在不少旅游院校内都设有专门的研究院(所、室和中心),但其中多数是非实体的研究单位。在这些研究机构中,成立最早、影响较大的是北京第二外国语学院旅游发展研究院。该院的前身是1984年3月成立的北京第二外国语学院旅游科学研究所,为国务院批准设立的国内首家旅游科学研究单位。1993年与中国旅游协会合作创办的中国旅游协会咨询中心是国内最早从事旅游规划编制的单位,2003年正式更名为旅游发展研究院。在国家旅游局主编的《中国旅游年鉴(2009)》中专栏介绍的旅游研究机构中,旅游院校的科研机构仅此一家。可惜的是该院已于2013年7月被撤并。

(二)教研和学术性团体

旅游教研与科研团体是社会化的学术性志愿组织,是一群在不同工作单位从事旅游教学、研究和行业实践的同行(peer)自愿聚集起来而形成的"学术圈子"(也就是所谓的"学术江湖"),在我国一般为官方组织和官民结合两种形式。这些旅游教研和学术研究的专业性社团组织等级高低、数量多寡、规模大小、活跃程度是衡量旅游学科、旅游研究、旅游院校和旅游专业在学术界、教育界、旅游业界和社会上影响力的重要标志,也是为旅游教育发展展开院外活动的推手。目前,影响力较大、活跃度较高的旅游教学与研究学术团体有:

1. 中国旅游研究院学术委员会

由国内(含香港地区)各大旅游院校著名教授、博士生导师组成,负责国家旅游局课题的评审和成果评奖(见表9)。

表9　中国旅游研究院学术委员会

主　任			
戴　斌	中国旅游研究院		
副主任			
保继刚	中山大学	谢彦君	东北财经大学
委　员			
李天元	南开大学	马　波	青岛大学
张凌云	北京联合大学	周玲强	浙江大学
田　里	云南大学	郑向敏	华侨大学
马耀峰	陕西师范大学	肖洪根	香港理工大学

2. 教育部高等学校教学指导委员会

这个委员会是随着旅游管理在教育部的专业目录中升格为专业类后,从工商管理类旅游管理组中独立出来重新扩充组建的,对于全国旅游教学和旅游学科建设的发展可以发挥重要作用,是教育部在高等学校在旅游管理教学指导的主要决策咨询机构。成员都是全国或地方旅游管理专业的骨干院校(见表10)。

表10　2013～2017年教育部高等学校教学指导委员会委员

主任委员			
田卫民	云南大学		
副主任委员			
黄先开	北京联合大学	白长虹	南开大学

续表

副主任委员			
高 峻	上海师范大学	张 捷	南京大学
马 勇	湖北大学	保继刚	中山大学
秘书长			
赵书虹	云南大学		
委 员			
邹统钎	北京第二外国语学院	路 紫	河北师范大学
程瑞芳	河北经贸大学	李 雯	内蒙古财经大学
贾竞波	东北林业大学	石长波	哈尔滨商业大学
巴兆祥	复旦大学	何建民	上海财经大学
周玲强	浙江大学	陆 林	安徽师范大学
林德荣	厦门大学	黄细嘉	南昌大学
王德刚	山东大学	张广海	中国海洋大学
杜书云	郑州大学	胡 静	华中师范大学
舒伯阳	中南财经政法大学	夏赞才	湖南师范大学
章 牧	暨南大学	江金波	华南理工大学
张河清	广州大学	王金叶	桂林理工大学
周 毅	四川大学	张 梦	西南财经大学
金颖若	贵州大学	朱普选	西南民族学院
孙根年	陕西师范大学	把多勋	西北师范大学
瓦哈甫·哈力克	新疆大学		

3. 中国旅游协会教育分会

这是由旅游部门成立的专业教育社团,是联系旅游行业管理部门与旅游院校的重要桥梁,成员代表面较广,从985院校、211院校、普通本科院校到高等专科院校、中等职业技术院校、旅游考试培训中心(公司)等(见表11)。

表 11　中国旅游协会教育分会

（排名不分先后）

会　长	
保继刚	中山大学

副会长			
邹统钎	北京第二外国语学院	郑向敏	华侨大学
吴必虎	北京大学	狄保荣	山东旅游职业学院
张　辉	北京交通大学	樊豫陇	郑州旅游职业学院
黄先开	北京联合大学	马　勇	湖北大学
徐　虹	南开大学	董家彪	广东省旅游职业技术学校
谢彦君	东北财经大学	杨　杰	桂林旅游高等专科学校
杨卫武	上海师范大学/上海旅游专科学校	赵晓鸿	四川省旅游学校校长
周春林	南京旅游职业学院	范德华	云南旅游职业学院院长
王昆欣	浙江旅游职业学院	田　里	云南大学
周玲强	浙江大学	陈　实	西北大学

秘书长	
刘莉莉	中国旅游协会教育分会

常务理事			
谷慧敏	北京第二外国语学院	林德荣	厦门大学
高松涛	北京第二外国语学院中瑞酒店管理学院	张晓明	九江学院
李志庄	中国旅游出版社	周　叶	江西科技师范大学
南洪江	北京市旅游业培训考试中心	白　莎	南昌师范学院
王培英	北京城市学院	黄细嘉	南昌大学
王　琦	北京财贸职业学院	马　波	青岛大学
王　彪	北京社坤旅游文化有限公司	王德刚	山东大学
韩庆靖	深圳市国泰安信息技术有限公司	张广海	中国海洋大学
褚惠生	天津市旅游培训中心	孙凤芝	山东师范大学
王文君	天津商业大学 TUC - FIU 合作学院	孙晓方	烟台旅游学校
梁　智	天津财经大学	刁洪斌	青岛酒店管理职业技术学院
黄泮光	河北省旅游协会教育培训与规划分会	席青慧	郑州商贸旅游职业学院

续表

常务理事			
赵济生	河北旅游职业学院	郭 琰	中州大学
肖建忠	河北农业大学园林与旅游学院	谢 苏	武汉职业技术学院
郑子全	山西旅游职业学院	李启金	湖北省旅游学校
王春玲	太原旅游职业学院	雷国营	三峡旅游职业技术学院
弓建军	山西旅游培训中心	曾献南	湖南省旅游局培训中心
郭 娟	山西职业技术学院	李广明	暨南大学深圳旅游学院
姜海涛	内蒙古农业大学	刘宏盈	广西民族大学
毛金凤	沈阳师范大学	吴忠军	桂林理工大学
谢春山	辽宁师范大学历史文化旅游学院	冯树祝	海南省旅游学校
仲 涛	沈阳市旅游学校	王 琳	海南大学
李国茹	长春大学	郭 跃	重庆师范大学
韩宾娜	东北师范大学	李 言	重庆市旅游教育培训中心
潘文艳	吉林工商学院	李志勇	四川大学
张树青	北华大学经济管理学院	贺继明	成都职业技术学院
满大庆	黑龙江省旅游培训中心	黄维兵	四川旅游学院
何 玲	上海市旅游培训中心	陈朝阳	绵阳旅游学校
章锦河	南京大学	何礼果	绵阳职业技术学院
万绪才	南京财经大学	邱云志	乐山师范学院
王 剑	江苏省旅游培训中心	许南垣	云南财经大学
祝 亚	浙江省旅游培训管理中心	明庆忠	云南师范大学
陆 林	安徽师范大学	潘秋玲	西安外国语大学
宋思根	安徽财经大学	严 艳	陕西师范大学
刘 杰	安徽蚌埠商贸学校	把多勋	西北师范大学
郑耀星	福建师范大学		

4. 中国地理学会旅游地理专业委员会和中国自然资源学会旅游资源研究专业委员会

这两个委员会都是中国科学院地理与资源研究所牵头设立的国家一级学会(中

国地理学会、中国自然资源学会)下的专业委员会,是学术性研究社团,成员的学术背景主要来自于地理学,热心旅游学术研究,为所在院校的科研骨干(见表12、表13)。

表12 中国地理学会旅游地理专业委员会

主任			
张 捷	南京大学		
副主任			
叶 文	西南林业大学	吴承照	同济大学
徐红罡	中山大学	张凌云	北京联合大学
高 峻	上海师范大学	肖洪根	香港理工大学
杨新军	西北大学	胡 静	华中师范大学
刘家明	中国科学院地理与资源研究所		
秘书长			
章锦河	南京大学	张朝枝	中山大学
委 员			
吴必虎	北京大学	史春云	江苏师范大学
陆 林	安徽师范大学	余 青	北京交通大学
黄震方	南京师范大学	卢 松	安徽师范大学
马 勇	湖北大学	林 岚	福建师范大学
邹统钎	北京第二外国语学院	刘 俊	华南师范大学
李九全	西安外国语大学	杨国良	四川师范大学
潘秋玲	西安外国语大学	白 凯	陕西师范大学
李悦铮	辽宁师范大学	麻学锋	吉首大学
谢彦君	东北财经大学	杨桂华	云南大学
孙九霞	中山大学	翁 瑾	复旦大学
杨兆萍	中国科学院新疆生态与地理研究所	毛端谦	江西师范大学
戴光全	华南理工大学	罗兹柏	重庆师范大学
海米提	新疆师范大学	马晓龙	中国旅游研究院
周玲强	浙江大学	金海龙	琼州学院
佟连军	中国科学院东北地理与农业生态研究所	程道品	梧州学院

续表

委 员			
马 波	青岛大学	乌铁红	内蒙古大学
明庆忠	云南师范大学	殷红梅	贵州师范大学
李 山	华东师范大学	李春花	青海师范大学
程 励	四川大学	嘎羌琼达	西藏大学
徐 虹	南开大学		

表13 中国自然资源学会旅游资源研究专业委员会

学术顾问			
成升魁	中科院地理科学与资源研究所	郭来喜	中科院地理科学与资源研究所
主 任			
高 峻	上海师范大学旅游学院		
副主任（以姓氏拼音为序）			
把多勋	西北师范大学	王 琳	海南大学旅游学院教授
窦志萍	昆明大学	杨如安	重庆旅游职业技术学院
丁培毅	澳大利亚格里菲斯大学	石培华	北京交通大学
冯德显	河南地理研究所	韦 勇	琼州学院
焦 黎	新疆师范大学	薛东前	陕西师范大学
罗兹柏	重庆师范大学	郑耀星	福建师范大学
刘静艳	中山大学	陈 耀	海南旅游委员和巡视员
王德刚	山东大学	张凌云	北京联合大学
秘书长			
赵金凌	上海师范大学旅游学院		
委 员			
刘少湃	上海对外经贸大学	冯玉新	西北师范大学
田纪鹏	上海对外经贸大学	高亚芳	西北师范大学
蔡 萌	上海对外经贸大学	毛笑文	西北师范大学
宋振春	山东大学	梁旺兵	西北师范大学
许 峰	山东大学管理学院	南 宇	西北师范大学
黄潇婷	山东大学管理学院	欧阳正宇	西北师范大学

续表

委　员				
王　晶	山东大学管理学院		王　力	西北师范大学
苟茂兰	山东大学管理学院		王耀斌	西北师范大学
夏凯生	重庆旅游职业学院		魏宝祥	西北师范大学
郭艳芳	重庆旅游职业学院		杨阿莉	西北师范大学
袁昌曲	重庆旅游职业学院		朱桂香	丽江师范高等专科学校
王章郡	重庆旅游职业学院		杨小明	丽江师范高等专科学校
王毅品	重庆旅游职业学院		王　成	丽江师范高等专科学校
陶卓民	南京师范大学		石金莲	北京联合大学
周年兴	南京师范大学		刘　宇	北京联合大学
侯国林	南京师范大学		孙业红	北京联合大学
葛军莲	南京师范大学		耿玉环	北京联合大学
张　郴	南京师范大学		王　静	北京联合大学
邓　敏	桂林理工大学		范　春	重庆工商大学
段文军	桂林理工大学		王　宁	重庆工商大学
黄燕玲	桂林理工大学		邱继勤	重庆工商大学
杨主泉	桂林理工大学		黄　向	暨南大学深圳旅游学院
郑文俊	桂林理工大学		李　舟	暨南大学深圳旅游学院
陈扬乐	海南大学		朱明芳	暨南大学深圳旅游学院
游长江	海南大学		吴凌菲	暨南大学深圳旅游学院
王凤霞	海南大学		陈学刚	新疆师范大学
范士陈	海南大学旅游学院		朱艳芬	新疆师范大学
候佩旭	海南大学		谢雪梅	新疆师范大学
罗伊玲	昆明学院		胡志毅	重庆师范大学
王　薇	昆明学院		曹华盛	重庆师范大学
环邵军	昆明学院		刘　俊	重庆师范大学
李　鋆	昆明学院		胡传东	重庆师范大学
马　英	昆明学院		张云耀	重庆师范大学
蔡梅良	湖南商学院		傅　轶	重庆师范大学

续表

委　员			
张琼霓	湖南商学院	杨前进	重庆师范大学
何天祥	湖南商学院	王　昕	重庆师范大学
刘长生	湖南商学院	张海龙	重庆师范大学
李志龙	湖南商学院		

5. 中国社会科学院旅游研究中心特约研究员

相比较而言,这是一个较为松散、较为多元的研究交流平台,目前主要是撰写《旅游绿皮书》年度报告,中心的特约研究员除旅游院校和研究机构外,也有一部分热心于旅游教学和研究的政府官员、国企民企高管、专业媒体主笔等(见表14)。

表14　中国社会科学院旅游研究中心特约研究员

姓　名	所在机构	姓　名	所在机构
安金明	北京市旅游发展委员会	唐继宗	中国澳门特别行政区政府研究室
陈安泽	国家地质公园研究中心	唐洪广	国家旅游局
戴　斌	中国旅游研究院	宋子千	中国旅游研究院
邓宗德	国家旅游局	田玉堂	中国经济研究院旅游酒店文化研究中心
窦　群	北京联合大学	王　军	国际休闲协会
董耀会	中国长城学会	王健民	中国政法大学
冯宗苏	中国旅游国际信托投资公司	王连义	中国国际旅行社总社
付　磊	北京同和时代旅游规划设计院	王　威	国家发展与改革委员会
高舜礼	《中国旅游报》社	魏小安	中国旅游文化资源开发促进会
高天明	生态文明论坛	伍　飞	《环球时报》社
高蔚青	安徽省旅游协会	吴　浩	安徽省旅游协会
弓宝宏	北京第二外国语学院中瑞酒店管理学院	吴金梅	北京新奥集团
郭东杰	携程旅游网	吴军林	《世界酒店》编辑部
黄秀琳	莆田学院	吴文学	国家旅游局
李德明	山东旅游行业协会	冼　锋	《中国饭店》杂志社
李克夫	中国国际休闲经济促进会	谢寿光	中国社会科学院文献出版社

续表

姓　名	所在机构	姓　名	所在机构
李文垲	中国生态学会旅游生态专业委员会	许长仁	河南焦作旅游局
李为人	中国社会科学院	杨劲松	中国旅游研究院
林洪岱	《旅游时报》社	杨晓国	山西省社会科学院
刘思敏	《中国旅游报》社	杨丽琼	中国旅游研究院
刘筱秋	河北旅游规划发展研究院	尹泽生	中国科学院地理与资源研究所
刘晨晔	辽宁师范大学	应中元	辽宁省旅游局
廖　峰	四川大学	周乃斌	河北秦皇岛市政府
马国华	海航集团	周久才	国家旅游局
彭援军	《旅游与交通》编辑部	张凌云	北京联合大学
秦志军	北京开思九州旅游发展研究中心	张坚钟	国家旅游局
沈　涵	复旦大学	张小可	陕西省旅游集团公司
石美玉	北京联合大学	庄　敬	香港理工大学

旅游教学和科研的社会化、多元化,有利于旅游学术走官产研学的道路,旅游学科是一门实践性很强的科学,需要理论联系实际,理论贴近实践。与其他现代服务业的教学和科研相比,旅游学界中产业界参与的人数还是太少,介入程度也较浅。

(三)旅游学术期刊

旅游学术期刊是旅游学术共同体成员发表研究成果的主要园地,所以也是旅游学术共同体的重要组成部分。目前,在学术期刊名称中含"旅游"字样的只有寥寥几本,其中只有《旅游学刊》和《旅游科学》两本是来源期刊(CSSCI),还有许多学术期刊虽然刊名中不含"旅游",但却经常刊载旅游学术论文,我们在784种来源期刊中,按照载文数量和旅游论文所占全部论文的比例列出前100本学术期刊(详见本书《近十年我国旅游学术共同体的发展格局与分类评价》表1)。

1. 刊载旅游学术论文的数量排序

这100种期刊占期刊总样本的12.76%,刊载的论文数12 124篇,占全部旅游论文样本的75.66%。列在前10位的,除《旅游学刊》和《旅游科学》外,地理类刊物4种,经济类和商业类各2种。从学科结构看,地理学在旅游学术研究贡献最大,在100种期刊中地理学的刊物达18种,其中还包括地理学界的权威刊物《地理学报》,以及所有较具影响力的地理学期刊。其次,经济学类也有18种之多,但这些期刊在经济学界学术地位不像地理学这样显赫。相比较而言,在教育部学科分类中,旅游管理虽作为管理学门类下的分支学科,但管理类的学术期刊仅有3种,且《管理世界》《管理学报》《南开管理评论》等著名学术期刊榜上无名。

2. 以旅游学术论文的被引情况排序

上面分析的仅仅是期刊载文的数量,我们进一步再来考察上述这些期刊上发表后在CNKI中被引用情况,我们引入国际文献界通用的h指数,即对于一种期刊,如果它发表的全部论文中最多有h篇文章被引用、次数至少为h的话,那么h即为该期刊的h指数的数值。当h指数相同时,以刊发的旅游类论文篇数排序。

从期刊的h指数计算结果看,前110位期刊h指数在9以上,《旅游学刊》的h指数最高,达到了88。即在2003~2012年的十年间,在发表的1944篇论文中,最多有88篇论文被引用了不少于88次,《人文地理》和《经济地理》的h指数分别为51和48,分列第二、三位。这些期刊中,地理学期刊占据着明显的优势,在h指数大于20的前19种期刊中,有10种是地理学期刊,其中包括《地理学报》《地理研究》和《地理科学》等地理学领域内的权威期刊。虽然《地理学报》在刊载旅游论文的数量上最低,十年仅55篇,但学术影响力较大,其中24篇至少被引用了24次以上。此外,《干旱区地理》《地理科学进展》《生态学杂志》《长江流域资源与环境》《自然资源学报》《山地学报》《热带地理》《世界地理研究》《水土保持研究》《中国岩溶》等地理学或地学类期刊的h指数都在10以上。很显然,在旅游学术生态圈中,地理学成为旅游学科的"建群种"和"优势种"。而经济学、管理学、社会学、心理学等与旅游学科相关学科的顶级刊物并未出现在表21中,说明了这些学科对于旅游学科的贡献度不及地理学。

三、旅游学术共同体的责任与使命

综上可以看出,我国旅游学术共同体已经初具规模,形成了一个由官、产、研、学多种成分、多个学科交叉融合的旅游学术生态圈,而旅游学术生态圈发展壮大需要从旅游业的实践中汲取养分。

我国现代旅游业肇始于1978年的改革开放,经过30多年取得了举世瞩目的成就。从入境旅游、国内旅游到出境旅游,走出了一条独具中国特色的旅游发展道路。进入21世纪后,经济社会的快速转型、居民收入的增加、休假制度的改革、消费观念的更新等因素催生了大众旅游的井喷,国民旅游的时代已经到来。在世界经济普遍低迷不振的背景下,中国旺盛的旅游需求震惊世界,旅游已经成为人民群众生活的一部分,旅游需求多样化、个性化推动了旅游业与其他产业的融合发展,呈现出新业态频现、多业态并存的繁荣气象。2013年全年我国旅游接待总人数34亿人次,同比增长10%;旅游总收入2.87万亿元人民币,同比增长11%。出境旅游人数9430万人次,同比增长15%。出境旅游消费将实现1176亿美元,同比增长20%。与此不相适应的是,旅游教育、人才培养以及旅游理论研究仍滞后于中国旅游实践,但我国旅游学术共同体与旅游产业集群、旅游公共管理与服务体系一样,经历了从无到有、从小到大、从少到多、由点到面的发展历程。

旅游学术共同体的发展动力来自于我国旅游业的伟大实践,而学术研究的成果应该发挥指导实践的作用。这不仅是旅游学术共同体的现实任务,更是旅游学术共同体的历史使命。我国旅游业中不断出现的新业态、新现象、新问题和新变化为旅游教育和旅游学科开拓了无限的发展空间和前景。从宏观上看,我国旅游业由过去入境旅游转型为入境旅游与国民旅游并重,我国旅游业的发展模式和发展道路发生了重大变化,从单纯强调旅游的经济性转变为经济性、社会性、文化性共举的国家战略,旅游业既是转变经济增长方式后的战略性支柱产业,也是建设和谐社会和美丽中国的伟大事业;从微观上看,旅游与信息技术、旅游与其他产业的融合发展,在旅游公共管理和服务、旅游生产和消费方式、旅游设施和技术装备、旅游营销和信息传播、旅游经济和商业模式等各个方面都带来了革命性的变化。面对大时代的变化和变革,我国现代旅游业的可持续发展需要有大量的复合型人才和强大的高科技智力支持,随着旅游需求的个性化、旅游功能的多样化,旅游业在两个方面出现了深刻的变化。一方面,一些传统行业深化细分,深耕细作;另一方面,这些行业与其他产业跨行、跨界协作,深度融合。例如,饭店行业长期以来一直是以星级标准作为唯一的业态,但目前一些针对个性化市场和多样化需求的度假酒店、商务酒店、精品酒店、主题酒店、经济型酒店应运而生,甚至与其他产业融合拓展了旅游住宿业,如汽车旅馆、旅游房车和汽车营地(与汽车装备业融合)、农家乐民宿(与农村农业融合)、旅游养老公寓(与物业管理融合)、智能酒店(与信息技术融合)等。

研究旅游产业融合的基础是旅游学科与其他相关学科的交叉、渗透和深度融合,陈传康教授就旅游学科的综合性和专业性,形象地比喻为"T"字形结构(即知识面要广,专业化要深)。但随着旅游业的融合发展,旅游学术研究将由"T"字形结构演化为"王"字形结构,即在不同的层面上与不同的学科和技术交叉、渗透和融合。如在古城古镇的旅游开发研究需要与乡村规划、文化遗产、古建筑、民俗学等专业融合;自然旅游景区的开发需要与生态学、环境伦理学等学科和专业融合;而信息通信技术和大数据技术几乎可以与旅游产业生态圈内所有系统和所有领域全面融合。

学术共同体的责任也就是学术的责任,美国斯坦福大学校长唐纳德·肯尼迪认为,学术自由与学术责任是互为补充的,是一个硬币的两面。学术自由意味着松散的结构和最低程度的干涉,而学术责任则是指"培养的责任、教学的责任、指导的责任、服务的责任、研究发现的责任"。我们认为,旅游学术共同体的责任也大抵如此。

最近,国务院《关于促进旅游业改革发展的若干意见》(国发〔2014〕31号文件)在《关于加快旅游业发展的意见》(国发〔2009〕41号文件)的基础上,提出了深化改革和科学旅游观的新常态发展方向,让广大游客游得放心、游得舒心、游得开心,在旅游过程中发现美、享受美、传播美。从41号文件到31号文件,从加快发展到改革发展,政策面暖风频吹,利好迭出,从中可以体悟到作为朝阳产业的旅游业的远大前景和无限商机。这为旅游学术界和理论界提出了新的研究课题。目前在旅游学科园地里还有许多未开垦的处女地和有待深耕的沃土,这是旅游共同体成员创新、创业、创造的新天地。从学术层面看,旅游学术共同体的终极目标和任务是要在学术上开宗立派。在国际上学术圈内,发出"中国的声音",掌握学术话语权,创立根植于中国旅游实践的本土学派。这也是中国旅游学术共同体所肩负的责任和使命。

参考文献

[1] 林坚.学术共同体与学术规范[A].教育部社会科学委员会秘书处.学术规范与学风建设论坛[C].北京:高等教育出版社,2005.

[2] [美]托马斯·库恩.科学革命的结构(第四版)[M],金吾伦,胡新和,译.北京:北京大学出版社,2012.

[3] 刘继民.梦之坝[M].昆明:云南人民出版社,2004.

[4] 钱玉麟.藤维藻教授是南开大学开创型校长——纪念藤维藻校长逝世五周年.南开校友总会.南开校友通讯[C].2013:187-188.

[5] 张玉玑.旅游工作者手册[M].北京:中国大百科全书出版社,1990.

[6] 中国旅游百科全书编委会.中国旅游百科全书[M].北京:中国大百科全书出版社,1999.

[7] 《当代中国》丛书编辑委员会.当代中国的旅游业[M].北京:当代中国出版社,1994.

[8] 中国科学院地理研究所旅游地理学科组.旅游地理文集[C].北京:[出版者不详],1982.

[9] 陈传康.陈传康旅游文集[M].青岛:青岛出版社,2003.

[10] 北京旅游学院筹备处.旅游资源的开发与观赏[C].北京:[出版者不详],1981.

[11] 中国社会科学院财贸物资经济研究所外贸旅游室.旅游经济改革与管理[C].北京:[出版者不详],1984.

[12] 国家旅游局.中国旅游年鉴(2009)[M].北京:中国旅游出版社,2009.

[13] 张凌云,兰超英,齐飞,吴平.近十年我国旅游学术共同体的发展格局与分类评价——基于旅游学术期刊论文大数据的视角[J],旅游学刊,2013,28(10):114-125.

[14] 张凌云,齐飞,吴平.近十年我国旅游学术共同体成果的h指数测度与评价[J].旅游学刊,2014,29(6):14-23.

[15] [美]唐纳德·肯尼迪.学术责任[M].阎凤桥,等,译.北京:新华出版社,2002.

解构与重构:旅游学学科发展的新思维

杜 江 张凌云

一、问题的提出

我国旅游学术界于20世纪80年代起就开始有学者关注和研究旅游学的学科建设问题。尽管学者们对旅游学的认识不尽相同,但对于旅游学的研究不能仅局限于旅游业以及旅游业的经济学领域,这一点已达成共识。另外,一些教材虽冠以"旅游学",但鲜见真正对旅游学的学科进行较为深入的研究与探索。1985年上海文化出版社出版了罗伯特·麦金托什等著的《旅游学——要素·实践·基本原理》第3版的中译本,在今天看来,虽然该译本有些旅游专业词汇的中文译名不尽妥帖,但却是较早将Tourism一词译为"旅游学"的案例。麦金托什在该书的前言中就开宗明义地指出:"人们不应该把旅游业单纯地看作是一种商业,而应该看作是人类彼此相互了解和理解的途径。"但2003年该书第8版的中译本却将书名译为《旅游业教程——旅游业原理、方法和实践》。事实上,在西方学者中也普遍存在着一种偏重旅游业经济属性的倾向。英国学者弗朗茜丝·布朗(Frances Brown)认为,这与最初研究这种现象的专家的学科背景有关。旅游因其经济作用而最早被经济学界关注,从而形成了整个研究界的偏向,使得主要的研究思路和方法都更接近经济学。然而,研究旅游经济的学者对于旅游业是否就是"一个"产业也提出了疑问,其中较有代表性的是已故美国学者托马斯·戴维森(Thomas Davidson)的观点,他认为,旅游业不是一个产业,而是一个产业组合。旅游的经济现象是旅游者所有的支出产生的效应,而不仅仅是某一部门的收入效应。即旅游的经济现象是"支出推动型",而非"收入推动型"。因此,将旅游定义为产业是不正确的,是有悖于旅游的真实情况的。旅游是一种社会经济现象,它既是推动经济进步的发动机,同时又是一种社会力量。D. 约安尼季斯(D. Ioannides)和K. G. 戴贝奇(K. G. Debbage)主编的《旅游业的经济地理》一书则将旅游经济研究分为需求方研究和供给方研究。也正因为旅游需求方实际创造的价值与所谓的旅游产业(旅游供给方)可观察计算到的产值两者间存在着明显的不对称现象,20世纪80年代世界经济合作发展组织(OECD)与世界旅游组织(WTO)开始在现有的国家宏观经济体系框架以外,开发一个虚拟的旅游卫星账户(TSA),以便更全面、更精确地度量旅游业的经济影响。

总之,不论是旅游业外延的持续扩张,还是旅游业内涵的不断丰富;不论是旅游经济规模的日益增长,还是旅游社会功能的越显重要,这些都对传统的旅游学理论提出了挑战,尤其是随着支撑旅游业基础性学科的创新发展和旅游实践的不断深入,需要我们对旅游学科的体系结构进行解构与重构,重新思考和整理旅游学的发展方向和思路。尽管在对旅游学的一般性定义中就阐明了旅游学是一门研究从事旅游活动的旅游者、为旅游者提供服务的旅游业以及双方的活动对旅游目的地经济、社会和环境的影响的综合学科,但落实到具体研究题材内容和方法论时,却缺乏足够的能支撑整个旅游学学科体系的基础理论和创新体系。我们认为,改变现有的将旅游学科设置在工商管理项目下的不合理格局,构建一个面向未来的、前瞻性的、跨学科、多维度、多层面的旅游学研究体系框架的时机已日趋成熟。

二、基础理论平台的提升与创新

首先,经济学是旅游学的一大基础性学科支柱,但传统的旅游经济学主要是从政治经济学、西方古典经济学或新古典经济学移植而来,而新制度经济学中的一些最新研究成果和前沿探索应用在旅游经济学的学科建设中却相对滞后。目前流行的大多数《旅游经济学》(包括一些新近出版的高等教育旅游管理专业统编教材)中应用的是古典西方经济学厂商理论中的一般均衡理论,有的教材甚至将其视为先进的理论分析工具用来构建旅游经济学的学科框架,不仅使许多旅游经济学著作给人以似曾相识之感,而且也远远落后于经济学的发展潮流。传统经济学的理论是建立在交易费用为零和消费者都是理性人的假设前提下的,而这两个基本前提已受到越来越多经济学家的质疑。著名产权和交易费用经济学家科斯(R. H. Coase)认为,制度和现存技术决定了交易费用和转型成本,两者之和等于生产成本。新制度经济学认为,竞争性市场的规范模型隐含了一个严格的要求,当存在着明显的交易费用时,随之而来的市场制度就被制定出来,以引导交易人获得使之具有正确模式的信息。但在新制度经济学看来,信息的不完全性和不对称性,造成了交易双方的"有限理性",而这又影响到交易制度的安排。而信息的不透明(不完全)和不对称恰恰又是旅游产品的一个重要特征,在旅游业中主要存在着信息事先不对称问题,由此产生"逆向选择"的现象。传统经济学理性人的假设是无意义的。科斯的研究是从"现实的人"和"实际的人"出发的,而另一位著名新制度经济学家威廉姆森(O. E. Williamson)则认为,所谓"现实的人"和"实际的人"就是指人的有限理性和机会主义倾向。新制度经济学对于古典和新古典经济学关于人的行为假设分析的修正具有重大理论意义。无独有偶,2002年度诺贝尔经济学奖授予非主流的实验经济学和行为经济学家弗农·史密斯(Vernon Smith)和丹尼尔·卡尼曼(Daniel Kahneman),新古典经济学的一般均衡理论经美国数理经济学家K. 阿罗和G. 德布鲁等的精准数理推导已发展到极致。德布鲁以其代表作《价值理论:对经济均衡的公理分析》获得了1983年度的诺贝尔经济学奖。但史密斯和卡尼曼却另辟蹊径,用实验心理学和人类行为学等与传统的模型推导及大样本数据推导对立的方法,证伪了经济现象中理性人的存在,推进了人类思考经济问题的深度。在传统经济学中,基本的假设是经济人是完全理性和自利的。但很多经验观察表明,人既不是完全理性的,也不是完全自利的。完全理性意味着人会合理利用手头的所有信息来做出合理决策;同时,人还将对未来有一个主观估计,将各种可能性都考虑到。换句话说,传统经济学认为,理性的经济人会估计将来不同结果的各种可能性,然后最大化其期望效用。但卡尼曼等人的很多实验和调查结果都表明,理性假设是值得怀疑的。事实上,旅游业中的旅游消费者在大多数情况下是经济非理性的,是不服从数理统计学上的大数定理的,而呈现出随机性、情绪化和个性化的特点。这也可能是目前的大多数旅游经济学侧重于供给方研究的原因之一。在旅游学研究中,近代较早对于旅游动机进行研究的是美国学者斯坦利·普洛格(S. C. Plog),他于1974年发表了对美国旅游者出游的心理学分析,提出了自向中心——异向中心模型后,又于1987年和1991年对其进行了修正与推广。1991年皮尔斯(P. L. Pearce)在马斯洛的需求层次结构模型基础上,提出了旅游需求阶梯(Travel-career Needs)模型。实验经济学和行为经济学的发展也为旅游经济学对旅游者的消费决策研究中提供了新的思路。同时,对于旅游者心理和行为的经济学研究也可以推动实验经济学和行为经济学的发展。而旅游业对于新经济的贡献更是不容忽视,旅游业是一个出售经历和体验的行业,是"未来的怀旧产业"。早在20世纪80年代,美国未来学家约翰·奈斯比特在《大趋势》一书中就曾经预测:电信通信、信息技术和旅游业是21世纪服务行业中经济发展的原动力。而另一位美国著名未来学家、《第三次浪潮》的作者阿尔温·托夫勒在1970年出版的《未来的冲击》中大胆预言:"来自消费者的压力和希望经济继续上升的人的压力将推动技术社会朝着未来体验生产的方向发展⋯⋯服务业最终还是会超过制造业的,体验生产又会超过服务业⋯⋯体验工业可能会成为超工业化支柱之一,甚至成为服务业之后的经济的基础。"托夫勒的体验经济假说与他名重一时的"三次浪潮"划分理论具有同等的重要意义,只是在当时未受到学术界的足够重视,直到1999年,美国的《哈佛商业评论》B.约瑟夫·派恩和詹姆斯.H.吉尔摩提出了体验经济时代的来临,宣告了继产品经济、服务经济之后,又一种新的经济形态——体验经济将渐成主流。而旅游业是与生俱来的体验经济,是天然的、名副其实的体验经济行业。在派恩和吉尔摩看来,人类的体验可分成娱乐、教育、逃避现实和审美4个部分,而这4个部分无一不和旅游紧密相关。派恩认为,体验工业的产生是继农业、工业和服务业之后的又一个划时代的社会。但我们认为,唯独旅游业是一个例外,就个人经历和体验而言,2000年前欧洲人去埃及金字塔观光,与今天我们去那里的感受并无本质的区别。这对于我们重新认识旅游(需求)起源和旅游业(供给)起源的时滞与社会经济发展的关系,以及对于旅游本质的解释都具有革命性的意义。

其次,旅游业中存在着大量的公共产品和准公共产品(美国经济学家N. G. 曼昆根据竞争性和排他性将其进一步分为共有资源和自然垄断),由于存在市场外部化效应会导致市场失灵。传统的古典经济学认为,价格可以使个人理性和集体理性达到一致。价格作为一只"看不见的手",在无形之中发挥着作用,即使从个人自利的动机出发,通过价格也可以自发地达到社会整体效益最优,并据此提倡自由放任的经济政策,反对政府干预经济。但由于市场中存在外部性因素,因此,在旅游行业市场化进程中,不断出现需要政府借助"看得见的手"来干预的呼声,但"诺思(North)悖论"(没有国家办不成的事,但有了国家又有很多麻烦)的存在,使得政府主导型发展战略在实施中经常面临这种两难困境。由于旅游业具有开放性和社会性的特点,旅游活动和旅游项目会涉及众多的相关利益者,而新制度经济学通过引入博弈论(Game Theory),将制度作为内生变量进行研究得出:如果博弈(决策)各方都从自利(不合作)的角度出发,得到的是纳什(Nash)均衡,并不是"合作解",而这恰恰又是各方都不满意的结局。但与新古典经济学不同的是,新制度经济学派并不主张通过政府干预来避免市场失灵所导致的无序状态,而是通过设计一种机制(或进行相应的制度安排)在满足个人理性的前提下达到集体理性。在社会经济生活中,人与人之间的关系并不仅仅只有竞争,还有合作。由于人的有限理性和信息不对称等方面的原因,每个个人处理不好竞争与合作的关系,而制度安排就是为了有效地解决合作问题,而合作就是合约各方对于一个交易合约(或一项经济决策)同意的一致性。1986年度的诺贝尔经济学奖获得者布坎南(J. M. Buchanan)以此创立了公共选择理论。布坎南认为,评价效益的唯一指标就是同意的一致性。"同意"意味着经济当事方经过成本—收益的计算,认为一个实现资源配置的交易对他是有利的,或至少是无害的;"不同意"意味着当事一方认为这一交易有损于他的利益。从社会角度看,至少一方不同意的交易比双方都同意的交易所产生的总效用要低。同意的一致性实际上就形成了"合作解"。公共选择理论对于旅游开发中协调和处理相关利益者之间的合作关系有着很大的指导意义。在旅游学研究中,英国学者墨菲(Peter E. Murphy)于1985年就提出了旅游开发中"社区参与"的理念。世界旅游组织(WTO)在为发展中国家制定旅游发展战略和开发规划时,非常重视社区参与和目的地居民的利益。在旅游开发和发展进程中,相关利益方同意的一致性的制度设计和变迁将成为旅游学研究中的又一个重大课题。

再次,网络经济学和信息经济学的发展颠覆了传统经济学中的某些定理,例如,网络经济具有的正反馈效应和需求方的规模经济效应,使得生产的收入递减规律转化成收入递增规律,并进而挑战生产可能性边界原理和劳动分工论。由于对于信息的特殊依赖性和无物流交易,旅游业成为公认的最适宜在线交易和进行电子商务的行业。对于旅游者来讲,网络技术使旅游产品的信息变得更为透明和对称,信息的搜寻成本(金钱和时间)大大降低;对于旅游企业来讲,能及时了解消费者的需求和变化,降低交易成本,提供为消费者量身定做的个性化和人性化产品,这对于像旅游业这样以为游客提供"特殊经历和体验"为主的行业尤其重要。同时,网络技术使旅游企业的规模能以边际成本远低于平均成本的态势扩展,而传统经济学的厂商理论是建立在企业追求利润最大化基础之上的。为了获得最大化利润,一个厂商的边际成本必须与边际收入相等,也就是厂商的均衡状态。而现代的厂商理论是注重企业为了适应经营环境的不断变化和保持竞争优势而采取的种种创新行为,这些创新行为包括发展战略、成本控制策略、全面质量管理、客户关系管理和有效衡量组织绩效,组织的绩效取决于领导、员工、客户和公司的价值观,现代企业也更多地由关注生产体系转向关注过程管理,网络和信息技术进步意味着旅游业面临组织变革和流程再造的发展机遇。

最后,全球化使一些经济欠发达的国家和地区更趋贫困和生态环境恶化,而旅游业的发展又使一部分经济封闭的国家和地区以非工业化和可持续发展方式返回到国际经济体系中来,这些国家和地区的旅游业开发使一些被边缘化的国家和地区重新走上了现代的主流行程。旅游因为是"未来的怀旧产业",而使得未被现代文明染指的农业社会和未被工业化污染的自然环境成为发展旅游的优质资源。这为小国和岛国进入后工业化社会提供了另外一种与刘易斯(W. A. Lewis)在发展经济学中为穷国提出的"平衡增长"发展战略所不同的道路。在旅游全球化和全球化旅游过程中,经济落后地区旅游业的发展战略是以竞争优势来取代比较优势,而对于岛国的旅游开发研究也已超出了纯粹的经济问题。自20世纪70年代以来,国外旅游学术界开始关注经济发达国家向经济欠发达岛国的旅游流给东道国和地区带来的社会文化影响,较早期的成果反映在美国学者V. L. 史密斯主编的《主人与客人:旅游人类学》论文集中,对于旅游者的强势文化与旅游地弱势文化的际遇所带来的一系列问题成为旅游人类学和旅游社会学研究的重点。

英国学者F. 布朗的《旅游业的再评价:毁坏还是保佑?》是对在此以前25年乔治·扬《旅游业:毁坏还是保佑?》的补充研究,较全面地将旅游学研究引入到国际关系学中。布朗认为:(1)国际关系理论更侧重政治问题,要解决的主要问题是在由国家构成的国际政治框架下政府对安全和竞争问题的态度,当然也包括全球化、非政府、环境与妇女运动等问题。目前,越来越多的国际关系学者已经注意到了非政府力量对重构新的国际秩序的贡献,而旅游正是其中的一种非政府力量。随着全球化进程的深入,经济安全已经成为国际关系中不可回避的一个问题,遗憾的是虽然旅游业是世界范围内最重要的经济活动之一,但它始终没有得到国际关系学界的足够重视。(2)在各种经济行业中旅游也没能异军突起,引起足够的重视。在政治学界,旅游是一种"娱乐产业",创造一些"米老鼠工作",而且大部分就业是季节性的、低报酬的,因此不值得重视。其实这种现象本身就是一个重要的话题,旅游从来没能像石油或军火那样引起社会的广泛注意,而这个事实说明人们头脑中对什么是"严肃"和"重要"问题之类的概念有一个固定的、习惯性的解释模式和思维定式。(3)当我们进一步解释为什么旅游业会长期被国际关系学忽略的问题时,我们会发现大部分人认为旅游是一项经济事业而不是政治事务,而这与最初研究这种现象的专家的学科有关。旅游因其经济作用而最早被经济学界关注,从而形成了整个研究界的偏向,使得主要的研究思路和方法都更接近经济学。其实在国际社会中,经济和政治是不可分割的,旅游业亦是如此,在全球化时代的今天更是如此。从国际关系角度看,旅游业能更好地了解影响其发展的经济和社会进程。

旅游全球化较之于经济全球化有着更积极、更广泛的作用。一般认为,全球化有三个层面的内容:经济、技术、文化价值取向。前两项因素是表面的、易见的,而第三项全球化则是深层的、隐含的。事实上,在全球化过程中,经济和技术的一体化可以通过跨国公司的投资、技术和管理输出来达到。只要利益协调机制发挥作用,也可以较容易地做到参与各方的"双赢"和"多赢"。但第三项全球化较前者则更艰难,也是不确定的,它归根结底是取决于各文明之间差异化与趋同化过程中各种力量消长对比的综合结果。美国地缘政治学家塞缪尔·亨廷顿(S. P. Huntington)认为,"冷战"后的世界,意识形态不再是世界冲突的根源,取而代之的是世界各大文明之间的冲突。他把世界文明分为:中华孔子儒家文明、日本文明、印度文明、伊斯兰教文明、西方文明、东正教文明、拉美文明,还有可能存在的非洲文明等七大或八大文明。尽管学术界对此存有很大的争议,但从"9·11"事件到美英等西方国家对伊拉克的战争,西方基督教文明与阿拉伯伊斯兰教文明两大板块之间的冲突,似乎在某种意义上印证了亨廷顿的这一假说。然而,消解各大文明之间的冲突,最好的方式莫过于通过旅游增进各文明之间的了解和对话,以发展旅游这种和平的方式,用能为东道国居民带来福祉的产业来推进文明的整合、进化、同化、涵化和播迁等发展进程。世界旅游组织认为,旅游在社会和文化方面的影响总的来说是积极的。在很多国家和地区,旅游都使家庭现代化了,即不仅使妇女得到了新的地位,而且父母对孩子也更开明了。旅游还可以使旅游地区的居民改变部族心态,减少民族性质的偏见,从而开阔他们的思想境界。在文化方面,旅游促进了地区文化、民间艺术和博物馆的发展。因此,美国学者J.贾夫利(Jafari)认为,旅游为拯救恰恰具有旅游价值的一切文化价值做出了贡献:"许多宗教或考古建筑之所以从被毁坏的境地中拯救出来,更多地是由于旅游的发展,而不是由于它们在当地民众看来所具有的价值。"世界八大文明都有着悠久的历史传统和灿烂的文化遗存,在现实中,即使国家和国家集团之间时有西方基督教文明与阿拉伯伊斯兰教文明的冲突,但并不妨碍基督教徒和穆斯林去对方的清真寺和哥特式教堂等宗教圣地观光游览。因此,从国际关系上看,旅游业又是一项增进不同文明之间对话的和平事业。

三、我国旅游业实践的演进与深化

由于中国社会正在经历着的制度转型,所需支付巨大的社会经济成本,中国旅游业的发展自起步期就是在自上而下的制度框架中寻求经济利益的最大化。这也就是说,中国旅游业在经济上的可持续性发展成为政府主导下的旅游产业化进程中的首要目标。虽然有学者认为,理想的可持续旅游是要在三个层面上都达到可持续性,即经济、社会文化和生态环境,而不是单指其中的某一方面(Butler,1998),但事实上,社会文化和生态环境上的可持续性因缺乏利益集团的支持和制度上的保证,实施起来较经济可持续性困难得多,尤其是在与前者产生矛盾时,经济发展就成为压倒一切的"硬道理"。而我们对于旅游业的认识也随着旅游业实践的不断深化而深入。改革开放初期,旅游业被作为对外开放的窗口,入境旅游开始有较大规模的发展,尤其是在整个20世纪80年代中,百废待兴,外汇紧缺,而人民币又被严重高估,1978年时的人民币官方汇率为 1 美元兑换 1.58 元人民币,商品出口缺乏竞争力,从而凸显了旅游业在创汇方面的优势。因而,赚取外汇成为发展旅游业的首要目标,旅游业仅仅被看作对外服务外贸的一部分。但这一时期,中国处于短缺经济的宏观背景下,发展旅游业的基础设施严重不足,进口需求量大,外汇漏损较多,旅游业增长主要是靠简单、粗放的扩大再生产方式实现的。中国经济经过 10 年的发展和逐渐的开放,运行体系开始向国际化迈进。1994 年 1 月实行"汇率并轨",取消了长期以来执行的汇率"双轨制",使流行一时的人民币外汇券(FEC)退出了历史舞台。当年美元与人民币的汇率达到了 1∶8.6。另一方面,80 年代的中后期,由于受高通胀的影响,再加上那场"政治风波",国民经济被迫进入紧缩调整期,开始了宏观经济的"治理整顿",一度失控的高档饭店投资热,在禁止修建楼堂馆所的行政命令干预下得到了一定程度的遏制。此外,管理部门对国内旅游的态度则由过去名义上的"不宣传、不提倡、不反对",而在实质上(政策上)的限制和控制,转变为"积极引导",认识到发展国内旅游有利于回笼货币,减轻通胀压力。1992 年"南巡讲话"后,各地经济迅速回暖,项目投资热、房地产热呈直线升温趋势,到 1993 年经济过热已引发了通货膨胀,使我国经济开始了又一轮的宏观调控,以期实现经济的软着陆。1994 年我国实行"双休日"刺激了城市居民周末游、城郊游的需求,国内旅游始见端倪。从 1996 年以来,我国的经济发展已进入结构性调整阶段,社会有效需求不足、供过于求的矛盾突出,市场制约经济发展的趋势日趋明显。在短缺经济时代,产品供不应求,在此以前,加班加点成为一种为社会多做贡献的象征,这一思维惯性一直也影响着人们的行为取向。而在由短缺经济向过剩经济转型的背景下,我们开始注意消费对经济的拉动作用。1998 年 12 月中央经济工作会议上明确提出将旅游业作为国民经济新的增长点。每周"双休日"的制度安排大大促进了国内旅游发展,当年参加国内旅游的人数就超过了 5 亿人次!

如前所述,从 1996 年以来,中国的经济发展已进入结构性调整阶段。1997 年的东南亚金融危机以及日本经济持续低迷,使转轨中的我国外向型经济面临严峻考验,出口贸易受阻。于是,转而立足内市场的"扩大内需"政策成为一项重要的经济政策,国内旅游则成为启动内需的几大支柱性产业之一。从此我国旅游业真正开始步入向产业化发展的重要时期。1996 年 12 月实行了人民币在经营项目下的可自由兑换,跨出了人民币自由兑换的第二步。由于我国综合国力的提高,外汇存底的增加,人民币币值的持续稳定,人民币已成为实际上的地区性强势货币。这样,改革开放初期,将旅游业看作一种特殊的创汇行业来发展的内外部条件和因素都已不复存在,旅游作为一项产业开始真正浮出水面,旅游目的地和旅游景区(点)的策划、经营和管理者已经将重点放在项目经济效益的投入产出上,面向的是统一的客源市场,不再过多地追求创汇指标。1999 年国务院新修订了《全国年节及纪念日放假办法》,按照新的规定,节假日从原先的 7 天变成了 10 天,"大五一""大十一""大春节"连上前后的双休日,形成了 3 个旅游黄金周,出现了近年来前所未有的大众旅游度假流的"井喷"行情。2001 年国内旅游人数达 84 亿人次,人均出游率为 62.2%。带薪假期的出现使我们看到了消费对经济的拉动作用,假日旅游成为公共政策的一部分。旅游业已经成为社会经济生活中不可或缺的重要组成部分。2003年"非典"疫情发生时,因人员流动的限制而造成的旅游业停滞给整个社会经济带来的百业凋敝,人们还记忆犹新。这也从反面说明了旅游业在社会经济中已扮演了越来越重要的角色。

旅游业的发展不仅为西部地区的社会经济发展提供了一种新的资源观和发展模式,即传统发展模式认为的由农业社会进入后工业社会,必须经过工业化和城市化的固定路径,在新一轮的旅游发展大潮中,西部地区将与东部地区站在同一条起跑线上,为西部的地区发展和经济振兴提供了一种新的可能。

旅游对于地区经济发展的作用还反映在吸收就业方面所具有的特殊优势。2002年10月国家计委(国家发改委的前身)与国家旅游局在沈阳召开了"发展旅游促进就业工作会议",这说明发展旅游、扩大就业已成为学者与政府宏观经济决策部门官员的共识。尤其在国企改革和社会转型期,旅游业已不仅仅是一个经济发展问题,更是一个社会发展的优先目标,其作用不亚于当年的旅游创汇。

最后,由于我国的特殊国情,我国旅游业的发展走的是一条不同于西方工业化国家的道路,即"非常规"的道路,先从接待入境旅游开始,然后才是国内旅游,最后是出境旅游。中国公民出境旅游是20世纪90年代初期才开始出现的,早期的出境旅游的特点是以因公为主(约占60%)、边境游和过境游为主,出游的主要目的地是新加坡、马来西亚、泰国等。而随着我国经济实力的不断增加,外汇储备的日益增多,公民出境旅游市场日趋成熟,发展出境旅游不仅需要而且成为可能。到2002年中国公民出境人数达到1660万人,其中因私出境已达60%。因私出境的增长率达44.9%,远高于因公出境。经旅行社组织的出境旅游372万人次。截止到2003年11月1日,中国政府批准开放的中国公民自费组团可以前去的旅游目的地国家和地区已达28个。而这个名单从经济上看,出境旅游的发展是外汇的净流出。但从更深层次上看,发展出境旅游是体现了《马尼拉世界旅游宣言》(1980年)所崇尚的精神,也是落实公民利用闲暇时间度假、旅行和旅游的基本人权,更是我国由旅游大国向旅游强国迈进的重要标志,没有一个强大的客源输出市场,就不能成为在国际旅游市场上有影响力的旅游强国。此外,旅游对于改善国际贸易收支有着特殊的作用,目前在面对西方要求人民币升值的压力之下,我国政府从我国的国家利益出发,既坚持原则维护人民币币值稳定,又在一些具体政策上适当地放宽了企业和个人用汇的限制,其中对于出境旅游携汇由过去每人每次的2000美元,放宽到5000美元,并对于携信用卡等非现金外汇不作限制。这种灵活的应对措施就是通过发展出境旅游来减少国际贸易的逆差和赤字,减缓人民币的升值压力。这方面国际上也是有不少先例,如日本曾经实施的旅游黑字战略等。

纵观20多年来我国旅游业的发展实践,宏观经济政策和经济目标的调整无不影响到旅游发展规模、速度和方向。同时,旅游业的发展也诱发了制度变迁,并反过来影响旅游业的发展。这些大变革都给旅游学的研究与探索提供了丰富的素材和课题。

随着旅游业实践的不断深化,旅游学研究的问题也应该与时俱进,不断丰富和完善,这是由旅游学是一门实践性很强的学科这一性质所决定的。

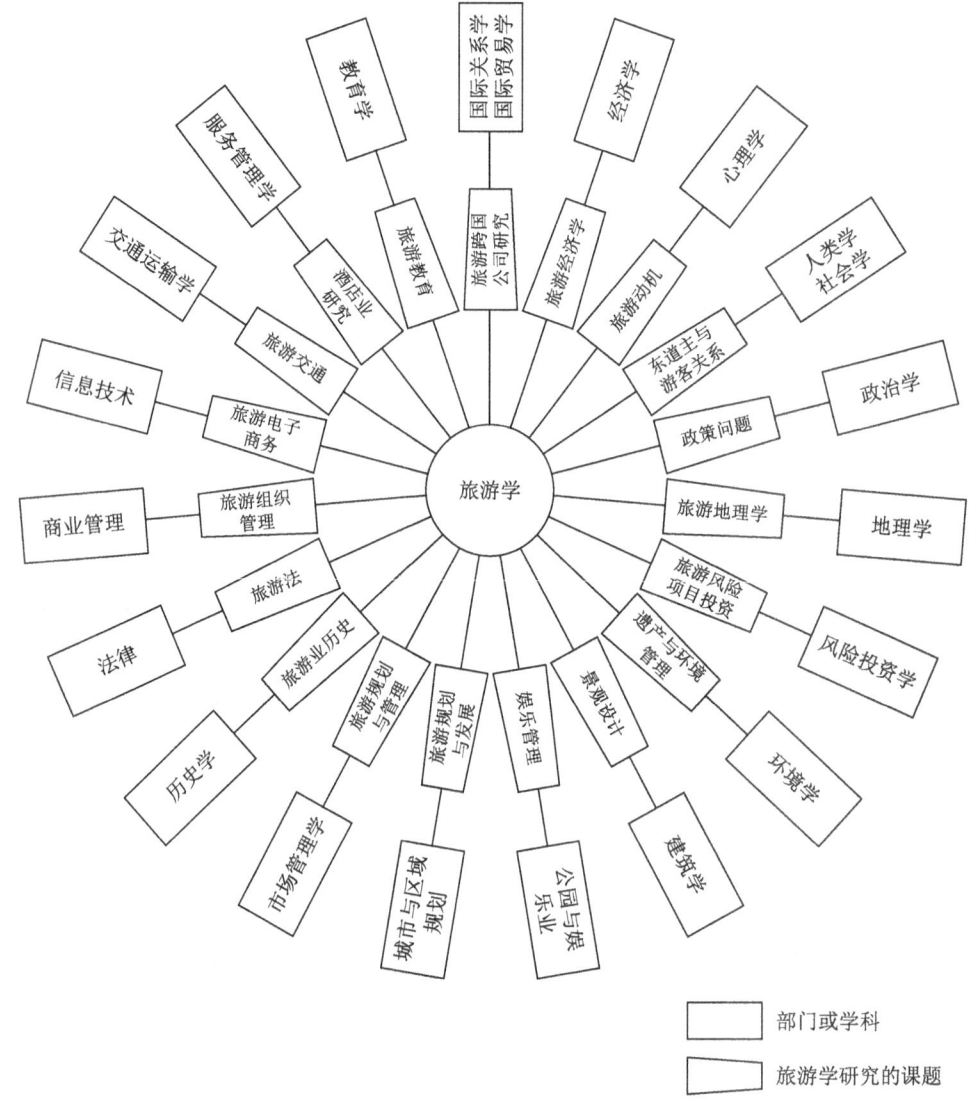

图 1　旅游学的学科谱系框架

注:根据 J. 贾夫利的模型修改而成。

四、研究结论

旅游活动和旅游业的开放性、社会性和综合性使旅游学具有多学科、跨学科、交叉性和多维度等特点。尽管目前在旅游学研究中还存在许多空白的领域,但并不妨碍我们去重构旅游学科的研究框架。经过 20 多年旅游产、官、研、学等各界的努力,在旅游学的某些领域内已取得了令人可喜的成果。面对不断拓展的旅游学外延和相关基础学科的理论创新,面对如此丰富和日新月异的旅游业实践,我们在借鉴国外学者研究结果的基础上,提出一个新的旅游学学科谱系框架(见图1)。尽管这个框架还有待修正和完善,但无论如何目前将旅游学科置于工商管理项目下是十分不科学的,既缺乏必要的基础理论支撑,也不符合国内外旅游业的发展实际;既不能客观反映旅游学的学科性质,更不利于旅游学的发展。对于时常被人提起的旅游学是否是一门科学的问题,我们可以用德国哲学家康德对科学的定义来作答:"每一种学问,只要其任务是按照一定的原则建立一个完整的知识系统的话,都可被称为科学。"而目前旅游学的发展正是在建这样一个系统。从认识论的角度看,科学是陈述系统,科学是正确的陈述(真实的陈述),科学中真实的陈述必须得到证明。这既是对科学的认识,也是摆在每一个从事旅游学研究的学者面前的一项艰巨任务。

参考文献

[1] 申葆嘉. 旅游学原理[M]. 上海:学林出版社,1999.

[2] 谢彦君. 基础旅游学[M]. 北京:中国旅游出版社,1999.

[3] 李天元,等. 旅游学概论[M]. 天津:南开大学出版社,1999.

[4] 邓观利. 旅游学[M]. 天津:天津人民出版社,1998.

[5] 田里. 现代旅游学导论[M]. 昆明:云南大学出版社,1994.

[6] 国家旅游局人事劳动教育司. 旅游学概论[M]. 北京:中国旅游出版社,2001.

[7] 陶汉军. 新编旅游学概论[M]. 北京:旅游教育出版社,2001.

[8] [英]伦纳德·利克里什,等. 旅游学通论[M]. 程尽能,等,译. 北京:中国旅游出版社,2002.

[9] [美]罗伯特·麦金托什,等. 旅游学——要素·实践·基本原理[M]. 蒲红,等,译. 上海:上海文化出版社,1985.

[10] [美]查尔斯·戈尔德耐,等. 旅游业教程——旅游业原理、方法和实践[M]. 贾秀海,译. 大连:大连理工大学出版社,2003.

[11] [美]威廉·瑟厄波德. 全球旅游新论[M]. 张广瑞,等,译. 北京:中国旅游出版社,2001.

[12] 林南枝,等. 旅游经济学(修订版)[M]. 天津:南开大学出版社,2000.

[13] 田孝蓉,等. 旅游经济学[M]. 郑州:郑州大学出版社,2003.

[14] 王大悟,等. 新编旅游经济学[M]. 上海:上海人民出版社,1998.

[15] 罗明义. 旅游经济分析——理论·方法·案例[M]. 昆明:云南大学出版社,2001.

[16] 张辉. 旅游经济论[M]. 北京:旅游教育出版社,2002.

[17] 厉新建,等. 旅游经济学——理论与发展[M]. 北京:旅游教育出版社,2002.

[18] 杜江.旅游企业跨国经营战略研究[M].北京:旅游教育出版社,2002.
[19] 杜江.硕士研究生专业目录的调整与旅游管理专业硕士研究生的培养[J].旅游学刊·旅游教育专刊,1998.
[20] 戴斌.中国国有饭店转型与变革研究[M].北京:旅游教育出版社,2003.
[21] 魏小安,等.共同的声音——世界旅游宣言[M].北京:旅游教育出版社,2003.
[22] 魏小安,等.中国旅游业新世纪发展大趋势[M].广州:广东旅游出版社,1999.
[23] 张凌云.大众的"新旅游",还是新的"大众旅游"?[J].旅游学刊,2002(6).
[24] 广西壮族自治区旅游局,等.旅游业对国民经济贡献率研究[M].北京:中国旅游出版社,2004.
[25] 闫敏.旅游业与经济发展水平之间的关系[J].旅游学刊,1999(5).
[26] [法]罗贝尔·朗卡尔.旅游和旅行社会学[M].陈立春,译.北京:商务印书馆,1997.
[27] 杨慧,等.旅游、人类学与中国社会[M].昆明:云南大学出版社,2000.
[28] [美]曼昆.经济学原理[M].梁小民,译.北京:北京大学出版社,1999.
[29] [美]保罗·萨缪尔森,等.经济学(第16版)[M].萧琛,译.北京:华夏出版社,1999.
[30] [美]斯蒂格利茨.经济学[M].高鸿业,等,译.北京:中国人民大学出版社,1997.
[31] 宋承先.西方经济学名著提要[M].南昌:江西人民出版社,1998.
[32] 杨德明.当代西方经济学基础理论的演变——方法论和微观理论[M].北京:商务出版社,1988.
[33] 卢现祥.西方新制度经济学(修订本)[M].北京:中国发展出版社,2003.
[34] 方福前.公共选择理论——政治的经济学[M].北京:中国人民大学出版社,2000.
[35] [美]詹姆斯·布坎南.同意的计算——立宪民主的逻辑基础[M].陈光金,译.北京:中国社会科学出版社,2000.
[36] [美]塞缪尔·亨廷顿.文明的冲突与世界秩序的重建[M].周琪,等,译.北京:新华出版社,1998.
[37] [美]阿尔温·托夫勒.第三次浪潮[M].朱志焱,等,译.上海:三联书店,1983.
[38] [美]约翰·奈斯比特.大趋势:改变我们生活的十个新趋向[M].孙道章,等,译.北京:新华出版社,1984.
[39] [美]B.约瑟夫·派恩,等.体验经济[M].夏业良,等,译.北京:机械工业出版社,2002.
[40] [德]汉斯·波塞尔.科学:什么是科学?[M].李文潮,译.上海:三联书店,2002.
[41] Samuel P Huntington. The Clash of Civilizations? Foreign Affairs[M]. Summer,1993.
[42] Valene L Smith. Host and guests[M]. University of Pennsylvania Press, 1989.
[43] Frances Brown. Tourism Reassessed Blight or blessing?[M]. Butterworth – Heine-

mann, 2000.

[44] Peter M Burns. An Introduction to Tourism and Anthropology[M]. Routledge, 1999.

[45] Colin Michael Hall. Tourism and Politics, Policy, Power and Place[M]. Wiley, 1994.

[46] Appadurai A, etc. Cultural Dimensions of Globalization, Minneapolis[M]. University of Minnesota Press, 1996.

[47] C R Goeldner, etc. Tourism: Principles, Practices, Philosophies[M]. Wiley, 2003.

[48] Dimitri Ioannides, etc. The Economic Geography of the Tourist Industry – A Supply – side Analysis [M]. Routledge, 1998.

[49] M Thea Sinclair, etc. The Economics of Tourism[M]. Routledge, 1998.

[50] Peter E Murphy. Tourism: a community approach[M]. Methuen & Co. Ltd., 1985.

[51] Chris Cooper, etc. Tourism: Principles and Practice[M]. Longman, 2000.

[52] Peter M Burns. An Introduction to Tourism and Anthropology[M]. Routledge, 1999.

[53] Peter M Burns, etc. Tourism: a new perspective[M]. Prentice Hall, 1995.

[54] Chris Ryan. The Tourist Experice: A New Introduction[M]. Cassell, 1998.

[55] John Urry. The Tourist Gaze[M]. SAGE, 2002.

原载于《旅游学刊》2004 年第 3 期,第 19 卷

走出混沌:旅游学科的归属与性质探索

张凌云

一、问题的提出

2009年国务院下发了《关于加快发展旅游业的意见》(国发〔2009〕41号),将旅游业定位为"国民经济的战略性支柱产业和人民群众更加满意的现代服务业",这是自改革开放30多年来首次从国家战略层面对旅游业给出的明确定位。但旅游学科的地位却与此大相径庭,其学科归属一直飘忽不定,尽管不少专家学者都肯定于光远(2005)对于"旅游是经济性很强的文化事业,也是文化性很强的经济事业"这一著名的经济文化"二元论"观点。但在教育系统内,旅游学科却一直在经济学与管理学之间徘徊游走。近日,教育部又酝酿拟将旅游管理从工商管理中分离出来,置于新设的"服务业管理"(一级学科)项下,这是关于旅游学科归属的又一次调整,从旅游学科归属的几经"改换门庭",可以从一个侧面反映出当下旅游学科的境遇。

二、迷茫与混乱:旅游学科的分类归属

目前,对于旅游学科在社会学科中的归属与分类,可谓众说纷纭,莫衷一是,在旅游学术界内没有公认一致的学术意见,只能在教学和科研管理工作实践上找到一些与此相关的管理文件和工作标准。

(一)《学位授予和人才培养学科目录》

这是由国务院学位委员会办公室(简称"国务院学位办")于2011年颁布的,是在1997年《授予博士、硕士学位和培养研究生的学科、专业目录》(简称《专业目录》)和1998年《普通高等学校本科专业目录》的基础上修改而成。自1997年后,取消了旅游经济学,将旅游管理归入管理学学科门类(代码12)中工商管理(business administration)一级学科下的二级学科(见表1)。这个目录对于旅游学科的影响最大,涉及高校旅游专业的学科建设、教学科研、职称评定、招生就业、学位授予等多个方面。但随着国家社会经济的发展,产业结构调整,以服务业为特征的第三产业越来越受重视,尤其是国务院41号文件,将旅游业定位于"现代服务业"后,教育部正在酝酿和讨论将设立"服务业管理"(而非现代服务业管理)一级学科,这一方案将旅游与文体休闲、商务会展、电子商务等二级学科整合在同一学科门类下,但并未涵盖服务业的其他分支领域(见表2)。仅从旅游行业的应用性看,这一方案较之前一版方案似乎更为合理些。但也有旅游类院校担心由于长期以来我国传统文化中服务业的社会地位较低,将"服

务业管理"作为一级学科,对于旅游学科高端人才培养,以及招生、就业等方面造成不利影响。

表1 国务院学位办《专业目录》中旅游学科的归属

学科门类	一级学科名称	二级学科名称
12 管理学	1201 管理科学与工程	
	1202 工商管理	120201 会计学
		120202 企业管理
		120203 旅游管理
		120204 技术经济及管理
	1203 农林经济管理	
	1204 公共管理	
	1205 图书馆情报与档案管理	

资料来源:国务院学位委员会办公室,2011。

一般认为,工商管理学是研究营利性组织经营活动规律以及企业管理的理论、方法与技术的科学。这意味着旅游管理主要是研究旅游企业管理的理论、方法与技术。显然,这大大缩小了旅游学科的研究对象和领域,漠视了旅游活动和现象所具有的社会性、文化性特点。至于"服务业管理"虽然与"工商管理"在研究范围和对象上有所差异,但仍没有超越其产业经济或企业管理属性的范畴。这种制度性的学科安排,人为割裂了旅游学科与其他人文学科之间的亲缘关系,消解了旅游现象研究与管理学以外的人文学科如社会学(人类学)、地理学、心理学、行为学等之间的逻辑关系,缩窄了旅游学的概念范畴和研究领域,不仅大大削弱了旅游在宏观经济上的功能,也不利于社会效益的发挥。要改变目前旅游学科寄居在"工商管理"下的尴尬困境,需要建构起符合学科规范的相对独立的知识体系结构,具有本学科固有的研究对象,确定的研究范围,独特的研究命题和术语体系,较为成熟的研究方法和"范式",明确的研究目的和目标,脉络清晰的学科分支谱系。

表2 普通高等学校本科专业目录中拟增加的服务业管理部分[1]

专业代码	学科门类、专业类、专业名称	原专业代码	原学科门类、专业类、专业名称
11	学科门类:管理学	11	学科门类:管理学
1108	服务业管理类		

续表

专业代码	学科门类、专业类、专业名称	原专业代码	原学科门类、专业类、专业名称
110801	电子商务[2]	110209W	电子商务
		020112W	网络经济学
		110216H	电子商务及法律
110802K	旅游管理	110206	旅游管理
		040331W	旅游管理与服务教育
		090302	森林资源保护与游憩（部分）
110803	酒店管理	110218S	酒店管理
110804	物业管理	110212S	物业管理
110805	文化产业管理[3]	110310S	文化产业管理
110806	会展经济与管理	110311S	会展经济与管理
110807M	体育经济与管理	020113W	体育经济
		110316S	体育产业管理

注：1.本方案为征求意见修改稿（第二稿）；2.可授管理学、经济学、工学学位；3.可授管理学、艺术学学位。

（二）"现代服务业"分类中的旅游业

所谓"现代服务业"只是我国特有的提法，在国外尚不多见。在我国，"现代服务业"一词最早出现在1997年9月中国共产党第十五次全国人民代表大会报告中，在之后召开的中央经济工作会议上又提出，"既要改造和提高传统服务业，又要发展旅游、信息、会计、咨询、法律服务等新兴服务业"。2000年10月，十五届五中全会上关于"十五"计划的建议中，明确提出"要大力发展现代服务业，改造和重组传统服务业，明显提高服务业增加值占国内生产总值的比重和从业人员占社会从业人员的比重"。2002年3月，全国人大九届五次会议的政府工作报告中提出"要积极发展第三产业特别是现代服务业"。2002年11月，中共第十六次代表大会的报告中提出，"加快发展现代服务业，提高第三产业在国民经济中的比重"，使得"现代服务业"成为我国产业发展政策中的一个正式提法（晁钢令，2004；周先旺，2011）。

在"十六大报告名词解释"中对"现代服务业"的解释是："现代服务业是指那些不生产商品和货物的产业，主要包括信息、金融、会计、咨询、法律服务等行业，大体相当于现代第三产业。"（晁钢令，2004）然而，目前理论界还未对现代服务业的准确概念和范围取得一致认识。

事实上，国外并无"现代服务业"这一术语，但有相应的其他概念；同时，国内也有学者采用其他对应的相关概念。国际上在20世纪90年代曾将服务业划分为传统服务业和知识密集型服务业(knowledge - intensive business service, KIBS),其中知识密集型服务业和国内的现代生产性服务业在内涵和外延上比较接近(任英华,2011)。

美国学者倾向于使用"知识型服务业"(knowledge - based service industry)来描述现代服务业;经济合作与发展组织(OECD)国家将信息服务业(包括通信)、金融服务业、教育服务业、专业技术服务业、健康保健服务业等五大类列为知识密集型服务业,又称战略性服务业,它是知识经济时代背景下成长最快的产业,这一划分为我国提出"现代服务业"的概念提供了参考(周先旺,2011);欧洲学者倾向于使用"知识密集型服务业"(knowledge - intensive business service,KIBS),知识密集型服务业指其主要的投入和产出要素是知识的服务,知识密集型服务业中的人员、知识、关系、经验和能力是其重要的无形资产(高新民、安筱鹏,2010)。

现代服务业主要包括金融业、保险业、房地产业、咨询业、信息服务、科技开发、商务服务、教育培训等为生产、商务活动和政府管理而非直接为最终消费提供的服务(来有为、苏爱珍,2004)。

我国学者高新民和安筱鹏(2010)给出了一个现代服务业的分类方案(见表3),该方案将现代服务业分为:基础服务业、生产性服务业、个人消费服务业和公共服务业四个大类。这个分类体系较为全面完整,层次结构分明,特别是将公共服务业单列一类,体现出我国服务业研究领域的"现代性"特征。但美中不足的是,在个人消费服务业项下的内容太少,缺项较多。如餐饮、休闲、娱乐、健身、养生、户外运动等内容均无涉及。

由此可见,现代服务业的体系也非常庞杂,旅游业在这个分类中,也仅被置于"个人消费服务业"项下,与连锁商品销售、数字内容产业同属一类。但这个方案对于旅游业的理解过于狭窄,没有将诸如商务旅游、会展和奖励旅游等旅游业态包括其中。此外,经济合作与发展组织(OECD)将知识密集型服务业分为七类:信息服务业、研发服务业、法律服务业、金融服务业、市场服务业、工程性服务业、管理咨询业等,但旅游业并不是其中的一个独立类型(任英华,2011)。

表3 现代服务业的分类

大类	第一级分类	第二级分类
基础服务业	通信服务业	基础电信服务
		广播电视服务
	信息技术服务业	计算机服务
		软件服务
		ISP
		网络数据库

续表

大类	第一级分类	第二级分类
生产性服务业	现代金融业	现代银行服务业
		现代证券服务业
		现代保险服务业
		其他金融活动
	现代物流业	数码仓库
		配送中心
		第三方物流
		配送服务
	现代商业	电子商务
		连锁商业服务
		其他商业服务
	专业服务业	法律服务
		会计服务
		管理及科技咨询服务
个人消费服务业	个人消费服务业	连锁商品销售
		数字内容产业
		旅游业
公共服务业	公共服务业	公共医疗
		公共教育
		社区服务
		电子政务

总之,无论是我国的"现代服务业",还是西方的"知识密集型服务业"或"知识型服务业",旅游业在这一行业分类中的地位并不突出。

（三）国家标准《学科分类与代码》

国家标准《学科分类与代码》（GB/T 13745—2009）是由中国标准化研究院和中国科学院联合起草的，于1992年首次发布，2009年第一次修订，主要应用于基于学科的信息分类。在这个国家标准中，旅游学科没有被归入管理学，而是分别置于经济学（二级学科：旅游经济学）和地理学（三级学科：旅游地理学）项下（见表4）。

表4 《学科分类与代码》中旅游学科的归属

门类（代码）	一级学科（代码）	二级学科（代码）	三级学科（代码）
E.人文与社会科学（710~910）	经济学（790）	旅游经济学（79067）	旅游经济学理论（7906710）
			旅游经济管理学（7906720）
			旅游企业管理学（7906730）
			旅游事业史（7906740）
			旅游经济学其他学科（7906799）
A.自然科学（110~190）	地球科学（170）	地理学（17045）	旅游地理学（1704539）

资料来源：《学科分类与代码》（GB/T 13745—2009）。

在国家标准《学科分类与代码》（GB/T 13745—2009）中，旅游地理学是2009版新增加的，但在其他一级学科或学科群下均未出现旅游学的分支学科，如心理学（190）下未列旅游心理学，社会学（840）下未列旅游社会学，民族学与文化学（850）下未列旅游民族学、旅游人类学或旅游文化学等。

（四）《中国图书分类法》（1999年版）

原称《中国图书馆图书分类法》，是我国目前国内图书馆使用最广泛的图书（文献）分类体系，简称《中图法》，初版于1975年，最新版是于2010年修订的第5版。《中图法》对各学科学术研究发表的成果进行分类，主要用于图书编目和检索，无法反映学科发展的最新动态。尽管如此，鉴于《中图法》在出版业界、图书馆界有着广泛的影响力，这也可以视作是一种学科分类的参考方案。

《中图法》共有5个基本部类及下设的22个大类，但在《中图法》中没有"管理学"和"工商管理"类别，而是在"F 经济学"大类下的"F2 经济计划与管理"中列有"F27 企业经济（其中有"F270.7 企业现代化管理"等）。而旅游学科则归属于经济学（F）之下的"F5 交通运输经济"的亚类——"F59 旅游经济"，可见，在《中图法》中，旅游学科的地位要高于工商管理（见表5）。

表 5 《中图法》中旅游学科的位置与分类

大类	一级分类	一级(亚类)	二级分类	三级分类	四级分类
F 经济学	……				
	F4 工业经济	F49 信息产业经济(总论)			
	F5 交通运输经济	F59 旅游经济	F590 旅游经济理论与方法	F590.1 旅游规划与管理体制	
				F590.3 旅游事业建设与发展	
				F590.6 旅游企业组织与管理	F590.63 旅游服务业务
					F590.65 旅游企业
					F590.66 旅游财务管理
				F590.7 各类型旅游	
				F590.8 旅游市场	
			F591 世界旅游事业	F591.9 旅游事业史	F591.99 旅游经济地理
			F592 中国旅游事业	F592.0 方针政策及其阐述	
				F592.1 规划与管理体制	
				F592.3 旅游事业建设与发展	
				F592.6 旅游企业组织与管理	
				F592.7 地方旅游事业	
				F592.9 旅游事业史	F592.99 旅游经济地理
			F593/597 各国旅游事业		
	F6 邮电经济				
	……				

资料来源:《中国图书馆图书分类法》,1999。

（五）《〈复印报刊资料〉分类指南》（第一版）

《复印报刊资料》是由中国人民大学书报资料中心出版的，该中心成立于1958年，目前编辑出版的纸质期刊有148种，其中"复印报刊资料"系列期刊118种，分为五个大类，在学术界颇具影响力。其中经济、管理类的系列期刊有30种，在这30种中就有《旅游管理》《企业管理研究》（但没有《工商管理》）。《旅游管理》的前身是1982年创刊的《旅游经济》，2000年改为现名，出版方认为，《旅游管理》是属于"直接与人文社会科学有关学科相对应的学术类专题期刊"。从《〈复印报刊资料〉分类指南》（见表6）中我们还是可以看出该分类方案受《中图法》影响的痕迹较深，也是除"旅游学"教科书之外，关于旅游学科分类中内容最为齐全、涉及范围最广的方案。尽管这一分类是基于图书情报和文献编目，但对于旅游学科建设仍有一定的参考作用。

表6 《〈复印报刊资料〉分类指南》中旅游学科的归属与分类

一级分类	二级分类	三级分类	四级分类
F9 旅游管理	F9.1 总论	9.11 基础理论研究与方法	
		9.12 学科建设与人才培养	
		9.13 旅游与相关学科关系	
		9.14 其他	
	F9.2 旅游业建设与发展	9.21 方针、政策及其阐述	
		9.22 法律、法规及其阐述	
		9.23 行业标准化	
		9.24 旅游业发展概况	9.241 发展战略
			9.242 区域旅游发展
			9.243 社区旅游发展
		9.25 旅游服务与安全	
		9.26 旅游信息化建设	
		9.27 旅游统计	
		9.28 旅游新业态发展	
			9.291 各类大型旅游活动
	F9.3 旅游经济	9.31 综合论述	
		9.32 旅游产业规模与结构	
		9.33 旅游者需求研究	
		9.34 休闲制度与闲暇时间	

续表

一级分类	二级分类	三级分类	四级分类
F9 旅游管理	F9.3 旅游经济	9.35 旅游消费	
		9.36 旅游就业	
		9.37 旅游扶贫	
		9.38 旅游市场	9.381 综合论述
			9.382 旅游客源市场
			9.391 旅游服务贸易
			9.392 旅游对外投资与跨国经营
			9.393 旅游金融与保险
	F9.4 旅游资源开发与管理	9.41 综合论述	
		9.42 旅游资源	9.421 旅游资源评价
			9.422 旅游资源规划
			9.423 旅游资源开发与保护
			9.424 遗产旅游开发与保护
		9.43 旅游行业管理	
		9.44 旅游设施	
		9.45 旅游产品	9.451 大众旅游产品
			9.452 利基旅游产品
			9.453 产品市场开发
		9.46 旅游节事管理	
		9.47 旅游目的地管理	
		9.48 旅游服务质量管理	
			9.491 旅游地社区参与
	F9.5 旅游企业组织与管理	9.51 综合论述	
		9.52 旅行社管理	
		9.53 住宿业管理	
		9.54 餐饮管理	
		9.55 景区管理	

续表

一级分类	二级分类	三级分类	四级分类
F9 旅游管理	F9.5 旅游企业组织与管理	9.56 旅游购物管理	
		9.57 旅游交通管理	
			9.581 旅游网站管理
			9.582 其他
	F9.6 地方旅游发展概况		
	F9.7 比较研究	9.71 中外比较	
		9.72 国外旅业发展	9.721 综合论述
			9.722 各国旅游发展概况
	F9.8 学术动态和书评	9.81 学术会议	
		9.82 人物访谈	
		9.83 书评	

资料来源:《〈复印报刊资料〉分类指南》(第一版),2010。

上述对旅游学科(或旅游业)的不同分类方案,既有将其列入经济学、管理学项下的,也有将其列入地理学项下的,但都不是以"旅游学"的名义出现的,而是分别以旅游经济学、旅游管理(旅游管理学)和旅游地理学等分支学科作为旅游学科的代名词,这些分支学科又往往被片面地拿来代表整个旅游学科,从而造成旅游学科的"四处游荡"。并且从学科的地位看,近年来呈逐渐下降趋势,有被逐步边缘化之虞,这与我国蓬勃发展的旅游业大势相悖。

三、苍白与虚无:旅游学科的学术基础

毋庸置疑,旅游学科当下面临的这种尴尬境遇主要是由旅游学科的学术基础较弱,作为旅游学科的母学科——"旅游学"并不成熟所致。确切地说,旅游还没有发展成一门相对独立的学科。"旅游学"一词也只存在于《旅游学概论》之类的教材中,在一般旅游文献中更多出现的是旅游经济学、旅游地理学、旅游社会学、旅游人类学、旅游心理学等分支学科,而且大多数学者认为这些分支学科的母学科并不是旅游学,而是经济学、地理学、社会学、人类学、心理学等,是这些学科在旅游领域的应用,他们并不认为这些学科是与旅游学的交叉学科。总之,作为旅游学科的基础——旅游学,还不如旅游经济学、旅游地理学和旅游管理学等为主流学术圈所认同。在学术界和教学科研领域,往往以旅游学科来代称旅游学。

旅游学能否成为一门独立的学科,取决于其能否构成一个相对独立的知识体系。学科是科学知识体系的分类,不同学科就是不同的科学知识体系。一般认为,构成一门独立学科须满足以下三个基本条件:

(1)具有独特的、不可替代的研究对象或研究领域。

(2)具有特有的概念、原理、命题、规律等所构成的严密的逻辑化的理论体系(知识体系)。

(3)具有一定的学科知识产生方式和研究范式,即方法论。

因此,如果旅游要成"学"的话,必须要从纷杂的旅游活动和旅游现象中寻找到其本质,界定其独特的、不可替代的研究对象或研究领域;形成一套具有特有的概念、原理、命题、规律等所构成的严密的逻辑化的理论体系(知识体系),并建立起由个别到一般、由经验到理论的研究范式。旅游学的学科构建能否符合上述这些条件和要求是旅游成"学"的前提,也是关系到旅游学学科地位的关键。

"旅游"表面上是一个普通民众都很容易理解的词汇,但事实上,"旅游"一词在日常语境里和专业领域里含义不尽相同。在日常语境里,旅游基本上就是外出游玩的同义词,但在旅游学研究中,"旅游"一词的内涵更为复杂多样,一般包含(但不限于)下列几种情形:

(1)旅游是人们基于某种动机和心理需要的自主消费行为。

(2)旅游是游客离家外出游玩到行程结束回家期间的活动总称。

(3)旅游是为满足游客需要而提供的产品和服务,以及由此形成的产业。

(4)旅游是一种普适的社会现象。

这也就是说,"外出旅游"(活动)、"学习旅游(专业)"、"从事旅游(工作)"和"大众旅游"(现象)等说法在内涵上有差异。而旅游学科研究的"旅游"究竟是指什么,"旅游"在专业领域里与日常语境下的差异在哪里,这关系到旅游学科是否存在独特的、不可替代的研究对象。

(一)"旅游"的学科含义和科学定义

1. 国际学术界的流行定义

据美国旅行资料中心(U. S. Travel Data Center)20 世纪 70 年代初对收集到的 80 种研究报告统计,对于旅游及旅游者的相关定义就达 43 种之多(Cook,1975)。目前国际旅游学界对于旅游仍无统一的定义,国内学者曾综述过国际上 32 种较为流行和较有代表性的定义(张凌云,2008)。

(1)瑞士学者亨齐克和克拉普夫(Hunziker & Krapf,1942)认为,旅游是非定居的旅行和短暂停留而引起的一切现象和关系的总和。这种旅行和逗留不会导致长期居住或从事任何赚钱活动。1970 年,这一定义被旅游科学专家国际联合会(association internationale d'experts scientifiques du tourisme)采纳,故又称为"艾斯特"(AIEST)定义。

(2)1950 年,奥地利维也纳经济大学(VUEBA)旅游研究所对旅游下的定义是,旅游可以理解成是暂时在异地的人的闲暇时间活动,主要是出于修身养性;其次是获取教益、增长知识和扩大交际;再次是参加各种各样的有组织的活动,以及改变与此相关利益方的关系和作用。

(3)1963 年,在罗马举行的联合国旅行和旅游会议(罗马会议)首次通过了国际旅游者的定义,即旅游者是到一个国家逗留至少 24 小时的游客,其目的是为了休闲或者商务。从中也可窥见隐含的旅游概念。

(4)美国学者马西森和沃尔(1982)认为,旅游包括人们离开惯常的工作和居住环境去往其他目的地的移动、人们在目的地所进行的所有活动以及能满足他们这些需求的设施这三个方面的内容。

(5)世界旅游组织(WTO,1991)对旅游下的定义是,一个人旅行到一个其惯常居住环境以外的地方并逗留不超过一定限度的时间的活动,这种旅行的主要目的是在到访地从事某种不获得报酬的活动。

(6)美国旅游学者格德纳和里奇(2005)将旅游定义为,在吸引和接待旅游和访客过程中,由游客、旅游企业、当地政府、当地居民相互作用而产生的现象与关系的总和。

从这些定义中,可以看出国际上关于旅游的定义分成学术定义和工作定义两大类:即概念性(conceptual definition)或学术性定义和技术性或操作性定义(technological definition,主要是出于统计工作的需要);还可以分为广义定义和狭义定义两大类:即宏观地将旅游看成是一种因人际交往而产生的社会现象(由此引发的现象和关系的总和)和微观地将旅游看成是一种纯个人的一种休闲方式或一项经济产业。事实上,旅游本身就具有经济属性、文化属性和社会属性等多种属性。"旅游"一词的概念是多义的,如何对旅游下定义,取决于学者研究的需要和研究的角度。这就是说,旅游定义还取决于下定义学者的学术背景和研究目的,这也是一种研究者的"路径依赖"。目前我国社会甚至是整个学术界,对于旅游的认识还只是将其狭义地看作是服务业,这大约相当于西方学术界所说的饭店业(hospitality)[①]概念,而这只是旅游的一个部分,远不是全部。

2. 我国学者的定义

虽然我国对旅游学的研究起步较晚,但发展较快,据不完全统计,近 20 年我国出版的各级各类以"旅游学"为核心词命名的教材达到 83 种之多,这还不包括未加"学"字的各种《旅游概论》教材。其中,影响较大的旅游学概论类教材有:李天元的《旅游学概论》(已出第六版)、王洪滨的《旅游学概论》(已出第二版)、马勇等的《旅游学概论》(已出第二版)和谢彦君的《基础旅游学》(已出第三版)等几种。在这些较有代表性的教材中对于旅游的定义,有的是直接引用某个西方学者的定义,也有的是在借用的基础上改写西方学者的定义,有的教材在再版时也对早期版本中的定义不断做出

---

① 目前在旅游学界习惯上,将 hospitality 译成饭店业,本书在多数场合下也采用这一译法,但也有个别地方,按照语境译成接待业。

修正。

（1）邓观利（1994）认为,旅游是在一定的社会经济条件下产生的一种社会经济现象,是人们离开常住地大规模流动,以寻求新的物质精神生活和新的业务联系为目的的旅行,是暂时居留而不导致定居和就业所引起的相互作用的一切现象和关系的总和。

（2）田里和薛群慧（1994）认为,旅游是人们带有游览目的的非定居性和暂时停留中所进行的物质和精神活动的总和。

（3）杨时进和沈受君（1996）认为,旅游活动是以一定的经济、社会存在和发展作为依托,由旅游主体、旅游客体和旅游媒体互为条件,相互作用所产生的诸般现象和关系的总和。

（4）董玉明和王雷亭（2000）认为,旅游是在一定的社会经济条件下产生的一种社会经济现象,是以满足人们休息、消遣、娱乐和文化需要为主要目的的非定居者的旅行、暂时居留所引起的一切现象和关系的总和。

（5）张华容等（2002）认为,旅游是一种满足人类社会基本需要的文化现象,同时也是一种经济现象和政治现象。

（6）马勇和周霄（2003）认为,旅游是人们出于主观审美、娱乐和社会交往等非就业性目的,暂时离开自己的常住地到旅游目的地进行的一年以内的短期外出访问所引起的一切现象和关系的总和。

（7）王德刚等（2004）认为,旅游是人们离开自己的常住地,到异地做暂时停留或访问所经历的特殊生活过程。

（8）李冠瑶和刘海鸿（2005）认为,旅游是人们出于和平的目的,离开常住地到异国他乡访问的旅行并暂时居留所引起的现象和关系的总和。

（9）李肇荣和曹华盛等（2006）认为,旅游是人们在自由支配时间内,出于移民和就业以外的原因,离开常住地到异国他乡访问的旅行访问和暂时停留,并由此所引起的现象和关系的总和。

（10）何丽芳和贺湘辉等（2006）认为,旅游是指人们离开常住地,前往异地的旅行体验和暂时逗留活动,以及由此所引起的各种现象和关系的总和。

（11）陶汉军（2006）给旅游下的定义是,从本质上讲,旅游是一种通过个人行为表现的社会经济文化活动。

（12）安应明等（2007）认为,旅游是非本地居民（游客）暂时离开自己的住地,前往旅游目的地以及逗留期间的各种活动,它是现代社会的一种特殊生活方式,具有暂时性、异地性和享受性的特点。

（13）王兆明等（2007）认为,旅游是现代社会居民的一种去异地、短期的休闲享乐生活（这种生活不会导致定居和就业）,以及因旅行和逗留所引起的各种现象和关系的总和。

（14）冯霞敏和倪路梅等（2007）认为,旅游是人类出于就业和定居以外任何目的到异国他乡旅行所引起的各种行为和关系的总和。

（15）李云霞和李洁等（2008）认为，旅游是人们离开居住地前往目的地，出于非营利目的，在目的地做短暂停留（不超过一年）而引起的各种现象与关系的总和。

（16）周武忠等（2009）认为，旅游是人们出于移民和就业以外的原因，离开常住地到异国他乡的非定居性旅行和暂时性停留，以及由此产生的一切现象与关系的总和。

（17）李天元（2009）按照中文表述习惯，改进了"艾斯特"定义："旅游"是人们处于移民和就业之外的其他原因，离开自己的惯常环境前往异国他乡的旅行和逗留活动，以及由此引起的现象和关系的总和。

（18）王洪滨和高苏（2010）认为，旅游是人们离开常住地到异国他乡的旅行和暂时停留所产生的审美、社交、求知等综合性休闲活动的总和。

（19）申葆嘉（2010）对"艾斯特"定义进行了修正：旅游是主客体在线点空间互动中导致的关系和现象的总和；这些游客不会谋求永久居留，并且不利用旅游从事任何赚钱活动。

（20）谢彦君（2011）给出的概念性定义是，旅游是个人利用其自由时间并以寻求愉悦为目的而在异地获得的一种短暂的休闲体验。

我国学者的定义基本上是因袭西方学者的定义，多数采用"艾斯特"定义的范式，即"现象与关系的总和"，但有些学者是从旅游动机和旅游目的来定义的，有的将旅游定义为"过程"（如定义7），也有的定义为"体验"（如定义20），还有的定义为文化活动（如定义11）以及文化现象、经济现象和政治现象（如定义5）等。

（二）旅游学的研究对象和学科性质

目前我国旅游学概论教科书中对于旅游学研究对象的较有代表性的表述，约有如下10多种，归纳来看，可分为矛盾说、关系—现象说和三要素说等三大类。

1. 矛盾说

持有该看法的学者认为，旅游学的研究对象主要是旅游活动中的各种内在矛盾，较有代表性的表述有：

（1）董玉明和王雷亭（2000）：旅游学是以世界范围为统一整体，以一定的社会经济条件为基础，研究旅游活动和由这一活动所引起的多种关系与其矛盾运动规律的学科。

（2）张立明和敖荣军（2003）：旅游学就是以各种旅游活动为背景，将旅游作为一种综合的社会现象，研究旅游活动过程中的各种内在矛盾，解释这种矛盾运动的规律性的一门科学。

（3）何丽芳和贺湘辉等（2006）：旅游学的研究对象是旅游活动的内在矛盾，旅游学的任务是要通过研究来认识这种矛盾的性质及其运动规律和它所产生的各种外部影响。

（4）陶汉军（2006）：旅游学是以世界范围的旅游活动为背景，将旅游作为综合的社会现象，研究出游期望与旅游产品效用之间矛盾运动规律的一门科学。

(5)马勇和周霄(2008):旅游学是将旅游作为一种综合的社会现象,以其所涉及的各项要素的有机整体为依托,以旅游者活动和旅游产业活动在旅游运作过程中的内在矛盾为核心对象,全面研究旅游本质属性、运行关系、内外条件、社会影响和发生发展规律的新兴学科。

(6)谢彦君(2011):旅游学的研究对象是旅游活动的内在矛盾及其表现,通过研究来认识这种矛盾的性质及其发生原因、形态结构、运动规律和它所产生的各种外部影响。

2. 关系—现象说

持有该观点的学者认为,旅游学的研究对象主要是旅游活动中的各种关系和现象,较有代表性的表述有:

(1)杨时进和沈受君(1996):旅游学是反映旅游活动的最一般规律的科学,是旅游活动的实践经验的综合概括,也是哲学和相关学科的理论在旅游领域中的一个发展。其研究对象是构成全部旅游活动的诸要素和关系及其运行中的规律性现象。

(2)刘伟和朱玉槐(2001):旅游学是研究人类旅游活动发生、发展的一般规律的科学,对旅游现象和各种关系进行研究。

(3)李冠瑶和刘海鸿(2005):旅游学研究的对象是旅游活动及其所引发的各种现象和关系,研究的内容是旅游活动、产生的关系及影响。

(4)申葆嘉(2010):旅游学是研究旅游运行规律,研究动态的旅游现象的一门学科,系统地解释旅游现象各种关系和现象之间的互动关系。

3. 三要素说

所谓"三要素"只是一个较为笼统的说法,不同的学者对"三要素"具体内容的理解也不尽相同,有的是指(旅游)主体、客体和媒体;也有的是指旅游者、企业和行业;还有的是指旅游者、旅游业和旅游地等。

(1)李肇荣和曹华盛(2006):旅游学以旅游现象为研究对象,具体是旅游活动和旅游业,重点是旅游三要素(旅游主体、旅游客体和旅游媒体)及其相互关系。概括地说,旅游学是研究人类社会的旅游活动和旅游业活动的产生、发展、结构及其相关联的各种矛盾运动规律的综合性边缘科学。

(2)王兆明等(2007):旅游学以"旅游产生与发展,旅游主体、客体和旅游业之间相互作用及其活动的最一般规律"为研究对象。

(3)董观志(2007):提出了三种旅游学概念:第一种是以旅游现象研究为基础的旅游学;第二种是以旅游系统研究为基础的旅游学;第三种是以旅游实证研究为基础的旅游学。

(4)周武忠等(2009):旅游学是一门旅游系统的一般规律的科学。旅游系统包含三个层次:第一层次是以游客为中心的旅游活动;第二层次是以企(事)业为中心的旅游产业;第三层次是以行业管理为中心的旅游事业。

(5)李天元(2009):旅游学是研究旅游者、旅游业以及双方活动对旅游接待地区社会文化、经济和环境之影响的科学。

此外,邓观利(1994)认为,旅游学是以世界范围为统一整体,以旅游的社会经济条件为特点,研究旅游的产生、发展及其活动规律的科学。显然,在上述这些旅游学研究对象的表述中,对于旅游的理解包含了旅游活动、旅游业、旅游现象等多层含义。

对于旅游学的学科性质定性因学者的学术背景和研究视角不同,认识也不同,主要有边缘学科、应用学科、社会学分支学科等多种理解。较有代表性的意见有:

(1)陶汉军(2006):旅游学是社会科学中一门由多种学科理论和知识交叉的边缘性应用学科。

(2)张华容等(2002):旅游学是一门跨学科的社会学分支学科。

(3)张立明和敖荣军(2003):一门由多种学科理论和知识交叉的边缘性应用学科。

(4)王德刚等(2004):旅游学是一门"综合性的边缘学科"。

(5)安应民等(2007):旅游学是一门由多种学科理论与知识交叉而形成的边缘性应用学科,也可以界定为跨学科的多学科交叉综合而形成的一个新兴学科。

(6)王洪滨和高苏(2010):旅游学是从旅游现象和其他学科(如旅游经济学、旅游管理学、旅游地理学和旅游心理学等)中抽象出来的、理论化的、高度概括了的社会科学。

此外,邓观利(1994)认为,旅游学是以世界范围为统一整体,以旅游的社会经济条件为特点,研究旅游的产生、发展及其活动规律的科学。显然,在上述这些旅游学研究对象的表述中,对于旅游的理解包含了旅游活动、旅游业、旅游现象等多层含义。

总之,多数学者认为,旅游学是属于社会科学领域里的边缘学科,具有跨学科、多学科交叉和综合性特点,但也有个别学者将其定位为一门独立的社会科学。

但是,尽管这些学者在《旅游学概论》教材中给出的"旅游学"定义学术性很强,但从其中大多数教材的体例、结构和内容看,并未构建出所谓的旅游学的学科体系,即未能构建"特有的概念、原理、命题、规律等所构成的严密的逻辑化的理论体系(知识体系)",更多是对组成旅游业各要素的描述或论述。目前国内一些所谓的《旅游学概论》其实就是《旅游业概论》,正是由于多数旅游学者将旅游简单地理解成旅游业(行业和产业),从而使旅游学科被归入"工商管理"学科门下。

四、结论与讨论

西方旅游学术界对于构建旅游学似乎不像我们这样迫切,在西方旅游学术研究中,一般都以案例和实证研究为主,是一种自下而上、以小见大、以点带面的经验研究,较少对旅游学科进行"顶层设计"式学科构建。这或许与中外教育制度不同有关。而我国旅游学者一直在努力尝试建立旅游学和旅游学科体系,例如谢彦君对于体验是旅游本质和旅游学"硬核"的研究;申葆嘉以"假设—命题—结论"的规范研究来探究旅游运行规律;张凌云(2008b,2009)对于"非惯常环境"下的体验是旅游本质的研究。

张凌云认为,对于纷乱复杂的旅游现象可以借鉴胡塞尔的现象学理论的一个核心方法,"现象学悬置(也译为悬搁)"(也就是"现象学还原"或"先验还原")将旅游现象中那些无关紧要的要素"悬置"起来。

如前所述,旅游的多义性反映出的是旅游概念的多层结构,旅游首先是一种人的基本生理需要(或生理欲求,但这种欲求满足与否,并不影响到人的生存和繁衍后代);其次,在这种需要支配下,可能付诸实施而产生的行为和活动;再次,随着科学技术的进步,社会财富的增加,当旅游活动的需求达到了一定规模后,就产生出的一系列提供和丰富这种活动的产业和系统;最后,由于人的频繁交往而造成人地关系(人与环境)、人群关系(主人与客人)发生变异的现象。

在这个概念的多层结构中,最基础的和最核心的是人的基本生理需要(或生理欲求),是构建旅游定义的关键。从第一层次看,旅游是人们一种短暂的生活方式和生存状态,是人们对于惯常的生活和工作环境或熟悉的人地关系和人际关系的异化体验,是对惯常生存状态和境遇的一种否定。这是旅游的本质和核心,由于社会经济发展水平不同,每个人的文化背景不同,社交圈不同,惯常活动范围不同,旅游动机和目的地的选择不尽相同。所谓"惯常的生活和工作环境或熟悉的人地关系和人际关系"在空间上并不限于居住区本地,与逗留时间也没有必然关系;从第二层次看,旅游是由于人的这种与生俱来的需要和行为得到满足和释放时,所产生的经济社会关系和现象的总和。简言之,我们将旅游看作是一种基于人自身的需要,而产生的一种普适的人文现象和生存状态。从深受现象学思潮影响的存在主义哲学来看,旅游也是一种"存在先于本质"。旅游作为一种人的自身基本需要,是与生俱来的,是先天的,并不因外界条件的变化而改变,对于现在学术界总结的旅游的种种性质和属性(例如经济性、文化性等),则是我们后天赋予的。旅游产生的历史要远先于旅游产业的存在。从人性的个体上看,我们可以推定,那时人们对于旅游的需求和体验(尤其是观光旅游)与今天的旅游者并没有本质上的差别,面对大自然的崇高和灿烂的文化艺术时,产生的审美和移情体验是基本相同的。社会经济的发展和科学技术的进步,只是使得旅游变得更加方便、更加廉价、更加舒适、更加大众化罢了。正如英国著名学者、作家查尔斯·P. 斯诺(1994)在《两种文化》(*Two Cultures*)一书中分析科学文化与人文文化的对立和区别时,曾提出过这样一个问题:科学文化的进步是谁都不会怀疑的,但人文文化的情况却并非如此。例如,很难说我们今天比莎士比亚时代的人更能理解莎士比亚,对于旅游体验也应是如此。

在非惯常环境下,旅游者的行为也有别于惯常环境,这是构建旅游学的基础,也使旅游学所具有独特的、不可替代的研究对象或研究领域。如旅游经济学就是研究在旅游者"非惯常环境下"产生的各种经济现象(有别于一般经济学研究);同样的,旅游社会学(或旅游人类学)是研究在"非惯常环境下"的旅游者与在"惯常环境下"当地居民之间可能产生的社会冲突(有别于一般社会学或人类学研究)等。

总之,只有将旅游现象看作是与政治现象(权力分配)、经济现象(资源分配)、贸易现象(互通有无)、宗教现象(精神寄托)、军事现象(武力征服)等一样的具有普适性的人文现象来研究,才有可能建立起一套具有特有的概念、原理、命题、规律等所构成的严密的逻辑化的理论体系(知识体系)和具有一定的学科知识产生方式和研究范式(方法论),从而最终构建起真正属于旅游学的学科体系。

参考文献

[1] 安应明.新编旅游学概论[M].北京:中国旅游出版社,2007.
[2] 查尔斯·P·斯诺.两种文化[M].纪树立,译.北京:三联书店,1994.
[3] 晁钢令.服务产业与现代服务业[M].上海:上海财经大学出版社,2004.
[4] 邓观利.旅游学[M].天津:天津人民出版社,1994.
[5] 董观志.旅游学概论[M].大连:东北财经大学出版社,2007.
[6] 董玉明,王雷亭.旅游学概论[M].上海:上海交通大学出版社,2000.
[7] 冯霞敏,倪路梅,等.旅游学概论[M].北京:科学出版社,2007.
[8] 高新民,安筱鹏.现代服务业:特征、趋势和策略[M].杭州:浙江大学出版社,2010.
[9] 何丽芳,贺湘辉,等.旅游学概论[M].北京:清华大学出版社,北京交通大学出版社,2006.
[10] 来有为,苏爱珍.中国现代服务业差距何在[J].科学决策,2004(07).
[11] 李冠瑶,刘海鸿.旅游学教程[M].北京:北京大学出版社,2005.
[12] 李天元.旅游学概论(第6版)[M].天津:南开大学出版社,2007.
[13] 李肇荣,曹华盛,等.旅游学概论[M].北京:清华大学出版社,2006.
[14] 李云霞,李洁,等.旅游学概论——理论与案例[M].北京:高等教育出版社,2008.
[15] 刘伟,朱玉槐.旅游学[M].广州:广东旅游出版社,2001.
[16] 马勇,周霄.旅游学概论[M].北京:旅游教育出版社,2008.
[17] 任英华.现代服务业集聚统计模型及其应用[M].长沙:湖南大学出版社,2011.
[18] 申葆嘉.旅游学原理——旅游运行规律研究之系统陈述[M].北京:中国旅游出版社,2010.
[19] 陶汉军.新编旅游学概论[M].北京:旅游教育出版社,2006.
[20] 田里,薛群慧.现代旅游学导论[M].昆明:云南大学出版社,1994.
[21] 王德刚,等.旅游学概论[M].济南:山东大学出版社,2004.
[22] 王洪滨,高苏.旅游学概论(第2版)[M].北京:中国旅游出版社,2010.
[23] 王兆明等.旅游学基础[M].北京:人民教育出版社,2007.
[24] 谢彦君.基础旅游学(第3版)[M].北京:中国旅游出版社,2011.
[25] 杨时进,沈受君.旅游学[M].北京:中国旅游出版社,1996.

[26] 于光远. 论普遍有闲的社会[M]. 北京:中国经济出版社,2005.
[27] 张华容,等. 现代旅游学[M]. 北京:旅游教育出版社,2002.
[28] 张立明,敖荣军. 旅游学概论[M]. 武汉:武汉大学出版社,2003.
[29] 张凌云. 国际上流行的旅游定义和概念综述——兼对旅游本质的再认识[J]. 旅游学刊,2008a(23).
[30] 张凌云. 旅游学研究的新框架:对非惯常环境下消费者行为和现象的研究[J]. 旅游学刊,2008b(23).
[31] 张凌云. 非惯常环境:旅游核心概念的再研究[J]. 旅游学刊,2009(24).
[32] 周先旺. 现代服务业知识(上册)[M]. 武汉:湖北人民出版社,2011.
[33] 周武忠,等. 旅游学概论[M]. 北京:化学工业出版社,2009.

原载于《中大管理研究》2012 年第 7 卷

我国旅游学研究现状与学科体系建构研究

张凌云

2009年国务院下发了《关于加快发展旅游业的意见》(国发〔2009〕41号),将旅游业定位为"国民经济的战略性支柱产业和人民群众更加满意的现代服务业",这一文件标志着我国新一轮旅游发展拉开了序幕。与片面追求规模效益和外延式扩张的发展方式不同,新一轮的旅游发展更加注重旅游业与其他产业的融合,注重应用信息技术和科技兴旅,注重旅游者的旅游体验质量,注重旅游业由传统服务业向现代服务业的转型升级。相比之下,旅游理论研究则相对滞后,尤其是旅游基础理论研究还很薄弱,其中最突出的例子莫过于"旅游学"。旅游学作为旅游学科大厦的重要地基,目前发展还很不成熟,"旅游学"这一名词仅出现于《旅游学概论》之类的教科书中,还不如旅游经济学、旅游地理学和旅游管理学成熟,甚至不为主流学术圈所认同,因此,旅游要成"学"还有待于广大旅游学人的齐心努力。旅游学能否成为一门独立的学科,取决于能否构成一个相对独立的知识体系。一般认为,学科是一种学术分类,指一定科学领域或一门科学的分支。学科分类一般是依据研究对象、研究特征、研究方法、学科的派生来源、研究目的和目标等五个方面来综合考量的,因此,旅游学的学科构建能否符合上述这些条件和要求,是旅游成"学"的前提,也是关系到旅游学学科地位的关键。目前我国高等学校本科教育专业按"学科门类"、"学科大类"(一级学科)、"专业"(二级学科)三个层次来设置。旅游学科主要是被列入"管理学"(学科门类)中"工商管理"(一级学科)下的"旅游管理"(二级学科)。这种制度性的学科安排,人为地割裂了旅游学科与其他人文学科之间的亲缘关系,消解了旅游现象研究与管理学以外的人文学科如社会学(人类学)、地理学、心理学、行为学等之间的逻辑关系,缩窄了旅游学的概念范畴和研究领域。将旅游现象研究局限在工商(企业)管理的范围内,不仅大大削弱了旅游在宏观经济上的功能,也不利于社会效益的发挥。要改变目前旅游学科寄居于"工商管理"下的尴尬境地,就需要建构起符合学科规范的相对独立的知识体系结构,具有本学科固有的研究对象、确定的研究范围、独特的研究命题和术语体系、较为成熟的研究方法和"范式"、明确的研究目的和目标、脉络清晰的学科分支谱系等。目前对于旅游学的研究仍属于探索初创阶段,即库恩所说的"前范式"阶段。据不完全统计,坊间以"旅游学"为主题词或关键词的概论性教科书多达80余种(不计海外著作和教材),内容涉及:旅游学研究对象;旅游学;各学科与旅游;旅游、旅游活动、旅游行为;旅游史;旅游者;旅游需求;旅游资源;旅游产品;旅游业;旅游景区;旅行社;旅游交通;饭店业;旅游商品;旅游娱乐;信息技术与旅游;旅游市场;旅游宣传、旅游营销;旅游区、旅游地;旅游影响;旅游组织;旅游发展趋势;旅游管理、法律、政策;旅游容量、可持续发展;旅游文化;旅游人力资源管理;旅游体验等(见图1)。

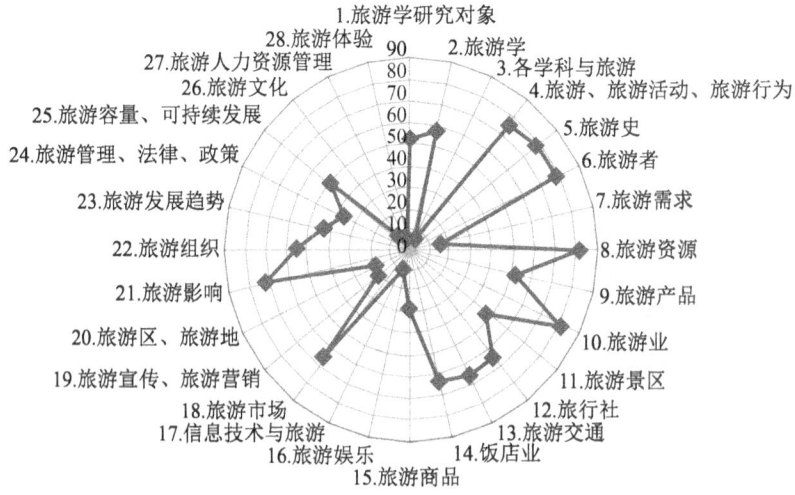

图1 已有"旅游学概论"类教材章节内容分布雷达图

已有的这些教科书多以旅游业概论为主,对于旅游学的学科建设探讨不多,这倒并非作者的疏忽,而是客观地反映了这门学科的现状。即使是西方的主流旅游教材,也与此大同小异。尽管如此,我们还是力求在旅游学研究的对象和内容、特点和范围等方面做些探索。

1 旅游学的研究对象和学科性质

1.1 研究对象

目前我国旅游学概论教科书中对于旅游学研究对象较有代表性的表述有10多种(见表1),归纳来看,可分为矛盾说、关系—现象说、三要素说等三大类。

表1 部分"旅游学概论"类教材对旅游学研究对象的表述

	教材名	作者	表述
1	旅游学概论	董玉明、王雷亭,2000	旅游学是以世界范围为统一整体,以一定的社会经济条件为基础,研究旅游活动和由这一活动所引起的多种关系与其矛盾运动规律的学科。
2	旅游学概论	张立明、敖荣军,2003	旅游学就是以各种旅游活动为背景,将旅游作为一种综合的社会现象,研究旅游活动过程中的各种内在矛盾,解释这些矛盾运动的规律性的一门科学,是一门由多种学科理论和知识交叉的边缘性应用学科。

续表

	教材名	作者	表述
3	旅游学概论	何丽芳、贺湘辉、等,2006	旅游学的研究对象是旅游活动的内在矛盾,旅游学的任务是要通过研究来认识这种矛盾的性质及其运动规律和它所产生的各种外部影响。
4	新编旅游学概论	陶汉军,2001	旅游学是社会科学中一门由多种学科理论和知识交叉的边缘性应用科学;是以世界范围的旅游活动为背景,将旅游作为综合的社会现象,研究出游期望与旅游产品效用之间矛盾运动规律的一门科学。
5	旅游学概论	马勇、周霄,2008	旅游学是将旅游作为一种综合的社会现象,以其所涉及的各项要素的有机整体为依托,以旅游者活动和旅游产业活动在旅游运作过程中的内在矛盾为核心对象,全面研究旅游本质属性、运行关系、内外条件、社会影响和发生发展规律的新兴学科。
6	基础旅游学（第3版）	谢彦君,2010	旅游学的研究对象是旅游活动的内在矛盾及其表现,旅游学的任务就是要通过研究来认识这种矛盾的性质及其发生原因、形态结构、运动规律和它所产生的各种外部影响。
7	旅游学	杨时进、沈受君,1996	旅游学是反映旅游活动的最一般规律的科学,是旅游活动的实践经验的综合概括,也是哲学和相关学科的理论在旅游领域中的一个发展。其研究对象是构成全部旅游活动的诸要素和关系及其运行中的规律性现象。
8	旅游学	刘伟、朱玉槐,2001	旅游学是研究人类旅游活动发生、发展的一般规律的科学,是对旅游的现象和各种关系的研究,也是一门新兴的边缘学科。
9	旅游学教程	李冠瑶、刘海鸿,2005	旅游学研究对象是旅游活动及其所引发的各种现象和关系,研究内容是旅游活动、产生的关系及影响。
10	旅游学原理	申葆嘉,2011	旅游学是研究旅游运行规律,研究动态旅游现象的一门学科,系统地解释旅游现象各种关系和现象之间的互动关系。
11	旅游学概论	李肇荣、曹华盛,2006	旅游学以旅游现象为研究对象,具体是旅游活动和旅游业,重点是旅游三要素(旅游主体、旅游客体和旅游媒体)及其相互关系。概括地说,旅游学是研究人类社会的旅游活动和旅游业活动的产生、发展、结构及其相关联的各种矛盾运动规律的综合性边缘科学。

续表

	教材名	作者	表述
12	旅游学基础	王兆明,2007	旅游学以"旅游产生与发展、旅游主体、客体和旅游业之间相互作用及其活动的最一般规律"为研究对象。
13	旅游学概论	董观志,2007	提出了三种旅游学概念:第一种是以旅游现象研究为基础的旅游学,第二种是以旅游系统研究为基础的旅游学,第三种是以旅游实证研究为基础的旅游学。
14	旅游学概论	周武忠,2009	旅游学是一门研究旅游系统一般规律的科学。旅游系统包含三个层次:第一层次是以游客为中心的旅游活动;第二层次是以企(事)业为中心的旅游产业;第三层次是以行业管理为中心的旅游事业。
15	旅游学概论(第6版)	李天元,2009	旅游学是研究旅游者、旅游业以及双方活动对旅游接待地区社会文化、经济和环境之影响的科学。
16	旅游学	邓观利,1994	旅游学是以世界范围为统一整体,以旅游的社会经济条件为特点,研究旅游的产生、发展及其活动规律的科学。

注:表中所列"表述"摘自于各教材的最新版本,个别"表述"在文字上略有技术性改动。

(1)矛盾说

持有该观点的学者认为,旅游学的研究对象主要是旅游活动中的各种内在矛盾。如董玉明、王雷亭(2000)认为:旅游学是以世界范围为统一整体,以一定的社会经济条件为基础,研究旅游活动和由这一活动所引起的多种关系与其矛盾运动规律的学科;张立明、敖荣军(2003)认为:旅游学就是以各种旅游活动为背景,将旅游作为一种综合的社会现象,研究旅游活动过程中的各种内在矛盾,解释这种矛盾运动的规律性的一门科学;何丽芳、贺湘辉等(2006)认为:旅游学的研究对象是旅游活动的内在矛盾,旅游学的任务是要通过研究来认识这种矛盾的性质及其运动规律和它所产生的各种外部影响;陶汉军(2006)认为:旅游学以世界范围的旅游活动为背景,将旅游作为综合的社会现象,研究出游期望与旅游产品效用之间矛盾运动规律的一门科学;马勇、周霄(2008)认为:旅游学是将旅游作为一种综合的社会现象,以其所涉及的各项要素的有机整体为依托,以旅游者活动和旅游产业活动在旅游运作过程中的内在矛盾为核心对象,全面研究旅游本质属性、运行关系、内外条件、社会影响和发生发展规律的新兴学科;谢彦君(2011)认为:旅游学的研究对象是旅游活动的内在矛盾及其表现,通过研究来认识这种矛盾的性质及其发生原因、形态结构、运动规律和它所产生的各种外部影响。

(2)关系—现象说

持有该观点的学者认为,旅游学的研究对象主要是旅游活动中的各种关系和现象,如杨时进、沈受君(1996)认为:旅游学是反映旅游活动的最一般规律的科学,是旅游活动的实践经验的综合概括,也是哲学和相关学科的理论在旅游领域中的一个发展,其研究对象是构成全部旅游活动的诸要素和关系及其运行中的规律性现象;刘伟、朱玉槐(2001)认为:旅游学是研究人类旅游活动发生、发展的一般规律的科学;李冠瑶、刘海鸿(2005)认为:旅游学研究对象是旅游活动及其所引发的各种现象和关系,研究内容是旅游活动、产生的关系及影响;申葆嘉(2010)认为:旅游学是研究旅游运行规律,研究动态旅游现象的一门学科,系统地解释旅游现象各种关系和现象之间的互动关系。

(3)三要素说

所谓"三要素"只是一个较为笼统的说法,不同的学者对"三要素"具体内容的理解也不尽相同,有的是指(旅游)主体、客体和媒体;也有的是指旅游者、企业和行业;还有的是指旅游者、旅游业和旅游地等。如李肇荣、曹华盛(2006)认为:旅游学以旅游现象为研究对象,具体是旅游活动和旅游业,重点是旅游三要素(旅游主体、旅游客体和旅游媒体)及其相互关系。概括地说,旅游学是研究人类社会的旅游活动和旅游业活动的产生、发展、结构及其相关联的各种矛盾运动规律的综合性边缘科学;王兆明等(2007)认为:旅游学以"旅游产生与发展、旅游主体、客体和旅游业之间相互作用及其活动的最一般规律"为研究对象;董观志(2007)认为:有三种旅游学概念,第一种是以旅游现象研究为基础的旅游学,第二种是以旅游系统研究为基础的旅游学,第三种是以旅游实证研究为基础的旅游学;周武忠等(2009)认为:旅游学是一门旅游系统的一般规律的科学,旅游系统包含三个层次,第一层次是以游客为中心的旅游活动,第二层次是以企(事)业为中心的旅游产业,第三层次是以行业管理为中心的旅游事业;李天元(2009)认为:旅游学是研究旅游者、旅游科学旅游业以及双方活动对旅游接待地区社会文化、经济和环境之影响的科学;邓观利(1994)认为:旅游学是以世界范围为统一整体,以旅游的社会经济条件为特点,研究旅游的产生、发展及其活动规律的科学。

显然,在上述这些旅游学研究对象的表述中,对于旅游的理解包含了旅游活动、旅游业、旅游现象等多层含义。

1.2 学科性质

对于旅游学的学科性质定性因学者的学术背景和研究视角不同,认识也不同,主要有边缘学科、应用学科、社会学分支学科等多种理解。如陶汉军(2001)认为:旅游学是社会科学中一门由多种学科理论和知识交叉的边缘性应用学科;张华容等(2002)认为:旅游学是一门跨学科的社会学分支学科;张立明、敖荣军(2003)认为:旅游学是一门由多种学科理论和知识交叉的边缘性应用学科;王德刚等(2004)认为:旅游学是一门"综合性的边缘学科";安应民等(2007)认为:旅游学是一门由多种学科理论与知识交叉而形成的边缘性应用学科,也可以界定为跨学科的多学科交叉综合而形成的一个新兴学科;王洪滨、高苏(2010)认为:旅游学是从旅游现象和其他学科(如旅游经济学、旅游管理学、旅游地理学和旅游心理学等)中抽象出来的、理论化的、高度概括了的社会科学。

总之,多数学者认为,旅游学是属于社会科学领域里的边缘学科,具有跨学科、多学科交叉和综合性特点,但也有个别学者将其定位为一门独立的社会科学。

2 旅游学科的归属与分类

(详见本书P42~P51《走出混沌:旅游学科的归属与性质探索》中"二、迷茫与混乱:旅游学科的分类归属"相关内容。)

3 关于旅游学学科地位的讨论

从前面可以看出,旅游学者对旅游学的阐释并未得到科学研究和高等教学主管部门以及学术界主流的认可。在旅游学科体系中,只有旅游经济学、旅游管理学和旅游地理学等少数几个分支学科被认同,且处于二、三级学科的地位。尤其是在国务院学位办的《专业目录》中,自1997年就取消了旅游经济学,旅游管理被置于"工商管理"(Business Administration)之下的二级学科。一般认为,工商管理是研究营利性组织经营活动规律以及企业管理的理论、方法与技术的科学,这意味着,旅游管理主要是研究旅游企业管理的理论、方法与技术。而将旅游(或旅游管理)置于与文体产业、会展管理等"服务业管理"学科下,也只是扩大了产业范围而已,仍然没有超出经济属性。显然,这大大缩小了旅游学科的研究对象和领域,漠视了旅游活动和现象所具有的社会性、文化性特点。事实上,随着我国旅游产业和旅游事业的蓬勃发展,旅游学科的学术地位不升反降,由多学科综合变为单学科专题,由宏观降到微观。由此可见,旅游学科要成为一门独立的、被学术界公认的学科,还有待广大旅游学者的共同努力。

学科是科学知识体系的分类,不同学科就是不同的科学知识体系。一般认为,构成一门独立学科须满足三个基本条件:(1)具有独特的、不可替代的研究对象或研究领域;(2)具有特有的概念、原理、命题、规律等所构成的严密的逻辑化的理论体系(知识体系);(3)具有一定的学科知识产生方式和研究范式,即方法论。因此,如果旅游要成"学"的话,必须要从纷杂的旅游活动和旅游现象中寻找到其本质,界定其独特的、不可替代的研究对象或研究领域;形成一套具有特有的概念、原理、命题、规律等所构成的严密的逻辑化的理论体系(知识体系),并建立起由个别到一般、由经验到理论的研究范式。

我国的旅游学者一直在努力尝试建立旅游学和旅游学科体系,如:谢彦君对于体验是旅游本质和旅游学"硬核"的研究;申葆嘉以"假设—命题—结论"的规范研究来探究旅游运行规律;曹诗图等从哲学的视角来辨析,提出旅游的本质应是"体验",即旅游者的异地身心自由体验;张凌云对于"非惯常环境"下的体验是旅游本质的研究等。张凌云认为:对于纷乱复杂的旅游现象可以借鉴胡塞尔的现象学理论的一个核心方法——"现象学悬置"(也译为"悬搁""现象学还原"或"先验还原"),将旅游现象中那些无关紧要的要素"悬置"起来。

如前所述,旅游的多义性反映出的是旅游概念的多层结构。旅游首先是一种人的基本生理需要(或生理欲求,但这种欲求满足与否并不影响到人的生存和繁衍后代);其次,在这种需要支配下,可能付诸实施而产生的行为和活动;再次,随着科学技术的进步,社会财富的增加,当旅游活动的需求达到了一定规模后,就产生出一系列提供和丰富这种活动的产业和系统;最后,由于人的频繁交往而造成人地关系(人与环境)、人群关系(主人与客人)发生变异的现象。

在这个概念的多层结构中,最基础的和最核心的是人的基本生理需要(或生理欲求),这是构建旅游定义的关键。

从第一层次看,旅游是人们一种短暂的生活方式和生存状态,是人们对于惯常的生活和工作环境或熟悉的人地关系和人际关系的异化体验,是对惯常生存状态和境遇的一种否定。这是旅游的本质和核心,由于社会经济发展水平不同,每个人的文化背景不同、社交圈不同,惯常活动范围不同,旅游动机和目的地的选择不尽相同。所谓"惯常的生活和工作环境或熟悉的人地关系和人际关系"在空间上并不限于居住区本地,与逗留时间也没有必然关系。

从第二层次看,旅游是由于人的这种与生俱来的需要和行为得到满足和释放时,所产生的经济社会关系和现象的总和。简言之,我们将旅游看作是一种基于人自身的需要而产生的一种普适的人文现象。用深受现象学思潮影响的存在主义哲学来看,旅游也是一种"存在先于本质"。旅游作为一种人的自身基本需要,是与生俱来的,是先天的,并不因外界条件的变化而改变;对于现在学术界总结的旅游的种种性质和属性(例如经济性、文化性等)则是我们后天赋予的。旅游产生的历史要远先于旅游产业的存在。从人性的个体上看,我们可以推定,那时人们对于旅游的需求和体验(尤其是观光旅游)与今天的旅游者没有本质上的差别,面对大自然的崇高和灿烂的文化艺术时,产生的审美和移情体验都是基本相同的。社会经济的发展和科学技术的进步,只是使得旅游变得更加方便、更加廉价、更加舒适、更加大众化罢了。正如英国著名学者查尔斯.P.斯诺(Charles Percy Snow)在《两种文化》(Two Cultures)一书中分析科学文化与人文文化的对立和区别时,曾提出过这样一个问题:科学文化的进步是谁都不会怀疑的,但人文文化的情况却并非如此,例如,很难说我们今天比莎士比亚时代的人更能理解莎士比亚。对于旅游也是如此。

总之,对于旅游本质的深入讨论和对于现有旅游定义(或概念)的解构和重构,或许能为我们建构旅游学的理论知识体系和学术研究框架提供一种新的方向。

参考文献

[1] Burkart A J, Medlik S. Tourism: Past, Present and Future[M]. Heinemann, London, 1981.

[2] Charles R. Goeldner, J. R. Brent Ritchie. Tourism: Principles, Practices, Philosophies[M]. 12th Edit., John Wiley & Sons, 2011.

[3] Christopher Holloway J. Claire Humphreys and Rob Davidson, The Business of Tourism[M]. 8th Edit. Prentice Hall, 2009.

[4] Dimitri Ioannides, Keith G. Debbage. The Economic Geography of the Tourist Industry——A Supply—side Analysis[M]. 1998.

[5] Lloyd Hudman, Richard Jackson. Geography of Travel and Tourism[M]. 4th Edit., Thomson, 2003.

[6] Michael C. Hall, Stephen J. Page. The Geography of Tourism and Recreation——Environment, Place and Space(3rd Edit.)[M]. Routledge, 2006.

[7] Norma Polovitz Nickerson, Foundations of Tourism[M]. Prentice Hall, 1996.

[8] Stephen J. Page. Transport and Tourism——Global perspectives[M]. 2nd Edit., Pearson, 2005.

[9] William C. Gartner. Tourism Development——Principles, Processes and Policies[M]. John Wiley & Son, 1996.

[10] 安应民. 旅游学概论[M]. 北京:旅游教育出版社,2007.

[11] 查尔斯·戈尔德耐,等. 旅游业教程——旅游业原理、方法和实践(第8版)[M]. 贾秀海,译. 大连:大连理工大学出版社, 2003.

[12] 曹诗图,曹国新,邓苏. 对旅游本质的哲学辨析[J]. 旅游科学,2011(1):80-87.

[13] 邓观利. 旅游学[M]. 天津:天津人民出版社,1994.

[14] 董观志. 旅游学概论[M]. 大连:东北财经大学出版社,2007.

[15] 董玉明,王雷亭. 旅游学概论[M]. 上海:交通大学出版社,2000.

[16] 杜江,张凌云. 解构与重构:旅游学学科发展的新思维[J]. 旅游学刊,2004(3):19-26.

[17] 冯革群. 德语国家休闲与旅游地理研究的回顾与进展[J]. 旅游学刊,2006(11):24-30.

[18] 何丽芳,贺湘辉,等. 旅游学概论[M]. 北京:清华大学出版社,北京交通大学出版社,2006.

[19] 胡塞尔. 现象学的方法[M]. 倪梁康,译. 上海:上海译文出版社,2005.

[20] 李冠瑶. 刘海鸿. 旅游学教程[M]. 北京:北京大学出版社,2005.

[21] 李肇荣,曹华盛. 旅游学概论[M]. 北京:清华大学出版社,2006.

[22] 李天元. 旅游学概论(第6版)[M]. 北京:南开大学出版社,2009.

[23] 铃木忠义. 现代観光论[M]. 東京:有斐閣,1984.

[24] 刘伟,朱玉槐. 旅游学[M]. 广州:广东旅游出版社,2001.

[25] 马勇,周霄. 旅游学概论[M]. 北京:旅游教育出版社,2008.

[26] 浅香幸雄,山村顺次,等. 観光地理学[M]. 東京:大明堂,1974.

[27] 山村顺次,等. 新観光地理学[M]. 东京:大明堂,1995.
[28] 申葆嘉. 旅游学原理——旅游运行规律研究之系统陈述[M]. 北京:中国旅游出版社,2011.
[29] 斯诺. 两种文化[M]. 纪树立,译. 北京:生活·读书·新知三联书店,1994.
[30] 陶汉军. 新编旅游学概论[M]. 北京:旅游教育出版社,2001.
[31] 田中喜一. 観光事業論[M]. 东京:観光事業研究会,1950.
[32] 托马斯·库恩. 科学革命的结构[M]. 李宝恒,纪树立,译. 上海:上海科学技术出版社,1980.
[33] 王德刚. 旅游学概论[M]. 济南:山东大学出版社,2004.
[34] 王德刚. 试论旅游学的学科性质[J]. 旅游学刊,1998(2):47-49,63.
[35] 王洪滨,高苏. 旅游学概论(第2版)[M]. 北京:中国旅游出版社,2010.
[36] 王兆明. 旅游学基础[M]. 北京:人民教育出版社,2007.
[37] 谢彦君. 基础旅游学(第3版)[M]. 北京:中国旅游出版社,2010.
[38] 杨时进,沈受君. 旅游学[M]. 北京:中国旅游出版社,1996.
[39] 张华容. 现代旅游学[M]. 北京:旅游教育出版社,2002.
[40] 张立明,敖荣军. 旅游学概论[M]. 武汉:武汉大学出版社,2003.
[41] 张凌云. 非惯常环境:旅游核心概念的再研究[J]. 旅游学刊,2009(7):12-17.
[42] 张凌云. 旅游学研究的新框架:对非惯常环境下消费者行为和现象的研究[J]. 旅游学刊,2008(10):12-16.
[43] 赵敦华. 现代西方哲学新编[M]. 北京:北京大学出版社,2001.
[44] 周武忠. 旅游学概论[M]. 北京:化学工业出版社,2009.

原载于《旅游科学》2012年2月,第26卷第1期

回顾与展望：中国旅游教研成果出版30年

张凌云

我国现代旅游业是改革开放的产物,20世纪70年代末以来实行的"对内搞活,对外开放"政策,改变了中国社会的现代化走向,也催生了现代旅游业在中国的发展。综观30多年来,中国旅游业由早期的政治外事接待事业,发展到今日旅游已成为国民的一种普适的生活方式,旅游业也成为我国现代服务业中最具活力的重要组成部分,中国也开始由世界旅游大国向旅游强国迈进。这30多年中我国旅游业实践取得了举世瞩目的成就。与此同时,旅游学术理论研究也取得了长足的进步,国内不少学者都发表过一些回顾和综述性的文章,总结了这30多年来旅游学科研究所取得的成果及存在的问题。拜互联网技术所赐,大多数学者在对近年来旅游学术研究成果的综述中,往往利用期刊数据库,因此,对于刊载在旅游学术期刊上的论文综述较多,而对于旅游专著、译著、论文集和教材等较少涉猎。本文主要从笔者的近千本旅游藏书中选出400多本(不包括年度报告、各类皮书等连续出版物以及休闲、娱乐等相关方面的著作,20世纪80年代早期的旅游专业书籍已较难寻觅,故本文尽可能多地将其收录其中)作为主要综述对象,对30多年来我国旅游学术界的专业出版物做一简要的回顾,试图从中窥见这30多年来我国旅游学术研究成果出版的演化轨迹以及发展前景。

我国旅游学术研究与现代旅游业实践一样,也是起步于20世纪70年代末,早期从事旅游研究的学者大多数是半路出家,从其他相关学科转行从事旅游研究的。这些学者中大多数原先是从事地理学和经济学研究的,这一方面是由于地理学是研究生产力区域布局和空间配置的,涉及面较广,综合性较强,知识面较宽;另一方面,这一阶段我国旅游业处于初创期,面临的主要工作是旅游资源普查、评价和开发利用等方面的内容,而这些也属于地理学所研究的领域。此外,对于旅游业经济属性的重视,也吸引了经济学出身的学者研究旅游。随着旅游业的蓬勃发展以及旅游主体和客体的日趋多元化,旅游功能也逐渐完善,旅游学科的研究内容、对象、方法和手段都较前期有了较大的拓展,更多相关领域的专家学者开始关注旅游、研究旅游,出现了一批旅游交叉学科、边缘学科和新兴学科,对旅游业的认识也由早期单一的旅游创汇经济,转向作为国民经济新的增长点、扩大内需、产业升级、扶贫帮困、安置就业、传统教育、对外交流、国民福利等经济社会多元化发展目标。我国的旅游理论研究是与旅游业实践亦步亦趋、息息相关的,对于旅游活动、旅游产业和旅游现象的认识也是由表及里、由此及彼、渐渐深入和逐步扩展的。

一、起步阶段:1978～1986 年

一般认为,以 1978 年作为现代中国旅游业发展元年是因为当年 12 月中共中央召开了十一届三中全会,做出了将全党工作重点转移到社会主义经济建设上来的战略决策。但事实上,同年 10 月 9 日,邓小平同志在会见美国泛美航空公司董事长西威尔前后与旅游总局(国家旅游局的前称)、民航总局的领导谈话时说,(民航、旅游)用管理经济的办法来管理,要抓利润,利润不是"帅",也是"将"嘛。此外,1978 年 12 月 10 日陈云同志在中央工作会议东北组的发言中,提出要重视旅游事业的发展:现在的旅游事业,是行政管理,还不是业务管理。旅游收入,比外贸出口收入要来得快,来得多。在此之前,发展旅游业(入境旅游)的着眼点主要在于政治宣传,并没有将其作为经济事业来发展。正是邓小平和陈云同志的讲话成为我国现代旅游业转型的发号令。

这一时期是我国旅游业的初创期,主要是以入境旅游为主,早期旅游还只是外事接待和"民间外交"的一部分,产业体系尚未形成,发展旅游的主要经济目的是为了赚取国家稀缺的外汇收入,旅游行业是以国有旅行社寡头垄断为主要特征的,后期发展为垄断竞争。20 世纪 80 年代起,国内旅游初露端倪,但由于当时居民收入水平不高,节假日较少,交通运力紧张,旅游接待设施供给短缺,国家对于国内旅游采取的是"不提倡、不宣传、不反对"的政策。

在旅游初创期,我国旅游研究重点主要是学习和借鉴国外旅游发达国家的经验,了解入境旅游市场的需求,介绍国际旅游业的现状,以及编写适合我国国情的旅游教材。其中公开出版发行的、在当时较有影响的专业书籍见参考文献[1]～[16]。

这些书籍中大多数是教材,还有少量的是普及读物。由于当时的出版周期较长,成书时间往往要比出版时间早 1～2 年。作者中有些是国家旅游局主管教育的人员以及我国最早的一批旅游院校(系)的教师。从这些教材中,也可以看出当时旅游院校(系)的主要课程设置是以旅游概论、旅游经济学、旅游地理学、旅游心理学等基础课程为主,其中王立纲等的《中国旅游经济学》是改革开放以来最早公开出版的旅游经济学教材。在此之前,1981 年范宇峰等曾编写过《旅游经济》,但并没有作为教材。而影响较大的则是林南枝等主编的《旅游经济学》,被全国多所院校指定为旅游经济学教材,后经多次再版。在旅游地理学方面,北京旅游学院筹备处汇编了《旅游资源的开发与观赏》(未公开出版)。郭来喜、杨冠雄和宋力夫等于 1979 年底在中国科学院地理研究所成立了旅游地理组,并于 1982 年 11 月将三年来的部分工作成果汇编成《旅游地理文集》,该文集虽未公开出版,但在当时影响颇大。最早出版的区域旅游地理教材是上海旅游专科学校戴松年等编著的《中国旅游地理》。由于当时的旅游业主要是入境旅游,对于导游员的执业要求较高,基本上都是各院校外语专业或旅游外语专业的本科毕业生。虽然当时尚未出版一本关于饭店、旅行社等旅游企业管理的教材,但却有两本关于导游翻译方面的著述出版。

由于尚处起步阶段,这一时期翻译出版的外国旅游专业译著并不多,参见参考文

献[17]~[21]。最早的两本译著是介绍旅游领队和翻译导游的。其中"导游是祖国的一面镜子"这句在我国翻译导游界中流传很广的格言就出自《外国专家论翻译导游》中介绍埃及资深导游哈桑·马斯赖时,摘录的他对中国旅游代表团所谈的对于导游工作的评价。在基础理论方面,麦金托什等著的《旅游学——要素、实践、基本原理》是美国旅游专业基础课的首选教材,在国际上也颇负盛名,自1977年出版至今,已出到第11版了(第9版起,麦金托什不再参与编写),蒲红等翻译的是1980年出版的第3版。在此之前,原杭州大学旅游系顾铮曾译过该书作为内部教学参考资料,但未公开出版。2003年大连理工大学出版社又出版了该书第8版的中译本(贾秀海译,限于篇幅,再版图书不再列入书单,下同)。翁科维奇的《旅游经济学》是我国最早翻译引进的旅游经济学教材,与西方经济学教材大多是从英美国家引进的不同,旅游经济学却是最先从东欧国家引进的(改革开放后,我国旅游学界第一个"海归博士"、原杭州大学旅游系主任陈纲,就是留学南斯拉夫的)。翁科维奇曾任贝尔格莱德大学校长,经济学教授。南联盟解体后,历任塞尔维亚共和国议会主席、副总理兼科技部长、驻华大使。他的《旅游经济学》已出了12版,被译成中文、英文、西班牙文和意大利文等。2003年商务印书馆又出版了该书的第12版中译本(达洲译)。

二、起飞阶段:1987~1994年

这一时期,中国入境旅游持续快速发展,1980年国际旅游收入在世界仅列34名,到1994年已进入世界前10名。与此同时,国内旅游开始初露端倪。1985年,国务院批转国家旅游局《关于当前旅游体制改革几个问题的报告》,提出要从只抓国际旅游转为国际、国内一起抓,这为发展国内旅游扫除了政策上的障碍。自1987年开放边疆12个城镇,开办对独联体、蒙古和朝鲜一日游或多日游业务以来,到1993年已扩大到50个边疆城市。1990年,开放了中国公民自费赴新加坡、马来西亚和泰国旅游。1993年11月6日,国家旅游局制定、国务院办公厅转发了《关于积极发展国内旅游业的意见》,改变了改革开放初期由于受各方面条件限制,而对国内旅游采取的"三不"政策。国内旅游需求成为推动旅游业持续发展的新动力。这一时期出版的教材和专著见参考文献[22]~[70]。

与前一阶段相比,从20世纪90年代开始,旅游教材和旅游学术著作的出版数量增长迅速,除旅游地理学、旅游经济学仍是出版重点外,已有饭店管理方面的教材和著作问世,其中庄玉海等编著的《现代旅游饭店管理》影响较大。而在入境旅游方面,出版了《中国涉外旅游价格》《旅游外汇与信用》《市场客源观念》《旅游消费行为分析》等专题性著作,《国际旅游业公约、协议汇编》的出版反映了在那个时代已经有了与国际接轨的意识。而孙尚清主编的《中国旅游经济研究》是一项对我国旅游产业发展影响较为深远的研究成果。该研究首次提出了旅游业是"永远的朝阳产业"这一论题,为后来国家将旅游业作为国民经济新的增长点提供了理论依据。在国内旅游方面,陈传康等的《北京旅游地理》、杨乃济的《旅游与生活文化》、章必功的《中国旅游史》、乔

修业的《旅游美学》等著作的研究视角、对象和内容都已包含了国内旅游部分。在理论研究方面,除孙尚清等的《中国旅游经济研究》外,肖潜辉的《中外旅游业管理》、魏小安等的《中国旅游业:产业政策与协调发展》、何建民的《旅游现代化开发、经营与管理》都是基于旅游产业发展引发的宏观分析和思考;首都社会经济发展研究所编制的《北京旅游发展战略》是我国最早公开发表的区域旅游发展战略,而陈传康等主编的《深圳市旅游发展规划》则是国内最早公开发表的城市旅游发展规划。在教材方面,李天元等的《旅游学概论》经多次再版和修订,已成为发行量最大的旅游基础教材。保继刚等的《旅游地理学》和张辉的《旅游经济学》影响较大,《旅游地理学》于1999年出版了修订版,且经多次重印。此外,楚义芳的《旅游的空间经济分析》是我国第一篇旅游博士论文,为旅游地理学提供了一个基础性的研究框架。

这一时期的译著数量(见参考文献[71]~[83])有了明显的增加,其中不乏经典之作。如霍洛韦的《旅游业》是与麦金托什的《旅游学——要素、实践、基本原理》齐名的旅游学科基础教材,该书自1983年问世以来,就成为英国旅游院校旅游概论的主流教材,至今已出到第7版。该书的第4版,中译本将其书名译为《论旅游业——二十一世纪旅游教程》(孔祥义等译),1997年12月由中国大百科全书出版社出版。时任美国夏威夷大学旅游管理学院院长的朱卓任(Chuck Y. Gee)教授是位美籍华人,在亚太地区的旅游学术圈中很有影响,20世纪80、90年代,他在国内多所旅游院校任客座教授,他的两部著作也分别由北京第二外国语学院旅游科学研究所和南开大学旅游学系的外语教师翻译出版;伯卡特和梅特利克的《旅游业:过去、现在与将来》(中译本将其书名译为《西方旅游业》)也是一本在当时英国旅游教育界颇有影响力的基础教材,中译本是根据该书1981年的第2版译出的。史密斯的《旅游决策与分析方法》(原作书名为《旅游业分析手册》)是一本旅游学术研究者必备的工具书,2006年8月南开大学出版社又出版了该书第2版的中译本(李天元等译)。因斯克普等的《旅游度假区的综合开发模式》直到今天还不断地被一些学者参考引用。在译作的选题方面,已经开始关注旅游的社会属性,如翻译出版了法国学者朗卡尔的《旅游及旅行社会学》(1985年版),1997年商务印书馆在《我知道什么?》丛书中又出版了该书1990年第2版的中译本(陈立春译)。这些译著对我国旅游学术界了解国际旅游教学研究现状和动态发挥了积极作用。

三、成长阶段:1995~2003年

这一阶段以中国公民的国内旅游和出境旅游,即国民旅游的快速发展为显著特征。1995年5月1日,实行五天工作制,每周双休,这直接刺激了国内旅游需求。1999年9月18日,国务院修订发布了《全国年节及纪念日放假办法》,即黄金周假日制度,全年共有3个法定长假。这些假日制度的安排,极大地推动了国民旅游的发展,旅游业的功能也日益多元化,创汇已不再是发展旅游业唯一的目标,有的地方甚至不将其列为主要目标。同时,旅游业在拉动内需、扩大就业、优化地区产业结构方面显现

出强大的优势,得到了社会各界越来越多的广泛认同,尤其是富裕起来的中国公民,已经将旅游视为一种生活方式。因此,对于旅游及旅游业的认识由经济属性扩展到了社会属性。

从 1995 年起,旅游教材专著数量呈现出爆炸式的增长,不少出版社纷纷推出系列教材和丛书,限于篇幅,本文已不可能将书单悉数列出了,只能选择其中有一定代表性的出版社和影响较大的教材和专著予以列示,见参考文献[84]~[207]。从中可以看出,旅游教学和研究的专业(专题)开始细化:在市场研究方面,马耀峰等的《中国入境旅游研究》、"二外"课题组的《中国出境旅游者消费行为模式研究》、吴必虎等的《中国国内旅游客源市场系统研究》、胡平的《中国旅游人口研究——中国旅游客源市场的人口学分析》、宁士敏的《中国旅游消费研究》,这些研究涵盖了"三大客源市场";杜江的《旅游企业跨国经营战略研究》和《旅行社管理比较研究》、戴斌的《现代饭店集团研究》和《中国国有饭店的转型与变革研究》、张辉的《旅游经济论》对于转型时期的我国旅游产业的发展战略进行了较为深入的理论探索。一批学者型政府部门人员的专著阐述了我国旅游业的发展模式和运行机制,如魏小安等的《旅游强国之路——中国旅游产业政策体系研究》、钟海生等的《中国旅游市场需求与开发》、匡林的《旅游业政府主导型发展战略研究》、彭德成的《中国旅游景区治理模式》、刘赵平的《分时度假·产权酒店——饭店业和房地产业的创新发展之路》、王富玉的《国际热带滨海旅游城市发展道路探析》、崔凤军的《中国传统旅游目的地创新与发展》和殷理田的《旅游产业发展论》等。在基础理论研究方面,谢彦君的《基础旅游学》(2004 年 4 月出版了第二版)和申葆嘉等的《旅游学原理》对于中外旅游学的基础理论进行了梳理和总结,并分别提出了对于旅游和旅游研究本质特性的认识。在旅游教材方面,韩玉灵的《旅游法教程》经多次再版,成为旅游法课程使用率最高的教材之一,戴斌等的《旅行社管理》、厉新建等的《旅游经济学——理论与发展》、张凌云的《旅游景区景点管理》也是目前被各级各类旅游院校(系)普遍采用的专业教材。而吴必虎的《区域旅游规划原理》则是一本集旅游概论、旅游地理学、旅游经济学、旅游市场营销、旅游规划等众多旅游学科和研究领域为一体的工具类专著,是一本深受旅游专业研究生欢迎的"旅游专业百科全书",该书仅参考文献就多达 2525 条,涉及日、韩、英、俄等 4 个外语语种;李蕾蕾的《旅游地形象策划:理论与实务》、张俐俐的《旅游行政管理》、郑向敏的《旅游安全学》都成为一个新的研究领域的开山之作。

总体来看,这一阶段旅游专业出版物的几个特点是:①旅游行业的领域较之过去有所拓宽,不再仅仅局限于饭店行业,如旅行社、旅游景区景点(风景旅游区、主题公园)、旅游商品、旅游目的地等均有涉猎;②旅游规划方面的著作显著增加,邹统钎等的《旅游开发与规划》、王兴斌的《旅游产业规划指南》和吴必虎的《区域旅游规划原理》等是这一领域至今仍影响较大,并被广泛引用的几本专著;③专著选题出现多元化、国际化、前沿化趋势,并且对于旅游现象进行非经济属性的研究,如旅游文化学、旅游民族学、旅游人类学、旅游环境保护学、生态旅游学等;④关注到信息技术对于旅游业带来的影响,巫宁等的《旅游电子商务理论与实务》是我国这一研究领域的奠基性著作。

这一时期的译著见参考文献[208]~[221]。与国内旅游教材和专著出版的繁荣局面不同,1995~2000年期间几乎没有译著出版,2001年后才开始陆续有译著问世,这或许是由于那个时期中国正处于加入世界贸易组织(WTO)的转型期,对于知识产权和版权贸易的谈判有一个适应过程。但2001年后外版图书的出版步伐开始加快,中国旅游出版社"大手笔"地引进了美国饭店业协会教育学院系列教材(AH&LA)的版权,首批就达16种之多(因篇幅所限,在参考文献中没有将其列出),开旅游出版业界批量采购版权之先河。

这一时期引进的译著以旅游市场营销类题材最多,包括营销大师科特勒与他人合作的旅游市场营销著作,以及在西方旅游学术界享有盛誉的密德尔敦的《旅游营销学》;斯沃布鲁克的《景点开发与管理》成为我国同类教材和专著的主要参考文献,该书的第二版由旅游教育出版社2006年10月出版(龙江智等译);利克里什等的《旅游学通论》也是英国旅游专业学生常用的旅游基础教材。此外,瑟厄波德主编的《全球旅游业》(中译本名为《全球旅游新论》)是一本反映全球旅游业发展最新动态的论文集,英文版2005年已出到第三版;史密斯的《东道主与游客:旅游人类学研究》是一本旅游人类学的经典之作,中译本是根据该书的第二版译出的,第一版是于1977年出版的。该书的作者在前言中称:"本书作为先驱,使旅游学研究在美国得到正式承认。"其学术地位可见一斑。值得指出的是,波塞尔曼等的 Managing Tourism Growth 研究了世界各国在实现旅游业可持续发展中所做的种种努力和尝试,以生动的案例向读者介绍了失控的旅游开发对旅游区可能带来的严重破坏,解释了如何为了我们的后代来建立一个保护旅游资源的有效战略。该书英文原名直译应为"管理中的旅游增长",立场和观点是颇具建设性和前瞻性的,并没有将旅游与环境保护对立起来。但中文本将其书名改译为《弯路的代价——世界旅游业回眸》,并被国内学者广泛引用,其语境和主旨与原作大相径庭,变成了对旅游业的"诘难"和"声讨",反映了译者们对该书的另类解读。

四、成熟阶段:2004年至今

2003年遭遇了"非典"的突发性事件,旅游业受到了短暂的重创后,又展示出其固有的反弹刚性,不到两年时间,又重拾升势,回到了其原有的长期增长区间,充分显示了作为"朝阳产业"所蕴藏着的强盛生命力。我国旅游业经过高速增长阶段后,开始走向成熟,三大市场均衡发展。2004年国内旅游人数首次突破10亿人次,我国公民出境旅游目的地国家与地区(ADS)已达61个之多。旅游供给要素市场进一步开放。2003年6月12日国家旅游局和商务部发布了《设立外商控股、外商独资旅行社的暂行规定》,2004年全国已有外商投资的旅行社17家,其中外商独资的旅行社4家,外商控股合资的旅行社3家,大陆控股合资的旅行社10家。我国完全兑现了加入世贸谈判时的承诺,国际旅游市场竞争开始国内化,旅行社新的专业化分工体系开始形成,自主品牌的经济型连锁饭店渐成气候,新一轮的按国际标准进行的主题景区和度假区投资建设也已拉开序幕。我国旅游业正日趋成熟,开始朝世界旅游强国的目标迈进。

2004年到2008年的5年间出版的旅游教材和专著在数量上远远超过以往各个历史发展阶段,其中较有代表性的见参考文献[222]~[378]。这一时期的旅游出版物呈现出下列几大特点:

(1)基础研究类专著和通用教材种类更加丰富,基础理论研究逐步深化。如刘住的《旅游学学科体系框架与前沿领域》、曹诗图的《旅游哲学引论》、谢彦君的《旅游体验研究:一种现象学的视角》、李仲广的《旅游经济学:模型与方法》、王迪云的《旅游耗散结构系统开发理论与实践》以及王鹏飞的《旅游与休闲地理学的方法论》等。对于旅行社和饭店业的研究较以往也更为深入,如宋子千的《旅行社经济分析》、姚延波的《现代旅行社管理研究》、戴斌等的《饭店品牌建设》和徐虹的《饭店企业核心竞争力研究》等。在旅游基础学科方面,越来越多的学者开始从事旅游社会学、旅游民族学和旅游人类学的研究,将研究的视角从经济转移到对人的研究上来,用"他者"(Other)的目光来看待目的地的人文现象,这反映出学术研究的思潮与我国旅游业转型亦步亦趋的特点,也从一个侧面反映出我国旅游学术研究的价值取向已经开始步入"国际化"进程。这一时期,这类著作有尹德涛等的《旅游社会学研究》、刘晖的《旅游民族学》、彭兆荣的《旅游人类学》、高路加的《旅游人类学纲要》、张晓萍的《民族旅游的人类学透视》、李伟的《民族旅游地文化变迁与发展研究》、叶文的《旅游规划的价值维度:民族文化与可持续旅游开发》、宗晓莲的《旅游开发与文化变迁——以云南省丽江市纳西族文化为例》以及刘丹萍的《旅游凝视——中国本土研究》等。"旅游凝视"是英国兰开斯特大学社会学教授约翰·厄里(John Urry)1990年在其著作《旅游凝视》(Tourist Gaze)中使用的一种社会学研究方法,该书自1990年出版后,引起了国际旅游学术界的瞩目,1990~2000年的10年间,先后重印了9次,出版后的次年就重印了两次。这在国际旅游学术界中极为罕见,其学术影响可见一斑。2002年该书出版了第二版,但遗憾的是,目前国内尚未见到该书的中译本。刘丹萍的《旅游凝视——中国本土研究》是笔者见到的第一部应用厄里理论工具进行田野(云南元阳的梯田)研究的专著,这或许揭示了我国旅游社会学(民族学、人类学等)已经由介绍和综述国外理论流派,逐步进入到开始应用这些理论工具来研究当下中国旅游业出现的种种现实问题。

(2)出版了一批有关新时期我国旅游业发展道路、治理模式、制度变迁和战略选择的研究成果,如张辉等的《转型时期中国旅游产业环境、制度与模式研究》、楼嘉军等的《旅游业结构调整与和谐发展》、杜江等的《中国旅游企业经营的国际化——理论、模式与现实选择》和李天元的《中国旅游可持续发展研究》以及先后出版了江浙两地编制的旅游卫星账户研究成果。

(3)对于旅游行业的研究更加细化,并关注对旅游新业态和新事物的研究。如吴昌南的《中国旅行社产品差异化研究》、杨富裕等的《草原旅游理论与管理实务》、吴章文等的《森林旅游学》、王艳平的《温泉旅游研究导论》、张凌云等的《滑雪旅游开发与经营》、汪宇明等的《山岳型生态旅游目的地规划的理论创新与实践》、李隆华等的《海洋旅游学导论》、王诺的《邮轮经济——邮轮管理·邮轮码头·邮轮产业》、戴斌等的《经济型饭店：国际经验与中国的实践》和丁名申等的《旅游房地产学》等。此外，黎洁的《旅游卫星账户与旅游统计制度研究》、马梅的《e时代旅游产业价值链重构战略设计》、明庆忠等的《旅游循环经济学》、秦宇的《旅游企业集团化成长》和王云龙的《新兴旅游产业问题研究》都颇具创新性，这些专著所论述的许多问题也是目前我国旅游行业持续发展和经营管理中迫切需要解决的。

（4）重视对旅游危机和产业安全的研究。经过2003年的"非典"，旅游行业乃至全社会对于危及公共安全的突发性事件更加关注，旅游危机管理成为行业管理制度研究的新内容，如谷惠敏的《旅游危机管理研究》和刘春玲的《旅游产业危机管理与预警机制研究》等。而在新时期市场开放的大背景下，国际金融资本、实业资本可以长驱直入，这会对本土旅游产业的安全带来何种威胁？戴斌等的《论北京旅游产业安全与成长要素》对此做了较为深入的研究。

（5）学者型官员著书立说，应用相关理论工具研究中国旅游业发展的实际问题。这些官员中大多具有博士学位，有的还曾是大学校长、教授，具有很高的学术素养。他们的研究重点往往与自己所从事的管理工作结合得较为紧密。如杜江等的《国际著名旅游企业跨国经营案例分析》、高舜礼的《中国旅游业对外开放战略研究》和《中国旅游产业政策研究》、匡林等的《多维视角下的新旅游市场观》、蔡家成的《中国旅行社业研究》、刘劲柳的《旅游合同》和《中外旅游纠纷百案评析》、崔凤军的《城市旅游的发展与实践：20个命题研究》、潘建民的《中国创建与发展优秀旅游城市研究》和池雄标的《滨海旅游理论与实践》等。我国旅游行业官员的学术化和专业化水准之高，甚至连一些旅游发达国家也无法企及。

旅游译著的出版经历了1995年到2000年短暂的沉寂后，2004年开始了加速度的增长，业内竞争也日益加剧。不少出版社在引进外版旅游图书版权时，几乎可以用"批量抢购"来形容，各出版社纷纷采取分批推出译著丛书的方式，每批译著的种类多的可达十几种以上，有的同批译著其选题内容也是参次不齐、五花八门，将纯学术专著与职业培训教材列在同一批出版，以抢占市场，达到赢家通吃的目的。这里笔者遴选列出50种较有代表性的译著，见参考文献[379]～[429]。

这些译著中以各类旅游规划类著作数量为最多，目前全国各地旅游规划热也带动了对这类专著的旺盛需求，如因斯克普的《旅游规划：一种综合性的可持续的开发方法》、冈恩的《旅游规划：原理与案例》、哈里森等的《国际旅游规划案例分析》、世界旅游组织的《国家和区域旅游规划：方法与实例分析》、鲍德·博拉等的《旅游与游憩规划设计手册》和维佛卡的《旅游解说总体规划》等，其中因斯克普和冈恩的著作是学术界公认的两部权威著作。在旅游基础教材方面，库珀的《旅游学：原理与实践》（第三版)、戈尔德耐等的《旅游业：原理、方法和实践》、霍洛韦的《旅游业》是目前英美国家最流行的3本旅游基础教材，现在国内都已出版了中译本；此外，利珀的《旅游管理》(第三版)、霍尔等的《旅游休闲地理学》(第三版)也都是在西方国家旅游院校中较为常用的专业教材。在旅游社会学和人类学方面，科恩的《旅游社会学纵论》(原作书名《当代旅游：差异与变化》)、墨菲等的《旅游社区战略管理：弥合旅游差距》、纳什的《旅游人类学》和赖辛格等的《旅游跨文化行为研究》(原书名直译为《旅游跨文化行为：概念与分析》)都是本研究领域内的顶尖之作。纳什是美国最早一批开始研究旅游人类学的学者，他的《旅游人类学》是与史密斯的《东道主与游客》齐名的旅游人类学经典之作。墨菲是最早全面地、系统地提出旅游社区和社区参与概念的学者，1985年他就出版了《旅游：一种基于社区的方法》，20年后出版的《旅游社区战略管理：弥合旅游差距》是前书的续篇，其结合实际案例论述了旅游社区和社区参与的制度设计、组织过程以及与相关利益方的协调机制等问题。而赖辛格等的《旅游跨文化行为研究》最具创新之处就是运用数量分析来确定文化的差异性与相似性。

前已述及，旅游经济学在我国的旅游学科建设中居主导地位，也是出版教材最早、最多的学科。这反映了我国对于旅游经济属性的重视。比较而言，西方国家虽然也重视对于旅游经济属性的研究，如英国的阿彻(B. H. Archer, 1977)对于旅游乘数效应的研究，奥地利的舒尔迈斯特(Stephan. Schulmeister, 1979)对于旅游与经济周期之间关系的研究，加拿大的史密斯(Stephen. J. Smith, 1995)对于旅游卫星账户(TSA)的研究等，但以旅游经济学为书名的专著和教材却并不多见。布尔的《旅游经济学》(第二版)(The Economics of Travel and Tourism)和辛克莱等的《旅游经济学》(The Economics of Tourism)是为数不多的几本旅游经济学教材。布尔的《旅游经济学》由朗曼(Longman)公司于1991年出版，1995年又发行了第二版，至今共加印了6次，是一本旅游经济学的基础教材。而辛克莱等的《旅游经济学》则由专门出版学术著作的劳特利奇(Routledge)公司于1997年出版(次年就加印了)，是一本以大学高年级学生和研究生为读者对象的教材。这两种教材一直到2004年才被翻译成中文出版，较之一些冷僻的旅游边缘学科都要晚很多，这与西方经济学教材的引进情形大不相同，或许这也能部分地反映当下旅游经济学研究中的某种境遇吧。在这一阶段的译著出版潮中，较为经典和影响较大的著作还有：库珀主编的《旅游研究经典评论》、布哈利斯的《旅游电子商务》、史密斯的《旅游测度与旅游卫星账户》、芬内尔的《生态旅游》、韦弗的《生态旅游》、耶尔的《旅行社经营业务》、斯沃布鲁克的《旅游消费者行为学》和《商务旅游》以及帕洛格的《旅游市场营销实论》等。帕洛格(也译为普洛格)是旅游目的地心理模型的创始人，该模型自1972年提出后，又经他不断地修正更进。帕洛格应用这一理论来从事旅游目的地和企业的市场营销咨询业务，他是一个既有理论功底，又有丰富的实践经验的"咨询大师"和"旅游目的地博士"。《旅游市场营销实论》(原书名直译为：《消遣旅游：市场营销手册》)一书集作者30多年来的从业经验和心得，其中一些观点与现行的旅游市场营销教科书中的论述不尽相同，颇具新意，是一本旅游营销相关人士必备的"葵花宝典"。

总之,30多年来我国旅游出版界的发展成就斐然,为旅游教学和科研的成果推广和智力引进做出了重要贡献。据笔者粗略估计,目前我国已出版发行的旅游专业类图书规模总量,已远远超出英语国家同类图书的总量。2002年笔者曾赴英国萨里大学做访问学者,该校的旅游专业名列英国前茅,在国际上也享有盛誉,但其图书馆收藏的旅游类专业图书(英文版)却不足千册(不包括旅游目的地指南、旅行手册等消费者用书)。在英美国家大型出版集团每年发布的图书征订目录中,旅游类图书也往往屈指可数,出版旅游图书的出版社数量也远不如我国。在我国旅游业发展初期,只有中国旅游出版社、旅游教育出版社、南开大学出版社等少数几家单位出版旅游专业类图书。随着旅游业的蓬勃发展,旅游出版业界也出现了类似于旅游行业"五个一起上"的市场格局,即中央(如人民出版社等)、部门(如高等教育出版社、电子工业出版社、机械工业出版社和中国水利水电出版社等)、行业(如中国旅游出版社、旅游教育出版社、广东旅游出版社、陕西旅游出版社等)、地方(如各省市的人民出版社)和科研院校(如科学出版社、社会科学文献出版社、南开大学出版社、云南大学出版社、东北财经大学出版社等)都竞相争夺旅游图书市场,尤其是在出版教材方面竞争尤为激烈。有些部门出版社既无旅游行业背景,又无专业的人才资源,更无旅游院校渠道,但凭借着其雄厚的资金实力长驱直入。旅游教材市场真可谓"有教无类""各自为战",其积极的一面是繁荣了旅游出版业,各级各类旅游教材不断推陈出新,自成体系,但不利的一面是,旅游教材内容雷同、似曾相识,令任课教师无所适从;品种虽多,精品较少,克隆的多,原创的少。仅笔者手头收藏的旅游规划类教材就达40多种,而在西方国家,这类教材不超过10种,常用的也就三四种。其他基础旅游教材情况也大同小异。当然,教材问题还涉及我国现行高校教育体制中存在的一些深层次的问题,教材出版只是这些问题的外在表现而已,形成现有的格局是出版业竞争机制与现行高校教育体制相互博弈的结果。

据《中国旅游统计年鉴》(2008)统计,2007年全国旅游就业人数为270万,旅游院校1641所,在校学生77.4万。其中高等院校770所,在校学生39.7万;中等职业学校871所,在校学生37.6万,在校学生人数呈逐年增加趋势。此外,全行业在职人员培训总量达320.9万人次,增长12%。这个群体是旅游专业图书的主要目标市场,像旅游这样通用性不强的专业教材,也动辄5000本起印,令国外出版界同行羡慕不已。随着我国经济实力的日趋强大,旅游业的日益繁荣,我国不仅是旅游目的地国的客源市场,也是国外各大旅游出版商的客户市场,目前一些世界上大的出版集团,纷纷在华设立商务办事处寻找商机。但是,对于我国旅游出版界和旅游教学科研界来说,引进国外知识产权,只是我们对外开放、对外交流的初级阶段和学习阶段,在建设世界旅游强国的进程中,我国旅游教学科研界应该有所作为,系统地研究和科学地总结我国旅游业发展的理论与实践,形成旅游学术研究的"中国学派",即不仅要"请进来"和"走出去",还要"走上去",进入国际旅游界主流学术圈,拥有与国际同行在同一个平台上进行学术对话的话语权。只有将中国旅游学者的著作推向世界,中国的旅游出版界才能实现版权交易的"贸易平衡"。笔者相信,这一天一定会到来。

参考文献

[1] 何礼荪.旅游业漫谈[M].北京:中国旅游出版社,1980.

[2] 吕严和.兴旺发达的世界旅游业[M].北京:中国旅游出版社,1981.

[3] 王立纲,刘世杰.中国旅游经济学[M].长春:吉林人民出版社,1982.

[4] 杨时进,江新懋.旅游概论[M].北京:中国旅游出版社,1983.

[5] 邓观利,王洪滨,等.旅游概论[M].天津:天津人民出版社,1983.

[6] 张践,傅东升,等.实用导游规程[M].北京:北京旅游出版社,1983.

[7] 佚名.导游翻译经验谈[M].北京:中国旅游出版社,1983.

[8] 王仁兴.中国旅馆史话[M].北京:中国旅游出版社,1984.

[9] 黄辉实.旅游经济学[M].上海:上海社会科学院出版社,1985.

[10] 顾树保,于连亭.旅游市场学[M].天津:南开大学出版社,1985.

[11] 周进步.中国旅游地理[M].杭州:浙江人民出版社,1985.

[12] 姚启润,等.旅游与气候[M].北京:中国旅游出版社,1986.

[13] 戴松年,徐伦虎,等.中国旅游地理[M].北京:测绘出版社,1986.

[14] 佚名.旅游与环境[M].北京:中国环境科学出版社,1986.

[15] 林南枝,陶汉军.旅游经济学[M].上海:上海人民出版社,1986.

[16] 屠如骥.旅游心理学[M].天津:南开大学出版社,1986.

[17] [瑞士]汉斯·乔治·戈根海姆.一个旅游领队的经历[M].贾蔼美,译.北京:中国旅游出版社,1982.

[18] 佚名.外国专家论翻译导游[M].北京:中国旅游出版社,1983.

[19] [美]M.马特勒.国际旅游地理[M].黄国英,译.郑州:河南人民出版社,1984.

[20] [美]J.罗伯特·麦金托什,夏希肯特·格波特.旅游学——要素、实践、基本原理[M].蒲红,等,译.上海:上海文化出版社,1985.

[21] [南斯拉夫]S.翁科维奇.旅游经济学[M].中国人民大学俄语教研室塞语学习班,译.北京:中国人民大学出版社,1986.

[22] 刘纯.旅游心理学[M].上海:上海科学技术文献出版社,1987.

[23] 方民生,王铁生,等.现代旅游经济[M].成都:四川人民出版社,1987.

[24] 徐秉文,朱玉槐.旅游经济管理[M].天津:南开大学出版社,1987.

[25] 庄玉海,程清祥.现代旅游饭店管理[M].深圳:海天出版社,1987.

[26] 吴正平.旅游业心理学[M].济南:山东友谊书社,1987.

[27] 武桂馥,于德惠,等.国外旅游业的市场开发[M].郑州:河南人民出版社,1987.

[28] 陈纲.旅游经济[M].杭州:浙江人民出版社,1987.

[29]刘天华.生活中的旅游审美[M].济南:山东科学技术出版社,1987.
[30]刘振礼.旅游地理[M].天津:南开大学出版社,1987.
[31]潘超霖.旅游统计学[M].北京:中国统计出版社,1988.
[32]龚晓宽.旅游经济管理[M].桂林:漓江出版社,1988.
[33]焦承华.旅游法规[M].北京:北京广播学院出版社,1988.
[34]郑火林.旅游统计学[M].北京:旅游教育出版社,1988.
[35]潘泰封.旅游经济导论[M].上海:上海人民出版社,1988.
[36]陆立德,郑本法.旅游与社会[M].北京:人民出版社,1988.
[37]卢云亭.现代旅游地理学[M].南京:江苏人民出版社,1988.
[38]何建民.旅游现代化开发、经营与管理[M].上海:学林出版社,1989.
[39]邓观利.旅游饭店管理[M].北京:中国旅游出版社,1989.
[40]陈传康,保继刚,等.北京旅游地理[M].北京:中国旅游出版社,1989.
[41]首都社会经济发展研究所.北京旅游发展战略[M].北京:北京燕山出版社,1989.
[42]孙文昌,陈元泰.应用旅游地理学[M].长春:东北师范大学出版社,1989.
[43]于学谦.现代旅游市场经营学[M].北京:旅游教育出版社,1989.
[44]张汝昌.旅游经济学[M].北京:北京广播学院出版社,1990.
[45]罗结珍.国际旅游业公约、协议汇编[M].北京:旅游教育出版社,1990.
[46]夏和坤.旅游外汇与信用[M].北京:中国金融出版社,1990.
[47]乔修业.旅游美学[M].天津:南开大学出版社,1990.
[48]阎锋.旅游价格学[M].北京:旅游教育出版社,1990.
[49]王立纲,张宝玉,等.旅游管理学[M].上海:同济大学出版社,1990.
[50]孙尚清.中国旅游经济研究[M].北京:人民出版社,1990.
[51]庞规荃.中国旅游地理[M].北京:旅游教育出版社,1990.
[52]魏小安,冯宗苏.中国旅游业:产业政策与协调发展[M].北京:旅游教育出版社,1991.
[53]邓观利.旅游学[M].天津:天津人民出版社,1991.
[54]李天元,王连义.旅游学概论[M].天津:南开大学出版社,1991.
[55]张辉.旅游经济学[M].西安:陕西旅游出版社,1991.
[56]王连义.怎样做好导游工作[M].北京:中国旅游出版社,1992.
[57]李海瑞.市场客源观念[M].北京:中国旅游出版社,1992.
[58]庞规荃.旅游开发与旅游地理[M].北京:旅游教育出版社,1992.
[59]陈传康,郁龙余.深圳市旅游发展规划[M].上海:同济大学出版社,1992.
[60]章必功.中国旅游史[M].昆明:云南人民出版社,1992.
[61]楚义芳.旅游的空间经济分析[M].西安:陕西人民出版社,1992.
[62]杜学,蒋桂良.旅游交通教程[M].北京:旅游教育出版社,1993.

[63]佘培.中国涉外旅游价格[M].北京:中国旅游出版社,1993.
[64]保继刚,楚义芳,等.旅游地理学[M].北京:高等教育出版社,1993.
[65]肖潜辉.中外旅游业管理[M].北京:中国旅游出版社,1993.
[66]张卫.旅游消费行为分析[M].北京:中国旅游出版社,1993.
[67]杨乃济.旅游与生活文化[M].北京:旅游教育出版社,1993.
[68]罗明义.现代旅游经济学[M].昆明:云南大学出版社,1994.
[69]田里.现代旅游学导论[M].昆明:云南大学出版社,1994.
[70]杨桂华.旅游资源学[M].昆明:云南大学出版社,1994.
[71][美]朱卓任,德斯特·蔡,等.旅游业[M].林乐媵,译.海口:海南人民出版社,1987.
[72][美]小爱德华·J.梅奥,兰斯·P.贾维斯.旅游心理学[M].南开大学旅游学系,译.天津:南开大学出版社,1987.
[73][英]克里斯托弗·霍洛韦.旅游业[M].向萍,杜江,等,译.桂林:漓江出版社,1987.
[74][法]让-雅克·施瓦茨.旅游市场研究[M].徐耿,译.北京:旅游教育出版社,1988.
[75][法]罗伯特·朗卡尔.旅游及旅行社会学[M].蔡若明,译.北京:旅游教育出版社,1989.
[76][法]弗朗索瓦·韦拉.国际旅游经济与政策[M].罗结珍,吴化麟,等,译.北京:旅游教育出版社,1989.
[77][加]帕特里克·克伦.导游的成功秘诀[M].李中泽,译.北京:旅游教育出版社,1989.
[78][瑞士]若泽·塞伊杜.旅游接待的今天和明天[M].冯百才,刘振卿,译.北京:旅游教育出版社,1990.
[79][英]A.J.伯卡特,S.梅特利克.西方旅游业[M].张践,等,译.上海:同济大学出版社,1990.
[80][加]斯蒂芬.L.J.史密斯.旅游决策与分析方法[M].南开大学旅游学系,译.北京:中国旅游出版社,1991.
[81][美]朱卓任.休假地的开发及其管理[M].南开大学旅游外语教研室,译.北京:旅游教育出版社,1992.
[82][加]斯蒂芬·L.J.史密斯.游憩地理学:理论与方法[M].吴必虎,等,译.北京:高等教育出版社,1992.
[83][美]爱德华·因斯克普,马克·科伦伯格.旅游度假区的综合开发模式——世界六个旅游度假区开发实例研究[M].李中泽,刘志江,等,译.北京:中国旅游出版社,1993.
[84]喻学才.中国旅游文化传统[M].南京:东南大学出版社,1995.

[85]陶犁.旅游地理学[M].昆明:云南大学出版社,1995.

[86]王兴斌.中国旅游客源国/地区概况[M].北京:旅游教育出版社,1996.

[87]邹统钎.旅游度假区发展规划[M].北京:旅游教育出版社,1996.

[88]刘振礼,王兵.新编中国旅游地理[M].天津:南开大学出版社,1996.

[89]杨时进,沈受君.旅游学[M].北京:中国旅游出版社,1996.

[90]曾廷忠.旅游导论[M].成都:四川人民出版社,1996.

[91]魏小安.旅游发展与管理[M].北京:旅游教育出版社,1996.

[92]杨振之.旅游资源开发[M].成都:四川人民出版社,1996.

[93]辛建荣,杜远生,等.旅游地学[M].天津:天津大学出版社,1996.

[94]王正华.现代旅行社管理[M].北京:中国旅游出版社,1996.

[95]潘盛之.旅游民族学[M].贵阳:贵州民族出版社,1997.

[96]杜江.旅行社管理[M].天津:南开大学出版社,1997.

[97]国家旅游局计划统计司.旅游业可持续发展:地方旅游规划指南[M].北京:旅游教育出版社,1997.

[98]骆文韬.走向21世纪的中国度假旅游[M].北京:中国旅游出版社,1997.

[99]国家旅游局计划统计司.旅游规划纲要[M].北京:旅游教育出版社,1997.

[100]王健.旅游法原理与实务[M].天津:南开大学出版社,1998.

[101]苏文才,孙文昌.旅游资源学[M].北京:高等教育出版社,1998.

[102]丁力.旅行社经营管理[M].北京:高等教育出版社,1998.

[103]戴斌.现代饭店集团研究[M].北京:中国致公出版社,1998.

[104]王大悟,魏小安.新编旅游经济学[M].上海:上海人民出版社,1998.

[105]郭跃,张述林.旅游资源概论[M].重庆:重庆大学出版社,1998.

[106]钱炜.创造性思维与旅游业[M].北京:旅游教育出版社,1998.

[107]张俐俐.近代中国旅游发展的经济透视[M].天津:天津大学出版社,1998.

[108]赵西萍,邹慧萍.中国旅游可持续发展战略研究[M].西安:陕西人民出版社,1998.

[109]岳怀仁.风景旅游区经营与管理[M].昆明:云南大学出版社,1998.

[110]李亚利,张慧凤.旅游会计[M].天津:南开大学出版社,1998.

[111]林越英.旅游环境保护概论[M].北京:旅游教育出版社,1999.

[112]吴必虎,徐斌,等.中国国内旅游客源市场系统研究[M].上海:华东师范大学出版社,1999.

[113]马勇,舒伯阳.区域旅游规划——理论·方法·案例[M].天津:南开大学出版社,1999.

[114]邹统钎,等.旅游开发与规划[M].广州:广东旅游出版社,1999.

[115]郝索.旅游经济新论[M].西安:西北大学出版社,1999.

[116]辛建荣.旅游区规划与管理[M].天津:南开大学出版社,1999.

[117] 谢贵安,华国梁.旅游文化学[M].上海:高等教育出版社,1999.

[118] 申葆嘉,刘住.旅游学原理[M].上海:学林出版社,1999.

[119] 庄志民.旅游经济发展的文化空间[M].上海:学林出版社,1999.

[120] 魏小安,沈彦蓉.中国旅游饭店业的竞争与发展[M].广州:广东旅游出版社,1999.

[121] 谢彦君.基础旅游学[M].北京:中国旅游出版社,1999.

[122] 李蕾蕾.旅游地形象策划:理论与实务[M].广州:广东旅游出版社,1999.

[123] 罗佳明.旅游经济管理概论[M].上海:复旦大学出版社,1999.

[124] 马耀峰,李天顺,等.中国入境旅游研究[M].北京:科学出版社,1999.

[125] 魏小安,刘赵平,等.中国旅游业新世纪发展大趋势[M].广州:广东旅游出版社,1999.

[126] 杨桂华,钟林生,等.生态旅游[M].北京:高等教育出版社,2000.

[127] 吴广孝,等.旅游商品开发实务[M].上海:复旦大学出版社,2000.

[128] 王富玉.国际热带滨海旅游城市发展道路探析[M].北京:中国旅游出版社,2000.

[129] 刘敢生.WTO与旅游服务贸易的法律问题[M].广州:广东旅游出版社,2000.

[130] 吴必虎.地方旅游开发与管理[M].北京:科学出版社,2000.

[131] 董观志.旅游主题公园管理原理与实务[M].广州:广东旅游出版社,2000.

[132] 马爱萍.旅行社经营管理[M].广州:广东旅游出版社,2000.

[133] 邓爱民,刘代泉.旅游资源开发与规划[M].北京:旅游教育出版社,2000.

[134] 王德刚.现代旅游区开发与经营管理[M].青岛:青岛出版社,2000.

[135] 殷理田.旅游产业发展论[M].北京:人民出版社,2000.

[136] 杜江,戴斌.旅行社管理比较研究[M].北京:旅游教育出版社,2000.

[137] 王兴斌.旅游产业规划指南[M].北京:中国旅游出版社,2000.

[138] 韩玉灵.旅游法教程[M].北京:旅游教育出版社,2000.

[139] 李家清.旅游开发与规划[M].上海:华中师范大学出版社,2000.

[140] 肖星,严江平.旅游资源与开发[M].北京:中国旅游出版社,2000.

[141] 崔进.旅游文化纵览[M].北京:中国旅游出版社,2000.

[142] 杨桂华,董建新,等.生态旅游的绿色实践[M].北京:科学出版社,2000.

[143] 张红,李天顺.旅行社经营管理实例评析[M].天津:南开大学出版社,2000.

[144] 汪华斌,周玲.生态旅游开发[M].北京:科学出版社,2000.

[145] 王坚.旅游资本经营[M].北京:旅游教育出版社,2001.

[146] 罗明义.旅游经济分析——理论·方法·案例[M].昆明:云南大学出版社,2001.

[147] 吴必虎.区域旅游规划原理[M].北京:中国旅游出版社,2001.

[148] 卢云亭,王建军.生态旅游学[M].北京:旅游教育出版社,2001.

[149]刘峰.中国西部旅游发展战略研究[M].北京:中国旅游出版社,2001.

[150]陶伟.中国"世界遗产"的可持续旅游发展研究[M].北京:中国旅游出版社,2001.

[151]钟海生,郭英之.中国旅游市场需求与开发[M].广州:广东旅游出版社,2001.

[152]张建萍.生态旅游理论与实践[M].北京:中国旅游出版社,2001.

[153]郑双庆.香港旅行社管理与运作[M].北京:旅游教育出版社,2001.

[154]匡林.旅游业政府主导型发展战略研究[M].北京:中国旅游出版社,2001.

[155]张文.旅游与文化[M].北京:旅游教育出版社,2001.

[156]杨慧,陈志民,等.旅游、人类学与中国社会[M].北京:旅游教育出版社,2001.

[157]杜江.旅游企业跨国经营战略研究[M].北京:旅游教育出版社,2001.

[158]魏小安.旅游热点问题实说[M].北京:中国旅游出版社,2001.

[159]崔凤军.风景旅游区的保护与管理[M].北京:中国旅游出版社,2001.

[160]张国洪.中国文化旅游——理论·战略·实践[M].天津:南开大学出版社,2001.

[161]阳国亮,黄伟林.多维视角中的旅游文化与发展战略[M].北京:中国旅游出版社,2001.

[162]刘赵平.分时度假·产权酒店——饭店业和房地产业的创新发展之路[M].北京:中国旅游出版社,2002.

[163]杨振之.旅游资源规划与开发[M].成都:四川大学出版社,2002.

[164]慎丽华.旅游经济学导论[M].北京:中国经济出版社,2002.

[165]韩杰.旅游地理学[M].大连:东北财经大学出版社,2002.

[166]保继刚,等.旅游规划案例[M].广州:广东旅游出版社,2002.

[167]刘敦荣.旅游商品学[M].天津:南开大学出版社,2002.

[168]戴斌,杜江.旅行社管理[M].北京:高等教育出版社,2002.

[169]张俐俐.旅游行政管理[M].北京:高等教育出版社,2002.

[170]董玉明.海洋旅游[M].青岛:青岛海洋大学出版社,2002.

[171]崔凤军.中国传统旅游目的地创新与发展[M].北京:中国旅游出版社,2002.

[172]田里.旅游经济学[M].北京:高等教育出版社,2002.

[173]田孝蓉,李峰.旅游经济学[M].郑州:郑州大学出版社,2002.

[174]张世满.旅游与中外民俗[M].天津:南开大学出版社,2002.

[175]张辉.旅游经济论[M].北京:旅游教育出版社,2002.

[176]胡平.中国旅游人口研究——中国旅游客源市场的人口学分析[M].上海:华东师范大学出版社,2002.

[177]葛全胜,徐继填,等.西部开发旅游发展战略[M].北京:中国旅游出版社,2002.

[178]高曾伟,卢晓.旅游资源学[M].上海:上海交通大学出版社,2002.

[179]魏小安.旅游纵横——产业发展新论[M].北京:中国旅游出版社,2002.

[180]魏小安.旅游目的地发展实证研究[M].北京:中国旅游出版社,2002.
[181]谢彦君.旅游管理应用统计学简明教程[M].大连:东北财经大学出版社,2002.
[182]许春晓.旅游规划新论:市场导向型旅游规划的理论、方法与实践[M].长沙:湖南师范大学出版社,2002.
[183]厉新建,张辉.旅游经济学——理论与发展[M].大连:东北财经大学出版社,2002.
[184]赵黎明,黄安民,等.旅游景区管理学[M].天津:南开大学出版社,2002.
[185]课题组.中国出境旅游者消费行为模式研究[M].北京:旅游教育出版社,2003.
[186]明庆忠.旅游地规划[M].北京:科学出版社,2003.
[187]姜若愚.旅游景区服务与管理[M].大连:东北财经大学出版社,2003.
[188]彭德成.中国旅游景区治理模式[M].北京:中国旅游出版社,2003.
[189]戴斌.中国国有饭店的转型与变革研究[M].北京:旅游教育出版社,2003.
[190]全华,王丽华.旅游规划学[M].大连:东北财经大学出版社,2003.
[191]巫宁,杨路明.旅游电子商务理论与实务[M].北京:中国旅游出版社,2003.
[192]陈志辉,陈小春.旅游信息学[M].北京:中国旅游出版社,2003.
[193]宁士敏.中国旅游消费研究[M].北京:北京大学出版社,2003.
[194]陈小春.旅行社管理学[M].北京:中国旅游出版社,2003.
[195]吴晓萍.民族旅游的社会学研究[M].贵阳:贵州民族出版社,2003.
[196]张帆,等.旅游对区域经济发展贡献度研究:以秦皇岛为例[M].北京:经济科学出版社,2003.
[197]王莹.旅游区服务质量管理[M].北京:中国旅游出版社,2003.
[198]吴忠军.旅游景区规划与开发[M].北京:高等教育出版社,2003.
[199]张建萍.旅游环境保护学[M].北京:旅游教育出版社,2003.
[200]俞晟.城市旅游与城市游憩学[M].上海:华东师范大学出版社,2003.
[201]庞规荃.中国旅游地理[M].北京:旅游教育出版社,2003.
[202]张凌云.旅游景区景点管理[M].北京:旅游教育出版社,2003.
[203]魏小安,韩健民.旅游强国之路——中国旅游产业政策体系研究[M].北京:中国旅游出版社,2003.
[204]郑向敏.旅游安全学[M].北京:中国旅游出版社,2003.
[205]魏小安,张凌云.共同的声音:世界旅游宣言[M].北京:旅游教育出版社,2003.
[206]吴国清.世界旅游地理[M].上海:上海人民出版社,2003.
[207]李江风.旅游信息系统概论[M].武汉:武汉大学出版社,2003.
[208][法]罗贝尔·朗加尔.国际旅游[M].陈淑仁,马小卫,译.北京:商务印书馆,1995.
[209][法]罗贝尔·朗加尔.旅游经济[M].董明慧,谭秀兰,译.北京:商务印书馆,1998.

[210] [英]约翰·斯沃布鲁克. 景点开发与管理[M]. 张文,等,译. 北京:中国旅游出版社,2001.

[211] [美]威廉·瑟厄波德. 全球旅游新论[M]. 张广瑞,等,译. 北京:中国旅游出版社,2001.

[212] [英]维克多·密德尔敦. 旅游营销学[M]. 向萍,等,译. 北京:中国旅游出版社,2001.

[213] [澳]尼尔·沃恩,艾丽森·莫里森. 饭店营销学[M]. 程尽能,等,译. 北京:中国旅游出版社,2001.

[214] [英]弗汉赛·维拉斯,劳乃尔·贝克勒. 旅游业市场营销[M]. 付磊,赵学凯,等,译. 北京:中国三峡出版社,2002.

[215] [美]瓦伦. L. 史密斯. 东道主与游客:旅游人类学研究[M]. 张晓萍,何昌邑,等,译. 昆明:云南大学出版社,2002.

[216] [美]菲利普·科特勒,约翰·保文,等. 旅游市场营销[M]. 谢彦君,译. 北京:旅游教育出版社,2002.

[217] [英]伦纳德·J. 利克里什,卡森·L. 詹金斯. 旅游学通论[M]. 程尽能,等,译. 北京:中国旅游出版社,2002.

[218] [日]铃木胜. 国际旅游振兴论——亚洲及太平洋地区的未来[M]. 李胜娟,译. 北京:中国旅游出版社,2002.

[219] [美]罗伯特·克里斯蒂·米尔. 度假村管理与运营[M]. 李正喜,译. 大连:大连理工大学出版社,2002.

[220] [美]哈罗德·L. 瓦格尔. 旅游经济学——金融分析指南[M]. 宋瑞,林红,译. 北京:中信出版社,2003.

[221] [美]弗雷德·P. 波塞尔曼,克雷格·A. 彼特森,等. 弯路的代价——世界旅游业回眸[M]. 陈烨,陈鑫,等,译. 北京:中国社会科学出版社,2003.

[222] 高舜礼. 中国旅游业对外开放战略研究[M]. 北京:中国旅游出版社,2004.

[223] 徐汎. 中国旅游市场概论[M]. 北京:中国旅游出版社,2004.

[224] 刘劲柳. 旅游合同[M]. 北京:法律出版社,2004.

[225] 广西壮族自治区旅游局,广西壮族自治区统计局,等. 旅游业对国民经济贡献率研究[M]. 北京:中国旅游出版社,2004.

[226] 潘建民. 中国创建与发展优秀旅游城市研究[M]. 北京:中国旅游出版社,2004.

[227] 黄山羊. 旅游规划原理[M]. 南京:东南大学出版社,2004.

[228] 李永文. 旅游地理学[M]. 北京:科学出版社,2004.

[229] 王艳平. 中国温泉旅游——来自地理学的发现及人文主义的挑战[M]. 大连:大连出版社,2004.

[230] 杨路明,巫宁,等. 现代旅游电子商务教程[M]. 北京:电子工业出版社,2004.

[231] 李天元. 中国旅游可持续发展研究[M]. 天津:南开大学出版社,2004.

[232] 张广瑞.旅游规划的理论与实践[M].北京:社会科学文献出版社,2004.
[233] 张辉,厉新建.旅游经济学原理[M].北京:旅游教育出版社,2004.
[234] 邹统钎.旅游景区开发与管理[M].北京:清华大学出版社,2004.
[235] 奚晏平.世界著名酒店集团比较研究[M].北京:中国旅游出版社,2004.
[236] 王健民.旅行社产品理论与操作实务[M].北京:中国旅游出版社,2004.
[237] 杜江.旅游研究文集[M].北京:旅游教育出版社,2004.
[238] 王永忠.西方旅游史[M].南京:东南大学出版社,2004.
[239] 韦明体.旅行社市场营销[M].北京:旅游教育出版社,2004.
[240] 刘纯.旅游心理学[M].北京:科学出版社,2004.
[241] 黄恢月.旅游合同纠纷实务解析[M].北京:中国旅游出版社,2004.
[242] 国家发展和改革委员会,国家旅游局课题组.中国旅游就业目标体系与战略措施研究[M].北京:中国旅游出版社,2004.
[243] 依绍华.私营资本开发旅游景区的理论与实证研究[M].北京:旅游教育出版社,2004.
[244] 丁名申,钱平雷.旅游房地产学[M].上海:复旦大学出版社,2004.
[245] 田里,李常林.生态旅游[M].天津:南开大学出版社,2004.
[246] 郭伟,方淑芬.旅游地复合系统协调开发:理论·方法·实证[M].北京:地质出版社,2004.
[247] 李洪波.旅游景区管理[M].北京:机械工业出版社,2004.
[248] 李俊清,石金莲,等.生态旅游学[M].北京:中国林业出版社,2004.
[249] 姚延波.现代旅行社管理研究[M].北京:高等教育出版社,2004.
[250] 池雄标.滨海旅游理论与实践[M].广州:中山大学出版社,2004.
[251] 李宝明.旅行社经营管理[M].北京:经济科学出版社,2004.
[252] 徐虹.饭店企业核心竞争力研究[M].北京:旅游教育出版社,2004.
[253] 郑耀星,储德平.区域旅游规划、开发与管理[M].北京:高等教育出版社,2004.
[254] 刘敢生.旅游服务纠纷精选案例分析[M].北京:中国旅游出版社,2004.
[255] 许峰.城市产品理论与旅游市场营销[M].北京:社会科学文献出版社,2004.
[256] 张广瑞.生态旅游理论辨析与案例研究[M].北京:社会科学文献出版社,2004.
[257] 邹统钎.北京市郊区旅游发展战略研究——经验、误区与对策[M].北京:旅游教育出版社,2004.
[258] 高路加.旅游人类学纲要[M].广州:广东旅游出版社,2004.
[259] 李树民.西部旅游业实现跨越式发展的背景与对策[M].北京:经济科学出版社,2004.
[260] 彭兆荣.旅游人类学[M].北京:民族出版社,2004.
[261] 冯淑华.景区运营管理[M].广州:华南理工大学出版社,2004.
[262] 纪俊超.旅行社经营管理[M].广州:华南理工大学出版社,2004.

[263] 马梅.e 时代旅游产业价值链重构战略设计[M].上海:上海三联书店,2004.
[264] 马耀峰,宋保平,等.旅游资源开发[M].北京:科学出版社,2005.
[265] 陈嘉隆,张凌云.台湾地区旅行社的经营与管理[M].北京:旅游教育出版社,2005.
[266] 麻益军,芦爱英,等.旅游心理原理与实务[M].北京:旅游教育出版社,2005.
[267] 梁明珠.中国旅游地理[M].广州:广东旅游出版社,2005.
[268] 罗明义.旅游经济学——分析方法·案例[M].天津:南开大学出版社,2005.
[269] 保继刚,等.城市旅游:原理·案例[M].天津:南开大学出版社,2005.
[270] 张晓萍.民族旅游的人类学透视[M].昆明:云南大学出版社,2005.
[271] 刘艳红.中国分时度假发展研究——旅游房地产创新[M].北京:经济科学出版社,2005.
[272] 严国泰.历史城镇旅游规划理论与实务[M].北京:中国旅游出版社,2005.
[273] 李悦铮,俞金国.区域旅游市场发展演化机理及开发[M].北京:旅游教育出版社,2005.
[274] 董观志,白晓亮.旅游管理原理与方法[M].北京:中国旅游出版社,2005.
[275] 卞显红.城市旅游空间分析及其发展透视[M].北京:中国物资出版社,2005.
[276] 钟志平.旅游购物理论与开发实务[M].北京:中国市场出版社,2005.
[277] 王绍喜.旅游景区服务与管理[M].北京:高等教育出版社,2005.
[278] 王晨光.旅游目的地营销[M].北京:经济科学出版社,2005.
[279] 魏振枢.旅游文献信息检索[M].北京:化学工业出版社,2005.
[280] 张河清.区域民族旅游开发导论[M].北京:中国旅游出版社,2005.
[281] 蔡家成.中国旅行社业研究[M].北京:中国旅游出版社,2005.
[282] 周永广,等.旅游业环境管理[M].杭州:浙江大学出版社,2005.
[283] 王淑良,等.中国现代旅游史[M].南京:东南大学出版社,2005.
[284] 汪宇明,庄志民,等.山岳型生态旅游目的地规划的理论创新与实践[M].北京:中国旅游出版社,2005.
[285] 吴志强,吴承照.城市旅游规划原理[M].北京:中国建筑工业出版社,2005.
[286] 郑维,董观志.主题公园营销模式与技术[M].北京:中国旅游出版社,2005.
[287] 颜文洪,张朝枝.旅游环境学[M].北京:科学出版社,2005.
[288] 钟永德.旅游景区管理[M].长沙:湖南大学出版社,2005.
[289] 禹贡,胡丽芳.旅游景区景点营销[M].北京:旅游教育出版社,2005.
[290] 吴宜进.旅游地理学[M].北京:科学出版社,2005.
[291] 郑冬子.旅游地理学[M].广州:华南理工大学出版社,2005.
[292] 方增福.旅行社管理[M].北京:科学出版社,2005.
[293] 唐代剑.旅游规划原理[M].杭州:浙江大学出版社,2005.
[294] 戴光全,等.节庆、节事及事件旅游——理论·案例·策划[M].北京:科学出版

社,2005.
[295]李隆华,俞树彪,等.海洋旅游学导论[M].杭州:浙江大学出版社,2005.
[296]林越英.资源型城市旅游业开发的初步探索[M].北京:中国水利水电出版社,2005.
[297]李伟.民族旅游地文化变迁与发展研究[M].北京:民族出版社,2005.
[298]张辉,等.转型时期中国旅游产业环境、制度与模式研究[M].北京:旅游教育出版社,2005.
[299]李享.旅游调查研究方法与实践[M].北京:中国旅游出版社,2005.
[300]戴斌,等.饭店品牌建设[M].北京:旅游教育出版社,2005.
[301]楼嘉军,邱扶东,等.旅游业结构调整与和谐发展[M].北京:立信会计出版社,2005.
[302]张梦.区域旅游业竞争力理论与实证研究[M].成都:西南财经大学出版社,2005.
[303]谢彦君.旅游体验研究:一种现象学的视角[M].天津:南开大学出版社,2005.
[304]北京第二外国语学院"旅游经济理论与产业实践研究"创新团队.中国旅游产业的开放、竞争与发展[M].北京:中国经济出版社,2005.
[305]马勇,李玺.旅游景区管理[M].北京:中国旅游出版社,2006.
[306]黎洁.旅游环境管理研究[M].天津:南开大学出版社,2006.
[307]崔风军.城市旅游的发展与实践:20个命题研究[M].北京:中国旅游出版社,2006.
[308]彭淑清.景点导游[M].北京:旅游教育出版社,2006.
[309]吴国清.旅游线路设计[M].北京:旅游教育出版社,2006.
[310]邹益民,周亚庆.饭店战略管理[M].北京:旅游教育出版社,2006.
[311]崔庠,周丽君.旅游地理学[M].北京:机械工业出版社,2006.
[312]课题组.江苏旅游卫星账户(JSTSA-2002)研究[M].南京:江苏人民出版社,2006.
[313]课题组.地区旅游卫星账户编制指南[M].南京:江苏人民出版社,2006.
[314]高舜礼.中国旅游产业政策研究[M].北京:中国旅游出版社,2006.
[315]吴昌南.中国旅行社产品差异化研究[M].上海:上海财经大学出版社,2006.
[316]叶文.旅游规划的价值维度:民族文化与可持续旅游开发[M].北京:中国环境科学出版社,2006.
[317]石美玉.旅游购物研究[M].北京:中国旅游出版社,2006.
[318]戴斌,等.论北京旅游产业安全与成长要素[M].北京:旅游教育出版社,2006.
[319]刘晖.旅游民族学[M].北京:民族出版社,2006.
[320]彭顺生.世界旅游发展史[M].北京:中国旅游出版社,2006.
[321]王迪云.旅游耗散结构系统开发理论与实践[M].北京:中国市场出版社,2006.

[322]杨世瑜,吴志亮.旅游地质学[M].天津:南开大学出版社,2006.
[323]李仲广.旅游经济学:模型与方法[M].北京:中国旅游出版社,2006.
[324]宋才发,杨富斌.旅游法教程[M].北京:知识产权出版社,2006.
[325]刘峰,董四化.旅游景区营销[M].北京:中国旅游出版社,2006.
[326]杜江,等.中国旅游企业经营的国际化——理论、模式与现实选择[M].北京:旅游教育出版社,2006.
[327]邹统钎.中国旅游景区管理模式研究[M].天津:南开大学出版社,2006.
[328]王婉飞.中国旅游业发展及创新研究——以分时度假为突破口[M].北京:经济科学出版社,2006.
[329]李燕琴.生态旅游游客行为与游客管理研究[M].北京:旅游教育出版社,2006.
[330]尹德涛,等.旅游社会学研究[M].天津:南开大学出版社,2006.
[331]陈家刚.旅游规划开发——理论·案例[M].天津:南开大学出版社,2006.
[332]王柯平.美之旅[M].南京:南京出版社,2006.
[333]张立明,胡道华.旅游景区解说系统规划与设计[M].北京:中国旅游出版社,2006.
[334]张朝枝.旅游与遗产保护——政府治理视角的理论与实证[M].北京:中国旅游出版社,2006.
[335]宗晓莲.旅游开发与文化变迁——以云南省丽江县纳西族文化为例[M].北京:中国旅游出版社,2006.
[336]保继刚,徐红罡,等.社区旅游与边境旅游[M].北京:中国旅游出版社,2006.
[337]吴清津.旅游消费行为学[M].北京:旅游教育出版社,2006.
[338]王衍用,宋子千.旅游景区项目策划[M].北京:中国旅游出版社,2007.
[339]李志轩,裴建军.零风险旅游合同[M].北京:中国旅游出版社,2007.
[340]刘春玲.旅游产业危机管理与预警机制研究[M].北京:中国旅游出版社,2007.
[341]戴斌,束菊萍,等.经济型饭店:国际经验与中国的实践[M].北京:旅游教育出版社,2007.
[342]杨富裕,陈佐忠,等.草原旅游理论与管理实务[M].北京:中国旅游出版社,2007.
[343]王艳平.温泉旅游研究导论[M].北京:中国旅游出版社,2007.
[344]谷惠敏.旅游危机管理研究[M].天津:南开大学出版社,2007.
[345]秦宇.旅游企业集团化成长[M].北京:旅游教育出版社,2007.
[346]张凌云,杨晶晶.滑雪旅游开发与经营[M].天津:南开大学出版社,2007.
[347]匡林,等.多维视角下的新旅游市场观——四川入境旅游个案[M].北京:中国旅游出版社,2007.
[348]课题组.旅游卫星账户理论与实践[M].杭州:杭州出版社,2006.
[349]夏林根.乡村旅游概论[M].上海:东方出版中心,2007.

[350] 李仲广. 旅游经济学[M]. 北京:中国旅游出版社,2007.
[351] 黎洁. 旅游卫星账户与旅游统计制度研究[M]. 北京:中国旅游出版社,2007.
[352] 王艳平,郭舒. 旅游规划学[M]. 北京:中国旅游出版社,2007.
[353] 宋瑞. 生态旅游:全球观点与中国实践[M]. 北京:中国水利水电出版社,2007.
[354] 张文. 旅游影响——理论与实践[M]. 北京:社会科学文献出版社,2007.
[355] 王云龙. 新兴旅游产业问题研究[M]. 天津:南开大学出版社,2007.
[356] 姜若愚,刘奕文. 旅游投资与管理[M]. 昆明:云南大学出版社,2007.
[357] 张辉,魏翔. 新编旅游经济学[M]. 天津:南开大学出版社,2007.
[358] 明庆忠,李庆雷. 旅游循环经济学[M]. 天津:南开大学出版社,2007.
[359] 刘会远,李蕾蕾. 德国工业旅游与工业遗产保护[M]. 北京:商务印书馆,2007.
[360] 王鹏飞. 旅游与休闲地理学的方法论[M]. 北京:中国环境科学出版社,2007.
[361] 吴必虎,宋子千. 旅游发展与公共管理[M]. 北京:中国旅游出版社,2008.
[362] 张凌云. 世界旅游市场分析与统计手册[M]. 北京:中国旅游出版社,2008.
[363] 刘丹萍. 旅游凝视——中国本土研究[M]. 天津:南开大学出版社,2008.
[364] 高峻. 都市旅游:国际经验与中国实践[M]. 北京:中国旅游出版社,2008.
[365] 宋子千. 旅行社经济分析[M]. 北京:中国旅游出版社,2008.
[366] 尹德涛,宋丽娜. 旅游问卷调查方法与实务[M]. 天津:南开大学出版社,2008.
[367] 陈才,龙江智. 旅游景区管理[M]. 北京:中国旅游出版社,2008.
[368] 曹诗图. 旅游哲学引论[M]. 天津:南开大学出版社,2008.
[369] 薛秀芬. 旅游教育学[M]. 北京:旅游教育出版社,2008.
[370] 刘劲柳. 中外旅游纠纷百案评析[M]. 北京:中国旅游出版社,2008.
[371] 李享. 休闲与旅游统计研究[M]. 北京:中国旅游出版社,2008.
[372] 彭顺生. 世界遗产旅游概论[M]. 北京:中国旅游出版社,2008.
[373] 吴章文,吴楚材,等. 森林旅游学[M]. 北京:中国旅游出版社,2008.
[374] 马勇,余冬林,等. 中国旅游文化史纲[M]. 北京:中国旅游出版社,2008.
[375] 王诺. 邮轮经济——邮轮管理·邮轮码头·邮轮产业[M]. 北京:化学工业出版社,2008.
[376] 刘住. 旅游学学科体系框架与前沿领域[M]. 北京:中国旅游出版社,2008.
[377] 杜江,朱易兰. 国际著名旅游企业跨国经营案例分析[M]. 北京:中国旅游出版社,2008.
[378] [加]哈里森,斯本兹. 国际旅游规划案例分析[M]. 周常春,苗学龄,等,译. 天津:南开大学出版社,2004.
[379] 世界旅游组织. 国家和区域旅游规划:方法与实例分析[M]. 籍谈,译. 北京:电子工业出版社,2004.
[380] [英]迈拉·沙克利. 游客管理:世界文化遗产管理案例分析[M]. 张晓萍,何昌邑,等,译. 昆明:云南大学出版社,2004.

[381] [澳]戴维·韦弗.生态旅游[M].杨桂华,王跃华,等,译.天津:南开大学出版社,2004.

[382] [美]斯蒂芬·巴思.饭店业国际法律实务[M].张凌云,译.天津:南开大学出版社,2004.

[383] [美]爱德华·因斯克普.旅游规划:一种综合性的可持续的开发方法[M].张凌云,译.北京:旅游教育出版社,2004.

[384] [美]马克·波斯蒂,詹尼·弗罗斯等.旅游业法学原理与案例[M].潘晶,马静波,译.北京:电子工业出版社,2004.

[385] [美]丹尼逊·纳什.旅游人类学[M].宗晓莲,译.昆明:云南大学出版社,2004.

[386] [英]格文达·西拉特.旅行社实务手册[M].赖宇红,等,译.昆明:云南大学出版社,2004.

[387] [英]曼纽尔·鲍德,博拉,弗雷德·劳森.旅游与游憩规划设计手册[M].唐子颖,吴必虎,等,译.北京:中国建筑工业出版社,2004.

[388] [英]约翰·斯瓦布鲁克,苏珊·霍纳.商务旅游[M].程尽能,卢涤非,等,译.北京:旅游教育出版社,2004.

[389] [澳]肯·约翰逊.旅游业市场营销[M].张凌云,马晓秋,译.北京:电子工业出版社,2004.

[390] [英]克里斯·库珀,约翰·弗莱彻等.旅游学:原理与实践(第三版)[M].张俐俐,蔡利平,译.北京:高等教育出版社,2004.

[391] [英]迪米特里斯·布哈利斯.旅游电子商务[M].马晓秋,张凌云,译.北京:旅游教育出版社,2004.

[392] [美]M.瑟尔·辛克莱,麦克·斯特布勒.旅游经济学[M].宋海岩,沈淑杰,译.北京:高等教育出版社,2004.

[393] [英]康斯坦丁诺斯·S.弗吉尼斯,罗伊·伍德.住宿管理——国际酒店业透视[M].冯军,译.北京:高等教育出版社,2004.

[394] [澳]Y.赖辛格,L.W.托纳.旅游跨文化行为研究[M].朱路平,译.天津:南开大学出版社,2004.

[395] [澳]拉尔夫·巴克利.生态旅游案例研究[M].杨桂华,张志勇,等,译.天津:南开大学出版社,2004.

[396] [英]约翰·斯沃布鲁克,苏珊·霍纳.旅游消费者行为学[M].俞慧君,张鸥,等,译.北京:电子工业出版社,2004.

[397] [英]亚德里恩·布尔.旅游经济学(第二版)[M].龙江智,译.大连:东北财经大学出版社,2004.

[398] [英]A.V.西顿、M.M.班尼特.旅游产品营销——概念、问题与案例[M].张俐俐,马晓秋,译.北京:高等教育出版社,2004.

[399] [英]帕特·耶尔.旅行社经营业务[M].程尽能,译.北京:旅游教育出版社,2004.
[400] [加]戴维·A.芬内尔.生态旅游[M].张凌云,译.北京:旅游教育出版社,2004.
[401] [加]斯蒂芬.L.J.史密斯.旅游测度与旅游卫星账户[M].赵丽霞,刘臻,译.北京:中国统计出版社,2004.
[402] [美]亚伯拉罕·匹赞姆,[以]尤尔·曼斯菲尔德.旅游消费者行为研究[M].舒伯阳,冯玮,译.大连:东北财经大学出版社,2005.
[403] [英]克里·戈布雷、杰基·克拉克.旅游目的地开发手册[M].刘家明,刘爱利,译.北京:电子工业出版社,2005.
[404] [美]C.A.冈恩.旅游规划:原理与案例[M].吴必虎,等,译.大连:东北财经大学出版社,2005.
[405] [英]艾伦·法伊奥,布赖恩·加罗德,等.旅游吸引物管理:新的方向[M].郭英之,译.大连:东北财经大学出版社,2005.
[406] [日]殷作恒.日本旅游法律法规[M].北京:社会科学文献出版社,2005.
[407] [加]J.R.布伦特·瑞奇,C.I.克劳奇.旅游目的地竞争力管理[M].李天元,徐虹,等,译.天津:南开大学出版社,2006.
[408] [英]迈克·维德,克里斯·布尔.体育旅游[M].戴光全,朱竑,等,译.天津:南开大学出版社,2006.
[409] [美]诺曼·G.库诺耶,安东尼·G.马歇尔,等.旅游业法律与案例(第六版)[M].张凌云,译.北京:旅游教育出版社,2006.
[410] [英]弗兰克·豪伊.旅游目的地的经营与管理[M].丁宁,姜婷婷,等,译.沈阳:辽宁科学技术出版社,2006.
[411] [加]鲍勃·麦克彻,[澳]希拉里·迪克罗.文化旅游与文化遗产管理[M].朱路平,译.天津:南开大学出版社,2006.
[412] [英]约翰·沃德.旅游案例分析[M].曾萍,等,译.昆明:云南大学出版社,2006.
[413] [英]罗伯·戴维森,比尤拉·库佩.商务旅行[M].吕宛青,赵书虹,等,译.昆明:云南大学出版社,2006.
[414] [英]斯蒂芬·威廉斯.旅游地理学[M].张凌云,译.天津:南开大学出版社,2006.
[415] [澳]克里斯·库珀.旅游研究经典评论[M].钟林生,谢婷,译.天津:南开大学出版社,2006.
[416] [澳]林赛·W.特纳,[英]史蒂芬·F.维特.亚洲太平洋地区旅游业发展预测2000~2008[M].王向宁,译.北京:中国旅游出版社,2006.
[417] [英]克里斯托弗·霍洛韦.旅游营销学(第四版)[M].修月祯,译.北京:旅游教

育出版社,2006.

[418] [澳]彼得·E.墨菲,安·E.墨菲.旅游社区战略管理:弥合旅游差距[M].陶犁,邓衡,等,译.天津:南开大学出版社,2006.

[419] [美]斯坦利·C.帕洛格.旅游市场营销实论[M].李天元,李曼,译.天津:南开大学出版社,2007.

[420] [英]戴伦·J.蒂莫西,斯蒂芬·W.博伊德.遗产旅游[M].程尽能,译.北京:旅游教育出版社,2007.

[421] [西]奥诺弗雷·马托雷利·库尼利.饭店集团成长战略——世界顶尖连锁饭店集团最佳商业实践[M].王向宁,陆春华,译.北京:旅游教育出版社,2007.

[422] [以]埃里克·科恩.旅游社会学纵论[M].巫宁,马聪玲,等,译.天津:南开大学出版社,2007.

[423] [美]杰弗里·S.哈里森,卡西·A.恩兹.旅游饭店业战略管理:概念与案例[M].秦宇,译.北京:旅游教育出版社,2007.

[424] [英]耐杰尔·埃文斯.旅游战略管理[M].马桂顺,译.沈阳:辽宁科学技术出版社,2007.

[425] [澳]盖尔·詹宁斯.旅游研究方法[M].谢彦君,陈丽,译.北京:旅游教育出版社,2007.

[426] [英]C.米歇尔·霍尔,斯蒂芬·J.佩奇.旅游休闲地理学——环境·地点·空间(第三版)[M].周昌军,何佳梅,译.北京:旅游教育出版社,2007.

[427] [澳]尼尔·利珀.旅游管理(第三版)[M].谢昌,翁瑾,等,译.上海:上海财经大学出版社,2007.

[428] [美]约翰·A.维佛卡.旅游解说总体规划[M].郭毓洁,吴必虎,等,译.北京:中国旅游出版社,2008.

[429] [美]马文·塞特龙,佛瑞德·德米科,等.饭店与旅游业发展趋势分析[M].张凌云,李天元,译.天津:南开大学出版社,2008.

原载于《北京第二外国语学院》2009年第3、5期,总第167、169期

我国旅游学术期刊影响力和影响因子研究

兰超英 张凌云

2009年12月国务院出台了《关于加快发展旅游业的意见》，从国家层面提出把旅游业培育成国民经济的战略性支柱产业和人民群众更加满意的现代服务业。这一产业地位的确立，标志着我国旅游业已经进入了一个全新的历史发展阶段。同时，中国高等旅游教育的持续发展，尤其是硕士、博士研究生队伍的日益壮大，旅游研究的学术成果不断增加。通过对2006~2010年《中国期刊全文数据库》进行统计分析，与旅游相关的期刊论文从2006年的4468篇增加到2010年的9872篇，刊载旅游文章的期刊从2006年的1800种增加到2010年的3320种，旅游学术成果增长迅速，但由于旅游学科发展的不成熟，学科的内涵和外延都远未形成较为一致的意见。目前，由中国科学文献计量评价研究中心和清华大学图书馆共同研制，由《中国学术期刊（光盘版）》电子杂志社出版的《中国学术期刊影响因子年报（人文社会科学）》将旅游学科归入"流通与服务"（即中国图书分类法中的F719、F713.8、F293.33、F25、F49、F5、F6），这个分类方案显然是不符合旅游学科的发展现状，一些刊登旅游论文较多的非流通与服务类期刊都被排除在外。目前对于旅游类文献缺少一套科学的评价体系，不明确引证计量评价适用的期刊范围、引文统计源期刊的内容和数据质量，难以形成对我国旅游类学术期刊内容质量和学术影响力的客观分析与评估，不利于学术期刊的管理和发展，也不利于全面客观地认识旅游学科的性质、内涵和外延。

早在2005年，国外的学者就对刊载旅游学术文章的相关期刊进行了等级评定。《Tourism Management》的主编克里斯·瑞安（Chris Ryan）教授通过分析两个旅游专业网站（CAB国际出版集团的leisuretourism.com网站和Elsevier出版集团的旅游科学目录网站）文章的点击率和被引用次数，对旅游方面的相关期刊进行了排名，选出了22种最有影响力的旅游学期刊[1]；香港理工大学酒店及旅游业管理学院教授鲍勃·麦克尔彻（Bob McKercher）等人组织了香港、澳大利亚、美国和英国等共15个国家和地区的103所大学旅游和饭店管理方面的专家学者，采用问卷调查的方法，对饭店、旅游和休闲游憩类的杂志进行了同行评价，列出了相关领域的学术期刊排名[2][3]。前述旅游期刊排名的研究在旅游学界引起广泛关注，成为旅游学界文献检索和对旅游学术期刊评价的依据，目前国内学者对旅游学术期刊评价和排名方面的研究还很少，更由于目前旅游学科还没有建立起一个统一的学科体系，对旅游学科的分类和归属也众说纷纭，莫衷一是。现有的期刊评价数据库缺少针对旅游学科期刊进行评价的相关数据，如CSSCI将旅游归入人文、经济地理类，收录的期刊仅7种，且这些期刊中有相当一部分文章不属于旅游学科的研究范畴。本文打破学科界限,以各相关学科学术期刊发表的旅游类论文的数量作为依据,运用布拉德福文献分散定律选出旅游学科的核心区期刊,然后使用 2005～2010 年 6 年间各期刊的旅游文章载文量、基金论文比、被引量等评价指标对这些核心区期刊进行评价和排名。

1 期刊评价的理论依据

1.1 布拉德福文献分散定律

英国著名文献学家布拉德福(B. C. Bradford)于 20 世纪 30 年代提出:如果将科技期刊按其刊载某学科专业论文的数量多少,以递减顺序排列,可以把期刊分为面对这个学科的核心区、相关区和非相关区,各个区的文章数量相等,此时核心区、相关区、非相关区期刊数量大体上呈 $1:n:n^2$ 的关系[4]。这就是布拉德福定律,反映出文献分布的集中与离散规律,对学术期刊排名首先要找出该学科的核心区期刊,布拉德福定律是确定核心区期刊的理论依据。

1.2 加菲尔德引文分布规律

美国著名的文献学家尤金·加菲尔德(Eugene Garfield)在以引文作为新的文献检索途径的基础上建立了一种新型文献数据库,并建立起引文索引系统和引文分析理论体系。加菲尔德在对 SCI 收录的 2000 种期刊中的 100 万篇参考文献进行统计分析后发现,24% 的被引频次高的文章出自 25 种期刊,50% 出自 152 种期刊,75% 出自 767 种期刊,而其余的被引文章则散布在数量大得多的期刊中。加菲尔德发现,一个学科的非核心期刊在很大程度上是由其他学科的核心期刊构成的,他认为实际上所有学科的核心期刊合在一起不会超过 1000 种,或者甚至少于 500 种[5]。这就是加菲尔德引文集中定律,反映了引文的集中与离散效应,期刊所载论文的内容被其他文章引用的次数越多,期刊文章的被利用率越高,同时反映着期刊所载论文的学术价值高、实用价值大。被引率是评价期刊质量的一个重要指标。

从期刊和引文的集中效应,派生出对期刊进行评价的各种指标:载文量、被引率、影响因子等。文献的集中与离散分布规律和引文集中分布规律是核心期刊判定的理论依据。

2 期刊评价的统计源

2.1 期刊文章的来源

由于计算机和网络技术的发展,现在发表在各种学术期刊上的论文都被各大期刊数据库收录,其中影响力最大、内容最全、被各高校和科研机构广泛使用和认同的数据库有三个:《中国期刊全文数据库》(简称中国期刊网、CJFD)、《中文科技期刊数据库》(简称维普、VIP)和《万方数字化期刊数据库》(简称万方期刊网)。这三个数据库收录的文章涵盖了公开出版的所有学术期刊文章,同时由于这三个数据库收录的期刊各有特色,又部分重合,为了将旅游相关文章收全,本文分别对三个数据库进行了检索,然后将三个数据库中检出的文章合并,最后将重复的文章剔除以保持文章数据的唯一性。

本文使用23个检索单元词(指从信息内容中抽出的最基本的词汇,检索单元词比一般检索词覆盖范围更广,比如用检索单元词"旅行"检出的文章中,包含了用检索词"旅行社"检出的文章,就不需要再用检索词"旅行社"检索):旅游、旅行、游憩、闲暇、休闲、观光、度假、客源、游客、导游、酒店、饭店、住宿、宾馆、饭馆、景区、景点、景观、风景、公园、会展、展览、目的地作为检索词,以题名为检索项,在中国期刊全文数据库(CJFD)、维普、万方三个数据库中进行检索(检索日期为2011年10月17日至11月10日),检索到2005年至2010年的旅游学术期刊文章数量分别为:中国期刊全文数据库(CJFD)78 015篇,维普66 228篇,万方62 347篇。三个数据库的文章合并,去除重复记录和非学术性文章后,得到近6年旅游研究的学术期刊文章80 831篇,这些文章分别刊载于6367种期刊中。

2.2 筛选核心区期刊

将收录80 831篇旅游相关文章的6367种期刊按照其刊载旅游学科专业论文的数量多少以递减顺序排列,将期刊分为三个区域,即旅游学科的核心区、相关区和非相关区,使每个区域的论文数量大致相等(即由每个区域的论文数量为80 831的1/3,计26 944篇),得到表1。从表1可以看出,刊载旅游类论文期刊的核心区、相关区和非相关区的数量比呈1:6.9:63.64,基本符合布拉德福文献分散定律,但非相关区的期刊数量偏大($1:n:1.3n^2$),说明旅游文献分布更加离散,这也从另一个侧面印证了旅游学科的综合性、交叉性和边缘性。

表1 各期刊按刊载旅游类论文数量分区统计表

分区	收录旅游类文章篇数	刊载文章累计百分比(%)	期刊数量	占期刊总数的百分比(%)
核心区	26 911	33.3	89	1.4
相关区	26 944	33.3	613	9.6
非相关区	26 976	33.4	5664	89.0
总计	80 831	100.0	6366	100.0

3 期刊评价指标和方法

在国外的期刊评价中,美国科学情报研究所(ISI)开发的SCI、SSCI、A&HCI及JCR对期刊的评价受到了国内外的广泛关注和认可,也是国内各单位评价科研成果学术价值的依据。国内比较成熟和完善的期刊评价机构和评价报告有:北京大学图书馆研制的《中文核心期刊要目总览》(简称《总览》)、中国社会科学院文献信息中心研制的《中国人文社会科学核心期刊要览》(以下简称《要览》)和南京大学社会科学研究评价中心的《中文社会科学引文索引》(以下简称 CSSCI)[5]。这四个评价机构在选择期刊时使用的评价指标见表2。

表2 国内外期刊评价指标

期刊评价机构	期刊评价报告	评价指标
美国科学情报研究所	JCR	影响因子、总被引次数、发文数、即时指数、被引半衰期
北京大学图书馆	《总览》	影响因子、被引量、载文量、被摘量、被索量、被摘率、他引、获奖
中国社会科学院文献信息中心	《要览》	影响因子、期刊总被引、学科载文量、引文率、期刊即年影响因子、学科自引量、摘转率
南京大学社会科学研究评价中心	CSSCI	影响因子、被引量、专家评审

从上表中可以看出,影响因子是各个期刊评价机构都采用的评价指标,而 JCR 的总被引次数、《要览》的期刊总被引次数,与《总览》和 CSSCI 的被引量是同一个指标,即"被引频次"指标。另外,除了 CSSCI 以外,其他三个评价机构都使用了"载文量"指标(《总览》在 1992、1996 和 2000 年版都把载文量作为评价指标之一,2004 年版、2008 年版都放弃了该指标,这种做法引起争议)。可见,影响因子、被引频次、载文量是评价期刊学术价值的公认的、最重要的评价指标。

与其他学科相比,旅游学科的发展尚不成熟,各个期刊评价机构编制的评价报告中没有将旅游作为专门的学科门类进行评价,旅游研究的文章也大多刊载在地理学、经济学、管理学、民族学、环境科学等期刊的旅游专栏中,因此无法直接从《总览》《要览》和 CSSCI 中检索出针对旅游研究范畴的评价指标。本文所使用的期刊评价指标剔除了期刊中刊载的非旅游研究的文章,只统计了旅游研究范畴内的文章的载文量、被引频次、影响因子,是专门针对旅游学科的期刊评价指标。如《商业研究》刊载的文章,旅游研究的文章刊载在"餐饮服务"栏目里,除此以外该刊物还有"改革探索""国际商务""三农经济"等栏目,本文只统计了餐饮服务栏目下与旅游研究相关的文章,因此本文统计的各项数据对评价旅游学科的文章更具针对性。

3.1 载文量

载文量指标可以体现出期刊能够容纳的论文数,能反映期刊对某个学科的贡献,期刊对某个学科的载文量达到一定的积累量才能引起期刊论文学术影响力的提高[5]。由于载文量是一个绝对数量指标,而对期刊的评价一般多是质量指标(平均指标、相对指标),科学的评价应将数量指标与质量指标相结合。本文中载文量的数据来源于中国期刊网、维普、万方数据库的总和剔除非学术性文章后的数量,如果三个数据库都收录,则应去掉其重复的文章。

3.2 被引次数

被引频次指该期刊自创刊以来所登载的全部论文在统计当年被引用的总次数,反映了期刊文章被利用的情况,被引次数越大,期刊文章的被利用率越高。被引频次反映着期刊所载论文的学术价值、资料价值和实用价值,是衡量期刊质量的一个重要指标。由于中国期刊网收录的文章数量相对而言更全,本文的被引频次数据大部分来源于中国期刊网。中国期刊网未收录的期刊,被引次数来源于万方数据库;万方未收录的,来源于 CSSCI。

3.3 Web 下载率

Web 下载率指期刊文章在中国期刊网网页中的下载次数,下载率越高,表示其被关注程度越高。

3.4 基金论文比

基金论文比指某期刊所刊载的文献中,各类基金资助的论文占全部论文的比例。表 2 中的国内外期刊评价指标中没有将基金论文比作为评价指标,但在《中国学术期刊影响因子年报》(人文社会科学)中设立了基金论文比评价指标,基金论文比往往代表了某研究领域的新趋势,也是衡量期刊论文学术质量的重要指标。

3.5 影响因子

国际上对影响因子的定义为:某期刊前两年发表的论文在统计当年被引用的总次数除以该期刊在前两年内发表的论文总数。由于该指标是一个相对值,可克服大小期刊由于载文量不同所带来的偏差,可公平地评价和处理各类期刊,这是一个国际上通行的期刊评价指标,是衡量学术期刊影响力的一个重要指标。通常,期刊影响因子越大,其学术影响力和作用也越大。影响因子的计算公式为:

$$影响因子 = \frac{某期刊前两年发表论文在统计当年被引用的总次数}{该刊前两年发表论文的总数}$$

影响因子的计算是以期刊为对象,统计在一定时期内期刊论文的平均被引用率。发文量、时间跨度和被引次数是计算影响因子的三个基本要素,时间的跨度取决于论文被引用的高峰期。国际著名科学计量学家德里克·普赖斯(Derek J. de Solla Price)经过大量文献统计后得出的研究峰值理论认为,一份期刊发表的论文在两年中达到引用的最高峰,此后被引用率便开始逐渐减少,进入半衰期。因此,国际通行做法是把时间跨度规定为两年。然而,我国的学者对此问题有不同的看法,有学者经过大量文献统计分析后发现,不同学科、不同类型的学术期刊的被引高峰期存在明显差异。如果把时间跨度均规定为两年,将使部分期刊处于不平等的竞争地位,不利于这些期刊的正常发展[8]。出现上述差异可能与我国科学研究和信息事业正处于发展阶段有关。

将表 1 中统计出的旅游学科核心区的 89 种期刊 2005~2010 年每年的被引次数进行统计,计算出旅游学科期刊文章的被引高峰期为 5 年,而不是国际上通用的两年,因此,本文在计算各期刊影响因子时使用的时间跨度为 5 年,所以即使某本期刊刊载的所有文章都是旅游研究的学术文章(如《旅游学科》《旅游科学》),本文的影响因子与《总览》《要览》和 CSSCI 中检索出的影响因子也有差异。本文计算影响因子的公式为:

$$5\ \text{年影响因子} = \frac{\text{某期刊前 5 年发表的论文在统计当年被引用的总次数}}{\text{该刊前 5 年发表论文的总数}}$$

4 评价结果与分析

旅游学科核心区期刊的各种评价指标见表3,评价指标包括:载文量、被引频次、Web 下载次、基金论文比、5 年影响因子,期刊按照影响因子高低降序排列。

表3 核心区期刊的评价指标和影响因子排名

排名	刊名	5 年影响因子	载文量	被引频次	Web 下载频次	基金论文比	备注[1]
1	旅游学刊	11.5	1469	16 956	903 425	0.09	☆★
2	人文地理	10.9	338	3687	151 691	0.31	☆★
3	地理与地理信息科学	10.7	132	1408	48 229	0.15	☆◆
4	经济地理	9.2	357	3302	139 859	0.18	☆★
5	旅游科学	8.9	463	4109	186 267	0.12	★
6	地域研究与开发	8.3	185	1531	63 908	0.24	☆★
7	北京第二外国语学院学报	6.3	469	2953	13 1549	0.04	
8	经济问题探索	6.0	170	1014	45 488	0.09	☆★
9	干旱区资源与环境	5.8	207	1195	51 527	0.25	☆★
10	商业研究	5.8	421	2429	134 075	0.07	☆
11	旅游论坛[2]	5.2	1097	5662	324 970	0.04	◆
12	社会科学家	4.7	259	1205	60 728	0.06	☆★
13	云南地理环境研究	4.5	214	956	45 833	0.08	
14	体育文化导刊	4.5	118	534	32 055	0.06	☆
15	经济论坛	4.3	281	1219	51 560	0.03	
16	热带地理	4.0	111	449	27 058	0.12	☆
17	资源开发与市场	3.9	530	2080	119 060	0.14	
18	企业经济	3.6	208	758	47 310	0.00	☆

续表

排名	刊名	5年影响因子	载文量	被引频次	Web下载频次	基金论文比	备注[1]
19	改革与战略	3.4	165	559	40 479	0.07	☆
20	国土与自然资源研究	3.4	172	587	28 731	0.03	☆
21	江西科技师范学院学报	3.4	116	394	20 829	0.01	
22	统计与决策	3.3	127	418	27 580	0.18	☆★
23	生产力研究	3.2	170	537	38 933	0.02	☆
24	黄山学院学报	3.2	104	328	19 325	0.00	
25	商业时代	3.0	492	1478	106 658	0.01	☆
26	经济师	3.0	334	995	68 486	0.01	
27	特区经济	2.7	602	1637	128 077	0.02	☆
28	沿海企业与科技	2.6	166	426	31 550	0.00	
29	教育与职业	2.5	122	300	11 995	0.00	☆
30	乐山师范学院学报	2.4	234	573	41 871	0.01	
31	生态经济	2.3	603	1396	95 099	0.07	☆
32	安徽农业科学	2.3	813	1848	147 290	0.04	☆
33	边疆经济与文化	2.2	219	479	41 395	0.00	
34	商场现代化	2.2	2300	4945	467 364	0.00	
35	科技情报开发与经济	2.1	199	409	27 881	0.00	
36	江西农业学报	2.0	107	214	16 693	0.09	
37	商业经济	2.0	299	602	53 822	0.02	
38	合作经济与科技	2.0	227	465	49 282	0.00	
39	北方经贸	2.0	191	388	38 340	0.00	
40	甘肃农业	2.0	145	290	21 239	0.00	
41	小城镇建设	1.8	205	364	30 077	0.30	
42	中国科技信息	1.8	204	371	32 067	0.01	
43	市场论坛	1.8	253	457	43 763	0.00	
44	西南民族大学学报[3]	1.6	126	197	28 962	0.10	☆★

续表

排名	刊名	5年影响因子	载文量	被引频次	Web下载频次	基金论文比	备注[1]
45	旅游研究[4]	1.6	274	426	36 217	0.04	
46	科技创业月刊	1.6	115	179	21 488	0.02	
47	现代农业科技	1.6	152	241	17 536	0.01	
48	技术与市场	1.6	137	225	24 296	0.00	
49	内蒙古科技与经济	1.6	172	268	25 982	0.00	
50	黑龙江对外经贸	1.5	149	230	27 193	0.01	
51	北方经济	1.5	172	263	25 966	0.00	
52	农村经济与科技	1.5	119	175	14 512	0.00	
53	价值工程	1.3	114	144	15 201	0.04	
54	湖北经济学院学报[5]	1.2	146	172	22 951	0.01	
55	中国市场	1.2	295	349	48 859	0.00	
56	山西建筑	1.1	254	292	27 654	0.01	
57	科技资讯	1.1	207	237	31 112	0.00	
58	经济研究导刊	1.1	499	544	70 449	0.00	
59	现代商贸工业	1.0	327	327	53 223	0.00	
60	产业与科技论坛	1.0	207	204	29 546	0.00	
61	科技经济市场	1.0	177	173	29 040	0.00	
62	四川烹饪高等专科学校学报	0.9	158	149	22 281	0.30	
63	当代经济	0.9	192	177	19 759	0.00	
64	消费导刊	0.8	400	332	64 757	0.01	
65	中国集体经济	0.8	295	222	34 838	0.01	
66	全国商情(经济理论研究)	0.7	234	175	30 515	0.02	
67	企业家天地[6]	0.7	355	259	45 241	0.01	
68	新西部(下半月)	0.7	171	112	17 189	0.01	
69	内江科技	0.7	130	92	16 150	0.00	
70	现代商业	0.6	427	263	71 547	0.01	

续表

排名	刊名	5年影响因子	载文量	被引频次	Web下载频次	基金论文比	备注[1]
71	科技创新导报	0.6	210	128	19 166	0.00	
72	科技信息[7]	0.6	949	522	102 326	0.00	
73	职业时空	0.5	107	56	13 589	0.00	
74	商业文化(学术版)	0.5	233	115	30 814	0.00	
75	黑龙江科技信息	0.5	231	105	26 725	0.00	
76	当代贵州	0.5	135	61	5224	0.00	
77	知识经济	0.4	150	63	22 743	0.00	
78	管理观察	0.4	202	87	16 346	1.00	
79	中国商界(下半月)	0.4	192	85	22 706	0.00	
80	今日海南	0.4	186	66	12 630	0.00	
81	学理论	0.3	118	37	9802	0.02	
82	中国林业	0.3	123	34	5100	0.00	
83	才智	0.2	152	34	16 300	1.00	
84	网络财富	0.2	160	35	13 264	0.00	
85	江苏商论	0.2	456	108	97 279	0.04	☆
86	现代经济信息	0.2	218	54	25 701	0.00	
87	经营管理者	0.2	333	75	39 601	0.00	
88	中国商贸	0.2	669	128	58 921	0.00	☆
89	集团经济研究	0.1	485	34	—	0.11	

注：1.备注栏中☆表示该期刊被北京大学图书馆《中文核心期刊要目总览》收录，★表示被CSSCI即《中文社会科学引文索引》收录，◆表示被CSSCI扩展版收录。

2.《旅游论坛》包含了《桂林旅游高等专科学校学报》，因后者2008年改名为《旅游论坛》。

3.仅指《西南民族大学学报》(人文社科版)。

4.《旅游研究》包含了《昆明大学学报》，因2009年《昆明大学学报》改名为《旅游研究》。

5.《湖北经济学院学报》(人文社会科学版)。

6.《企业家天地》包含了《企业家天地》(下半月刊·理论版)。

7.《科技信息》包含了《科技信息》(科学教研)和《科技信息》(学术研究)。

从表3中可以看出,旅游学科学术影响力最大的前12名期刊包含:《旅游学刊》《人文地理》《地理与地理信息科学》《经济地理》《旅游科学》《地域研究与开发》《北京第二外国语学院学报》《经济问题探索》《干旱区资源与环境》《商业研究》《旅游论坛》《社会科学家》等,这些期刊的影响因子较高,表示其学术影响力较大。同时从备注栏也可以看出,本文计算出的影响因子较高的期刊也被《中文核心期刊要目总览》和CSSCI收录,这两个评价报告是目前国内重视程度和认可程度最高的社科类核心期刊评价报告,是各个高校和科研单位科研考核的依据,反映了期刊的社会影响力,这也从侧面验证了本文使用时间跨度为5年的影响因子对期刊进行评价的合理性。另外从基金论文比可以看出,影响因子高的期刊,基金论文比也比其他期刊高,这就是核心期刊产生的原因,期刊品质高,收到的高质量投稿多,从而被引率更高,因此又能吸引更多的高质量稿件(如有基金支持的论文),这也就是所谓的"马太效应"。从表3中也可以看出,影响因子最大的前6种学术期刊中,地理学类期刊占到了4种,除《旅游学刊》位居第一外,第二到第四名都是地理学类期刊,说明地理学在旅游学科中占据着较为重要的学科地位。

进一步地,通过对核心区89种学术刊物的学科大类的分析发现,除5种旅游学科的学术期刊外,载文量、被引频次和Web下载频次等最多的是经济学、地理学和商业贸易,与其他学科相比,这三个学科的旅游文献占有显著的优势,其中载文量和Web下载频次最多的是经济学,被引频次最多的是地理学(见表4)。由此我们可看出,旅游管理在《学位授予和人才培养学科目录》中是置于工商管理一级学科项下的,但在管理学门类下的学术期刊发表的旅游学科论文却不占优势,从这一侧面也可以反映出将旅游学科只看作旅游管理而置于工商管理项下的不合理现状。

值得庆幸的是,2012年9月14日"教育部关于印发《普通高等学校本科专业目录(2012年)》《普通高等学校本科专业设置管理规定》等文件的通知"(教高〔2012〕9号)文件中,《普通高等学校本科专业目录(2012年)》在管理学(学科代码12)的学科门类下单独设立旅游管理类(代码1209),该专业类下设旅游管理、酒店管理、会展经济与管理等专业。这样旅游管理类在管理学门类下升格为与工商管理类(学科代码1202)平级,旅游学科朝着独立的学科发展迈进了一步。但同时还应该看到,《授予博士、硕士学位和培养研究生的学科、专业目录》到目前为止并未对旅游学科的分类进行相应的调整,而通过分析历年的科研成果的作者构成可看出,研究生(博士、硕士)导师、在读博士生是发表论文的主流人群,作者单位构成中,也以高等院校为主。但目前各大专院校在对科研成果进行统计时,仍然沿用的是按照工商管理一级学科来统计旅游学科的论文。此外,如上所述,旅游管理即便上升为管理学门类下的一级学科,但在管理学门类下的学术期刊发表的旅游学科论文无论是载文量、被引频次和下载频次等指标都比经济学、地理学和商业贸易学术期刊少得多。可见,将旅游学科归于管理学门类也不是一个非常理想的做法。

表4 核心区期刊的载文量、被引频次和Web下载频次

学科类型	刊物数量	比例%	载文量	比例%	被引频次	比例%	Web下载频次	比例%
旅游学[1]	5	5.62	3772	14.02	30 106	37.56	1 582 428	28.24
地理学	9	10.11	2246	8.35	15 195	18.96	675 896	12.06
经济学[2]	24	26.97	6697	24.89	12 424	15.50	1 074 256	19.17
商业贸易	10	11.24	5666	21.05	10 108	12.61	1 069 780	19.09
农业	5	5.62	1336	4.96	2768	3.45	217 270	3.88
管理学	3	3.37	890	3.31	421	0.53	101 188	1.81
林业	1	1.12	123	0.46	34	0.04	5100	0.09
城市规划	1	1.12	205	0.76	364	0.45	30 077	0.54
建筑学	1	1.12	254	0.94	292	0.36	27 654	0.49
统计学	1	1.12	127	0.47	418	0.52	27 580	0.49
体育学	1	1.12	118	0.44	534	0.67	32 055	0.57
其他[3]	15	16.85	3393	12.61	3747	4.67	451 951	8.06
综合[4]	13	14.61	2084	7.74	3750	4.68	308 884	5.51
总计	89	100.0	26 911	100.0	80 161	100.0	5 604 119	100.0

注：1. 地理学是指学科门类，包括自然地理学、人文地理学、经济地理学等多个分支学科。
2. 经济学是指学科门类，包括理论经济学、应用经济学、部门经济学和区域经济学等多个分支学科。
3. 其他是指一些学科类型不清晰、专业性较强的学术期刊。
4. 综合是指一些学科综合性较强的学术期刊。

5 结论

旅游学科的综合性、交叉性、边缘性的特点，使得现有的国内学术期刊影响力和影响因子评价方案都不完全适用于旅游学科。本文运用布拉德福文献分散定律确定出89种位于核心区的学术期刊，通过对这89种学术期刊的影响力和影响因子进行统计分析，得出了对于旅游学科学术文献贡献大小的排序。同时，也得出了除旅游学科类期刊外，地理学、经济学和商业贸易等学科的学术期刊对于旅游学术文献的贡献率较大这一结论，这也为认识旅游学科及其相关分支学科的研究现状提供了一些参考佐证。

参考文献

[1] Ryan Chris. The ranking and rating of academics in tourism journals [J]. *Tourism Man-*

agement, 2005, 26(5):657-662.
[2] McKercher Bob, Law Rob, Lam Terry. Rating tourism and hospitality journals [J]. *Tourism Management*, 2006, 27(6):1235-1252.
[3] 北京旅游发展研究基地编委会. 国际旅游研究·2007[M]. 北京:旅游教育出版社,2008:31-71.
[4] 邱均平. 信息计量学[M]. 武汉:武汉大学出版社,2007.
[5] 邱均平,李爱群. 国内外期刊评价的比较研究[J]. 重庆大学学报(社会科学版),2007(3):60-65.
[6] 张凌云. 我国旅游学研究现状与学科体系建构研究[J]. 旅游科学,2012(25):13-25.
[7] 刘人怀,袁国宏. 从CSSCI旅游研究文献看旅游学学科发展[J]. 人文地理,2007(4):77-81.
[8] 张亘稼. 对期刊评价指标影响因子的修正[J]. 商洛学院学报,2011(3):86-88.

原载于《旅游学刊》2013年第3期,第28卷

2007~2009年中国旅游学术研究现状与展望

——对我国四种旅游学术期刊的论文统计分析

张凌云 崔秀娟

学术期刊是发表学术研究成果的重要载体。作为社会科学类期刊,《旅游学刊》《旅游科学》《旅游论坛》《北京第二外国语学院学报》(旅游版)(以下简称《二外学报》)是目前国内旅游专业中最主要的学术性期刊,所载的论文往往成为了解中国旅游学术研究的参照坐标系。为此,本文以2007~2009年在这四种期刊上发表的论文为样本进行研究,旨在透视当下旅游学术研究的最新动态、主流学术思潮和研究方法,并对未来十年黄金期中国旅游学术研究进行展望。

一、文献概况

本文以2007~2009年的《旅游学刊》《旅游科学》《旅游论坛》《二外学报》4种刊物共计1833篇[1]论文为研究对象,就论文选题、作者信息(学历、职称、地域、所属单位等)以及论文的项目基金资助来源等方面分别进行分类统计。

由于旅游研究有多样性、复杂性、交叉性以及跨学科的特点,在参照现有旅游专业分类方法和4种刊物栏目设置的基础上,本研究将4种刊物中的论文选题分为旅游理论研究、旅游业研究、旅游企业管理研究、旅游目的地开发与管理研究、旅游市场研究、旅游者研究、旅游教育研究、国外旅游研究[2]、旅游研究综述九大类,即一级指标,并对一级指标逐层分解成二级和三级指标,共53个指标。从一级分类看,旅游目的地的开发与管理研究类文章最多,高达497篇,所占比例为27.1%;其次是旅游理论研究,有334篇,占18.22%(见表1)。

---

[1] 在统计中,期刊中的编者按、征稿通知、会议通知等非论文内容在此不计。
[2] 国外旅游研究主要包括研究国外旅游发展的论文文献。

表1 2007～2009年4种期刊论文选题内容三级分类统计一览表

指标层级			篇数				
一级分类	二级分类	三级分类	旅游学刊	旅游科学	旅游论坛	二外学报	合计
旅游理论研究	基础理论研究	—	73	17	34	15	139
	跨学科理论研究	旅游经济	19	5	10	7	41
		旅游文化	6	8	13	5	32
		旅游地理	0	0	1	0	1
		旅游影响	10	13	21	0	44
		旅游人类学	3	1	2	0	6
		旅游管理	4	1	0	2	7
		旅游休闲	6	2	2	5	15
		其他跨学科研究	27	1	12	9	49
	小计		148	48	95	43	334
旅游业研究	旅游产业	—	24	10	8	3	45
	旅游政策与法规	—	31	4	12	5	52
	旅游安全	—	6	2	3	6	17
	旅游信息服务	—	28	4	3	5	40
	旅游交通	—	3	1	3	0	7
	新业态	—	1	0	8	0	9
	其他	—	35	8	12	8	63
	小计		128	29	49	27	233
旅游企业管理研究	住宿及餐饮业	—	35	21	36	28	120
	旅行社	—	9	4	18	2	33
	旅游景区	—	31	2	26	5	64
	旅游从业人员	—	14	7	13	11	45
	旅游企业管理	—	19	5	3	2	29
	其他	—	6	1	3	4	14
	小计		114	40	99	52	305

续表

指标层级			篇数				
一级分类	二级分类	三级分类	旅游学刊	旅游科学	旅游论坛	二外学报	合计
旅游目的地开发与管理研究	旅游开发	旅游资源	17	6	22	14	59
		旅游产品	2	1	8	2	13
		其他	3	2	12	0	17
	旅游规划	—	20	0	10	4	34
	区域与地方旅游	区域旅游	28	8	26	13	75
		地方旅游	16	11	46	5	78
	旅游类型	乡村旅游	14	2	15	11	42
		生态旅游	1	1	9	0	11
		会展旅游	2	4	8	0	14
		节庆旅游	6	1	1	1	9
		遗产旅游	0	1	3	0	4
		社区旅游	0	0	2	0	2
		体育旅游	2	0	2	0	4
		都(城)市旅游	1	0	3	0	4
		红色旅游	0	1	3	0	4
		工业旅游	0	1	0	0	1
		其他	7	1	6	2	16
	目的地管理研究	—	27	10	35	6	78
	其他	—	23	2	2	5	32
	小计		169	52	213	63	497
旅游市场研究	旅游市场营销	—	29	2	4	3	38
	出入境旅游市场	入境旅游	14	5	11	3	33
		出境旅游	2	2	1	0	5
	国内旅游市场	—	9	1	9	9	28
	其他		6	0	2	0	8
	小计		60	10	27	15	112

续表

指标层级			篇数				
一级分类	二级分类	三级分类	旅游学刊	旅游科学	旅游论坛	二外学报	合计
旅游者研究	旅游者行为研究	—	27	8	14	9	58
	旅游者感知与态度研究	—	16	10	15	3	44
	旅游者类型研究	—	3	2	4	1	10
	其他		5	2	3	2	12
	小计		51	22	36	15	124
旅游教育研究	学科建设		22	5	23	0	50
	人才培养		8	3	16	4	31
	其他		1	0	6	2	9
	小计		31	8	45	6	90
国外旅游研究	—	—	17	11	24	1	53
旅游研究综述	—	—	28	11	25	21	85
总计			746	231	613	243	1833

从三年载文总数看,因受各刊物出版周期的影响,《旅游学刊》高居四种刊物之首,论文总量共计746篇,年均载文量约249篇。其次是《旅游论坛》,共计613篇,年均载文量约204篇。《二外学报》和《旅游科学》文献总数分别为243篇、231篇,分列第三位和第四位。我们应用数理统计学中均方差[①]的方法来衡量四种期刊三年间载文数量的离散程度:《旅游科学》(3.46)是四种期刊中每年载文数量变化最小的;《旅游学刊》(7.02)和《二外学报》(8.54)次之;《旅游论坛》(19.55)在四种期刊中年载文量变化最大。从总体上看,四种期刊三年间的载文量逐年稍有下降,但刊登的论文平均字数和篇幅有所增加。

二、论文选题分析

期刊刊载的论文选题反映了作者的研究兴趣和刊物的选稿偏好,以及评审专家的意见,也在一定程度上揭示了我国当下旅游研究关注的热点和焦点。为了考察论文选

---

① 均方差表示离散程度的大小,计算公式为 $\alpha = \sqrt{\dfrac{\sum_{t=1}^{n}(X_1 - X)^2}{n-1}}$。

题的总体分布状况,我们运用统计学中均方差和集中度①来说明四种期刊、九大类论文选题的分布和集中情况。《旅游论坛》和《旅游学刊》九类论文选题间的波动大,论文分布相对不平衡,而《旅游科学》和《二外学报》波动小,论文分布趋于均衡。其次,论文选题分布集中度高,以旅游目的地开发与管理研究、旅游理论研究、旅游企业管理研究和旅游业研究四类选题为主。尽管三年来九大类论文选题研究范围涉及旅游研究的方方面面,但经汇总四种刊物三年的论文选题后可以看出,各期刊的论文选题集中程度很高,均在7270个以上。各期刊位于前四位的论文选题虽然在排序上稍有变动,但都集中于上述四类选题,因此可见,这四类选题成为近三年来中国旅游研究的热门领域和热点话题。

(1)旅游理论研究。主要包括基础理论研究和跨学科理论研究两方面,在四种期刊中《旅游学刊》的此类选题最多。在对基础理论的研究中,探讨的内容主要涉及旅游核心概念解析、概念体系的构建和旅游研究方法的思考。在旅游跨学科研究与其他学科的交叉融合中涉及的学科门类广泛,对旅游经济、旅游文化的研究依然是研究的重心,而旅游影响和旅游休闲方面论文的数量增加较快,成为旅游理论研究新的热点。

(2)旅游业研究。关于政策法规、信息服务、安全管理、旅游交通等方面的旅游业保障因素的相关研究约占旅游业研究论文总数的一半,研究重点为旅游立法问题、假日制度改革对旅游业发展的影响、网络为旅游信息服务带来的发展前景,以及旅游面对危机事件的管理与应对策略等。旅游产业研究中主要探讨产业地位和产业范围问题,因产业融合带来的旅游新业态研究的关注度提高。

(3)旅游企业管理研究。对住宿及餐饮业、旅行社、旅游景区的三大旅游企业管理的研究方兴未艾,占旅游企业管理研究论文总数的71%。住宿及餐饮企业的相关研究是研究的重中之重,对旅游景区研究的关注度有很大提升,对旅行社研究则延伸至旅行社的扩张战略、网络营销、品牌建设与维护等方面;对旅游从业人员的研究主要涉及员工的忠诚度、满意度、工作倦怠等问题,旅游行业中"人"的因素受到旅游研究者的青睐;旅游企业的管理策略与合作机制等提升企业素质和能力方面的问题受到关注。

(4)旅游目的地开发与管理研究。有关区域与地方旅游的研究备受瞩目,其主要集中于区域旅游合作机制、地方旅游发展战略、目的地的核心竞争力、可持续发展等。旅游类型研究也得到了极大的关注,占目的地开发与管理研究论文总数的22%,研究涉及的旅游类型亦多样化,如乡村旅游、会展旅游、生态旅游、节庆旅游、遗产旅游以及红色旅游等,并以多视角进行研究。对目的地管理的研究以研究旅游目的地的升级改造、形象定位、可持续发展等为主。此外,旅游资源开发仍是常议常新的课题,而专门研究旅游规划问题的论文比重下降。

(5)旅游市场研究。三年来,此类论文选题集中于对旅游市场营销和出入境旅游

---

① 集中度指在一个行业中,若干最大企业的产出占该行业总产出的百分比。集中度越大,说明行业垄断程度越高。本文中指排在前四位的论文选题占期刊论文总数的百分比。

市场的研究。而在市场动态特征及预测的研究中,偏重于应用数理模型进行分析。在市场营销方面,旅游研究者对各种旅游市场营销手段从理论到实践进行了分析和借鉴。出入境旅游市场的研究焦点仍聚集于入境旅游市场,出境旅游的研究论文数量相对较少。国内客源目标市场的研究进一步细化,主要集中于国内各种利基市场目标群体的开发和研究。

(6)旅游者研究。此类研究主要集中于旅游者行为、感知与态度以及旅游者类型三方面。旅游者行为研究中关注的是旅游者动机、行为选择以及游后行为倾向等;旅游者对旅游服务质量满意度与服务品牌忠诚度、对旅游目的地的感知问题日益得到相关旅游研究者的关注;旅游者类型的研究则更加深入,具体研究一类旅游者的旅游动机和旅游行为特点。

(7)旅游教育研究。此类研究以旅游学科建设和旅游人才培养为重点。论文着重探讨旅游专业学科建设、办学模式与高校旅游的课程改革、旅游人才的培养模式,以及旅游人才个人素质的提高等问题。

(8)国外旅游研究和旅游研究综述。国内学者的研究视野日益国际化,越来越多地关注世界其他国家和地区的旅游发展情况,为国内旅游的发展提供借鉴。国外旅游研究综述类论文明显增多,更加注重中西方旅游发展的模式比较研究。

表2 2007~2009年四种刊物论文选题一级分类统计一览表

刊物名称 选题分类	旅游学刊		旅游科学		旅游论坛		二外学报		合计	
	篇数	比例	篇数	比例	篇数	比例	篇数	比例	篇数	比例
旅游理论研究	148	20	48	21	95	15	43	18	334	18.2
旅游业研究	128	17	29	13	49	8	27	11	233	12.7
旅游企业管理研究	114	15	40	17	99	16	52	21	305	16.6
旅游目的地开发与管理研究	169	23	52	23	213	35	63	26	497	27.1
旅游市场研究	60	8	10	4	27	4	15	6	112	6.1
旅游者研究	51	7	22	10	36	6	15	6	124	6.8
旅游教育研究	31	4	8	3	45	7	6	2	90	4.9
国外旅游研究	17	2	11	5	24	4	1	0	53	2.9
旅游研究综述	28	4	11	5	25	4	21	9	85	4.6
总计	746	100	231	100	613	100	243	100	1833	100
均方差	55.7	—	17.4	—	61.8	—	21.3	—	149.7	—
集中度	72	—	73	—	75	—	76	—	75	—

三、作者来源构成

从对作者所在的单位统计可见,旅游研究者遍及学界、业界、政府等不同的单位和机构,但高校是旅游学术期刊论文的主体,三年间四种期刊中论文作者来自高校的共计1718篇,约占论文总数的93.7%;与高校相比,科研院所总体数量以及科研院所中从事旅游研究的人数都相对较少,三年来科研院所的作者发文量仅占论文总数的3.3%;以国家、省(市)各级旅游局为主的旅游行政管理部门的作者发文31篇,约占论文总数的1.7%,且主要发表在《旅游学刊》和《旅游论坛》上。

表3 2007~2009年四种刊物的作者单位分布

单位分类 \ 刊物名称	旅游学刊	旅游科学	旅游论坛	二外学报	比例
高等院校	679	219	590	230	93.7
科研院所	37	8	8	8	3.3
政府机关	18	3	8	2	1.7
企业	8	1	7	1	0.9
其他	4	0	0	2	0.3
小计	746	231	613	243	100

注:凡两位以上作者合著者,均以第一作者所在单位计。

此外,一个地区作者群规模的大小也从一个侧面反映出当地的旅游业发展水平和旅游研究的整体实力。从四种刊物的作者所在地域看,有明显的本地化倾向,即刊物所在地的作者发表的论文占有较大优势,如三年间《旅游学刊》中来自华北地区的论文最多,共220篇,所占比例达29%。其次,各期刊中作者所在地排名居前5位的省(市、自治区)发文量在其各自论文总数中所占的比例都高达50%以上,这说明作者的地域分布较为集中,其中北京、上海、广东、福建等占据明显优势,这与这些地区旅游院系相对较多、团队规模较大和研究实力较强有关。通过首位度①的计算,我们发现在四种期刊中,《旅游学刊》的首位发文省(市、自治区)的领先程度最高,这显然与北京是全国旅游研究中心的地位有关,而首位度居第二位的《旅游论坛》则表明了该刊物的区域性特点。尽管四种期刊中有两种在北京,其余两种在南方,但总的来看,除北京外,南方高校的作者发表论文的数量要大于北方。

---
① 首位度,借用城市地理学中的城市首位度概念,这里用于衡量期刊中首位发文省(市)在刊物发文地域中的领先程度。计算方法是首位省(市)的论文数除以第二名省(市)的论文数。

表4 2007~2009年四种期刊中作者所在地居前5位的省(市、自治区)情况统计

旅游学刊		旅游科学		旅游论坛		二外学报	
省(市)	篇数	省(市)	篇数	省(市)	篇数	省(市)	篇数
北京	179	上海	47	广西	114	北京	52
广东	80	广东	34	上海	66	福建	36
山东	51	北京	18	广东	50	湖南	19
上海	51	福建	13	云南	36	浙江	16
江苏	37	天津	13	福建	34	山东	14
总计	398	总计	125	总计	300	总计	137
占论文总数比例	53	占论文总数比例	54	占论文总数比例	50	占论文总数比例	56
首位度	2.2	首位度	1.4	首位度	1.7	首位度	1.4

注:凡两位以上作者合作者,均以第一作者所在省(市、自治区)计。

四、刊登基金论文情况分析

课题项目是旅游研究中的一个重要方面,而基金资助项目论文是其项目成果的一个重要展示。为此,我们对四种期刊三年来的基金项目情况进行了统计,在四种期刊1833篇论文中有635篇受到各级各类基金的资助,所占比例达35%(见表5)。基金项目论文以国家级、省(市、自治区)级基金项目为主,其中国家级基金项目论文最多,达253篇,且以自然基金项目(127篇)和社科基金项目(87篇)论文占多数。而刊载地市级和院校级项目资助的论文相对较少。此外,各级博士后基金项目的论文篇数也逐年增多。由此可以看出,旅游学术研究正越来越受到与旅游相关的主流学科的关注。

表5 2007~2009年四种期刊刊登基金论文分布情况

刊物名称 单位分类	旅游学刊		旅游科学		旅游论坛		二外学报		合计	
	篇数	比例	篇数	比例	篇数	比例	篇数	比例	篇数	比例
国家级社科基金	31	4	16	7	26	4	14	6	87	4.7
自然基金	68	9	22	10	21	3	16	7	127	6.9
两金项目	3	0.4	1	0.4	0	0	0	0	4	0.2
教育部	11	1	10	4	10	2	4	2	35	1.9
小计	113	15	49	21	57	9	27	11	253	13.7

续表

刊物名称 单位分类	旅游学刊		旅游科学		旅游论坛		二外学报		合计	
	篇数	比例	篇数	比例	篇数	比例	篇数	比例	篇数	比例
省部级	84	11	34	15	77	13	41	17	236	12.9
地市级	0	0	5	2	8	1	3	1	16	0.9
院校级	29	4	4	2	34	6	7	3	74	4.0
各级博士后基金	5	1	3	1	1	0.2	2	1	11	0.6
基金论文共计	228	31	126	55	194	32	87	36	635	34.6
非基金论文	518	69	105	45	419	68	156	64	1198	65.4
总计	746	100	231	100	613	100	243	100	1833	100

五、当下我国旅游学术研究的特点与问题

综观三年来上述四种旅游学术期刊所载论文,可发现一大特点,就是选题内容广泛,研究领域广阔。由于我国旅游学术期刊的审稿周期较西方同类期刊要短些,因此,这些期刊所载论文与我国旅游业发展实践的联系比较紧密,论文选题的时效性较强。从对论文文献资料的分析中我们看到许多追随旅游业大事件发表的论文,如四川发生特大地震后,旅游业震后重建的课题,以及与灾害相关的黑色旅游成为研究热点;中国公民休假制度、《旅行社条例》和《旅游法》的呼之欲出,使旅游政策法规的研究渐成热潮。总之,我国旅游学术研究较为关注时事形势和注重"宏大叙事"。相对而言,对于基础理论研究较为薄弱。及时跟踪当下的热点问题多于长期追踪的个案研究。在旅游学术研究中,工具理性多于价值理性的倾向日趋普遍,且有泛滥之势;数理计算多于逻辑思考,不少年轻学者依赖数学模型,习惯以问卷抽样调查获取的所谓第一手资料作数据分析,利用神经网络、面板数据、灰色系统、层次分析等数理工具,以及SPSS(统计产品与服务解决方案)软件作为主要的研究方法。但对于问卷抽样的调查方法却不求甚解,抽样方法不科学,样本缺乏代表性,只追求问卷数量,欠注重问卷质量,有些问卷设计或带有明显的倾向性和诱导性,或不看问卷对象"闭门造车"。其次,对抽样对象不加选择,有的为了贪图方便和省时省力,直接在同学间或同质同类人群中在线群发,正如西方谚语所言:"错误的输入必然导致错误的输出"(Garbage in, Garbage out),用此类范式进行的实证研究所得出的结论往往带有很大的随机性和随意性,无法进行复核检验,对于所研究的现象缺乏洞察力,对所得结论缺乏解释力,只是一种形而下的"形式美"。事实上,有些看似简单的研究方法,如介入观察、深度访谈和田野调查等往往较之随意的问卷抽样调查获得的资料更客观真实和行之有效。此外,在标题用词中一般都偏爱使用"基于"两字,在上述四种旅游学术期刊中随处可见带有"基

于"两字的标题,有的在同一期刊中可以见到多篇"基于"的论文,在工具理性的引领下,不少学术论文从形式到内容、从结构到过程都追求形式上的规范,成为一种新的学术八股,唯独缺少具有创新性的思想内涵和严谨的逻辑演绎。因此,大多数论文对于理论建设和学术贡献不大,由于研究的理论基础不够扎实,在一定程度上也影响到论文对于实践的指导作用。另一方面,在旅游学术研究中,借鉴移植国外其他相关学科的理论和方法较多,适度吸收和创新不够,面对我国丰富的旅游业实践,缺乏在理论上的归纳总结和学术研究上的开宗立派。

六、我国旅游学术研究展望

我国旅游学术研究伴随着旅游业的发展走过了30多个春秋,取得了举世公认的成就。我国旅游业多元化、多样性以及复杂性的特点,以及我国旅游业的伟大实践,为旅游经济学、旅游地理学、旅游社会学、旅游人类学等旅游相关学科的理论研究提供了一个"开放性的观测站和社会实验室"。

我国幅员辽阔,地区发展不平衡,我国旅游业的发展历程浓缩和跨越了西方一个世纪的发展历史。因此,我国旅游业是与世界旅游业以"历时态"和"共时态"方式共存(既有国际一流的城市目的地,又有人口较少、民族集聚的乡村旅游目的地)的。面对旅游业转型时期出现的新问题、新情况,我国旅游业的发展模式和"制度创新",丰富了世界旅游发展的模式类型,为广大发展中国家的旅游业提供了一条可资借鉴的不同于西方发达国家的发展路径。

目前,我国政府已将发展旅游业作为一项国家发展战略,为旅游研究带来了千载难逢的历史性机遇,未来的十年,是我国旅游学术研究开创"中国学派"和发出"中国声音"的黄金时期,这是我国旅游科研工作者应担负起的光荣而又艰巨的社会责任与学术使命。

参考文献

[1] 朱竑,刘迎华. 从《旅游学刊》和 Annals of Tourism Research 的比较看中外旅游研究的异同和趋向[J]. 旅游学刊,2004,19(4):92-94.

[2] 《旅游论坛》《旅游学刊》《北京第二外国语学院学报》征订启事[J]. 旅游科学,2009,23(5):7,71,76.

[3] 《旅游论坛》编辑部. 发刊词[J]. 旅游论坛,2008,1(1).

[4] 吴必虎,宋治清,邓利华. 中国旅游研究14年——《旅游学刊》反映的学术态势[J]. 旅游学刊,2001,16(1):17-21.

[5] 赵幼芳. 1990~1999《旅游学刊》文献库统计分析初步[J]. 旅游学刊,2004,(4):57-63.

[6] 汪德根,陆林,刘昌雪. 近20年中国旅游地理学文献分析——《地理学报》《地理

研究》《地理科学》和《自然资源学报》发表的旅游地理类论文研究[J]. 旅游学刊, 2003,18(1):68-75.

原载于《中国旅游评论(2011)》

2009年旅游管理理论研究现状及热点问题窥探

——基于2009年人大复印报刊资料《旅游管理》的统计分析

张凌云　冉亚楠

为了解2009年旅游研究的动态和前沿热点,总结旅游理论研究的最新进展,我们以2009年人大期刊复印资料《旅游管理》(共12期)转载的论文为研究对象,试图从中窥探和梳理出目前旅游管理理论研究的一些特点和趋势。当然,仅以一本学术文摘类刊物转载的论文作为全体研究样本,难免有失偏颇和狭窄,但就《旅游管理》所选的来源期刊多达80多种,范围涵盖旅游、经济、财贸、地理、环境、民族等多个领域而言,此刊仍不失为旅游研究的"参照系"和"风向标"。

1 转载选文概况

2009全年《旅游管理》共设置8个栏目,全文转载论文176篇,文摘17篇(见表1)。其中,"产业论坛"55篇高居榜首,其下有3个子栏目:产业发展(27篇)、理论探讨(17篇)、区域旅游(11篇)。"旅游企业管理"也有3个子栏目:饭店(11篇)、旅行社(9篇)、其他(8篇)。专题有2个:旅游者(8篇)和区域旅游竞争(2篇)。前4位栏目文章总比例达到81.3%,其中理论探讨类文章有近20篇。从栏目设置和全年的选文数目的比例可以看出《旅游管理》的选文重点与偏好,即侧重于旅游产业及旅游市场、资源等方面,注重宏观与微观相结合,理论与实践相结合。

表1　2009年《旅游管理》文章分类统计

排序	栏目	总篇数	所占比例(%)
1	产业论坛	55	31.3
2	旅游资源	33	18.8
3	旅游企业管理	28	15.9
4	旅游市场	27	15.3
5	本期关注	12	6.8
6	专题	10	5.7

续表

排序	栏目	总篇数	所占比例(%)
7	海外视野	9	5.1
8	学科建设	2	1.1

注:"学科建设"一栏自2009年第10期开始设置。

2 选文作者概况

从作者的身份来看,约有96.5%来自于国内外高等院校,其中教师占67.2%,研究生(含博士生、硕士生)占29.3%,本科生只有1人且不是第一作者。旅游业是实践性较强的行业,但旅游业从业人员发展的论文比例偏低,来自政府行政管理部门以及企业的作者共计10人,比例仅为3%(见表2)。

表2　2009年《旅游管理》作者身份统计

论文作者身份	人次	所占比例(%)
高等院校教师	225	67.2
研究生(含博士生、硕士生)	98	29.3
本科生	1	0.3
政府行政管理人员	5	1.5
企业从业人员	5	1.5
其他单位	1	0.3
以上总计	335	100

注:1.多数论文是由两人以上合作完成的,所以作者人数要大于论文篇数。
　　2.同一作者发表两篇论文,按两人次计。
　　3.有的作者具有双重身份,也按两人次计。

同时,我们对所有的作者进行整理统计,16位作者有两篇以上的论文被转载(见表3)。

表3　2009年《旅游管理》中论文被转载超过2篇的作者分布表

作者	篇数	单位	作者	篇数	单位
杨春宇	5	贵州财经学院、南京师范大学	尹贻梅	2	中南财经政法大学
戴斌	3	中国旅游研究院	毛卫东	2	南京师范大学

续表

作者	篇数	单位	作者	篇数	单位
明庆忠	3	云南师范大学	高元衡	2	桂林旅游高等专科学校、华东师范大学
黄震方	3	南京师范大学	张薇	2	武汉大学
陆林	3	安徽师范大学	张丽峰	2	东北大学秦皇岛分校
马晓龙	2	中国旅游研究院	殷书炉	2	西北师范大学
李蔚	2	四川大学	陈英	2	云南师范大学
徐红罡	2	中山大学	冯学钢	2	华东师范大学
马耀峰	2	陕西师范大学	杨建明	2	福建师范大学

从表3可以看出，这些作者全部是来自高等院校和科研院所的师生（博士、硕士研究生）和科研人员。在高等院校中，师范院校的作者占较高比例（见表4）。

表4　论文被转载3人次以上的作者单位一览表

篇数	作者单位
7	云南师范大学
6	中山大学 浙江大学 华东师范大学 陕西师范大学
5	中国旅游研究院 贵州财经学院
4	上海师范大学 安徽师范大学 四川大学 青岛大学 暨南大学 西北师范大学 吉首大学
2	云南大学 南京师范大学

注：仅统计第一作者的单位。

3 转载基金项目论文情况

《旅游管理》2009年176篇文章中有85篇受到不同类别的基金项目支持,比例达到48.3%。其中受国家社会科学基金项目支持的27篇,受国家自然科学基金项目支持的22篇;受省级社会科学基金项目支持的8篇,受教育部基金项目支持的3篇,受省教育厅基金项目支持的6篇,受其他省、市、厅级基金支持的12篇;受校级项目支持的7篇。从基金级别来看,国家"两金"项目达49篇,比重最大,且社科基金项目与自然科学基金项目数量基本相当,突出体现了旅游学科的跨学科、综合性和交叉性的特点。

4 来源期刊统计

本文根据北京大学图书馆"中文核心期刊"(简称为"北大核心")、南京大学"中文社会科学引文索引(CSSCI)来源期刊"和"扩展期刊"(简称为"南大核心"和"南大扩展")两大核心期刊的评价体系,将来源期刊分为"双核心""北大核心""南大核心""南大扩展"和"一般期刊"等五大类型。176篇选文中47篇转载自"一般期刊",22篇来自"南大扩展",其余均来自于"北大核心"和"南大核心"。

《旅游管理》选文的期刊来源范围较广,涉及旅游、经济、地理、财贸、民族以及大学学报等80多种刊物。2009年全年被转载文章超过3篇的来源期刊排名如下(见表5)。

表5 2009年来源期刊转载排名一览表

排序	期刊	篇数	所占比例(%)	刊物类型
1	旅游学刊	22	12.5	双核心
2	旅游科学	9	5.1	南大核心
3	北京第二外国语学院学报(旅游版) 旅游论坛 经济地理	8	4.5	一般期刊 南大扩展 双核心
6	云南师范大学学报	6	3.4	南大核心
7	地域研究与开发	4	2.3	双核心
8	资源开发与市场 云南地理环境研究 黑龙江民族丛刊 商业经济与管理 商业研究 华东经济管理 经济问题探索	3	1.7	南大扩展 一般期刊 北大核心、南大扩展 双核心 双核心 双核心 南大核心

来源期刊转载排名在一定程度上能够反映各类期刊所刊载的旅游类论文的数量、质量以及对旅游学术理论研究的重视和关注程度。

5 主要成果与学术前沿

综观 2009 年《旅游管理》所转载的论文，其成果主要反映在以下 10 个方面：

5.1 热点与前沿

"本期关注"是《旅游管理》的常设栏目，主要是对旅游业发展的理论与实践中的热点及前沿问题的关注和追踪，具有较强的时效性和指导性。

2008 年的重大事件和突发性公共危机频仍，引发了学者们对于在非常态形势下中国旅游业和旅游企业如何应对的思考。戴斌认为在金融危机下的中国旅游经济运行体系正逐渐表现出需求量减弱和投资速度放缓的变化；三大市场均受到影响，但程度不一，企业融资也趋于困难；立足国内并兼顾国际市场，拉动投资，探索创新经营管理模式是需要采取策略的。王彩萍、徐红罡以 2008 年冰雪灾害、汶川地震、北京奥运会及全球经济危机为例，选取 23 家旅游类上市公司数据样本，运用事件分析法来研究重大事件对中国旅游企业市场绩效的影响。刘世明等则引入黑色旅游的概念来研究四川汶川地震灾难遗址地旅游资源的开发和利用问题，并设计了一条汶川大地震旅游环线。翟向坤在分析了中国目前旅游救援体系的现状后，提出建立由政府部门、行业协会、旅游企业、社会救援机构和新闻媒体等共同构成的中国旅游救援体系模型及其流程。此外，苏静、陆林研究了非正式部门（informal sector）与旅游业的关系；刘建峰等则选取较为冷僻的"旅游垃圾"作为研究对象。

5.2 学科建设与基础理论

基础理论研究一直是旅游学科中最为薄弱的领域。对于旅游的基础概念及旅游学科的研究对象和基本框架，学术界至今没有形成统一的认识，旅游学科体系也有待于构建和完善。2009 年，张凌云对旅游核心概念进行了系统研究，并试图构建一种新的旅游学研究框架。他通过对国际国内流行的旅游定义和概念的分析，提出了旅游的新定义，即旅游就是人们在非惯常环境（Unusual Environment）下的体验和在此环境下的一种短暂的生活方式。他把旅游者的环境划分为惯常环境和非惯常环境两类，并试图以"非惯常环境"作为旅游核心概念来重构旅游经济学、旅游地理学等分支学科，甚至旅游学的学科体系框架。王晓华、马耀峰等也对旅游学科的核心体系进行了研究，认为旅游的核心是旅游活动，并尝试建立了旅游经济学、旅游环境学和旅游社会学三足鼎立的旅游学科体系。李良玉则从史学的角度来探讨旅游学研究的几个问题，并提出自己关于旅游和旅游学的定义。此外，也有学者对旅游学的研究范式进行了研究，如左冰探讨了西方旅游研究的相关范式，指出西方旅游研究的范式经历了 20 世纪 70 年代的交叉学科研究、80 年代的多学科研究到 90 年代的系统研究的转变过程，而目前比较流行的是后学科研究方法（post‑disciplinary studies）。

旅游理论研究还包括对各种理论概念内涵、研究内容、框架方法等的综述和评析，如对可持续旅游(郑炎)、生态旅游(马波、黄继华)、旅游电子商务(林德荣)、旅游目的地意向定位(杨凯)、国外地方理论(张中华)、旅游地复杂系统(杨春宇等)、旅游伦理(段晓雪)等的理论研究。

此外,王敬武探讨了遗产旅游的研究基础、基本观念、细分类型等内容;赵书虹将社群主义概念引入旅游业研究;罗明义论证了中国特色旅游经济理论。

5.3 旅游产业转型、集聚和融合

旅游产业转型升级和集聚融合是旅游经济研究的重要内容。生延超等借鉴物理学耦合度函数构建了旅游业与区域经济发展耦合协调度模型。冯学钢等探讨了旅游产业潜力的影响因素。王兆峰基于传统的衡量旅游产业集中度的方法,采用"产业集聚"和"产业联系"两个识别旅游集群存在的标准,从旅游资源空间集聚条件、旅游要素集中度和集聚效果3个方面构造区位熵指数,结合产业联系密度得出旅游产业集群度,并分析了旅游产业集群的形成条件。刘春济和高静采用1997~2005年的数据对我国旅游产业集聚程度进行了测算,得出了"除非有较高的资源承载力作为支撑,大部分旅游产业部门不适合高度的地方性集聚"的结论。李庆雷、明庆忠引入产业生态学的概念,阐释了旅游产业生态集群发展的动力、运行机制及主要的实现方式。龚绍方认为目前旅游发展规划大多数还停留在旅游产品开发和市场运营层面,由此作者通过对县域旅游产业集群化发展的规划内涵和实施的分析,探索了县域旅游产业集群发展的途径。徐虹、范清对旅游与其他产业融合的过程中出现的制度、企业及需求方面的障碍进行分析后提出了相应的对策建议。张建研究了都市创意产业与旅游产业融合的发展态势。刘少和系统梳理了国内外旅游转型的相关研究,认为我国旅游发展经历了两次转型,第一次转型为改革开放以来的旅游体制转轨,第二次转型是世纪之交以来的旅游全面转型,并着重分析了第二次转型过程中旅游消费、旅游产业、旅游管理的转型情况。杨勇采用2000~2005年全国各省市的相关数据就旅游资源对旅游业发展的作用进行了计量分析,结果显示当前我国旅游业发展呈现出对旅游资源的依赖性,并探讨了旅游业的宽度和资源非优区旅游业的发展路径。麻学锋则着重探讨了在旅游产业转型中政府的作用以及产业的自发演进,并分析了两者之间的分工机制。崔峰就旅游业对国民经济的影响力的研究也是从产业角度着手的。

5.4 旅游企业经营与管理

综观2009年《旅游管理》所转载的有关旅游企业研究的论文,主要集中在饭店和旅行社业,较少涉及旅游景区。初晓恒探究了饭店行业业态的内涵及主要构成要素的维度。陈均亮的研究对象为经济型酒店。余菲菲对国内产权式酒店等进行了较为深入的探讨。李正欢运用DEA方法计算我国饭店业整体效率以及不同类型饭店的整体效率,以期揭示我国饭店业的整体运营现状。伍蕾等运用层次分析法(AHP)的理论及算法,对饭店投资中出现的影响因素进行了综合比较,构建了饭店投资决策指标体系。张伟考察了我国饭店业实行竞业禁止制度的运用,阐述了其必要性以及与饭店人力资源之间的协调关系。侯明贤对饭店人才环境进行研究,构建了饭店人才环境评价

指标体系。陆均皇等对我国自然景区旅游开发中的饭店建设监管体制进行研究,提出了景区旅游开发中饭店建设协调监管的理念,并提出应建立具有一定层次的我国自然景区饭店建设监管的组织机构,以及建立相应的协调委员会。

对于旅行社管理的相关研究,主要集中在旅行社游客满意度与旅行社服务质量之间的关系、顾客忠诚度、旅行社供应链、旅行社绩效评价、旅行社经营、导游问题等方面。卢丽宁通过探索性因子分析探讨影响游客满意度的旅行社服务属性因素。苗学玲运用分层聚类法从行为和态度忠诚两个维度把旅行社团队旅游产品顾客分为真正忠诚者、潜在忠诚者和虚假忠诚者三类细分市场。杨丽等基于旅游供应链分别对分散定价和联合定价条件下组团社和地接社的定价策略和利润进行了研究。周永广等针对旅行社联合出团成本,总结了目前广泛采用的"坐庄—跟庄"短线旅游联合出团成本分担方法,有针对性地提出了基于 Shapley 值法的改进方案。王丽丽等以国内 44 家旅行社网站为例,采用内容分析法对中国旅行社网站营销效果进行研究,分析了不同网站利用网站沟通的能力和差异。范英杰从旅行社行业特征的角度,提出综合考虑集团投资者利益、员工和旅游者利益以及旅行社业务流程等因素的旅行社集团内部业绩评价体系。宋玉蓉采用因子分析法选定 13 个与旅行社发展密切相关的指标,对我国 31 个省(市、区)旅行社的区域发展水平进行综合评价和进行空间特征分析。严伟对我国学者近年来提出的旅行社业"过度竞争"提出质疑,作者根据过度竞争的定义及其判定标准,发现我国旅行社业并不存在过度竞争现象,而存在以低价格竞争为主要特征的无序竞争,因此需要引入有效竞争机制。田喜洲等根据委托—代理理论,构建经济模型说明目前旅行社与导游之间的委托—代理关系是一种满足了参与约束与激励相容约束的均衡结果,旅行社与导游都不会改变他们之间的现有报酬模式,而行政管理者要做的应该是完善现有的导游报酬机制。

对于景区管理方面的论文虽然数量较少,但研究视角较为独特。郭淳凡从市场主体、制度、金融等方面深入分析了资源类景区融资困境的成因,提出解决的有效途径是构造融资功能、促进投资功能和资产管理功能为一体、内源融资与外源融资相结合的融资新机制。高元衡等根据旅游景区空间结构演化模式,采用聚集分型方法对桂林市旅游景区在 1973 年、1997 年和 2007 年的空间结构分组团进行了研究。

此外,曾国军等采用旅游企业的资源属性、上市公司的流通性、经营费用等因素对旅游上市公司盈利能力的影响因素进行实证研究。陈雪钧等界定了旅游企业软实力的概念和内涵,并分析影响旅游企业软实力的四大因素以及各因素之间的动态交互关系,探究旅游企业软实力形成的机制,并提出推动我国旅游企业软实力建设的合理化建议。张佑印等在综合考虑区域代表性、区域旅游产业发展及区域旅游资源代表性等因素的基础上,对中国入境旅游企业在全国东西部典型旅游带、典型旅游区之间、典型旅游区内部以及典型旅游省市 4 个维度上的数量区位熵及收入区位熵进行分析。许鹏探讨了旅游企业技术创新能力的要素构成与评价指标体系。

5.5 城市旅游与区域旅游

随着城镇一体化和区域合作进程的加快以及城市群城市带和城市圈的形成,城市旅游和区域旅游的研究也方兴未艾。段玉则基于不确定性 AHP 理论构建城市旅游核心竞争力评价模型,对长株潭城市群、武汉城市圈与杭州进行比较分析。郭佳等结合浙江省 11 个地级市 2007 年的统计资料,选择多项指标建立了城市旅游竞争力指标体系。王琪延等采用层次分析法与专家打分法相结合的方法,结合我国 293 个地级以上城市的数据资料,构建城市旅游竞争力评价指标体系。刘素平等从城市旅游竞争力的影响因素、提升策略、量化评价等三个方面,对国内外城市旅游竞争力的研究成果进行了比较系统的回顾并分析了现有的城市旅游竞争力研究在内容、方法和评价指标体系等方面存在的不足。黄月玲针对桂林旅游圈的发展现状提出构建区域旅游合作平台的产业集群系统的建议和构想。张广海等利用引力定律定量地测算环渤海区域城市间的旅游经济联系强度,分析环渤海地区 17 个沿海城市旅游区域间的联系情况。肖光明着眼于宏观和中等空间尺度,从代表性旅游资源、旅游网络、旅游发展轴、旅游中心地体系等方面对珠江三角洲地区旅游空间结构的现状进行了系统分析,同时提出 4 个方面的优化思路。梁滨等探讨的是区域旅游空间组织的时序演变和功能区划。吴国清探讨了都市旅游圈的空间结构网络化发展,揭示了都市旅游圈与区域旅游一体化发展的内在联系,指出都市旅游圈空间结构呈现"网络化 + 多核心 + 互动"的发展态势。徐淑梅等对我国区域旅游竞争力分布格局进行了定量研究;而李刚则对东北亚区域国际观光旅游展开了研究。

此外,杨英、林显强、秦学、郭亚军,黄蔚艳、张立生等人都对区域旅游的不同方面展开了研究。

5.6 旅游资源的开发与保护

旅游资源的开发与保护是一个永恒的话题,2009 年《旅游管理》转载的论文既有理论研究,也有实证分析。刘永生阐述了文化旅游开发的几种基本模式。高楠探讨了文化创意产业在民俗旅游开发中的意义和发展。徐红罡以民族历史街区为研究对象分析了旅游对于复兴民族历史街区、打造城市多元文化的作用。崔玉范从法律、文化及文化遗产保护等角度探讨民族文化旅游资源收益权的归属问题,并对文化旅游发展中出现的收益分配不公及其成因进行了分析。在实证研究方面,费广玉等对西江千户苗寨,张爱儒对青藏铁路沿线,张云珍对北川羌族旅游开发等案例进行了专题研究。严伟则把尤努斯小额贷款的思想引入了 PPT(Pro – Poor Tourism)旅游开发中来解决农村贫困地区发展中的问题。陈志永进行了民族贫困地区旅游资源富集区社区主导旅游发展模式的路径研究。

针对旅游资源开发过程中出现的种种问题,如何合理地保护性地开发旅游资源,学者们也从不同角度进行了研究论证。蔡绍洪等针对目前城市的改建过程中暴露出来的旅游资源的保护与开发问题展开讨论。明世法、王世金、张薇等也分别对宗教文化旅游资源、海洋性冰川旅游资源和世界文化遗产的保护提出了各自的思路。

5.7 生态旅游与可持续发展

张爱儒客观地分析了青藏铁路沿线旅游业发展的现状,并构建了其可持续发展的评价指标体系。陶伟针对资源枯竭型城市的转型问题,基于成功典范"焦作现象"的案例,探讨焦作模式的内涵和实质,指出了资源性城市在转型过程中需要注意的问题。明庆忠等探讨了旅游循环经济的研究与发展,并进一步研究旅游循环经济与产业生态化之间的联系,提出旅游循环经济与生态化的调控策略,包括产品导向策略、环境管理策略、延伸生产者责任和导向策略及环境伦理导向策略。赵路和严力蛟对生态旅游景区,张毓峰等对都市旅游的可持续发展分别提出了一个理论分析框架。

5.8 旅游目的地规划与建设

旅游地生命周期、形象、品牌、营销系统的建设和研究是旅游目的地开发实践中和理论研究的核心问题。杨春宇等在现阶段旅游地复杂系统演化尚未形成理论研究与范式的基础上,引入系统科学,明确了旅游地复杂系统演化的含义,以旅游地供求关系为线索构建了系统演化模型,在辨析旅游地生命周期理论分歧问题的基础上诠释了旅游地复杂系统的演化机制及其规律性。唐代剑将第二曲线理论引入旅游地复兴理论研究之中,同样丰富了旅游地生命周期及旅游地复兴理论研究。通过 Logistic 增长模型对大连市品牌流行度周期进行模拟预测。张广宇、李映洲等探讨了目的地形象定位问题。王有成试图构建旅游目的地营销系统功能的概念模型。王跃伟等则研究了旅游目的地品牌的流行度。

5.9 旅游市场与旅游者研究

2009 年我国旅游业总体保持较快增长,旅游总收入实现较大幅度增长,国内旅游市场持续快速增长,入境旅游市场逐步恢复,出境旅游市场平稳发展。邹家红从金融危机对我国旅游业的总体影响、区域差异等方面分析金融危机对旅游业带来的冲击,并提出大力拉动国内旅游市场,重新定位和选择入境旅游市场,调整旅游产品开发策略等措施。

2009 年对三大旅游市场的研究比较集中在出入境旅游的分析上,而对国内旅游较少涉及,分析主要是基于数据以及相关影响因素对出入境旅游进行预测和探讨其趋势、特点。翁钢民、王峰博和郑未军基于数据模型对我国入境旅游进行了预测和波动研究。殷书炉、王洁洁等探索了出入境旅游的影响因素。戴学峰等通过对我国外汇储备的构成和性质、我国出境旅游规模、中日出境旅游发展背景等方面的分析,认为在当前阶段我国不宜将发展出境旅游作为一种平衡国际收支的方式。席晓勇等对中国出境旅游的发展历程、发展原因、发展特点进行了深入分析,并通过人均国民生产总值与出境旅游人次之间的回归时间序列模型对中国出境旅游的发展趋势进行预测。吴开军等基于引力模型探讨了大陆居民赴台旅游。马琳选择对大陆游客赴越南旅游市场进行研究。曾忠禄等建立计量经济学模型估计内地赴澳门游客的数量。向云波等对大陆 31 个省级行政区的国际旅游收入进行时空差异分析,发现绝对差异不断扩大,相对差异逐年缩小,且国际旅游收入地域空间集聚态势显著,旅游资源的知名度、客源市场距离、区域开放程度、区域发展政策和基础设施是影响国家旅游收入空间差异的主要原因。李芸等从各客源地来华旅游人数入手,初步分析了人民币汇率与旅游人数变化之间的关系,发现人民币汇率波动对各国来华旅游者人数具有不同程度的影响。孙大英对泰国旅华市场、张华初对日本旅华市场、刘志勇等对美国旅华市场、罗治得等对台湾客源市场分别进行了研究。

在研究国内旅游的论文中,农民旅游市场成为学者关注的重点。张圆刚等利用灰色系统模型对影响农村居民旅游的经济因素进行分析,进而分析了中国实现农村居民大众旅游的可行性。王文瑞对我国农村居民国内旅游的目的、旅游行为的时空特征和消费结构等基本特征进行了分析。黄浏英、刁宗广也都对我国农村居民的旅游发展进行了相应研究。

旅游者研究是市场研究的重要内容,也是"以人为本"在旅游业的具体体现。《旅游管理》为此专门开设研究专题,涉及旅游者的决策分析,旅游者道德,游客感知、偏好,游客满意度等方面。如陈钢华等将重游者划分为"大众平衡型""满怀期待型"和"无所谓型"三类,并基于网络和问卷调查对影响旅游者重游决策的因素进行研究。胡传东则针对国人出游的道德弱化行为进行剖析,发现这是由心理推动和环境拉动的双重因素共同作用形成的。赵宝春等则将中国大陆游客关注文化景观程度和出境旅游意愿的感知状态同其向往的目的地,以及过去的出境旅游经验结合起来,研究大陆游客在选择出境旅游目的地时对目的地文化距离和发达程度这两个属性的偏好。南剑飞等运用灰色系统理论来研究旅游景区游客的满意度。

此外,杨敏对我国的国际游客旅游空间认知情况进行研究后发现,不同尺度的游客所关注的旅游空间对象都有差异,而我国国际游客旅游空间认知主要集中在旅游空间功能认知、旅游空间格局认知两个方面。李艳花等以平遥古城为例,从游客的角度对旅游客主交互关系进行研究。邵瑞娟等还对国内外对旅游者侵扰研究的现状和进展进行了述评。刘倩运用数据模型分析了消费价值与顾客归属感之间的关系,发现社交性价值对顾客的情感性归属感和持续性归属感都有显著的直接影响。

5.10 中国旅游发展 30 年回顾与展望

2009 年适逢我国改革开放和旅游发展 30 年,因此不少学者从多个领域和不同方面对我国旅游业 30 年来的发展进行了回顾。戴斌从消费需求变迁的角度阐释了饭店产业供给演化历程和阶段特征,并指出随着国民旅游休闲成为旅游市场的主体,中国饭店产业也必须朝着大众化的旅游住宿需求努力。邹益民将中国饭店服务 30 年的发展分为招待所服务、标准化服务和个性化服务三个阶段,指出了中国饭店服务未来的发展方向。王迎涛对于 1980 年以来有关区域旅游资源整合的论文加以梳理,将其分为早期和现阶段两个历史阶段,从基础理论研究、实践研究两个方面进行分类分析,提出了促进我国区域旅游资源整合研究进一步发展的建议。郭为等总结了近 30 年来中国城市旅游发展的三个阶段,即从城市作为主要旅游目的地的"单一功能阶段"到城市作为旅游目的地和旅游节点的"二元化阶段",再逐步过渡到城市作为旅游目的地、客源地和旅游节点的"一体化阶段"。吴承照对中国旅游规划 30 年的发展进行了回顾,分析了旅游规划的价值观、规划方法,旅游规划的职业感、规划师与主体地位、旅游规划体系与规划制度学术前沿等方面。明庆忠等通过对30年来旅游地理学的发展及主要研究成果进行梳理,认为旅游地理学研究的核心与主题是在旅游产业地域系统基础上发展形成的旅游产业地域综合体,着重进行旅游产业地理研究。

6 结语

从2009年《旅游管理》所刊登论文成果中梳理得出的10大领域,基本勾勒出了全年旅游学术研究的轮廓。一些论文选题视野开阔,贴近时事热点、追踪学术前沿,研究领域呈发散性和多元化趋势。在研究方法上,不少论文都采用数理模型进行定量化研究。越来越多的旅游研究得到了各级各类的基金资助,有些成果具有较高的学术价值和实践指导意义。但也必须看到,有些论文从选题到研究结果都了无新意,有些论文不适当地过度使用数理模型分析,用计算代替思考,对于定量研究得出的结论缺乏定性分析和理论解释,论文研究深度不够,对于现实问题解释不足,指导性不强,有"工具主义"和唯工具论之嫌,这种倾向在中青年学者中有扩大蔓延之势。随着深入贯彻和落实国务院《关于加快发展旅游业的意见》,旅游新业态的不断涌现,旅游实践活动越来越复杂多样,为旅游学术研究提供了鲜活的素材和样本,为旅游学术研究提供了一个更高的平台,也将推动旅游研究进入一个新的发展阶段。

参考文献

中国人民大学书报资料中心. 复印报刊资料《旅游管理》2009年1~12期.

原载于《旅游科学》2010年4月,第24卷第2期

近年来我国主流旅游刊物选题内容特征比较研究

——以 2007~2009 年 4 种旅游学术期刊为例

张凌云　赵瑞娟

随着旅游研究队伍的日益壮大,近年来旅游研究成果无论在数量上还是质量上都有了大幅度的提高。而在大量的旅游研究成果中,学术期刊是重要的展现载体,为学界和业界提供了思想交流及探讨研究的平台。通过对目前国内所有的旅游相关学术期刊在影响面、认知度、认可度等各方面的考核,我们选取了《旅游学刊》《旅游科学》《旅游论坛》(前身为《桂林旅游高等专科学校学报》,2008 年下半年改为《旅游论坛》)《北京第二外国语学院学报》(以下简称《二外学报》,刊载的论文是以外语和旅游两大专业领域为主,逢单月出版旅游专刊)作为研究对象,并以 4 种期刊在 2007~2009 年登载的共 1833 篇论文为文献来源,通过对选题内容进行指标分层体系划分,分析 4 种旅游刊物在选题内容特征上的异同,并从中窥见我国旅游学术研究的现状和趋势。

一、论文选题内容的分类方法概述

本文在考虑旅游学科体系特点的基础上,结合论文选题本身的特点,从理论到应用,从宏观到微观,对论文选题进行分类,形成 9 类一级指标,同时对一级指标再次进行逐层分解,形成二级和三级指标,共分解成 53 个指标,具体见表 1 所示。

表 1　选题内容三级指标分类体系

指标层级		
一级指标	二级指标	三级指标
旅游理论研究	基础理论研究	
	跨学科理论研究	旅游经济
		旅游文化
		旅游地理
		旅游影响
		旅游人类学
		旅游管理
		旅游休闲
		其他跨学科研究

续表

指标层级		
一级指标	二级指标	三级指标
旅游业研究	旅游产业	
	旅游政策与法规	
	旅游安全	
	旅游信息服务	
	旅游交通	
	其他	
旅游企业管理研究	住宿及餐饮业	
	旅行社	
	旅游景区	
	旅游从业人员	
	旅游企业管理	
	其他	
旅游目的地开发与管理研究	旅游开发	旅游资源
		旅游产品
		其他
	旅游规划	
	区域与地方旅游	区域旅游
		地方旅游
	旅游类型	乡村旅游
		生态旅游
		会展旅游
		节庆旅游
		遗产旅游
		社区旅游
		体育旅游
		都(城)市旅游
		红色旅游
		工业旅游
		其他
	目的地管理研究	
	其他	

续表

指标层级		
一级指标	二级指标	三级指标
旅游市场研究	出入境旅游市场	出境旅游
		入境旅游
	国内旅游市场	
	旅游市场营销	
	其他	
旅游者研究	旅游者行为研究	
	旅游者感知与态度研究	
	旅游者类型研究	
	其他	
旅游教育研究	学科建设	
	人才培养	
	其他	
国外旅游研究		
旅游研究综述		

按照以上选题内容指标层次的划分,我们对论文选题的内容归属问题采取关键词和中心词定位的方法,若论文选题中的关键词和中心词不明确,则通过阅读其摘要最终确定其选题类别。

二、各期刊统计概况

从 2007 年到 2009 年,4 种学术期刊共计登载论文 1833 篇,其中《旅游学刊》(月刊)以 746 篇论文高居首位,其次是《旅游论坛》613 篇、《二外学报》(仅指旅游专刊) 243 篇和《旅游科学》231 篇(见表 2),但从 3 年的总体趋势来看,除《旅游科学》保持相对稳定之外,其余 3 种期刊在登载论文数量上都呈现出不同程度的下降趋势,其中以《旅游论坛》和《二外学报》下降趋势最为明显,以 2007 年登载的论文数量为基准,《旅游论坛》2008 年下降 12%,2009 年下降 17%,而《二外学报》2008 年下降了 11%,2009 年下降了 19%。在刊物每期文字量相对固定的情况下,论文篇数的减少,说明了平均每篇论文的文字量呈逐年增长趋势。

这里我们选用统计学上的均方差指标以说明九大类选题分布的均衡状况。均方差越小,表示离散程度越小,九大一级选题分类越均衡,选题越相对集中。因此从表 2

的均方差可以看出,《旅游科学》和《二外学报》的选题分布较为均衡,选题内容相对集中。相比之下,《旅游学刊》和《旅游论坛》的选题分布则较为分散,选题跨度较大。

表2 2007~2009年4种期刊一级选题指标分类统计

选题	旅游学刊			旅游科学			旅游论坛			二外学报		
	2007	2008	2009	2007	2008	2009	2007	2008	2009	2007	2008	2009
旅游理论研究	58	35	55	15	20	13	39	27	29	14	14	15
旅游业研究	62	29	37	9	12	8	13	16	20	12	9	6
旅游企业管理研究	40	38	36	14	16	10	36	38	25	20	16	16
旅游目的地开发与管理研究	49	68	52	18	16	18	81	65	67	25	21	17
旅游市场研究	12	19	29	5	4	1	9	7	11	3	8	4
旅游者研究	17	18	16	8	8	6	13	12	11	6	3	6
旅游教育研究	2	24	5	0	3	5	12	19	14	1	1	4
国外旅游研究	8	5	4	3	2	6	8	9	7	1	0	0
旅游研究综述	8	12	8	3	0	8	16	5	4	8	8	5
合计	256	248	242	75	81	75	227	198	188	90	80	73
均方差	23.7	18.47	19.65	6.20	7.25	4.92	23.90	19.51	19.14	8.49	7.08	6.19
集中度[2](%)	82	69	74	75	79	65	75	74	75	79	75	74

注:1. 均方差表示离散程度的大小,计算公式为 $\alpha = \sqrt{\dfrac{\sum_{t=1}^{n}(X_1 - X)^2}{n-1}}$。

2. 本文中集中度指排名前4名的论文选题占期刊论文总数的百分比。

此外,在九大一级指标划分的基础上,统计了每一大类占九大类的总体比例的状况,4种期刊3年选题的平均一级指标比例分布如表3所示:

表3 2007~2009年4种期刊选题一览表

比例 \ 期刊名称	旅游学刊	旅游科学	旅游论坛	二外学报
≥30%	—	—	目的地研究	—
20%~30%	旅游理论、目的地研究	旅游理论、目的地研究	—	旅游企业、目的地研究

续表

期刊名称 比例	旅游学刊	旅游科学	旅游论坛	二外学报
10%~20%	旅游业研究、旅游企业研究	旅游业研究、旅游企业研究	理论研究、旅游企业研究	理论研究、旅游业研究
5%~10%	旅游市场研究	旅游者研究、综述类文章	旅游业研究、旅游者研究、旅游教育	旅游市场、旅游者、综述
≤5%	旅游者研究、国外旅游业研究、综述、旅游教育	旅游市场研究、旅游教育、国外旅游业研究	旅游市场、国外旅游业研究、综述	国外旅游业研究、旅游教育研究

从表3中我们可以很容易看出,旅游理论研究、旅游业研究、旅游目的地研究、旅游企业研究这四大选题在各期刊中的比例都在10%以上(除《旅游论坛》的旅游业研究比例为8.3%以外),这表明,目前我国的旅游研究的焦点与重点都集中于这四大选题上,其中《旅游学刊》和《旅游论坛》的论文选题的内容归属定位较为一致,其变动幅度较小;而《旅游论坛》则倾向于旅游目的地的开发与管理研究,关注旅游目的地的建设发展问题,占到了其登载论文总量的30%以上,且有逐年上升的趋势;《二外学报》偏重于对旅游企业和旅游目的地开发与管理研究,但对旅游企业的研究呈现上升的趋势,而旅游目的地研究的论文选题有下降趋势。

三、各期刊选题特征差异性分析

为进一步了解各期刊的选题特征差异,我们比照二级和三级指标进行层次分析,在以下部分,除特殊说明外,所注的百分比均以各一级指标为统计单元。

(一)《旅游学刊》选题特征分析

通过对《旅游学刊》二级至三级的选题指标进行分析,我们发现,《旅游学刊》的选题特征突出表现为选题广泛、时效性和理论性较强。所划分的三级指标在《旅游学刊》中都有不同程度的涉猎,因此,其选题分布与其他3种期刊相比较为均匀;时效性在旅游产业一级指标下的二级指标旅游政策与法规、旅游安全和旅游信息服务中表现尤为突出,例如旅游政策与法规,由于2007年年底我国实施了新的假期制度改革,2008年我国颁布实施了新的《旅行社条例》,因此2008~2009年分别集中登载了旅游立法、休假制度改革的相关论文,在2008年18篇论文中,有12篇涉及旅游立法,主要探讨了我国立法的条件、现状困境等内容。在2009年13篇论文中,有10篇探讨了假期制度改革实施一年来对旅游的影响以及对假期制度改革的优化建议等;理论性一方面表现在《旅游学刊》对旅游理论研究的长期关注,虽然近年来略有下降,但总体来看仍占据40%的重要份额,且主要集中于基础理论和旅游经济,将近占到其所登载的旅游理论研究文章总量的50%;另一方面其理论性强主要表现在其所登载的文章重视思维逻辑分析,即文章的思辨性。运用模型、数据统计分析的文章较其他3种期刊,虽在数量上占优势,但占其自身期刊的比例比较小。因此,总体而言,与论文刊载数量比较相近的《旅游论坛》相比,其选题分布较广且较为平均。

（二）《旅游科学》选题特征分析

近年来《旅游科学》的选题从年序上,不论是九大一级指标间的分布,还是一级指标内的分布,与《旅游学刊》和《旅游论坛》相比,都较为稳定,一级指标间的变动幅度在4.9~7.5之间,各一级指标内部的变动幅度在2~4之间。就具体选题内容而言,《旅游科学》所登载的文章特点突出表现在对论文中应用数理统计模型进行实证研究方法的青睐。这在旅游影响研究、旅游企业研究、旅游市场研究和旅游者研究四大选题上表现尤为突出,其中旅游影响研究年均不低于60%,旅游企业研究占50%,且呈上升趋势,旅游市场研究年均不低于80%,旅游者研究年均不低于70%,其文章结构大多采用建模、提出假设——收集数据、数据分析、验证、总结模式。在数据采集上,多数应用问卷调查、访谈、网上搜索、报道文本等方法。在数据分析方面,多数运用SPSS、Eviews等数理分析工具软件进行各种回归分析、方差检验等,或应用其他理论分析模型进行分析,虽然在总结部分都或多或少谈到研究的局限性,例如问卷设计上存在不足、问卷的数量、访谈对象的数量和质量、研究范围和时间的限制等,但是都缺乏对研究局限的控制和改进说明,以及对研究结果的影响程度的估计说明;在实证研究方面,虽然运用构建的或引入的数理统计模型进行实证分析,但缺乏对其适用条件等限制因素的说明。一些学者也开始对现有的一些模型就方法论进行探讨,如张凌云和庞世明等[1]、张骁鸣和薛丹[2]、王起静[3]对目前旅游研究方法中存在的问题进行了回顾、比较和述评。此外,林涛[4]的论文应用视觉数据为我们提供了一个很好的研究视角,作者对纸质免费信息从类型、内容和特点,进行了详细解读和分析,并就我国快速发展的都市旅游业中如何满足游客对信息的新需求提出了一些建议。从细节着手,由小处着眼,以小见大,其研究方法值得推崇。

此外,《旅游科学》在选题上也呈现出服务本地(上海旅游业)的特点,选题内容也充分体现了刊物的属地性,这在旅游产业研究、区域与地方旅游研究及旅游类型研究选题二级选题指标分类中表现得非常显著,例如关于旅游产业研究的10篇文章中,有6篇涉及旅游产业关联度及产业融合等问题,在关于区域与地方旅游研究的19篇文章中,有11篇涉及区域旅游合作机制等问题,在关于旅游类型研究的12篇文章中,有4篇涉及会展旅游,这些都与上海旅游业产业发展战略的特点相吻合。

（三）《旅游论坛》选题特征分析

《旅游论坛》的论文数量较大,选题主要表现出"大集中、小分散"的特点,一级指标间,居首位的大类(旅游目的地研究)占到了30%以上,但其余的各类分布较为分散,体现出兼容性较强的特点。主要表现在《旅游论坛》融合了《旅游学刊》偏重理论研究与《旅游科学》侧重实证研究这两种特征。其中理论性主要表现在：第一，对旅游理论的研究，虽呈逐年下降的趋势，但仍占据着较大的份额。但与《旅游学刊》不同的是，其基础理论的比例不仅低于《旅游学刊》，而且由2007年的44%下降到2008年的41%，再降到2009年的21%，与跨学科研究中的旅游文化、旅游影响比例持平，且旅游经济的文章数量比例年均保持在10%左右，而对其他跨学科理论探索文章的比例也保持在10%以上，其中涉及旅游社会学、旅游心理学、旅游休闲学、旅游人类学等。第二，在实证研究方面，与《旅游科学》着重关注对旅游企业各评价指标体系与模型的构建的文章不同的是，《旅游论坛》则将重点放在对旅游企业服务理念、产品创新、品牌建设、人力资源管理等方面。例如李庆[5]、任明丽和高小华[6]以及刘传喜和宋保平等[7]所做的相关研究。在旅游影响研究、旅游者研究、旅游市场研究方面登载的论文，70%以上都采取通过调查问卷或访谈的方式获取数据，然后运用统计工具进行数据分析，最后得出结论。同样也存在缺乏对研究过程的"质控"说明或对问卷基础和前提的研究。

此外，《旅游论坛》还较侧重微观操作性和旅游教育。例如在旅游政策法规中，与《旅游学刊》着重研究旅游立法、旅游假期制度不同的是，它更倾向对旅游税、景区景点的著作权、公民的基本旅游权利、游客教育立法等问题的关注。在旅游类型研究中，与其他3种期刊相比，其包含的旅游类型的门类是最齐全的，涉及的旅游类型每年有5~8种，例如2007年涉及的旅游类型研究的文章共16篇，其中乡村旅游5篇、生态旅游3篇、社区旅游2篇、红色旅游2篇、体育旅游与都市旅游各1篇，其他类型1篇；2008年，除了乡村旅游、生态旅游、会展旅游、红色旅游、体育旅游和都市旅游外，还增加了节庆旅游、遗产旅游等。《旅游论坛》对旅游教育的选稿量也比其他3种期刊更多，其相关文章每年都不低于10篇的刊载数量，如王越[8]、张海琳[9]、胡海胜[10]、卞显红[11]、旷永青[12]、陈钢华[13]等从不同方面探讨了旅游专业课程教法和教学改革。着重关注对旅游专业学生的心理和思想素养、就业能力及就业观的培养以及人才培养模式的探索等多个方面，在旅游教育论文中，将近一半的作者都来自刊物的主办单位。

（四）《二外学报》选题特征分析

《二外学报》的选题呈现出"稳中求变、变中求稳"的特征。其"稳中求变"主要表现在九大一级选题分类的比例波动较《旅游学刊》和《旅游论坛》相对较小，波动区间在6~8.5之间，因此选题内容相对稳定，而且近年来其选题的集中度相对稳妥，但从选题二级分类来看其中存在着不小的变动趋势，例如旅游理论研究，虽然近年来没有太大的比例波动，但其中的基础理论研究呈现出上升态势，从2007年占据旅游理论研究的21%，上升到2008年的43%，再升到2009年的40%。其次在旅游企业研究中，对餐饮及住宿研究的文章从2007年的60%，一直下降到2009年的8%。相对来说，对旅游景区及旅游从业人员的研究文章的数量则有不同程度的上升。其"变中求稳"的特征主要在三级选题分类下表现得非常明显，例如，对旅游基础理论的关注虽呈上升态势，但对旅游体验的相关理论的探讨和分析保持一定的比例不变，每年都有1到

2篇,如王帆和赵振斌[14]、李旭东[15]、龙江智和卢昌崇[16]等的相关论文。在旅游目的地研究中,论文数量有所下降,但在旅游类型研究方面增长较大,尤其是乡村旅游研究,无论从数量上还是比例上都占据明显的优势。乡村旅游的论文主要围绕其开发模式、与新农村建设和城乡发展的互动模式,以及新理念下的乡村旅游建设问题等。并以研究北京的乡村旅游为主,作者以二外教师为主,结合北京市旅游局委托的研究课题所撰写的论文,例如邹统钎等[17][18]、唐鸣镝[19]的关于北京乡村旅游的论文。此外,《二外学报》选题的另一个特色是对旅游休闲研究的重视,如2007年刊登的郭焕成和任国柱[20]、方世敏和周荃等[21]的休闲农业论文。2008年刊载的马莹莹和许春晓等[22]、刘颖和李洪波等[23]、梁玥琳和张捷[24]、许春晓和张艳中[25]、王斌和王照丽[26]对都市休闲的研究论文。

四、结论

本文统计分析了目前我国4种刊登旅游论文的学术期刊在2007~2009年间论文选题上的几点差异特征:

1.《旅游学刊》的选题较为广泛,视野宽阔。《旅游科学》《旅游论坛》和《二外学报》的选题具有一定的地域性和属地性,立足本地,面向全国。

2.《旅游学刊》侧重于基础理论和前沿问题研讨;《旅游科学》重视旅游产业融合、旅游区域合作和会展旅游等;《旅游论坛》偏重于旅游学科建设、旅游教学和旅游人才培养等;《二外学报》则以北京乡村旅游和城乡休闲研究为重点。

3.这4种刊物所刊登的不少论文大多采用数量统计模型来做定量研究,其中多数采用抽样调查问卷,利用SPSS统计分析软件进行问卷处理,并简单解释结果,这似乎已成为一种研究"范式"。这种"范式"带来的不良后果是用计算代替思考,而对于问卷设计(对象研究)、问卷发放(抽样技术)等环节疏于研究,忽略问卷调查的"限制条件"和"质量控制",从而使抽样对象在典型性和代表性上大打折扣,无法用样本推断总体,得出的研究结论也流于一般,有的只是验证了一个世人皆知的常识,并没有充分发挥出数量统计模型应有的作用。

参考文献

[1] 张凌云,庞世明,刘波.旅游景气指数研究回顾与展望[J].旅游科学,2009,23(5):21-28.

[2] 张骁鸣,薛丹.旅游地生命周期的数学模型比较研究[J].旅游科学,2009,23(4):6-12.

[3] 王起静.事件经济影响研究述评一个评估框架[J].旅游科学,2009,23(4):57-62.

[4] 林涛.西欧都市旅游免费信息的观察与思考[J].旅游科学,2008,22(3):73-77.

[5]李庆.中国本土酒店集团发展的品牌构建对锦江品牌发展的研究[J].桂林旅游高等专科学校学报,2007,18(2):243-247.

[6]任明丽,高小华.从旅行社行为角度看旅行社产品创新[J].桂林旅游高等专科学校学报,2008,19(1):116-119.

[7]刘传喜,宋保平,徐英.基于ZOT理论景区标准化与个性化服务权衡管理[J].旅游论坛,2009,2(4):555-558.

[8]王越.浅谈交际教学法在旅游院校英语教学中的应用[J].桂林旅游高等专科学校学报,2007,18(2):313-316.

[9]张海琳.试论电子商务时代旅游英语专业课程改革[J].桂林旅游高等专科学校学报,2007,18(6):941-944.

[10]胡海胜.旅游新闻教学模式初探[J].桂林旅游高等专科学校学报,2008,19(3):448-450.

[11]卞显红.旅游专业大学生的职业生涯规划[J].桂林旅游高等专科学校学报,2007,18(2):263-267.

[12]旷永青.团体心理辅导在旅游专业大学生心理素质培养中的运用[J].桂林旅游高等专科学校学报,2007,18(4):623-625.

[13]陈钢华.旅游院校人才培养合作模式的分类及其影响因素分析[J].桂林旅游高等专科学校学报,2008,19(1):154-157.

[14]王帆,赵振斌.国内旅游体验研究进展[J].北京第二外国语学院学报,2007,(11):18-24.

[15]李旭东.旅游体验的客体真实和主体本真[J].北京第二外国语学院学报,2008,(5):26-30.

[16]龙江智,卢昌崇.旅游体验的层级模式:基于意识谱理论的分析[J].北京第二外国语学院学报,2009,(11):9-19.

[17]邹统钎,王燕华,从日芳.乡村旅游社区主导开发(CBD)模式研究[J].北京第二外国语学院学报,2007,(1):53-59,42.

[18]邹统钎,李飞.社区主导的古村落遗产旅游发展模式研究[J].北京第二外国语学院学报,2007,(5):78-96.

[19]唐鸣镝.新形势下北京乡村旅游的实践探索[J].北京第二外国语学院学报,2009,(1):46-50.

[20]郭焕成,任国柱.我国休闲农业发展现状与对策研究[J].北京第二外国语学院学报,2007,(1):66-71.

[21]方世敏,周荃,苏斌.休闲农业品牌化发展初探[J].北京第二外国语学院学报,2007,(1):72-76.

[22]马莹莹,许春晓,王洁.基于消费结构的都市休闲市场类型研究[J].北京第二外国语学院学报,2008,(1):64-69,54.

[23] 刘颖,李洪波,黄安民. 历史文化名城休闲空间研究[J]. 北京第二外国语学院学报,2008,(3):66-69,42.

[24] 梁玥琳,张捷. 城市滨水空间休闲者行为规律分析[J]. 北京第二外国语学院学报,2007,(11):77-82.

[25] 许春晓,张艳中. 基于生活形态的广州市民娱乐休闲意向研究[J]. 北京第二外国语学院学报,2008,(7):29-34.

[26] 王斌,王照丽. 大连市民休闲动机与行为差异及其原因分析[J]. 北京第二外国语学院学报,2008,(7):35-39.

原载于《旅游论坛》2011年8月,第4卷第4期

近十年我国旅游学术共同体的发展格局与分类评价
——基于旅游学术期刊论文大数据的视角[①]

张凌云 兰超英 齐飞 吴平

一、问题的提出

近十年是我国旅游业发展处于转型升级的时期,也是旅游研究的黄金十年。2011年,全国开设旅游系(专业)的普通高等院校已达1115所,而2002年仅407所,十年间平均增长10.6%。而同期旅行社和星级饭店的数量年均增长率分别为7.4%和2.8%,旅游教学和学术研究的队伍不断壮大。2008年6月,国家旅游局成立了颇具规模的中国旅游研究院,表明了旅游行业最高管理部门也开始重视旅游学术研究。经过30多年的改革开放和旅游发展,我国旅游研究已经逐步走出早期理论研究滞后于行业实践的困境,呈现了理论研究指导行业实践,科学研究适度超前的良好态势,形成了以多学科和跨学科交叉融合的旅游学术研究个人与团队。一门学科的生存与发展必须有一批从事研究本学科领域的专家学者队伍,一批高质量的研究成果和一批以刊载旅游学术论文为主或经常刊载旅游学术论文的学术期刊,这些就是所谓的"学术共同体"。旅游学术共同体的形成和发展壮大是旅游研究可持续发展的基础和保障。

建设世界旅游强国是一个涉及全行业、全产业链和全社会的系统工程,需要旅游学术共同体的智力支持和科技支撑。学术期刊是学术成果交流的主要载体,学术论文是联系作者与期刊之间的纽带,也是反映学科发展水平的晴雨表。本研究以2003~2012年在国内学术期刊上发表的学术论文为研究对象,审视和评价近十年来我国旅游学术共同体的发展现状、结构特征、空间分布和分类评价。

二、文献综述

通过统计学术期刊上发表的论文的作者简历(年龄、性别、学历、职称和工作单位等)、论文主题、关键词、学科归属等信息,来认识和评估某一学科的现状格局、存在的问题和发展趋势,是一种较为简易、直接、有效和常用的研究方法。在旅游学科中,有不少学者做过类似的研究,其中以《旅游学刊》为单一研究样本的论文就为数不少:如

---

① 数据来源:中华人民共和国国家旅游局.中国旅游统计年鉴2012[M].北京:中国旅游出版社,2012:118;中华人民共和国国家旅游局.中国旅游统计年鉴2003[M].北京:中国旅游出版社,2003:116。

赵幼芳通过对1990~1999年期间《旅游学刊》文献库的统计研究该刊的作者人群和研究旨趣[1];吴必虎等通过研究《旅游学刊》1986年创刊至1999年所载的全部论文来分析中国旅游学术研究的态势[2];曹诗图和胡书玲以《旅游学刊》为例,对我国旅游研究进行检视与反思[3];曾丽则从2000~2009年《旅游学刊》载文的统计来探究旅游学术研究的发展[4];董晓莉等通过对《旅游学刊》关键词的分析来解析中国旅游研究的知识体系[5]。也有不少学者通过研究国际旅游权威学术期刊《旅游研究纪事》(Annals of Tourism Research)来认识国际旅游学术界的研究动态。如张立生通过《旅游研究纪事》文献来分析国外旅游学研究进展[6],吴宇华则以此来阐述国外旅游学科体系的建构[7];吴必虎、邢珏珏等通过对《旅游研究纪事》30年的文献统计,分别研究了旅游学学科树构建、时空特征分析以及旅游学分支学科相关性动态演化研究[8][9]。朱竑等通过《旅游学刊》和《旅游研究纪事》文献比较来研究中外旅游研究的异同和趋向[10]。

有的学者以多种相关的学术期刊作为研究样本,如汪德根等通过《地理学报》《地理研究》《地理科学》和《自然资源学报》研究近20年中国旅游地理学的发展历程[11],以及与之进行国内外旅游学术比较研究[12];张凌云等对我国4种旅游学术期刊的论文统计来分析中国旅游学术研究现状与发展趋势[13]。

随着我国数字图书馆和学术文献数据库如中国知网(CNKI)、维普网(VIP)和万方数据(Wanfang Data)、中国学位论文库(CDDB)等不断丰富完善,使得文献资料收集和数据处理都变得更加便利和更有效率。刘人怀等以CSSCI收录的旅游研究文献来探讨我国旅游学学科发展[14];廉同辉等也同样应用CSSCI分析了2000~2010年我国旅游学科知识图谱[15];冯凌等基于期刊论文库研究了中国旅游学术研究30年的发展历程与内生规律[16];张薇等基于SCIE、SSCI和A&HCI国际三大检索文献研究了1998~2007年全球旅游研究进展[17];孙业红等利用国内外旅游类核心期刊论文数据库研究了2001~2012年中国旅游研究的国际影响力[18]。类似的,刘庆余利用国家基金项目库研究20年来国家自然、社科基金旅游项目反映的学术态势,来总结中国旅游研究进展[19];朱峰等则通过国家自然、社会科学基金旅游类项目的分析,反思了旅游研究中存在的"去旅游化"现象[20]。

此外,章锦河等研究了我国旅游类博士硕士学位论文[21],陈德广从我国旅游博士论文选题分布来研究我国旅游学科的发展[22],以及与北美旅游地理博士论文进行了比较研究[23];唐顺英利用博士学位论文库分析了近十年中国旅游类博士学位论文的选题和类型[24]。一般而言,论文的学术价值与期刊的学术地位有着较大的关联性,大多数学者是利用学术期刊平台来研究论文。而兰超英和张凌云则是利用所载论文来研究我国旅游学术期刊影响力和影响因子[25]。张凌云在线检索和整理的160种国际旅游学术期刊,其中英文期刊132种,其他语种期刊27种(不包括中文期刊),并给出了35种英文主要旅游学术期刊的主编、主编工作单位以及出版方等信息,对其中的20种学术期刊选题方向进行了分类统计,研究我国学者利用《旅游研究纪事》和《旅游管理》进行国外研究综述和中外旅游比较研究的状况[26]。

在国外,谢尔顿(Sheldon)、乔噶南等(Jogaratnam, et al.)分别分析了1980~1989年和1992~2001年学术机构对于《旅游研究纪事》《旅行研究杂志》(Journal of Travel Research)和《旅游管理》(Tourism Management)等3本旅游学术期刊的论文贡献[27][28];瑞安(Ryan)以35种旅游、酒店管理、休闲和旅游文化等相关学术期刊上发表论文在线被点击的数量,对刊物和作者进行了排序[29];麦克切尔等(Mckwecher, et al.)研究了旅游与酒店管理类学术期刊的评价方法[30]。近年来,国外同类研究中影响较大的是帕克等(Park, et al.)在《饭店业与旅游研究杂志》(Journal of Hospitality and Tourism Research)发表的《新千年的第一个十年:酒店及旅游研究——根据6种杂志按照作者、大学和国家进行排序》[31],其成果已受到国际旅游学术界的普遍关注。

上述国内论文对于认识我国某一时期、某一方面的旅游学术研究概貌和基本特征具有很强的指导意义和参考价值。但是,由于旅游学科具有综合性、交叉性和跨学科等特点,目前,旅游学科并没有发展成为一门相对独立的学科,而是寄生在其他学科中成为该学科的一个分支,缺乏母学科的归属。在高等教育系统中旅游归于管理学门类之下,在出版系统又将其归为地理类,如《旅游学刊》是与《人文地理》和《经济地理》划为同一类别的,而在图书管理系统(中图法)中,旅游归入经济学门类。正是由于旅游学科的这一特性,使得上述研究涉及的样本数和样本框都受到了较大的局限。上述成果中样本数量最多的也只抽取了3000多篇论文(且研究的时间跨度为10年,平均每年不足300篇),少的只有几百篇,而抽样范围也主要集中在几本刊物上。事实上,旅游论文的分布具有类似于长尾理论(The Long Tail)的学科分散性,仅统计几本旅游或与旅游学科密切相关的学术期刊,无法全面认识和客观评价旅游学术共同体的学术成果和学科建设。

同样的,帕克等只是选取《饭店业与旅游研究杂志》《国际酒店管理杂志》(International Journal of Hospitality Management)《康奈尔酒店季刊》(Cornell Hospitality Quarterly)《旅游管理》《旅游研究纪事》《旅行研究杂志》等6本旅游学术期刊(共选取了10年期间发表的2834篇论文,平均每年283.4篇),来研究全球的旅游学术概貌,其结论难免以偏概全。目前,进入SSCI的旅游类(包括户外运动和休闲)的学术期刊已经达到35种之多,而帕克等只是在酒店和旅游的学术刊物中各选取了3种,像《可持续旅游》(Journal of Sustainable Tourism)《旅游地理学》(Tourism Geographies)《旅游经济学》(Tourism Economics)等均未列入,更何况一些旅游学术论文是发表在地理学、管理学、经济学、社会学(民族学、人类学)、心理学、生态学等主流学术期刊上的。如英国学者巴勒特(Butler)关于旅游目的地生命周期理论的著名论文就是发表在《加拿大地理学家》(Canadian Geographer)一本影响力不大的非旅游学术期刊[32]上的。又如以色列著名的旅游社会学家科恩(Cohen)一些有影响的论文大多发表在《社会学年度评论》(Annual Review of Sociology)《社会学》(Sociology)和《社会学研究》(Social Research)等社会学主流刊物上。

三、方法与数据

衡量作者、大学和研究机构对学术研究的贡献一般采用的方法有:问卷调查、引文分析、内容分析和德菲尔法[28]。但这些研究都是基于小数据的抽样调查。如前所述,旅游学科分别散布于各个学科门下,刊物名称中含旅游的寥寥无几,而进入北大核心期刊的仅《旅游学刊》一种,进入南大核心(CSSCI 来源期刊)的也只有《旅游学刊》《旅游科学》两种,以及南大核心扩展版的《旅游论坛》。这就意味着大量的旅游学术论文都是发表在非旅游刊物上的。兰超英等应用布拉福德分散定律(Bradford's law of scattering),对中国期刊全文数据库(Chinese Journal Full-text Database)、维普和万方3 个数据库中的 6367 种期刊刊载的 80 831 篇论文进行了检索,确定了 89 种期刊为核心区刊物(但未剔除非中文核心期刊和非 CSSCI 来源期刊),并对核心区期刊的载文量、被引频次、下载频次和影响因子进行测量和评价[25]。尽管 89 种期刊数量已经较之以往的研究放大了许多倍,但从方法论上看,仍属于小数据的抽样。事实上,旅游学科的论文分布非常类似于安德森(Anderson)提出的长尾理论[33]。因此,本研究尝试用大数据(big data)的方法,让数据说话,通过更多和更杂的数据,达到更好的效果。具体地说,大数据遵循以下 3 个原则:(1)利用所有的数据,而不再仅仅依靠一小部分数据,全数据模式就是,样本 = 总体;(2)允许数据的混杂性,不苛求精确性;(3)不强调因果关系,而是看重相关关系[34]。

综上所述,本文采用全样本的研究方法。在中文核心期刊数据库、CSSCI 数据库(不计扩展版)、CSCD 数据库中分别设计了 25 组字段进行"题名"或"关键词"检索(时间跨度为 2003~2012 年),共得出 74 497 篇文献。对这些文献再从"作者、年份、标题、期刊"等多个方面对各数据内部和各数据之间进行跨库查重,并经删除发表在增刊上的文献①,以及会议通知、会议报道、专访、征稿启事、广告等非学术性文章后论文数量还剩下 20 895 篇。最后,再根据出刊周期,剔除旬刊、周刊和半月刊等出版周期较短的刊物②,得到论文样本数为 16 024 篇。

为了使本研究的成果便于国际比较,在评价和计分时,采用帕克等的标准和口径。(1)作者评价和计分:假设一篇文章有 N 个作者,则每个作者的得分为 1/N,将该作者每篇文章的得分相加即得到"总分",按作者出现的频次统计"文章总数"(作者现任职位由 2013 年 8 月通过各作者机构官方网站查询得出);(2)作者单位的处理:仅计一级学校和单位,分校、二级学院及下属部门均纳入一级范围内。假设一篇文章有 N 个作者,某一作者分属 M 个作者单位,则该文章下属的每个作者单位得分为 1/NM。频

---

① 目前大多数高校在科研考核时,对于发表在增刊上的成果一般都不予认定。
② 一般来说,这类刊物往往属于讲求时效性的时事类杂志或以收取版面费为办刊目的的经营类杂志,两者都不属于严谨的学术期刊。

次 N 指某一单位在 N 篇文章中出现过[①]。

目前,旅游学科的分类归属在旅游学术界内还存在着不同的意见[35]。此外,学术界和出版界对于旅游学科的分类差异更大[36]。本研究采取国家标准《学科分类与代码》(GB/T 13745 - 2009)的学科分类和旅游文献中的具体研究内容进行整合和调整,共分为:旅游理论和研究、旅游地理、旅游策划及规划、旅游公共管理与行业管理、旅游教育、旅游道路与交通、旅游环境、旅游心理、旅游营销、旅游信息化及应用、旅游法、旅游人文、旅游经济、目的地和区域旅游发展、其他等共 15 大类,在大类下设 90 个二级分类和 120 个三级分类[②]。

四、结果与简析

通过检索近十年(2003~2012年)的中文核心期刊数据库、CSSCI 数据库、CSCD 数据库,并按前述的方法经处理加工得到论文样本数为 16 024 篇;期刊样本数为 784 种;作者样本数为 13 608 人;作者单位为 2565 家。平均每本期刊载旅游学术论文 20.44 篇,平均每位作者撰写 1.18 篇论文,平均每家机构有 5.03 位作者。这是我国近十年旅游学术共同体的一些总体特征和基本状况。由于这些因子是呈长尾状分布的,总量和均值无法揭示其内在的样本结构和优势样本的形态特征。

1. 刊载旅游学术论文的期刊排序

在 784 种来源期刊中,按照载文数量和旅游论文所占全部论文的比例,现列出前 100 本学术期刊(见表1)[③]。

表1 Top 100 刊载旅游学术论文期刊

排名	期刊名称	旅游类论文篇数	2003~2012年所载论文篇数	排名	期刊名称	旅游类论文篇数	2003~2012年所载论文篇数
1	旅游学刊	1944	2411	8	生态经济	333	6991
2	特区经济	681	13325	9	干旱区资源与环境	307	3562
3	江苏商论	557	7553	10	地域研究与开发	305	1805
4	商业研究	526	10374	11	企业经济	303	8110
5	经济地理	510	3006	12	社会科学家	297	5259
6	人文地理	485	1661	13	经济问题探索	235	4473
7	旅游科学	445	730	14	西南民族大学学报(人文社会科学版)	203	9378

---

① 为节省篇幅,详细的研究方法和数据处理说明,以及下文涉及更为详细的研究结果,参见《旅游学刊》网站中关于本文的相应附录文件。

② 限于篇幅,略去三级分类,有兴趣的读者可参见《旅游学刊》网站中关于本文的相关附录文件。

③ 当前者指标值相同时,再参考此指标进行排序。

续表

排名	期刊名称	旅游类论文篇数	2003~2012年所载论文篇数	排名	期刊名称	旅游类论文篇数	2003~2012年所载论文篇数
15	改革与战略	177	5968	37	农业经济	70	4567
16	地理与地理信息科学	175	1600	38	地理科学进展	69	1328
17	地理研究	132	1612	39	消费经济	69	1556
18	贵州民族研究	132	2121	40	经济问题	67	3870
19	林业经济问题	113	1152	41	广西民族研究	66	1257
20	城市问题	108	2107	42	西北大学学报(自然科学版)	64	2578
21	资源科学	107	2404	43	华东经济管理	64	4535
22	农业考古	102	4967	44	体育文化导刊	63	4834
23	思想战线	98	2989	45	资源与产业	61	1399
24	地理科学	95	2188	46	西北林学院学报	61	2763
25	广西民族大学学报(哲学社会科学版)	95	3871	47	农村经济	59	4912
26	国土与自然资源研究	91	2073	48	价格月刊	56	3830
27	开发研究	91	2338	49	城市发展研究	55	2344
28	商业经济与管理	86	1714	50	地理学报	55	2478
29	经济管理	80	4147	51	中南民族大学学报(人文社会科学版)	55	3429
30	中国园林	78	3373	52	云南民族大学学报(哲学社会科学版)	54	1920
31	江西社会科学	77	6729	53	软科学	53	2886
32	商讯商业经济文荟	75	693	54	学术论坛	53	5063
33	价格理论与实践	74	5185	55	学术交流	53	9617
34	求索	74	9602	56	世界地理研究	51	783
35	中国人口·资源与环境	71	3212	57	福建林业科技	51	2091
36	热带地理	70	1073	58	中南林业科技大学学报	51	4364

续表

排名	期刊名称	旅游类论文篇数	2003~2012年所载论文篇数	排名	期刊名称	旅游类论文篇数	2003~2012年所载论文篇数
59	四川师范大学学报（社会科学版）	50	1703	77	青海社会科学	35	2731
60	经济师	49	23 960	78	山东社会科学	35	5287
61	林业经济	47	2315	79	宁夏大学学报（自然科学版）	33	1116
62	黑龙江民族丛刊	46	2058	80	海南大学学报（人文社会科学版）	33	1218
63	企业活力	46	4004	81	自然资源学报	33	1605
64	贵州社会科学	45	2949	82	湘潭大学学报（哲学社会科学版）	33	1976
65	干旱区地理	44	1600	83	体育学刊	33	2902
66	华中师范大学学报（自然科学版）	41	1484	84	东北林业大学学报	33	3698
67	南京师大学报（自然科学版）	40	1114	85	经济纵横	33	3982
68	广西社会科学	40	5947	86	北京社会科学	32	1108
69	长江流域资源与环境	39	2017	87	江西财经大学学报	32	1610
70	山东体育学院学报	39	2357	88	浙江农林大学学报	31	1524
71	北京工商大学学报（社会科学版）	38	1359	89	河南师范大学学报（哲学社会科学版）	31	3919
72	云南师范大学学报（哲学社会科学版）	38	1647	90	农业现代化研究	30	1716
73	陕西师范大学学报（自然科学版）	38	2247	91	亚太经济	30	1725
74	北京体育大学学报	38	5558	92	安徽师范大学学报（自然科学版）	29	1373
75	城市规划	37	3055	93	成都体育学院学报	29	2463
76	财贸经济	36	2599	94	武汉体育学院学报	29	3062

续表

排名	期刊名称	旅游类论文篇数	2003~2012年所载论文篇数	排名	期刊名称	旅游类论文篇数	2003~2012年所载论文篇数
95	生态学杂志	29	3542	98	求实	28	6088
96	山地学报	28	1330	99	河南大学学报（自然科学版）	27	1346
97	经济导刊	28	3779	100	林业资源管理	27	1362

注：1."2003~2012年所载文章总数"为根据CNKI数据库2003~2012年文章数量（包括英文版），2013年8月更新。

2. 不考虑2003~2012年间期刊是否始终属于某一核心。

这100种期刊占期刊总样本的12.76%，刊载的论文数为12 124篇，占全部旅游论文样本的75.66%。列在前10位的，除《旅游学刊》和《旅游科学》外，地理类刊物4种，经济类和商业类各2种。从学科结构看，地理学在旅游学术研究中贡献最大，在100种期刊中地理学的刊物达18种，其中还包括地理学界的权威刊物《地理学报》，以及所有较具影响力的地理学期刊。其次，经济学类也有18种之多，但这些期刊在经济学界的学术地位不像地理学这样显赫。相比较而言，在教育部学科分类中，旅游管理虽作为管理学门类下的分支学科，但管理类的学术期刊仅有3种，且《管理世界》《管理学报》《南开管理评论》等著名学术期刊榜上无名。

2. 旅游院校和科研机构排序

对2565家单位的作者应用上述介绍的评价和计分方法，列出前100家旅游院校和科研机构（见表2）。表2中所称的旅游院校和科研机构是指设有旅游系科（或专业方向）和研究旅游的科研院所（或非实体研究中心）的教学科研机构，得分值与频次值之间的差距程度说明作者所在单位的团队中与外部单位合作发表论文的程度。根据每个机构的得分利用自然间断分类法（natural break）将前100名的旅游院校和科研机构进行分级，由高到低依次划分为AAAAA级至A级，共分5个等级，阈值区间分别为[39.33, 65.17], [68.22, 103.35], [108.82, 162.20], [168.65, 254.10], [293.70, 431.72]。自然间断分类法是通过标识数据值之间的间断点，基于数值自身特征的自然分组分类方法，一般选取数值跳跃相对大的临界点。该方法保证每个级别组内各得分数差异最小化，组间得分数差异最大化。

由于统计的是2003~2012年期间的论文累计数，一些成立历史较短的单位在排序上会因此受到影响。如2008年6月才开始筹备成立的中国旅游研究院仅列在第82名。

从排列在前9位的单位看，全部都是地理学科背景，中国科学院的论文数达465篇，几乎涵盖了全国各省（市、区）的相关研究所（研究中心），但仅位于北京的中国科学院地理科学与资源研究所一家,发表的论文就有251篇,占到54%。这一结果与表1得出的结论互相印证,说明地理学对于旅游学科的贡献要大于其他相关学科。此外,还可以从表2中具体看出每个院校机构的重点研究领域和研究优势,以及在旅游学科各专业方向和研究领域内哪几所旅游院校和科研机构处于领先地位,也可以按照专业方向和专题列出排序,限于篇幅这里就不再展开论述。

表2 Top 100 旅游院校和科研机构

排名	作者机构	城市	得分	频次	等级	排名	作者机构	城市	得分	频次	等级
1	陕西师范大学	西安	431.72	520	AAAAA	21	厦门大学	厦门	126.42	146	AAA
2	中山大学	广州	358.40	475	AAAAA	22	西北师范大学	兰州	126.30	156	AAA
3	中国科学院	北京	293.70	451	AAAAA	23	华侨大学	泉州	125.62	141	AAA
4	四川大学	成都	254.10	335	AAAA	24	浙江工商大学	杭州	114.74	131	AAA
5	南京师范大学	南京	233.35	306	AAAA	25	南开大学	天津	111.29	138	AAA
6	华东师范大学	上海	230.12	294	AAAA	26	中国地质大学	北京	10.90	141	AA
7	安徽师范大学	芜湖	224.90	283	AAAA	27	广东财经大学	广州	108.82	128	AAA
8	南京大学	南京	209.37	309	AAAA	28	江西财经大学	南昌	103.35	124	AA
9	北京大学	北京	195.44	278	AAAA	29	中国社会科学院	北京	102.43	124	AA
10	云南大学	昆明	177.88	227	AAAA	30	湖南师范大学	长沙	101.19	137	AA
11	暨南大学	广州	177.36	206	AAAA	31	湖北大学	武汉	97.75	125	AA
12	吉首大学	吉首	175.75	204	AAAA	32	西南民族大学	成都	95.60	115	AA
13	中南林业科技大学	长沙	172.53	234	AAAA	33	福建师范大学	福州	93.03	115	AA
14	北京联合大学	北京	168.65	211	AAAA	34	复旦大学	上海	92.63	120	AA
15	上海师范大学	上海	162.20	201	AAA	35	山东大学	济南	91.53	125	AA
16	浙江大学	杭州	156.85	192	AAA	36	四川师范大学	成都	88.41	112	AA
17	西北大学	西安	138.74	175	AAA	37	华南师范大学	广州	88.00	119	AA
18	北京第二外国语学院	北京	136.54	158	AAA	38	浙江旅游职业学院	杭州	86.62	100	AA
19	桂林理工大学	桂林	134.71	160	AAA	39	兰州大学	兰州	84.94	125	AA
20	河南大学	开封	131.75	158	AAA	40	湘潭大学	湘潭	84.29	98	AA

续表

排名	作者机构	城市	得分	频次	等级	排名	作者机构	城市	得分	频次	等级
41	东北财经大学	大连	83.24	103	AA	64	江西师范大学	南昌	52.54	70	A
42	广西大学	南宁	82.52	100	AA	65	东南大学	南京	52.25	63	A
43	武汉大学	武汉	79.55	96	AA	66	桂林旅游高等专科学校	桂林	50.88	74	A
44	南昌大学	南昌	65.17	76	A	67	苏州大学	苏州	50.42	67	A
45	九江学院	九江	63.13	69	A	68	浙江林学院	杭州	50.39	67	A
46	天津大学	天津	62.26	80	A	69	郑州大学	郑州	47.58	52	A
47	青岛大学	青岛	61.88	68	A	70	云南财经大学	昆明	50.08	65	A
48	湖南商学院	长沙	61.25	75	A	71	西安外国语大学	西安	49.84	69	A
49	海南大学	海口	60.61	77	A	72	渤海大学	锦州	49.08	54	A
50	乐山师范学院	乐山	59.43	70	A	73	华中师范大学	武汉	48.44	66	A
51	中南财经政法大学	武汉	59.25	74	A	74	辽宁师范大学	大连	47.88	65	A
52	中央民族大学	北京	59.00	73	A	75	中国旅游研究院	北京	47.54	82	A
53	上海财经大学	上海	58.42	75	A	76	江南大学	无锡	47.23	61	A
54	云南师范大学	昆明	57.83	78	A	77	西南财经大学	成都	45.50	65	A
55	贵州大学	贵阳	56.00	67	A	78	中国人民大学	北京	45.17	68	A
56	燕山大学	秦皇岛	55.79	62	A	79	吉林大学	长春	44.29	58	A
57	深圳职业技术学院	深圳	55.67	65	A	80	重庆理工大学	重庆	44.08	50	A
58	宁夏大学	银川	55.43	73	A	81	清华大学	北京	43.42	68	A
59	江西科技师范大学	南昌	54.67	59	A	82	重庆大学	重庆	43.08	56	A
60	东北林业大学	哈尔滨	54.31	68	A	83	广西民族大学	南宁	42.88	53	A
61	北京林业大学	北京	53.95	86	A	84	中国海洋大学	青岛	42.58	47	A
62	河北师范大学	石家庄	53.51	63	A	85	上海大学	上海	42.54	50	A
63	同济大学	上海	53.33	63	A	86	西南大学	重庆	41.71	56	A

续表

排名	作者机构	城市	得分	频次	等级	排名	作者机构	城市	得分	频次	等级
87	华南理工大学	广州	78.33	95	AA	94	东北师范大学	长春	41.50	56	A
88	广西师范大学	桂林	77.30	94	AA	95	湖南大学	长沙	41.46	55	A
89	广州大学	广州	76.63	99	AA	96	重庆师范大学	重庆	41.37	60	A
90	成都理工大学	成都	70.49	88	AA	97	西南交通大学	成都	40.49	55	A
91	重庆工商大学	重庆	68.58	82	AA	98	中南民族大学	武汉	40.25	47	A
92	北京师范大学	北京	68.27	103	AA	99	江苏师范大学	徐州	39.43	65	A
93	福建农林大学	福州	68.22	83	AA	100	贵州财经大学	贵阳	39.33	52	A

注：1. 中国科学院包括设在全国各地的研究所或研究中心；

2. 大学含设在各地的分校或校区。

资料来源：张凌云等整理，2013。

将表2的机构以所在的城市为单位，将分值累加，可以得出全国前100所旅游院校和科研机构的城市分布图（见图1），从这一分布图上，可以发现这些机构的地理分布密度，竟然与我国著名的人口地理学创始人胡焕庸1935年提出的人口密度分布线，即从黑龙江瑷珲（今黑河爱辉区）到云南腾冲的"胡焕庸线"高度吻合[37]。这是偶然巧合，还是存在内在的逻辑关系？这一现象背后的深层原因有待进一步研究。

图1　全国前100所旅游院校和科研机构的城市分布图

3. 论文作者排序

论文作者是旅游学术共同体的核心，也是旅游学科可持续发展的基础。应用上述评价和计分方法，列出前100名作者(见表3)。由于可能存在同名同姓的情况，已经对前100名的作者逐一进行了核实，排除了不同的作者论文汇集在同一姓名下的可能。

表3中，在前10名的作者中，除了位列第5名的作者是管理学背景外，其余9名的学术背景都是地理学。由此可见，地理学对于旅游学科的重要贡献。此外，作者的得分值与频次值之间差值大的话，一般为学术(学科)带头人、博士生导师、基金项目主持人等，也就是本单位的学术骨干。将表3与表2对比可发现，在表2中名列前茅的单位，其研究团队成员在表3中不仅排名较为靠前，而且，进入前100名的人数也相对较多。从中可以窥见这些学术机构的整体实力、学术骨干和在全国的相对地位。与表2相似，也可以从表3中具体看出每位学者的重点研究领域和研究优势，以及在旅游学科各专业方向和研究领域内哪几位学者处于领先地位，也可以按照专业方向和专题列出排序。

表3 Top 100 旅游论文作者

排名	作者	作者单位	得分	频次	排名	作者	作者单位	得分	频次
1	马耀峰	陕西师范大学	69.53	188	18	罗明义	云南财经大学	20.14	24
2	陆 林	安徽师范大学	57.91	141	19	冯学钢	华东师范大学	19.20	33
3	孙根年	陕西师范大学	45.47	108	20	杨新军	西北大学	19.00	46
4	保继刚	中山大学	39.53	82	21	黄福才	厦门大学	18.58	40
5	王兆峰	吉首大学	38.50	47	22	杨 勇	华东师范大学	18.58	21
6	张 捷	南京大学	29.76	106	23	董观志	暨南大学	18.17	29
7	白 凯	陕西师范大学	29.48	62	24	张凌云	北京联合大学	18.17	24
8	吴必虎	北京大学	28.83	70	25	沙 润	南京师范大学	17.88	47
9	卜显红	浙江工商大学	27.50	40	26	章锦河	南京大学	17.31	52
10	黄震方	南京师范大学	26.28	73	27	马晓龙	中国旅游研究院	17.17	30
11	郑向敏	华侨大学	26.00	51	28	刘德谦	北京联合大学	16.33	17
12	郭鲁芳	浙江工商大学	24.33	33	29	王艳平	东北财经大学	16.25	19
13	曹国新	江西财经大学	22.42	25	30	田喜洲	重庆工商大学	15.83	22
14	孙九霞	中山大学	21.50	29	31	杨桂华	云南大学	15.58	31
15	王 健	南开大学	21.00	21	32	张河清	广州大学	15.50	29
16	徐红罡	中山大学	20.67	39	33	马 勇	湖北大学	15.20	30
17	赵黎明	天津大学	20.17	39	34	钟林生	中国科学院	15.07	44

续表

排名	作者	作者单位	得分	频次	排名	作者	作者单位	得分	频次
35	何建民	上海财经大学	15.00	17	62	李树民	西北大学	11.42	21
36	牟 红	重庆理工大学	14.83	23	63	刘宏盈	广西民族大学	11.37	24
37	彭兆荣	厦门大学	14.33	18	64	成升魁	中国科学院	11.30	42
38	黄静波	湘南学院	14.33	16	65	冯淑华	江西师范大学	11.28	18
39	汪德根	苏州大学	14.32	33	66	史本林	商丘师范学院	11.25	15
40	庄志民	华东师范大学	14.00	17	67	唐代剑	浙江工商大学	11.17	19
41	梁明珠	暨南大学	13.67	24	68	杨春宇	贵州财经大学	11.00	19
42	赵 磊	上海财经大学	13.58	21	69	肖佑兴	广州大学	11.00	14
43	许春晓	湖南师范大学	13.58	21	70	师守祥	青岛大学	11.00	12
44	吴国清	上海师范大学	13.50	18	71	李松柏	湖州师范学院	11.00	11
45	肖光明	肇庆学院	12.83	15	72	汪传才	暨南大学	11.00	11
46	程道品	桂林理工大学	12.78	29	73	徐菊凤	北京联合大学	11.00	11
47	黄细嘉	南昌大学	12.67	26	74	谢彦君	东北财经大学	10.92	17
48	何景明	贵州大学	12.58	14	75	刘少和	广东商学院	10.92	15
49	陆玉麒	南京师范大学	12.37	35	76	骆高远	浙江商业职业技术学院	10.83	16
50	李天元	南开大学	12.33	19	77	刘 俊	华南师范大学	10.83	15
51	宋 丁	综合开发研究院	12.00	12	78	陈秋华	福建农林大学	10.75	24
52	麻学锋	吉首大学	11.95	20	79	苏 勤	安徽师范大学	10.70	25
53	路 紫	河北师范大学	11.85	30	80	张佑印	中国旅游研究院	10.60	33
54	杨振之	四川大学	11.83	17	81	崔凤军	湖州市政府	10.58	13
55	刘家明	中国科学院	11.70	26	82	张文建	上海师范大学	10.50	14
56	刘丽梅	内蒙古财经学院	11.67	23	83	邓爱民	中南财经政法大学	10.50	11
57	赖 斌	成都职业技术学院	11.58	20	84	马丽君	陕西师范大学	10.47	34
58	张朝枝	中山大学	11.50	20	85	陶卓民	南京师范大学	10.42	23
59	钟贤巍	吉林大学	11.50	13	86	张宏梅	安徽师范大学	10.42	21
60	郭 胜	无锡商业职业技术学院	11.50	12	87	邱云美	浙江丽水学院	10.33	12
61	依绍华	中国社会科学院	11.50	12	88	明庆忠	云南师范大学	10.25	25

续表

排名	作者	作者单位	得分	频次	排名	作者	作者单位	得分	频次
89	朱竑	华南师范大学	13.17	29	95	肖星	广州大学	10.08	27
90	吕君	内蒙古财经大学	13.17	26	96	王莹	浙江工商大学	10.08	17
91	马波	青岛大学	13.17	17	97	李君轶	陕西师范大学	10.05	26
92	陈田	中国科学院	13.09	43	98	叶全良	中南财经政法大学	10.00	14
93	秦学	广东商学院	12.83	17	99	李燕琴	中央民族大学	10.00	12
94	谢朝武	华侨大学	12.83	17	100	李锋	河南大学	10.00	11
					100	游富相	义乌工商学院	10.00	11

注：汪宇明，得分16.25，频次30，位列第29位，因已故世，未列入；曹新向，得分15.25，频次23，位列第34位，因已故世，未列入。

4. 旅游学术研究主题分类

为全面了解16 024篇论文的选题分布情况，对所选的论文样本进行主题的聚类分类，分类方案主要参考《学科分类与代码》(GB/T 13745—2009)。通过标题、关键词和摘要等内容信息确定二级分类和三级分类，如果上述内容的信息不充分、不确切的话，则可通过对全文进行语义分析来确定（见表4）。

表4 2003~2012年三大数据库旅游学术论文主题分类

一级分类	二级分类	文章数量	一级分类	二级分类	文章数量
1.旅游理论和研究(762)	1.1 旅游基础理论	97	3.旅游地理(3032)	3.1 旅游地理理论	3
	1.2 旅游概念内涵	73		3.2 旅游地图及规划图	29
	1.3 旅游研究及方法	101		3.3 旅游资源	847
	1.4 专项旅游研究	491		3.4 遗产遗迹、古都、古村落、森林（公园）、地质公园、博物馆、自然保护区	542
2.旅游策划及规划(1265)	2.1 策划规划理论与技术	123		3.5 旅游空间和系统	673
	2.2 旅游产品	249		3.6 旅游地时空演化	26
	2.3 旅游景观	92		3.7 旅游需求与客源	423
	2.4 目的地旅游开发规划	228		3.8 旅游行为与分布	181
	2.5 专项旅游开发规划	573		3.9 产业结构与集群	138
				3.10 旅游地产、用地和选址	98
				3.11 旅游季节性与气候	72

续表

一级分类	二级分类	文章数量	一级分类	二级分类	文章数量
4.旅游公共管理与行业管理(2106)	4.1 政治、政府政策及监管	211	9.旅游营销(1039)	9.1 节庆及节事活动	163
	4.2 行业标准及质量管理	35		9.2 会展活动与组织	223
	4.3 产业发展管理	277		9.3 形象与品牌	319
	4.4 旅游安全和危机管理	125		9.4 营销与推广	295
	4.5 旅游服务管理	156		9.5 意象与符号	39
	4.6 游客管理	23	10.旅游信息化及应用(329)	10.1 旅游网站	35
	4.7 人力资源管理	80		10.2 旅游电子商务	79
	4.8 市场秩序管理	25		10.3 信息化及信息技术应用	212
	4.9 旅游企业管理	1174		10.4 旅游电视与影视	3
5.旅游教育(506)	5.1 导游及地方从业人员培训	6	11.旅游法(188)	11.1 旅游法规、制度	127
	5.2 旅游职业教育与高等教育	254		11.2 旅游合同及权益保护	61
	5.3 旅游科普、生态教育	23	12.旅游人文(1064)	12.1 旅游人类学	227
	5.4 旅游语言及翻译	89		12.2 旅游社会学	27
	5.5 图书馆、情报、文献	55		12.3 旅游历史及发展	56
	5.6 旅游文学	79		12.4 旅游文化和文化保护	194
6.旅游道路与交通(101)	—	101		12.5 文化及旅游开发	260
7.旅游环境(977)	7.1 旅游环境	121		12.6 文化旅游发展	90
	7.2 旅游可持续发展	542		12.7 旅游民生和扶贫	97
	7.3 旅游承载力及容量	135		12.8 旅游就业	34
	7.4 旅游影响因子	179		12.9 旅游审美	24
8.旅游心理(576)	8.1 旅游心理学理论	3		12.10 旅游创新	19
	8.2 旅游体验	33		12.11 旅游道德与伦理	36
	8.3 社区居民感知	100	13.旅游经济(887)	13.1 旅游经济模型及方法	56
	8.4 游客认知、决策及满意度	439		13.2 区域经济发展	137
	8.5 利益相关者感知	1		13.3 旅游消费	59
				13.4 旅游投融资	81
				13.5 旅游商品与购物	153
				13.6 旅游价格	165
				13.7 旅游统计和调查	50
				13.8 经济协动及互动	186

续表

一级分类	二级分类	文章数量	一级分类	二级分类	文章数量
14. 目的地和区域旅游发展(2590)	14.1 专项旅游发展	928	15. 其他(602)	15.1 休闲与闲暇研究	113
	14.2 目的地旅游发展	580		15.2 哲学	1
	14.3 旅游竞合	374		15.3 新闻与传播	4
	14.4 社区居民参与	153		15.4 旅游影响及互动	146
	14.5 利益相关者参与	57		15.5 旅游评价	50
	14.6 旅游生命周期	46		15.6 旅游政治学	4
	14.7 产权、经营权和管理	164		15.7 其他	284
	14.8 旅游竞争力	288			

从表4可以看出,在15个大类中,旅游地理的论文达3032篇,列第一。而且诸如在旅游策划及规划、目的地和区域旅游发展等类别,属于旅游地理学的应用领域,在其中发表论文的作者也大多是从事地理学研究的。总之,从表4可以看出近十年来我国旅游学术研究的概貌。本研究收集到的数据也支持增加时间维度的研究,即可以对选题结构进行逐年研究,从而寻找出各选题之间此消彼长的演变规律,以及背后的成因,并利用大数据对未来走势进行预测和推论。受本文篇幅所限,这部分研究暂未涉及。

五、结论与讨论

本文借鉴大数据的全样本方法,研究了近十年来我国旅游学术共同体的现状和格局,得出了一些较之以前同类研究更全面、更系统的结论。与国外同类研究(大多是研究全球)相比,本文(仅研究一国)的文献样本数都较前者多出近十倍,作者样本数多出几十倍,期刊样本数更多出上百倍。但必须指出的是,论文数量只是衡量学术影响力和学术贡献度的一个侧面,论文的学术质量还与被引频次和下载量相关,本研究之所以没有考虑这些因素是为了保持与帕克等采取的研究方法相一致,以便于进行国际比较(限于篇幅本研究没有涉及)。

本文的不足之处是,在方法论上,只是借鉴了大数据中的全样本概念,数据来源也仅限于三大数据库,没有跨领域、多渠道地收集更多的相关数据,特别是动态数据。对于已获得的数据,未能进行充分有效的利用和数据挖掘,表1~表4中披露的数据以及它们之间的关系也还有进一步分析研究的空间。此外,数据采集的范围还不够多样,如没有采集作者的年龄(这对于研究学术梯队尤其重要)、性别、学历、职称、职务、海外留学经历、学科背景、工作经历、师承关系、基金项目、所获奖项等个人信息,也没有采集作者单位的人员规模、学术资源、学科重点、发展条件等相关信息,从而未能发现和挖掘更多更有价值的结论,也没有对全样本的学术论文进行一些专题或关键词的文本分析和数据挖掘,这也是本研究下一步工作的努力方向。

最后,必须说明的是,本文采用的评价和排序方法只是为了与帕克等的研究相对应,并不意味着没有可商榷之处。事实上,论文的数量只是衡量学术贡献的一部分,学术著作、会议论文、研究报告等也都应该成为衡量指标。乔噶南等和瑞安也持有类似的观点[28][29]。所有这些都需要在更大的范围内采集海量半结构、非结构性数据,综合应用语义分析、模糊识别、文本分析等人工智能技术来寻求一种有效的算法方案。

参考文献

[1] 赵幼芳. 1990~1999年《旅游学刊》文献库统计分析初步[J]. 旅游学刊,2000,15(4):57-63.

[2] 吴必虎,宋治清,邓利华. 中国旅游研究14年——《旅游学刊》反映的学术态势[J]. 旅游学刊,2001,16(1):17-21.

[3] 曹诗图,胡书玲. 对我国旅游研究的检视与反思——以《旅游学刊》为例[J]. 地理与地理信息科学,2008,23(4):103-106.

[4] 曾丽. 从2000~2009年《旅游学刊》载文统计探究旅游学术研究的发展[J]. 旅游学刊,2010,25(5):92-96.

[5] 董晓莉,吴必虎,钟栎娜. 基于《旅游学刊》关键词分析的中国旅游研究知识体系解析[J]. 旅游学刊,2011,26(8):26-30.

[6] 张立生. 近期国外旅游学研究进展——《Annals of Tourism Research》文献分析[J]. 旅游学刊,2004,19(3):82-88.

[7] 吴宇华.《旅游研究纪事》文献分析——兼论旅游学科体系[J]. 旅游科学,2004,18(2):4-8.

[8] 吴必虎,邢珏珏. 旅游学学科树构建及旅游学研究的时空特征分析——《旅游研究纪事》30年[J]. 旅游学刊,2005,20(4):73-79.

[9] 邢珏珏,李业锦,吴必虎,等. 旅游学分支学科相关性及其进展态势分析——《旅游研究纪事》30年[J]. 人文地理,2006,21(1):57-61.

[10] 朱竑,刘迎华. 从《旅游学刊》和《Annals of Tourism Research》的比较看中外旅游研究的异同和趋向[J]. 旅游学刊,2004,19(4):92-95.

[11] 汪德根,陆林,刘昌雪. 近20年中国旅游地理学文献分析——《地理学报》《地理研究》《地理科学》和《自然资源学报》发表的旅游地理类论文研究[J]. 旅游学刊,2003,18(1):68-75.

[12] 汪德根,陈田,王金莲,等. 1980-2009年国内外旅游研究比较[J]. 地理学报,2011,66(4):535-548.

[13] 张凌云,崔秀娟. 2007~2009年中国旅游学术研究现状与展望——对我国四种旅

游学术期刊的论文统计分析[M].//:中国旅游研究院.中国旅游评论2011.北京:旅游教育出版社,2011.42-51.

[14] 刘人怀,袁国宏.从CSSCI旅游研究文献看旅游学学科发展[J].人文地理,2007,22(4):77-81.

[15] 廉同辉,余菜花,宗乾进,等.基于CSSCI的2000~2010年旅游学科知识图谱分析[J].旅游学刊,2013,28(3):114-119.

[16] 冯凌,石培华,刘佳峰.基于期刊论文时序特征的中国旅游研究30年历程与规律[J].地理科学进展,2011,30(2):239-248.

[17] 张薇,钟晟,张晓燕.1998~2007年全球旅游研究进展——基于SCIE、SSCI和A&HCI三大检索文献计量分析[J].旅游学刊,2009,24(12):78-83.

[18] 孙业红,魏云洁,张凌云.中国旅游研究的国际影响力分析——基于对2001~2012年国内外旅游类核心期刊论文的统计[J].旅游学刊,2013,28(7):118-128.

[19] 刘庆余.20年来中国旅游研究进展——国家自然、社科基金旅游项目反映的学术态势[J].旅游学刊,2008,23(3):78-84.

[20] 朱峰,项怡娴,王春晖.旅游研究中的"去旅游化"现象及反思——基于国家自然、社会科学基金旅游类项目的分析[J].旅游学刊,2011,26(11):28-34.

[21] 章锦河,陆林.中国旅游类博士硕士学位论文分析[J].地理科学,2003,8(4):26-33.

[22] 陈德广.从旅游研究博士论文看旅游学学科发展[J].旅游学刊,2004,19(6):9-14.

[23] 陈德广.差异和差距:中国和北美旅游地理博士学位论文的比较研究[J].人文地理,2006,21(2):12-16.

[24] 唐顺英.近十年中国旅游类博士学位论文分析与展望[J].旅游学刊,2013,28(3):106-113.

[25] 兰超英,张凌云.我国旅游学术期刊影响力和影响因子研究[J].旅游学刊,2013,28(3):96-105.

[26] 张凌云.国际旅游研究2007[M].北京:旅游教育出版社,2009.1-18.

[27] Sheldon P J. An authorship analysis of tourism research[J]. *Annals of Tourism Research*, 1991, 18(3):473-484.

[28] Jogaratnam G, Chon K, McCleary K, et al. An analysis of institutional contributors to three major academic tourism journals: 1992-2001[J]. *Tourism Management*, 2005, 26(5):641-648.

[29] Ryan C. The ranking and rating of academics and journals in tourism research[J]. *Tourism Management*, 2005, 26(5):657-662.

[30] Mckwecher B, Law R, Lam T. Rating tourism and hospitality journals[J]. *Tourism*

  Management, 2006, 27(6):1235-1252.

[31] Park K, Phillips W J, Canter D D, et al. Hospitality and tourism research rankings by author, university, and country using six major journals: The first decade of the new millennium[J]. *Journal of Hospitality and Tourism Research*, 2011, 35(3): 381-416.

[32] Butler R W. The concept of a tourist area cycle of evolution: Implications for management of resource[J]. *Canadian Geographer*, 1980, 24(1):5-12.

[33] 克里斯·安德森. 长尾理论[M]. 乔江涛, 译. 北京:中信出版社, 2006. 3-14.

[34] 维克多·迈尔, 舍恩伯格, 肯尼思·库克耶. 大数据时代:生活、工作与思维的大变革[M]. 盛杨燕, 周涛, 译. 杭州:浙江人民出版社, 2013. 28-43.

[35] 杜江, 张凌云. 解构与重构:旅游学学科发展的新思维[J]. 旅游学刊, 2004, 19(3):19-26.

[36] 张凌云. 走出混沌:旅游学科的归属与性质探索[J]. 中大管理研究, 2012, 7(1):13-34.

[37] 胡焕庸. 中国人口之分布[J]. 地理学报, 1995, 2(2):33-74.

  原载于《旅游学刊》2013年6月,第28卷第6期,略有修改

中国旅游研究的国际影响力分析

——基于对2001~2012年国内外旅游类核心期刊论文的统计

孙业红　魏云洁　张凌云

引　言

一个国家某个领域学术研究的国际影响力体现在其研究成果的产出数量、质量、效率等方面，具体如公开发表的国际学术论文、专著、专利以及国际合作科研项目，项目开展投入的人力、物力、财力与产出的比例，高质量论文和专利的国际他引、所获国际奖项、研究人员在国际学术组织任职情况、各类国际期刊编委任职情况[1]。其中，学术论文是研究人员发布和传播其科学研究发现与技术创新成果的重要形式之一，学术论文的被引用，尤其是国际论文被引用或论文被国际学者引用，体现了研究成果的传播过程及其学术影响力。随着我国科研水平的提高以及对外学术交流与合作的深入，国际学术论文产出量不断增加，学术成果和学术期刊的国际化成为必然趋势。2001~2011年中国科技人员发表国际论文数量为83.63万篇，升至世界第二位；2011年社会科学引文索引（Social Science Citation Index，SSCI）数据库收录论文24.18万篇，其中，中国论文6380篇，占论文总数的2.6%，按收录数排序，中国居世界第8位。SSCI收录的中国论文中，中国机构为第一署名机构的论文为2954篇，占论文总数的46.3%[2][3]。多学科和全球化的学术网络使中国学术研究成果的影响力不断增强，中国科学技术信息研究所利用科学引文索引（Science Citation Index，SCI）数据库统计，截至2011年，2002~2011年我国科技人员发表科技论文总量的66.7%被同行引用，大部分成果具有一定的学术价值并产生一定的国际影响力。但这一比例与科技发达国家相比，仍存在差距，美国、英国、德国、日本等国家同期被引用论文的比例在75%~80%之间[2]。

宏观层面上，扩大和提升旅游研究领域的国际影响力需要资金投入、学科建设、政策导向、人才引进等支持；而从研究机构和学者自身角度来看，最直接的手段就是提高学术成果的数量和质量。追求旅游研究的国际化，一方面要熟悉国际旅游学术界的研究现状，关注研究趋势和热点；另一方面要对国际期刊及其论文进行深入分析，掌握必要的、国际通行的学术规范。对此，国内外学者已有部分研究成果：郑和孙（Tsang & Hsu）通过分析6本主要国外期刊论文的主题词、研究机构分布及贡献等[4]，全景展示

1978～2008年30年间的中国旅游和酒店研究。汪德根等对国内外6本权威期刊,从载文作者、研究领域、研究方法等方面,对1980～2009年国内外旅游研究现状进行比较分析[5],值得注意的是其中3本中文期刊属地理类期刊,旅游研究的学术论文只占总论文量的很小一部分,其代表性和与国外3本旅游类期刊形成的比较分析值得商榷。陶伟和黎碧茵基于《旅游研究纪事》(Annals of Tourism Research)一本期刊开展国外游憩需求研究,试图了解20世纪80年代以来国外游憩研究的特点和趋势[6]。此前的研究都是从研究态势的角度,对一个时期内的1本或若干本相关期刊论文进行综述研究,并没有过多关注学术影响力。

在如何测度旅游学术的国际影响力方面,陈钢华和黄远水提出了旅游研究国际影响度的测评指标体系,选取在国际主流旅游学术刊物上发表的论文数量、出任国际旅游学术刊物编委的学者数量、举办国际性旅游学术会议的数量、出任国际性旅游研究机构专家的学者数量、出任国际旅游学术刊物审稿专家的学者数量等5个指标,对中国(两岸四地)与韩国的旅游研究国际影响度现状进行分析[7]。张凌云在对我国旅游学术研究国际化问题的探讨中指出,中国在旅游资源、旅游市场规模以及地域多样性等方面的优势为学科新理论的产生提供了一个"开放性的实验室"[8]。陈钢华和保继刚还从国外机构研究中国旅游的视角,分析其研究现状及学术贡献,提出研究中客观存在的问题[9]。陈钢华等较早关注旅游研究国际影响力的概念,指出期刊论文的数量和被引频次是可测度的、较有效的指标,并对中国本土旅游研究走向世界的形势进行研判,是与西方对话的开始。张凌云从学术论文选题的角度分析中西方研究习惯、研究方法、选题思路、学术规范等差异,展望了未来国际旅游学术讲坛上中国本土学者发出更多声音的可能性。

国际学术影响力何以体现?一是能"走出去"多少,二是"走出去"以后能被关注、认同多少?目前,在现行的科研考评体系下,中国学者正积极地在国际期刊上发表论文,而除了刊用周期漫长的国外刊物(尤其是SSCI刊物)外,国内期刊自身的国际学术影响力如何?是否可以带领学术共同体走向世界?本文基于2012年发布的SSCI列表期刊论文,旨在研究中国(两岸四地)学者对国际旅游研究的贡献的两个方面:一是国际期刊中中国学者论文的发表,二是国内期刊中的论文被国际期刊引用,以《旅游学刊》为例。文章在现有的国内学术研究及其考评体制下,以国际期刊文章发表和被国际期刊引用来考量中国学者对国际旅游研究的贡献和国际合作态势,分析大陆与港澳台学者研究领域、学术成果影响力的差异及其影响因素,寻求拓宽中国旅游研究国际影响力的有效途径,以期为中国旅游研究学术共同体尤其是大陆学者提供借鉴。

1 数据来源和研究方法

1.1 选刊标准

SSCI为美国科学信息研究所所创建,收录不同国家和地区的社会科学期刊和论文,是当今社会科学领域重要的期刊检索与论文参考渠道。2012年SSCI全文收录

3017种世界最重要的社会科学期刊①,内容覆盖人类学、法律、经济、历史、地理、心理学等55个领域。收录文献类型包括研究论文、书评、专题讨论、社论、人物自传、书信等。SSCI所收录的期刊每年更新一次。SSCI所收录的期刊和论文是目前用来衡量学术国际影响力的重要标准。

旅游研究的交叉学科特性决定了其研究领域的广泛性,所涉及的期刊种类也比较多,包括酒店、游憩、地理、经济等。本文选取SSCI数据库中与旅游直接相关的期刊20种②,涵盖上述领域。为统一数据来源,参照SSCI默认分类库选刊,《乡村研究杂志》(Journal of Rural Studies)《国际遗产研究杂志》(International Journal of Heritage Studies)和《服务业杂志》(The Service Industries Journal)等其他SSCI与旅游相关的期刊在本研究中不涉及。

1.2 检索统计方法

Web of Science(SSCI)数据库作者机构地址含发表年"2001—2012",上述20种SSCI收录的刊物,检索出20种刊物共942篇文献(检索日期:2013-02-07),文献类型包含期刊文章(article)、书评(book view)、编辑资料(editorial material)或研究笔记(research note),不含更正(correction)。检索结果除了包括文章作者、标题、发表时间、作者单位和关键词外,还包括截止到检索日期的论文被引频次。本文界定的中国旅游研究者特指来自中国大陆和港澳台地区机构的学者,不含中国留学生。

1.3 中国研究机构贡献度计算方法

一个国家的作者在国际合作中的贡献度更能说明其在国际合作中的地位。传统的相关研究和目前国内科研绩效考评体系大多通过赋予不同作者的权重值来衡量一篇论文中不同作者的贡献率。本文采用自然杂志(Nature)2008年推出的自然出版指数(Nature publishing index,NPI)计算机构在论文中贡献度的方法,计算同一个机构的作者数量占该论文作者总数的百分比,将其分配给每个作者所属的机构,作为该研究机构对该论文的贡献度分值,同一篇论文各贡献机构总分值相加超过1[10][11]。通过计算学术论文的机构参与人数,计算机构对学术的贡献程度,一定程度上避免了单纯平均分配每个机构(作者)的贡献或只统计第一机构(作者)贡献的现象,具有相对客观性。机构贡献度不仅能够体现不同机构的贡献率大小,而且能够反映出国际论文的合作规模,有利于分析整体国际合作研究态势。

1.4 关键词分析方法

将检索文章的关键词通过内容挖掘系统的ROSTCM6的文本处理工具进行分词处理,得到系列关键词,保证英文词组的完整性,提取出高频关键词,剔除中国(China)、香港(Hong Kong)、台湾(Taiwan)等地名和极高频次关键词,如tourism(旅游)、development(发展)、hotel/hospitality(酒店/住宿业),合并同类关键词,如将satisfaction

---

① 截止2012年2月16日,其中科学引文索引SCI和SSCI共同收录期刊500种。
② 酒店、娱乐、休闲、体育和旅游类(hospitality, leisure, sport & tourism)共38种期刊,其中,体育运动类有18种期刊。

(满意度)、customer satisfaction(顾客满意度)和 tourist satisfaction(游客满意度)合并为 tourist satisfaction(游客满意度);在 ROSTCM6 词频分析模块和 Excel 中进行词频分析,从而分析论文研究主题变化的趋势。

2 中国旅游研究的国际学术成果分析

2.1 中国作者发表国际论文的数量变化

中国旅游研究为国际所关注,始于 1978 年的改革开放,国际旅游的放开吸引外国学者对中国的旅游政策、旅游经济等进行研究。国内学者最早发表在《旅游管理》(*Tourism Management*)上的文章主题为中国旅游政策与实践[12]。20 世纪 90 年代后期,主要是中国香港和中国台湾关于旅游预测等的旅游学术成果刊登于国际学术期刊[13]~[17]。进入 21 世纪,随着中国旅游业的发展和旅游研究的推进,中国作者发文量逐年增长,尤其是中国大陆作者。国际知名旅游期刊 *Tourism Management* 创刊 30 年的编者按提到,1985 年至 2008 年 5 月,其刊物来自非英语国家的论文数量增长趋势明显;在亚洲,2005~2007 年,韩国、中国台湾和中国香港作者的发文量是中国大陆的 2~7 倍;而 2008 年前五个月,中国大陆作者的发文量几乎达到 2007 年全年的水平,超过 2006 年全年的发文量[18]。2001~2012 年中国作者共发表旅游类 SSCI 论文 932 篇(含书评和编辑资料),其中,中国大陆机构作者发表 157 篇①,占 17%;香港和澳门机构作者发表 431 篇,占 46%;台湾机构作者发表 344 篇,占 37%。发文量统计分析结果表明,2008 年之后,随着 SSCI 数据库旅游期刊种类的增加(2008 年之前为 11 种),中国作者发表论文数量快速增加,由前一年的 33 篇增至 89 篇,其中大陆作者篇数为 17 篇,比 2007 年增加 143%(见表 1)。

20 种旅游类 SSCI 期刊大致可分为以下六类:(1)综合类:ATR、JTR、IJTR、JHLSTE、CIT;(2)旅游管理与市场营销类:TM、JTTM;(3)酒店(饭店)类:IJCHM、IJHM、JHTR、CHQ;(4)游憩休闲类:LS1、LS2、JLR;(5)区域性旅游类:SJHT、APJTR;(6)旅游学及其分支学科类:JST、TG、TE、JTCC。对不同期刊、不同地区作者的发文数量分析发现:基于每种刊物 2001~2012 年刊发论文总的数量,中国作者发文占比超过或等于 30% 的期刊依次为 APJTR(46%)、JTTM(32%)和 IJHM(30%);其中,中国大陆和台湾发文占比超过 10% 的期刊各为一种,即 APJTR 和 IJHM,港澳地区发文占比超过 10% 的刊物多达 5 种。在所有中国作者发表的论文中,大陆占比超过 50% 的期刊为 TE(69%);港澳占比超过 50% 的期刊为 ATR(57%)、IJCHM(63%)、JTR(67%)、JTTM(68%)、JHTR(77%)和 JLR(67%),共 6 种;台湾占比超过 50% 的期刊为 LS1(73%)、SJHT(67%)、LS2(100%)、TE(53%)和 JHLSTE(77%),共 5 种。由此可以看出,两岸四地具有不同的特长领域,台湾倾向于休闲研究最为明显,其在休闲研究方面的国际影响力也最显著。

---

① 第一作者或通讯作者来自中国大陆机构,包括与港澳台地区的合作论文。

表1 中国作者发表旅游类SSCI论文数量的期刊分布(2001~2012年)

刊物名称	中国作者发表论文数量											
	2001	2002	2003	2004	2005	2006	2007	2008	2009	2010	2011	2012
旅游管理(Tourism Management,TM)	5(0)	8	12	19(2)	14	23(2)	27(5)	28(3)	17(3)	20(2)	39(9)	32(8)
旅游研究纪事(Annals of Tourism Research,ATR)	4(2)	5	1	5	4	11(2)	2(1)	4(2)	7	9	9	20(7)
国际当代饭店业管理杂志(International Journal of Contemporary Hospitality Management,IJCHM)	0	0	0	0	0	1(1)	1(1)	0	9(2)	11(1)	9(3)	10(2)
旅行研究杂志(Journal of Travel Research,JTR)	0	0	0	0	0	0	0	7(1)	7(3)	5(1)	10	7(3)
可持续旅游杂志(Journal of Sustainable Tourism,JST)	0	0	0	0	0	0	0	3(2)	4(2)	5(1)	6(1)	4(3)
国际饭店业管理杂志(International Journal of Hospitality Management,IJHM)	0	0	0	0	0	0	0	15(1)	12(1)	33(2)	35(7)	59(9)
休闲科学(Leisure Sciences,LS1)	0	0	1	0	1	0	1	3(1)	2	1	0	2
旅行与旅游营销(Journal of Travel and Tourism Marketing,JJTM)	0	0	0	0	0	0	0	12	21(2)	22(5)	20	15
国际旅游研究杂志(International Journal of Tourism Research,IJTR)	0	0	0	0	0	0	0	1	10(3)	5	9	12(2)
斯堪的纳维亚饭店业与旅游杂志(Scandinavian Journal of Hospitality and Tourism,SJHT)	0	0	0	0	0	0	0	0	0	0	1	2
休闲研究(Leisure Studies,LS2)	0	0	0	0	0	0	0	0	0	0	0	2
饭店业与旅游研究杂志(Journal of Hospitality and Tourism Research,JHTR)	0	0	0	0	0	0	0	4	11	7(1)	4(1)	5

续表

刊物名称	中国作者发表论文数量											
	2001	2002	2003	2004	2005	2006	2007	2008	2009	2010	2011	2012
旅游地理(Tourism Geographies, TG)	0	0	0	0	0	0	0	2(1)	1(1)	2(1)	6(5)	2(1)
旅游经济(Tourism Economics, TE)	0	0	0	0	0	0	0	3(1)	7(2)	12(3)	10(3)	15(3)
康奈尔饭店业季刊(Cornell Hospitality Quarterly, CHQ)	0	0	0	0	0	0	0	0	5	4	8(2)	5
旅游热点问题(Current Issues in Tourism, CIT)	0	0	0	0	0	0	0	6(5)	1	3	0	4(1)
亚太旅游研究(Asia Pacific Journal of Tourism Research, APJTR)	0	0	0	0	0	0	0	0	14(5)	10(1)	19(5)	20(4)
酒店、休闲、运动与旅游教育杂志(Journal of Hospitality, Leisure, Sports and Tourism Education, JHLSTE)	0	0	0	0	0	0	0	1	2	3(1)	7(1)	0
旅游与文化变迁杂志(Journal of Tourism and Cultural Change, JTCC)	0	0	0	0	0	0	0	0	0	1(1)	3	1
休闲研究杂志(Journal of Leisure Research, JLR)	0	0	0	0	0	0	2	0	0	0	0	1
总计	9(2)	13(0)	14(0)	24(2)	19(0)	35(5)	33(7)	89(17)	130(24)	153(20)	195(37)	218(43)

注:括号内数字为大陆作者发表文章的数量。

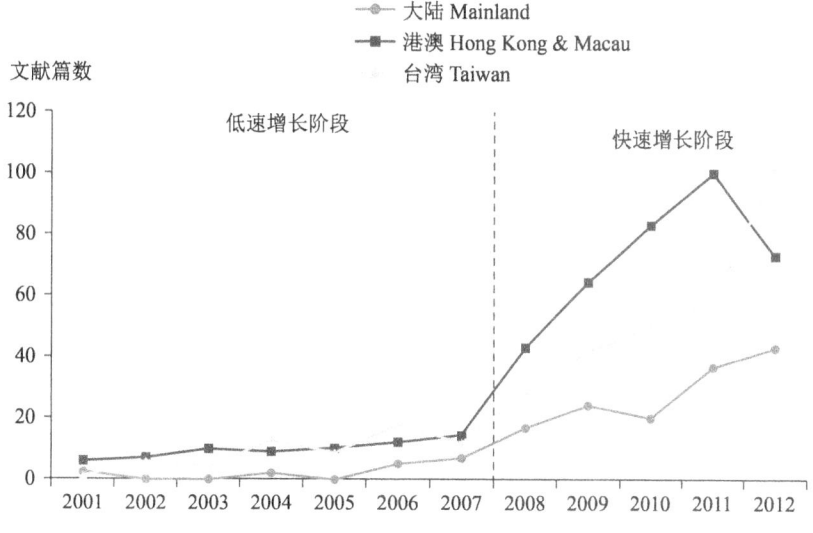

图 1　20 种 SSCI 旅游期刊中国作者发表论文总量变化(2001～2012 年)

2.2 中国大陆作者合作论文的机构贡献度分析

通过 NPI 出版指数分别计算中国大陆及其合作的港澳台或国外学术机构贡献度,旨在分析一个机构在合作中的地位和参与程度,了解其处于主导地位还是仅为辅助、参与。机构贡献度分析显示,157 篇中国大陆作者的论文分布在 70 个学术机构,其中,贡献度最高的为中山大学(12.6),前五位其他依次为北京大学(5.6)、北京第二外国语学院(4.9)、南京大学(4.9)和中国科技大学(4.7),贡献度超过(或等于)4.0 的机构还有中国科学院(4.4)和山东大学威海分校(4.0)。港澳台和国外合作机构贡献度排名前五位的依次为香港理工大学(20.0)、新西兰怀卡托大学(6.2)、美国普渡大学(4.6)、香港大学(2.9)和加拿大滑铁卢大学(2.8)。排名前 12 位的大陆和前 10 位的境外研究机构分布见图 2。157 篇中国大陆作者的 SSCI 旅游期刊论文中,仅有 30 篇为中国大陆作者独立发表,仅占总发文量的 3%,其他 127 篇均为与港澳台或国外机构合作完成。这一比例与 2011 年中国的 SCI 国际合著论文比例相差较大(27.6%)[3],这可能与 SCI 和 SSCI 论文性质不同有关,但较高比例的合作论文数量和相对低的机构贡献度,一方面表明合作研究和交流的广泛存在,另一方面也体现了中国大陆作者目前的国际影响力不足。

2.3 国际论文被引频次分析

论文是否被引用以及被引用次数的多少,可以反映论文的学术影响力。一定周期内论文被引用次数越多,其学术影响力越大。2002～2011 年,我国作为第一作者发表的国际论文总量近 80 万篇,截至 2012 年底,其中被引用论文的数量超过 57 万篇,约占 71.3%。国际论文从总体上看,在发表后 3 年、5 年和 10 年的时间里,被引用的论文比例分别是 60%、70%、76%[3]。

以影响因子(impact factor,IF)排名前两位的 ATR 和 TM 论文 2001～2012 年的被

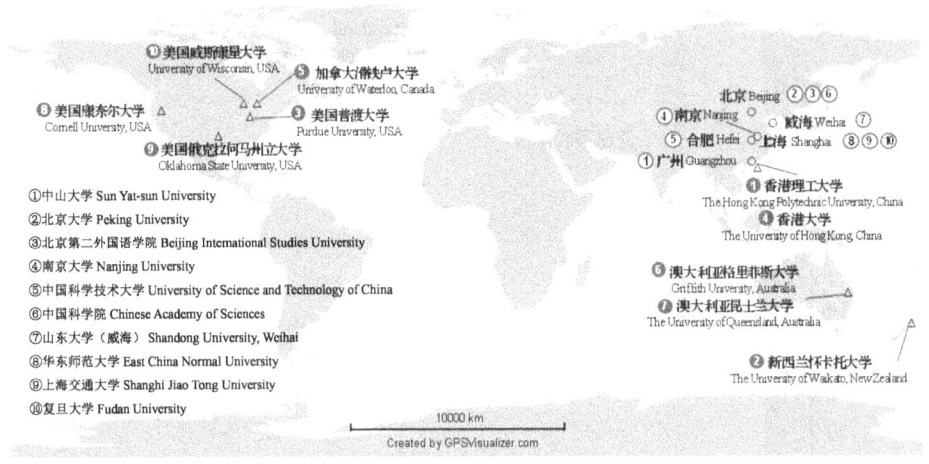

图2 中国SSCI旅游类论文高贡献度机构分布图

引频次为例,ATR被引频次列前十位的暂无中国作者论文,而中国作者论文在TM被引频次前十位中占4篇,台湾曹胜雄等关于航空服务质量模糊多决策模型评价的文章被引频次列首位(被引196次)[19],香港理工大学罗振雄为第二作者的信息技术与旅游管理进展的相关研究被引131次[20],同为香港理工大学的宋海岩与英国萨里大学合作者李刚的旅游需求模型和预测的综述研究被引114次[21],台湾的黄旭男和张德仪酒店管理效率的论文被引111次[22]。可见,中国台湾和中国香港作者的相关研究已在国际一流旅游学术期刊中占据重要席位。对大陆作者论文被引频次进行排序发现:2001~2012年间中国大陆作者的SSCI论文被引用率为63.7%,略低于上述全国国际论文被引水平。本研究检索的942篇论文被引频次排序的前20位中,仅有1篇来自中国大陆作者——北京大学李文军的论文,被引频次33。被引频次超过10次的9篇论文集中在TM、ATR、JTR和IJHM 4本期刊,其中,3篇为大陆作者独立撰写。

表2 被引频次排名前十位的大陆作者SSCI论文

序号	期刊名称	第一作者	论文题目	年份	第一作者单位	被引频次
1	ATR	Li, Wenjun	Community decision making: Participation in development	2006	北京大学	33
2	IJHM	Ye, Qiang	The impact of online user reviews on hotel room sales*	2009	香港理工大学 哈尔滨工业大学	26
3	JTR	Luo, Yanju	The new environmental paradigm and nature-based tourism motivation	2008	海南师范大学	25

续表

序号	期刊名称	第一作者	论文题目	年份	第一作者单位	被引频次
4	*TM*	Ying, Tianyu	**Community, governments and external capitals in China's rural cultural tourism: A comparative study of two adjacent villages**	**2007**	浙江大学	**24**
5	*TM*	Gu, Huimin	Place attachment, identity and community impacts of tourism: The case of a Beijing hutong	2008	北京第二外国语学院	22
6	*TM*	Li, Wenjun	**Environmental management indicators for ecotourism in China's nature reserves: A case study in Tianmushan Nature Reserve**	**2004**	北京大学	**20**
7	*ATR*	Wu, Bihu	Spatial modeling—Suburban leisure in Shanghai	2006	北京大学	17
8	*TM*	Zhong, Linsheng	Tourism development and the tourism area life—cycle model: A case study of Zhangjiajie National Forest Park, China	2008	中国科学院地理科学与资源研究所	12
9	*JTR*	He, Yanqun	A mediation model of tourists' repurchase intentions for packaged tour services	2009	复旦大学	12

注：检索日期为 2013-02-07；*论文类型为研究笔记，其他均为研究论文；加粗字体为大陆独立作者论文。

2.4 国际论文主题及趋势分析

关键词是从论文中选取出来的用以表示全文主题内容信息款目的单词或词组，是学术论文的重要主题词之一。可通过关键词所代表的研究主题，透视研究领域热点、变化趋势，跟踪前沿主题等。分别提取 2008 年之前的 237 篇论文和 2009~2012 年的 695 篇论文关键词进行分析，得到两组高频关键词（见表 3），从其变化可以看出：2008 年之后，中国作者的旅游研究总体从宏观转向微观；由预测、规划转向动机、满意度研究，目的地形象和遗产旅游成为新的研究热点。未来能够吸引国际旅游学术界认可并产生一定学术影响的领域即分布于此。又分别提取中国大陆、中国香港澳门和中国台湾论文的关键词，分析排名前五位的关键词发现：大陆论文更侧重产业发展，此外由农业大国的国情决定了乡村旅游的研究地位；港澳地区重视需求、动机、满意度和服务质量的测度分析；台湾研究的重点明显偏重于观光和饭店业链条，包括住宿、旅行社等的研究。随着国内旅游研究与国际化进程日益接轨，以往中国大陆多数旅游业宏观机制和政策的相关研究也已开始转向微观层面和技术方法层面。不同时期、不同地域的旅游学术论文在不同研究领域产生国际影响。

表3 文章高频关键词时间和地域差异

排名前十位高频关键词(2008年之前)		2009~2012年高频关键词	
关键词	频次	关键词	频次
游客满意度	27	旅游需求	6
动机	22	文化	6
服务质量	16	营销	5
目的地形象	10	工作满意度	4
旅游需求	8	服务质量	4
遗产旅游	8	生态旅游	4
品牌资产	8	预测	4
旅游营销	7	国际观光旅馆	4
顾客忠诚度	6	网络	3
工作满意度	6	规划	3

关键词(大陆)	频次	关键词(港澳)	频次	关键词(台湾)	频次
旅游(业)发展	7	旅游需求	11	服务质量	11
满意度	5	动机	8	国际观光旅馆	9
目的地形象	4	网络	8	目的地形象	8
乡村旅游	4	满意度	8	满意度	7
旅游供应链	4	服务质量	7	旅行社	6

根据出现频次的高低,涉及研究方法的关键词依次包括:结构方程模型(structural equation modeling, SEM)、内容分析法(content analysis)、回归分析(regression)、数据挖掘(data mining)、灰色关联分析(grey relation analysis)、多准则决策方法(Multi-criteria decision analysis method, MCDM)、层次分析法(analytical hierarchy process, AHP)、误差修正模型(error correction model)、动态面板数据模型(dynamic panel data model)、一般均衡模型(general equilibrium model, GEM)和叙事分析(narrative analysis)等。

3 《旅游学刊》被国际期刊引用情况

学术期刊是科学研究中一种重要的学术资源,一个国家的学术影响力主要通过期刊来实现。学术期刊的国际影响力,是学术期刊所传播的学术观点、思想、理念、理论、方法、发现、发明、事实、情感等内容,以及期刊的品牌,引发国际受众关注、思考,取得其认同,甚至改变其思维、看法和行为的能力。学术期刊的影响力来源于内容的学术质量和水平,学术质量和水平是刊物的内在价值和品质,影响力则是相对于特定受众而言产生的传播效果,因人、因地、因时而不同。因此,对学术期刊影响力的评估,可以在一定时期、一定程度、一定范围内反映它的学术质量和水平[23]。

2012年12月26日,中国知网暨中国学术期刊电子杂志社、中国科学文献计量评价研究中心与清华大学图书馆公布了"2012中国最具国际影响力学术期刊"名单①,其评价体系建立在国际引文数据库的基础上,以2011年为统计年,以各学术期刊的载文量、可被引文献量、总被引频次(含他引总被引频次)、影响因子(含他引影响因子)、即年指标等计量指标综合评价,评价结果具有先进性和显著性。人文社科类备选期刊为680种,从中选出34种"2012中国最具国际影响力学术期刊",《旅游学刊》排名第7,旅游类期刊排名第一。目前,《旅游学刊》正在从扩充国际学术委员、国际编委、海外作者、增加英文摘要长度、推介英文网站等方面加快推进国际化进程。

截止到2012年,《旅游学刊》有124篇文章被SSCI国际论文引用,共有71篇施引文献,除了15篇来自其他类期刊外,其余56篇均集中在TM(15)、ATR(9)、JTTM(5)、IJHM(6)、IJTR(3)、CIT(3)、APJTR(5)、TG(2)、JST(2)、JHLSTE(2)、IJCHM(2)、JTR(1)和JHTR(1)这13种旅游类SSCI期刊中。旅游以外的期刊主要集中在环境、生态、可持续发展、中国社会与人类学研究等领域,旅游作为多学科交叉研究,使得《旅游学刊》的论文被旅游外的其他多学科关注,从这个角度来说,跨学科的学术研究期刊在一定程度上能够产生更广泛的国际影响力。71篇施引文献中仅有7篇来自外国作者(韩国、美国和澳大利亚),11篇来自中国香港,2篇来自中国台湾,其余51篇论文中的21篇都由大陆作者与国外或港澳台作者合作完成,这种合作表现为项目合作、学术交流、学生联合培养等形式,大陆作者独立发表的论文占42%。这表明,无论对于关注或借鉴中国旅游研究的国内学者还是国外学者,被国际期刊论文引用的中文文章都具有一定的学术吸引力,且《旅游学刊》文章的被引地域已呈多元化分布。李蕾蕾的文章[24]作为旅游目的地形象的文献综述被引[25],王彩萍和徐红罡的文章作为中国旅游企业多元化经营策略的文献综述被引[26][27],另外两篇分别作为中国旅游发展的政策回顾和中国旅游发展市场化进程的背景分析被引[28][29]。由此可以看出,国外学者在引用中国的国内旅游研究成果时,多以相关研究的文献综述为主,而在涉及中国旅游研究时则较多引用特有的相关政策。这也正是张凌云之前的研究中提到的我国旅游学术研究走向国际化的问题之一,即在我国与西方不同的旅游发展模式下,存在的问题及解决方法也有其特殊性,与西方学者和国际旅游期刊关注的选题存在差异[8]。

---

① 详见http://hii.cnki.net/cajz/index.html。

在124篇被引文献的标题主题词词频分析结果中,高频主题词排名依次为产业、旅游服务、评价、实证研究和酒店研究等,也就是说,与这些主题词研究内容和研究方法相关的论文被国际期刊引用的可能性高,国际影响力大。这些文献高频关键词对中国案例研究、旅游发展、文化旅游、社区、目的地等的论文及相关研究产生学术影响,同时,施引文献中索菲尔德和李(Sofield & Li)(38次)[28]、肖和史密斯(Xiao & Smith)(30次)[30]、谢等(Hsieh, et al.)(29次)[31]及应和周(Ying & Zhou)(17次)[32]等的论文又有着高被引频次,在其被引过程中层层传播,逐渐扩大影响。2010年以前《旅游学刊》还鲜有海外作者发表论文,由于受检索时段限制,124篇被引文献中仅12篇是2010年和2011年发表的文章;而71篇施引文献从时间分布上看,2007～2012年的SSCI施引文献分别为6篇、12篇、11篇、11篇、23篇和18篇,2013年前4个月的SSCI施引文献为7篇,数量呈逐渐增长的趋势。这一时段内的国际被引数据的增长是否来自2011年以来《旅游学刊》国际化发展定位及主动向国外学者推介等对策,还需要进一步的作者和读者调研来印证。

4 结论与讨论

4.1 结论

(1)中国作者对旅游SSCI期刊的贡献逐年增加,且台湾和香港旅游学界的成果已在国际旅游学术界产生重要影响。文章检索出2001～2012年SSCI数据库20种期刊中国作者发表论文932篇,两岸四地中以大陆作者论文占比最少(17%);从时间序列上看,论文数量自2008年后增长速度加快;从刊物分布上看,台湾作者占据休闲研究领域的主导地位,香港作者在各个刊物的分布较均匀,大陆作者在影响因子最高的期刊发文量较多(TM、ATR和IJHM①),在APJTR发表论文数量在全部中国作者论文中比例最高;在研究机构贡献度方面,大陆学术机构贡献度相对较低,排名前三位的为中山大学、北京大学和北京第二外国语学院,港澳台和国外合作机构贡献度排名前三位的为香港理工大学、新西兰怀卡托大学和美国普渡大学;目前中国作者SSCI旅游类论文的被引率为63%,被引频次上,中国台湾和中国香港的高被引文章比例较高,中国大陆作者仍处于较低水平;通过关键词分析不同时期、不同地域的研究主题和研究趋势变化发现,大陆论文更侧重产业发展,此外农业大国的国情决定了乡村旅游的研究地位;港澳地区重视需求、动机、满意度和服务质量的测度分析;台湾研究的重点明显偏重于观光和饭店业链条,包括住宿、旅行社等的研究。

(2)《旅游学刊》已产生一定的国际学术影响。《旅游学刊》作为2012年最具国际影响力的人文社科类期刊,截止到2012年共有124篇论文被71篇SSCI数据库国际论文引用,涉及的领域除了旅游外,还有环境、生态、可持续发展等,产生了一定的国际学术影响。在检索到的《旅游学刊》被国际期刊引用的施引文献中,大陆作者独立发

---

① 2011年IF值分别为2.597、3.259和1.771。

表的论文约占一半,其余均为国外作者论文或大陆作者与国外、港澳台机构合作论文,其被引地域呈多元化分布,被引内容集中在中国案例研究、旅游发展、文化旅游、社区、目的地等高频关键词。在《旅游学刊》的国际期刊施引文献被高频次引用的过程中,其国际学术影响力逐渐扩大范围。

(3)推进国际学术影响力进程中存在的主要问题及其对策。目前国际旅游研究中国方面的话语权主要来自中国香港和中国台湾,除了语言障碍影响发文数量、科研及其考评体制的差异一定程度上束缚创新思维外,还要注意国际合作中大陆机构贡献度低、被引频次相对不高、本土期刊质量和吸引力不高等问题。需要在打破学科界限,充分关注国际学术界热点的基础上,在"走出去"的战略下,为国外合作者提供案例点及数据资料的同时,以解决中国旅游发展存在的问题为主导进行原创研究。在国际合作中"以我为主",提高原创研究的贡献度,扩大深层次、高质量的国际旅游学术影响力。对于中国大陆机构和学者而言,一方面,需要继续提高国际期刊发文量,拓宽研究领域和发表论文刊物的范围,另一方面,提高国内中文期刊的国际化程度,引领国内旅游学术共同体及其优秀的学术成果走出去,并得到国际旅游学术界的认可,占得一席之地。

4.2 讨论

(1)波兰尼(Polanyi)将学术共同体定义为"全社会从事科学研究的科学家作为一个具有共同信念、共同价值、共同规范的社会群体,以区别于一般的社会群体与社会组织"[33]。学术共同体指具有相同或相近的价值取向、文化生活、内在精神和具有特殊专业技能的人,为了共同的价值理念或兴趣目标,并且遵循一定的行为规范而构成的一个群体。本研究检索的SSCI论文的中国作者即为中国旅游研究学术共同体的核心力量,其国外合作者也是该共同体国际影响力的贡献者和参与者。

(2)本文没有考虑中国留学生在海外发表的旅游学术文章,而这部分新生力量作为学术共同体,力量不容小觑,他们是潜在的、即将具备国际学术影响力的学者。年轻人的成长是旅游学术传承之所系,创新之所在①。今后可将其纳入中国旅游研究范畴,进一步深化研究,同时,可联系组建中国旅游海外学术共同体协会,搭建交流平台,将最新国内外学术成果在学术共同体内部快速推广,有效提升中国旅游研究的国际学术影响力。

(3)追求学术研究的国际化的同时,与此相伴随的本土化与国际化问题也将越来越凸显[34]。在提升国际影响力的进程中,需要在旅游学术共同体的努力下关注国际学术界共同探讨的话题,从本土研究中"生产"出国际旅游研究共同使用的学术概念、理论和方法,处理好国际化与本土化的关系,才能真正推动我国学术研究的国际化,获取更多话语权,从而提升国际影响力。

(4)中国社会科学必须从引进、复制、国际接轨的阶段迈向一个全新的阶段,即走

---

① 戴斌在中国旅游研究院第三次外设研究机构年会上的讲话《青年人的培养是学术共同体的战略使命》。

向世界,并与世界进行实质性的思想对话和交流的阶段[35]。中国旅游研究大致也经历过或正在经历类似的发展阶段,中国旅游学术共同体正试图与世界交流和对话,并取得一定的话语权,而不只是西方学术的接受者和追随者,不能只用西方的学术标准来衡量中国的学术。学术期刊在实施文化"走出去"战略方面,应该引导学术界在与世界对话和交流的同时,关注和研究中国问题,积极刊发高质量的原创性论文,与国际主流学术展开平等的有尊严的对话,增强我国对国际话语权的主导能力。

参考文献

[1] 杨国梁,W. B. Liu,李晓轩,等. 国际国立科研机构学术影响力评价方法研究[J]. 中国科技论坛,2010,(6):137-142.

[2] 中国科学技术信息研究所. 2011年度中国科技论文统计结果[R]. 北京:2011.

[3] 中国科学技术信息研究所. 2012年度中国科技论文统计结果[R]. 北京:2012.

[4] Tsang N K F, Hsu C H C. Thirty years of research on tourism and hospitality management in China: A review and analysis of journal publications[J]. *International Journal of Hospitality Management*, 2011,30(4):886-896.

[5] 汪德根,陈田,王金莲,等. 1980~2009年国内外旅游研究比较[J]. 地理学报,2011,66(4):535-548.

[6] 陶伟,黎碧茵. 国外游憩需求研究20年——《Annals of Tourism Research》所反映的学术态势[J]. 热带地理,2005,25(2):128-132;137.

[7] 陈钢华,黄远水. 中国旅游研究国际影响度的比较分析与提升途径[J]. 旅游学刊,2008,23(5):91-96.

[8] 张凌云. 近年来国际旅游学术期刊和论文选题的特征分析[J]. 旅游科学,2008,22(3):63-72.

[9] 陈钢华,保继刚. 国外中国旅游研究进展:学术贡献视角的述评[J]. 旅游学刊,2011,26(2):28-35.

[10] 刘筱敏,崔剑颖,何莉娜. 国际合作论文中机构贡献度分析——以中国科学院为例[J]. 图书情报工作,2012,56(12):77-80.]

[11] Natureasia. com. Nature Publishing Index [EB/OL]. http://www.natureasia.com/en/publishing-index, 2013-02-20.

[12] Gao D, Zhang G. China's tourism: Policy and practice[J]. *Tourism Management*, 1983,4(2): 75-84.

[13] Chu F L. Forecasting tourism: A combined approach[J]. *Tourism Management*, 1998, 19(6): 515-520.

[14] Chu F L. Forecasting tourism demand in Asian-Pacific countries[J]. *Annals of Tourism Research*, 1998, 25(3): 597-615.

[15] Law R, Au N. A neural network model to forecast Japanese demand for travel to Hong Kong[J]. *Tourism Management*, 1999, 20(1):89 – 97.

[16] McKercher B. A chaos approach to tourism[J]. *Tourism Management*, 1999, 20(4): 425 – 434.

[17] Zhang H Q Q, Chong K, Ap J. An analysis of tourism policy development in modern China[J]. *Tourism Management*, 1999, 20(4): 471 – 485.

[18] Ryan C. Thirty years of Tourism Management[J]. *Tourism Management*, 2009, 30(1):1 – 2.

[19] Tsaur S H, Chang T Y, Yen C H. The evaluation of airline service quality by fuzzy MCDM[J]. *Tourism Management*, 2002, 23(2):107 – 115.

[20] Buhalis D, Law R. Progress in information technology and tourism management: 20 years on and 10 years after the Internet-The state of e Tourism research[J]. *Tourism Management*, 2008, 29(4):609 – 623.

[21] Song H Y, Li G. Tourism demand modelling and forecasting – A review of Recent research[J]. *Tourism Management*, 2008, 29(2):203 – 220.

[22] Hwang S N, Chang T Y. Using data envelopment analysis to measure hotel managerial efficiency change in Taiwan[J]. *Tourism Management*, 2003, 24(4):357 – 369.

[23] 中国学术期刊(光盘版)电子杂志社,中国科学文献计量评价研究中心,清华大学图书馆.中国学术期刊国际引证报告(2012 版)[R].北京:2012.

[24] 李蕾蕾.旅游点形象定位初探——兼析深圳景点旅游形象[J].旅游学刊,1995,(3):29 – 31.

[25] Nepal S K. Traditions and trends: A review of geographical scholarship in tourism[J]. *Tourism Geographies*, 2009,11(1):2 – 22.

[26] 王彩萍,徐红罡.旅游企业多元化经营的经济后果分析[J].旅游学刊,2008,23(7):18 – 22.

[27] Park K, Jang S. Effect of diversification on firm performance: Application of the entropy measure[J]. *International Journal of Hospitality Management*, 2012, 31(1):218 – 228.

[28] Sofield T H B, Li F M S. Tourism development and cultural policies in China[J]. *Annals of Tourism Research*, 1998, 25(2):362 – 392.

[29] Sofield T, Li S. Tourism governance and sustainable national development in China: A macro – level synthesis [J]. *Journal of Sustainable Tourism*, 2011, 19(4 – 5): 501 – 534.

[30] Xiao H G, Smith S L J. The making of tourism research: Insights from a social sciences journal[J]. *Annals of Tourism Research*, 2006, 33(2):490 – 507.

[31] Hsieh L, Lin L, Lin Y. A service quality measurement architecture for hot spring ho-

tels in Taiwan[J]. *Tourism Management*, 2008,29(3):429-438.

[32] Ying T, Zhou Y. Community, governments and external capitals in China's rural cultural tourism: A comparative study of two adjacent villages[J]. *Tourism Management*, 2007,28(1):96-107.

[33] Polanyi M. Self-government of science[A].//: Polanyi M. The Logic of Liberty [M]. Chicago: The University of Chicago Press, 1951.

[34] 哈正利. 学术研究的本土化与国际化[N]. 人民日报, 2009-11-20(7).

[35] 邓正来. 全球化时代的中国社会科学发展[J]. 社会科学战线, 2009,(5):1-12.

原载于《旅游学刊》2013年7月,第28卷第7期

近十年我国旅游学术共同体成果的 h 指数测度与评价

张凌云　齐　飞　吴　平

一、问题的提出

"近十年我国旅游学术共同体的发展格局与分类评价——基于旅游学术期刊论文大数据的视角"(以下简称"前文")一文(载于《旅游学刊》2013年第10期)对于2003~2012年我国旅游学术共同体成员的成果进行了梳理和评价。该文发表后,不仅引起了我国旅游学术界的普遍关注,也为国外学者所引用[1]。同时,也有学者对其评价指标的选取和方法提出了一些批评意见和建设性建议,正如该文作者在"结论与讨论"中指出的那样"论文数量只是衡量学术影响力和学术贡献度的一个侧面,论文质量还与被引频次和下载量相关"[2]。为此,我们在前文的基础上,增加了学术影响力和影响因子维度——h 指数来对近十年我国旅游学术共同体的成果进行测度和评价。

必须指出的是,本文的 h 指数是从2003~2012年的载文中经统计、运算处理后得到的。这样做的目的主要是为了保证与前文的样本数一致,也便于与前文的研究结果做比较。但缺陷是没有充分利用三大数据库的文献资源,CSCD 数据库收录的文献最早是1989年,CNKI 是1992年,CSSCI 则是1998年。经我们通过对2003年之前在三大库中的文献,以旅游、旅行、游憩、闲暇、休闲、观光、度假、客源、游客、导游、酒店、饭店、住宿、宾馆、饭馆、景区、景点、景观、风景、公园、会展、展览、目的地、节事、节庆等25个字段进行"题名"或"关键词"的搜索,并经跨年度和跨库查重,删除关键词不相关文献及周期小于月度的期刊所载文献,得到的文章数为4548篇,作者为7012人。由此可见,在2003年之前无论在文章篇数,还是在作者人数上都远少于2003年以后的十年,因此,2003~2012年的文献数据可以反映我国旅游学术共同体发展的总体格局和基本走向。

二、研究方法综述

h 指数是由美国加州大学圣迭哥分校的赫希(J. E. Hirsch)教授于2005年提出的一项评价科学家科研绩效的定量指标。其含义为:一个人在其所有学术文章中有 N 篇论文分别被引用了至少 N 次,他的 h 指数就是 N[3]。一个人的 h 指数越高,表明他的论文影响力越大。h 指数的计算基于两个指标:研究者发表的论文数量和其论文被引用的频次,对某研究者来说,快速确定其 h 指数的方法为:(1)将其发表的所有论文按被引次数从高到低排序;(2)在排序列表中从前往后查找,直到某篇论文的序号大于该论文被引频次;(3)所得序号减1即为h指数。由于h指数的计算兼顾了论文的数量和质量,较为全面客观地反映了某个评价主体(个人、机构和期刊等)的科研生产力和学术影响力,因而,h指数被国际学术界认可,在科学计量学界得到了广泛的应用。

然而,h指数的应用同时存在一定的局限性和缺陷:(1)对作者被大量引用的某一篇或几篇文章并不敏感,对h值相同但论文被引频次悬殊的情况不作区分;(2)没有扣除作者自引的情况;(3)h指数的大小很大程度上依赖于作者的学术生涯时间,随着时间的推移,作者的h指数只能增长不减,或者保持不变;(4)对于多人合作的论文,h值的计算会出现因合作者贡献和荣誉分配不一致而导致不同的计算结果。为了衡量作者的合作规模,科学计量学界以人为单位对期刊论文的作者合作规模进行度量,引入了期刊论文的作者合作度(co-authorship degree)的概念,即一篇论文的作者个数即为该论文的作者合作度[4],增加了h指数计算的不确定性。

为了弥补h指数的缺陷,国内外学者都相继设计了多种指数及计算方案,张甫和吴新年综述了h类指数分类体系中除h指数以外的各类指数:m商、g指数、H(2)指数、hi指数、h-b指数、R指数、A指数、AR指数、hm指数(两种算法)、hn指数、m指数、w指数(两种算法)、hrat指数、e指数、f指数、hf指数、hg指数、hAW指数和hbar指数等共20多种[7]。限于篇幅这里不能一一介绍了,仅就多人合作的权重分配方法做一简要介绍。

(一)张春霆h指数算法

我国学者张春霆院士提出了一种根据作者排序计算带权重的引用次数方案,并提供在线查询功能(http://www.wcitation.org/)[8]。张春霆提出了两项原则来计算作者的权重系数:一是荣誉三分原则,即将一篇论文所获得的荣誉等分为3份,通讯作者和第一作者的权重系数均为1,其他作者的权重总和为1;二是线性原则,除通讯作者和第一作者外,其余作者所分得的荣誉按其作者排序以等差级数递减,给出的权值公式是:$C(k, n) = 2(n-k+1)/(n+1)(n-2), n \geq 4, 2 \leq k \leq n-1$,特例是$C(2, 3) = 0.7$。

在其计算器模式中,一共有四个项目,即:论文作者数目、考察作者排名、文章常规引用次数和通讯作者排名(若无通讯作者则填0)。此外,针对文章数量较多的情况,其在线网站提供了批处理模式。但作者主要是针对理工科学术背景的学者在SCI期刊上发表的论文。且这一算法也未得到人文社科学界的普遍应用。

在h指数的方法研究和实践探索中,一般采用以下几种常用的方法:(1)所有作者同时获得文章的所有贡献;(2)仅计算主要贡献者(包括第一作者/通讯作者)[7]~[15];(3)平均分配作者贡献[16][20]。这一方法计算方便,但在各作者的贡献度上平均分配不尽科学合理。教育部学位与研究生教育发展中心在解决成果等信息的跨单位跨学科"重复使用"问题时,提出了"归属度"的概念[18]。同样,在利用h指数进行科研评价时,也可以借鉴这一思想对涉及多个作者的科研成果分为若干归属部分。在此基础上,又有不少学者提出以下多种基于作者权重和荣誉度分配的计算方法。

(二)调和方法

哈根(Hagen)在2008年提出了调和(Harmonic)方法[22],即在有N个作者的论文中,排名第R的作者的贡献比例被估算为$\frac{1/R}{1+1/2+\cdots+1/N}$。

(三)按比例分配的方法

范·霍伊顿克(Van Hooydonk)在1997年提出根据作者排名按比例分配的方法[23],即在N个作者的论文中,排名第R的作者的贡献值为$\frac{2}{N}(1-\frac{R}{N+1})$。

(四)几何分配方法

埃格赫(Egghe)于2000年提出了几何分配方法[24],即在N个合著者的论文中,排名第R的作者的贡献值为$\frac{2^{N-R}}{2^N-1}$。

(五)谢凯尔吉奥卢法

谢凯尔吉奥卢(Sekerciouglu)于2008年提出了基于作者排序的第k个作者是第一作者贡献率的1/k的计量方法。2~10位作者的计算结果同调和方法[25]。

(六)根据作者平均贡献值进行分配的方法

在理论上合理推断每个作者贡献比例的最大值和最小值,然后计算这两者的平均值作为作者的贡献比例值。作者贡献的最小值计算方法是,在N个合著者的文章中,第一作者贡献比例的理论最小值为1/N,其他作者贡献比例的理论最小值为0.1。作者贡献比例的最大值计算方法是,第一作者贡献比例的理论最大值为1,其他作者贡献比例的理论最大值为1/R(R为作者排名)。

(七)hbar指数

赫希(J.E.Hirsch)教授于2010年又提出了考虑合作者的影响力,指的是作者拥有的h_{bar}篇论文在其核中,h_{bar}核中的每篇论文均被引大于等于h_{bar}次,而h_{bar}核之外的其他论文则属于各篇论文合作者的h_{bar}核。其具体计算方法如下:(1)计算出作者的h指数以及合著者的h指数;(2)h核中独著的论文保留,对于有合著者的文章,首先对比合著者的h指数是否大于原著者的h指数。第一种情况:$h_合<h_原$,这种情况,直接保留文章。第二种情况:$h_合>h_原$,这时再对比合著者的h值与被引频次C的大小,若$h_合>C$,这种情况就将该篇文章从h核中删除;若$h_合<C$,这种情况保留文章;(3)对比完h核心中的文章之后,再对比后面有没有新的文章补上,如果有的话,再按照之前的方法重复判断。但这种方法未考虑作者排序问题。

(八)三种作者贡献度分配的算法

综合上述各种方案,我们选取其中三种最主要的作者贡献度计算方法,即调和法、按比例分配法、几何平均法(见表1)。只有出现两位作者时,这三种方法的计算结果才是一致的,其他情况下则各不相同。

表1 三种主要方法的作者贡献度分配情况

计算方法	合著者数量	作者排名									
		1	2	3	4	5	6	7	8	9	10
调和法	2	2/3	1/3								
	3	6/11	3/11	2/11							
	4	12/25	6/25	4/25	3/25						
	5	60/137	30/137	20/137	15/137	12/137					
	6	20/49	10/49	20/147	5/49	4/49	10/147				
	7	140/363	70/363	9/70	35/363	28/363	61/949	20/363			
	8	280/761	140/761	13/106	70/761	56/761	13/212	40/761	35/761		
	9	76/215	38/215	76/645	19/215	7/99	38/645	5/99	19/430	13/331	
	10	183/536	7/41	61/536	7/82	31/454	54/949	2/41	7/164	25/659	31/908
按比例分配法	2	2/3	1/3								
	3	1/2	1/3	1/6							
	4	2/5	3/10	1/5	1/10						
	5	1/3	4/15	1/5	2/15	1/15					
	6	2/7	5/21	4/21	1/7	2/21	1/21				
	7	1/4	3/14	5/28	1/7	3/28	1/14	1/28			
	8	2/9	7/36	1/6	5/36	1/9	1/12	1/18	1/36		
	9	1/5	8/45	7/45	2/15	1/9	4/45	1/15	2/45	1/45	
	10	2/11	9/55	8/55	7/55	6/55	1/11	4/55	3/55	2/55	1/55
几何平均法	2	2/3	1/3								
	3	4/7	2/7	1/7							
	4	8/15	4/15	2/15	1/15						
	5	16/31	8/31	4/31	2/31	1/31					
	6	32/63	16/63	8/63	4/63	2/63	1/63				
	7	64/127	32/127	16/127	8/127	4/127	2/127	1/127			
	8	128/255	64/255	32/255	16/255	8/255	4/255	2/255	1/255		
	9	256/511	128/511	64/511	32/511	16/511	8/511	4/511	2/511	1/511	
	10	512/1023	256/1023	128/1023	64/1023	32/1023	16/1023	8/1023	4/1023	2/1023	1/1023

(九)中国知网引文数据库算法

中国知网引文数据库(CNKI)由清华大学、清华同方发起,始建于1999年6月,建成了世界上全文信息量规模最大的"CNKI数字图书馆"。该引文数据库可提供对作者、作者机构、期刊和出版社的h指数等相关查询,其中"作者h指数"是指该作者至多有h篇论文分别被引用了至少h次;"机构h指数"是指该机构至多有h篇论文分别被引用了至少h次;"期刊h指数"是指该期刊至多有h篇论文分别被引用了至少h次。

在具体计算上,以"作者h指数"为例("机构h指数"也类似,因为机构对应每篇文章的相应作者),设有诸多选项:作者姓名、第一作者、作者单位、曾经工作单位一、曾经工作单位二、单位匹配方式(模糊、精确)、资源范围。以"保继刚"为例,"作者姓名=保继刚"h指数为55,"作者姓名=保继刚"+"作者单位=中山大学"h指数为51,"第一作者=保继刚"h指数为31。由于查询条件(组合)不同,得出的h指数也不尽相同,且有可能相差较大。如只查询作者姓名,h指数最大,但无法排除可能存在的多个同名同姓作者被合并计入的情况(尤其是在海量数据情况下,出现不同学术领域的作者同名同姓的情况,非常普遍)。此外,CNKI数据库的h指数算法本身也还存在不尽完善的地方,即在其计算过程中不区分在存在多个作者的情况下,没有区分作者署名顺序和机构顺序,没有根据作者署名次序赋予权重。例如:一篇文章有5个作者,那么对于第五作者来说,该篇文章也算作他的1篇文章,若被引用1次,也算作他的1次引用。也就是说,一篇论文的作者人数越多被重复计算的次数越多。但若仅考虑第一作者,通过该库的"第一作者"栏可统计仅计第一作者的h指数。

由此可见,尽管CNKI数据库可以直接为每一位作者(机构也类似)提供h指数的在线查询,但如果以此应用于对旅游学术共同体成员的整体评价显然是不适宜的。

三、本研究采用的数据与方法

(一)数据来源

本研究是"前文"的补充和深入,也为了便于与前期成果进行比较,本研究仍然采用同样的数据样本,期刊总样本数为784种,文章为16 024篇,作者为13 608人,作者所在机构为2565家。其中合著论文(2位及以上作者)篇数为8870,占比为55.35%(见表2)。由此也可看出,本研究不能采用不区分作者人数和顺序的方法。

表2 作者人数和论文篇数分布情况

作者人数	1	2	3	4	5	6	7	8	9	10
论文篇数	7154	5190	2498	796	270	87	23	4	1	1

(二)期刊h指数计算

期刊不存在合作者的问题,因此h指数的计算相对较为简单,主要考察列入本文范围的期刊文章在 CNKI 中的被引用情况,即对于一种期刊,如果它发表的全部论文中最多有 h 篇文章的被引用次数至少为 h 的话,那么 h 即为该期刊的 h 指数的数值。当 h 指数相同时,以刊发的旅游类论文篇数排序(详见表3)。

表3 刊载旅游学术论文 h 指数≥9 的期刊

排名	期刊名称	h 指数	论文篇数	排名	期刊名称	h 指数	论文篇数
1	旅游学刊	88	1944	25	北京体育大学学报	18	38
2	人文地理	51	485	26	贵州民族研究	17	132
3	经济地理	48	510	27	地理科学进展	17	69
4	旅游科学	41	445	28	农村经济	17	59
5	地理与地理信息科学	38	175	29	改革与战略	16	177
6	地理研究	36	132	30	林业经济问题	16	113
7	地域研究与开发	34	305	31	四川师范大学学报(社科)	16	50
8	商业研究	30	526	32	广西民族大学学报(哲社)	15	95
9	干旱区资源与环境	28	307	33	江西社会科学	15	77
10	社会科学家	28	297	34	商讯商业经济文荟	15	75
11	地理科学	27	95	35	生态学杂志	15	29
12	地理学报	24	55	36	开发研究	14	91
13	经济问题探索	23	235	37	农业经济	14	70
14	资源科学	23	107	38	西北大学学报(自科)	14	64
15	特区经济	22	681	39	长江流域资源与环境	14	39
16	西南民族大学学报(人社)	22	203	40	自然资源学报	14	33
17	思想战线	22	98	41	浙江农林大学学报	14	31
18	商业经济与管理	21	86	42	消费经济	13	69
19	中国人口、资源与环境	21	71	43	经济问题	13	67
20	江苏商论	19	557	44	广西民族研究	13	66
21	生态经济	19	333	45	体育文化导刊	13	63
22	城市问题	19	108	46	云南民族大学学报(哲社)	13	54
23	干旱区地理	19	44	47	软科学	13	53
24	企业经济	18	303	48	学术交流	13	53

续表

排名	期刊名称	h指数	论文篇数	排名	期刊名称	h指数	论文篇数
49	中南林业科技大学学报	13	51	76	中国园林	10	78
50	经济师	13	49	77	求索	10	74
51	陕西师范大学学报(自科)	13	38	78	价格理论与实践	10	74
52	城市规划	13	37	79	热带地理	10	70
53	体育学刊	13	33	80	学术论坛	10	53
54	武汉体育学院学报	13	29	81	世界地理研究	10	51
55	山地学报	13	28	82	福建林业科技	10	51
56	西安体育学院学报	13	27	83	湘潭大学学报(哲社)	10	33
57	中南民族大学学报(人社)	12	55	84	北京社会科学	10	32
58	南京师大学报(自科)	12	40	85	亚太经济	10	30
59	财贸经济	12	36	86	水土保持研究	10	27
60	东北林业大学学报	12	33	87	河南大学学报(自科)	10	27
61	西南大学学报(社科)	12	31	88	中国岩溶	10	24
62	西北大学学报(哲科)	12	26	89	体育与科学	10	21
63	经济经纬	12	24	90	中国软科学	10	21
64	农业经济问题	12	22	91	云南社会科学	10	19
65	经济管理	11	80	92	工业技术经济	10	18
66	西北林学院学报	11	61	93	上海经济研究	10	15
67	价格月刊	11	56	94	华东经济管理	9	64
68	城市发展研究	11	55	95	资源与产业	9	61
69	华中师范大学学报(自科)	11	41	96	企业活力	9	46
70	山东体育学院学报	11	39	97	黑龙江民族丛刊	9	46
71	宁夏大学学报(自科)	11	33	98	云南师范大学学报(哲社)	9	38
72	中州学刊	11	22	99	山东社会科学	9	35
73	广州体育学院学报	11	20	100	江西财经大学学报	9	32
74	上海翻译	11	18	101	成都体育学院学报	9	29
75	南开管理评论	11	15	102	求实	9	28

续表

排名	期刊名称	h指数	论文篇数	排名	期刊名称	h指数	论文篇数
103	乡镇经济	9	24	107	财贸研究	9	17
104	黑龙江高教研究	9	20	108	中国体育科技	9	14
105	湖北大学学报(自科)	9	20	109	河南大学学报(社科)	9	14
106	南昌大学学报(人社)	9	19	110	情报杂志	9	13

注:1. 表中论文篇数是指刊发的旅游类论文篇数。
　　2. 表中有的大学(学院)学报括号内的简称含义如下:自科＝自然科学版;人社＝人文社会科学版;社科＝社会科学版;哲社＝哲学社会科学版。
资料来源:张凌云等整理,2014。

从期刊的h指数计算结果看(见表3),前110位期刊h指数在9以上,《旅游学刊》的h指数最高,达到了88。即在2003～2012年的十年间,在发表的1944篇论文中,最多有88篇论文被引用了不少于88次,《人文地理》和《经济地理》的h指数分别为51和48,分列第二、三位。这些期刊中,地理学期刊占据着明显的优势,在h指数大于20的前19种期刊中,有10种是地理学期刊,其中包括《地理学报》《地理研究》和《地理科学》等地理学领域内的权威期刊。虽然《地理学报》在刊载旅游论文的数量上最低,十年仅55篇,但学术影响力较大,其中的24篇,至少被引用了24次以上。此外,《干旱区地理》《地理科学进展》《生态学杂志》《长江流域资源与环境》《自然资源学报》《山地学报》《热带地理》《世界地理研究》《水土保持研究》《中国岩溶》等地理学或地学类期刊的h指数都在10以上。很显然,在旅游学术生态圈中,地理学成为旅游学科的"建群种"和"优势种"。而经济学、管理学、社会学、心理学等与旅游学科相关学科的顶级刊物并未出现在表3中,说明了这些学科对于旅游学科的贡献度不及地理学,这与"前文"通过论文数量分析得出的结论相吻合。

(三)基于权重的作者h指数计算

作者h指数的计算首先依据调和法(Harmonic)对不同顺序的作者进行赋权,权重与该篇文章的被引频次相乘得到每位作者的"分权被引频次",再依照h指数的计算方法得到。为进一步区分在h指数相同情形下的排序,我们还对每一位作者进行评分,假设一篇文章有N个作者,则每个作者的得分为1/N,将该作者每篇文章的得分相加得到"分值",作者出现的频次即为"文章篇数"。排序时按照h指数、分值和文章篇数(即频次)依次排定,即如果h指数相同则按照"分值"高低来排列,如果分值相同则按照"文章篇数"多少来排定,依次类推。为了防止出现不同作者同名同姓的情况,我们按照数据库中作者的个人信息(如出生年月、性别、毕业院校、研究方向等)逐一进行核对,作者所在的"机构"资料是经我们通过各作者所在机构的官方网站核实后确认的(查询时间:2014年3月)。

表 4　发表旅游论文 h 指数 ≥7 的作者

排名	作者	机构	h指数	分值	文章篇数	排名	作者	机构	h指数	分值	文章篇数
1	保继刚	中山大学	19	39.37	82	28	冯淑华	江西师范大学	10	11.28	18
2	吴必虎	北京大学	18	28.83	70	29	陶 伟	华南师范大学	10	7.17	15
3	陆 林	安徽师范大学	17	57.91	141	30	白 凯	陕西师范大学	9	29.48	62
4	张 捷	南京大学	15	29.76	106	31	罗明义	云南财经大学	9	20.14	24
5	卜显红	浙江工商大学	15	27.50	40	32	冯学钢	华东师范大学	9	19.20	33
6	马晓龙	中国旅游研究院	15	17.17	30	33	杨 勇	华东师范大学	9	18.58	21
7	马耀峰	陕西师范大学	14	69.53	188	34	张凌云	北京联合大学	9	18.17	24
8	孙根年	陕西师范大学	13	45.47	108	35	田喜洲	重庆工商大学	9	15.83	22
9	孙九霞	中山大学	13	21.50	29	36	马 勇	湖北大学	9	15.20	30
10	徐红罡	中山大学	13	20.67	39	37	杨振之	四川大学	9	11.83	17
11	汪德根	苏州大学	13	14.32	33	38	张朝枝	中山大学	9	11.50	20
12	郭鲁芳	浙江工商大学	12	24.33	33	39	谢彦君	东北财经大学	9	10.92	17
13	杨新军	西北大学	12	19.00	46	40	张宏梅	安徽师范大学	9	10.42	21
14	章锦河	南京大学	12	17.31	52	41	于素梅	周口师范学院	9	9.42	12
15	朱 竑	华南师范大学	12	13.17	29	42	戴光全	华南理工大学	9	8.83	18
16	王兆峰	吉首大学	11	37.50	46	43	侯国林	南京师范大学	9	7.58	16
17	黄震方	南京师范大学	11	26.28	73	44	李东和	安徽大学	9	7.02	20
18	郑向敏	华侨大学	11	26.00	51	45	史春云	江苏师范大学	9	6.27	22
19	曹国新	江西财经大学	11	22.42	25	46	赵黎明	天津大学	8	20.17	39
20	秦 学	广东财经大学	11	12.83	17	47	黄福才	厦门大学	8	18.58	40
21	卢 松	安徽师范大学	11	8.73	29	48	刘德谦	北京联合大学	8	16.33	17
22	董观志	暨南大学	10	18.17	29	49	钟林生	中国科学院	8	15.07	44
23	王艳平	东北财经大学	10	16.25	19	50	何建民	上海财经大学	8	15.00	17
24	张河清	广州大学	10	15.50	29	51	黄静波	湘南学院	8	14.33	16
25	梁明珠	暨南大学	10	13.67	24	52	庄志民	华东师范大学	8	14.00	17
26	吴国清	上海师范大学	10	13.50	18	53	许春晓	湖南师范大学	8	13.58	21
27	何景明	贵州大学	10	12.58	14	54	吕 君	内蒙古财经大学	8	13.17	26

续表

排名	作者	机构	h指数	分值	文章篇数	排名	作者	机构	h指数	分值	文章篇数
55	陈 田	中国科学院	8	13.09	43	81	邹益民	浙江大学	8	5.83	12
56	肖光明	肇庆学院	8	12.83	15	82	程金龙	郑州大学	8	5.83	8
57	程道品	桂林理工大学	8	12.78	29	83	尹贻梅	北京联合大学	8	5.42	12
58	陆玉麒	南京师范大学	8	12.37	35	84	陈 烈	中山大学	8	4.33	12
59	路 紫	河北师范大学	8	11.85	30	85	王 健	南开大学	7	21.00	21
60	史本林	商丘师范学院	8	11.25	15	86	杨桂华	云南大学	7	15.58	31
61	徐菊凤	北京联合大学	8	11.00	11	87	彭兆荣	厦门大学	7	14.33	18
62	张文建	上海师范大学	8	10.50	14	88	马 波	青岛大学	7	13.17	17
63	马丽君	陕西师范大学	8	10.47	34	89	李天元	南开大学	7	12.33	19
64	陶卓民	南京师范大学	8	10.42	23	90	刘家明	中国科学院	7	11.70	26
65	邱云美	丽水学院	8	10.33	12	91	唐代剑	浙江工商大学	7	11.17	19
66	明庆忠	云南师范大学	8	10.25	25	92	汪传才	暨南大学	7	11.00	11
67	魏 翔	北京第二外国语学院	8	9.83	15	93	苏 勤	安徽师范大学	7	10.70	25
68	王大悟	上海市社会科学院	8	9.50	11	94	张佑印	中国旅游研究院	7	10.60	33
69	郭英之	复旦大学	8	9.48	18	95	李 锋	河南大学	7	10.50	12
70	杨效忠	安徽师范大学	8	9.40	30	96	肖 星	广州大学	7	10.08	27
71	魏小安	中央民族大学	8	9.17	14	97	李燕琴	中央民族大学	7	10.00	12
72	夏赞才	湖南师范大学	8	8.50	9	98	戴 斌	中国旅游研究院	7	9.95	17
73	张广海	中国海洋大学	8	7.42	17	99	石美玉	北京联合大学	7	9.75	12
74	吴章文	中南林业科技大学	8	7.28	15	100	宋子千	中国旅游研究院	7	9.58	13
75	杨兴柱	安徽师范大学	8	7.00	18	101	马丽卿	浙江海洋学院	7	9.00	11
76	曹诗图	武汉科技大学	8	7.00	16	102	宋 瑞	中国社会科学院	7	9.00	10
77	郑群明	湖南师范大学	8	6.70	13	103	赵承华	沈阳市旅游培训中心	7	9.00	9
78	万绪才	南京财经大学	8	6.62	15	104	王 凯	湖南师范大学	7	8.50	17
79	刘泽华	南京大学	8	6.58	26	105	李晓琴	成都理工大学	7	8.17	18
80	周永广	浙江大学	8	6.25	16	106	薛 莹	广州大学	7	8.17	12

续表

排名	作者	机构	h指数	分值	文章篇数	排名	作者	机构	h指数	分值	文章篇数
107	冯卫红	太原师范学院	7	8.17	11	119	李庆雷	云南师范大学	7	6.75	17
108	罗永常	凯里学院	7	8.00	8	120	王 群	安徽师范大学	7	6.58	19
109	吴晋峰	陕西师范大学	7	7.92	23	121	靳 诚	南京师范大学	7	6.37	18
110	刘 旺	四川师范大学	7	7.83	12	122	周玲强	浙江大学	7	6.33	15
111	周国忠	浙江旅游职业学院	7	7.83	11	123	席建超	中国科学院	7	5.98	21
112	黄远水	华侨大学	7	7.67	13	124	王 铮	中国科学院	7	5.32	15
113	张 梦	西南财经大学	7	7.50	11	125	顾朝林	清华大学	7	5.28	17
114	梁雪松	浙江工业大学	7	7.45	14	126	汪 侠	南京大学	7	5.27	17
115	龙江智	东北财经大学	7	7.17	13	127	王云才	同济大学	7	5.17	7
116	文 军	广西大学	7	7.12	13	128	李 山	华东师范大学	7	5.07	14
117	李 飞	佛山科学技术学院	7	7.08	13	129	杨国良	四川师范大学	7	4.00	14
118	邹统钎	北京第二外国语学院	7	7.00	11						

从作者的h指数计算结果分布看（见表4），保继刚的h指数19为最高值，吴必虎和陆林的h指数分别为18和17，位列第二、三位。作者的h指数几乎呈等差数列连续分布，且呈现金字塔结构。位于前10名的作者的学术背景大多是来自地理学。可喜的是，在高h指数的名单中，我们发现了不少中青年学者，可以看出我国旅游学术研究的人才梯队已经形成，后继有人。

此外，表4的h指数计算结果与CNKI提供的作者在线查询得出的h指数结果不同。这是因为，首先，CNKI收录的文献是从1992年开始的，样本时间要比表4中的统计时段早12年；其次，表4中样本来源除了CNKI收录的文献外，还包括CSSCI数据库和CSCD数据库中的文献，尽管CNKI收录的文献量是最大的，但这三大数据库的文献资料并不完全重叠；最后，对于各合作者的贡献度计算方法不同。

（四）基于权重的机构h指数计算

机构h指数的计算步骤如下：(1)在作者h指数计算中对不同顺序的作者i进行赋权W_i；(2)若作者i有n个单位，则该作者所属的每个机构权重均为W_i/n；(3)用机构权重W_i/n乘以该篇文章的被引频次即为某机构的"分权被引频次"；(4)假设一篇文章有N个作者，某一作者分属M个作者机构，则该文章下属的每个作者机构"分值"为$1/NM$。"频次"A指某一机构在A篇文章中出现过的次数。此外，一些作者先后在多个机构服务过，该作者研究成果的机构归属，以论文发表时所署名为准。

表5 发表旅游论文h指数≥10的高等院校(科研院所)等机构

排名	机构	所在地	h指数	分值	频次	排名	机构	所在地	h指数	分值	频次
1	中山大学	广州	39	358.40	475	28	南开大学	天津	18	111.29	138
2	安徽师范大学	芜湖	36	224.90	283	29	广东财经大学	广州	18	108.82	128
3	北京大学	北京	34	195.44	278	30	福建师范大学	福州	18	93.03	115
4	华东师范大学	上海	32	230.12	294	31	重庆工商大学	重庆	18	68.58	82
5	南京大学	南京	31	209.37	309	32	同济大学	上海	18	53.33	63
6	陕西师范大学	西安	27	431.72	520	33	四川师范大学	成都	17	88.41	112
7	上海师范大学	上海	27	162.20	201	34	华南师范大学	广州	17	88.00	119
8	浙江大学	杭州	27	156.85	192	35	吉首大学	吉首	16	175.75	204
9	中国科学院	北京	26	293.70	451	36	西北师范大学	兰州	16	126.30	156
10	暨南大学	广州	26	177.36	206	37	江西财经大学	南昌	16	103.35	124
11	西北大学	西安	26	138.74	175	38	浙江旅游职业学院	杭州	16	86.62	100
12	云南大学	昆明	25	177.88	227	39	兰州大学	兰州	16	84.94	125
13	北京联合大学	北京	24	168.65	211	40	武汉大学	武汉	16	79.55	96
14	北京第二外国语学院	北京	24	136.54	158	41	华南理工大学	广州	16	78.33	95
15	复旦大学	上海	24	92.63	120	42	广西师范大学	桂林	16	77.30	94
16	南京师范大学	南京	23	233.35	306	43	青岛大学	青岛	16	61.88	68
17	中南林业科技大学	长沙	22	172.53	234	44	中央民族大学	北京	16	59.00	73
18	河南大学	开封	22	131.75	158	45	华中科技大学	武汉	16	38.71	51
19	中国社会科学院	北京	22	102.43	124	46	山东大学	济南	15	91.53	125
20	东北财经大学	大连	22	83.24	103	47	湘潭大学	湘潭	15	84.29	98
21	四川大学	成都	21	254.10	335	48	西南大学	重庆	15	41.71	56
22	湖北大学	武汉	21	97.75	125	49	中国地质大学	武汉/北京	14	109.07	141
23	浙江工商大学	杭州	20	114.74	131	50	广州大学	广州	14	76.63	99
24	湖南师范大学	长沙	20	101.19	137	51	成都理工大学	成都	14	70.49	88
25	桂林理工大学	桂林	18	134.71	160	52	中南财经政法大学	武汉	14	59.25	74
26	厦门大学	厦门	18	126.42	146	53	江西师范大学	南昌	14	52.54	70
27	华侨大学	泉州	18	125.62	141	54	辽宁师范大学	大连	14	47.88	65

续表

排名	机构	所在地	h指数	分值	频次	排名	机构	所在地	h指数	分值	频次
55	江南大学	无锡	14	47.23	61	80	佛山科学技术学院	佛山	12	28.83	38
56	南京财经大学	南京	14	33.08	40	81	国家旅游局	北京	12	28.25	41
57	西南民族大学	成都	13	95.60	115	82	湖南商学院	长沙	11	61.25	75
58	广西大学	南宁	13	82.52	100	83	贵州大学	贵阳	11	56.00	67
59	北京师范大学	北京	13	68.27	103	84	东南大学	南京	11	52.25	63
60	南昌大学	南昌	13	65.17	76	85	西安外国语大学	西安	11	49.84	69
61	浙江农林大学	杭州	13	59.39	80	86	华中师范大学	武汉	11	48.44	66
62	上海财经大学	上海	13	58.42	75	87	西南财经大学	成都	11	45.50	65
63	宁夏大学	银川	13	55.43	73	88	重庆理工大学	重庆	11	44.08	50
64	河北师范大学	石家庄	13	53.51	63	89	清华大学	北京	11	43.42	68
65	中国人民大学	北京	13	45.17	68	90	山西大学	太原	11	38.21	48
66	西南交通大学	成都	13	40.49	55	91	曲阜师范大学	曲阜	11	26.42	35
67	上海市社会科学院	上海	13	28.08	30	92	山西财经大学	太原	11	25.42	33
68	福建农林大学	福州	12	68.22	83	93	北京林业大学	北京	10	53.95	86
69	天津大学	天津	12	62.26	80	94	苏州大学	苏州	10	50.42	67
70	海南大学	海口	12	60.61	77	95	渤海大学	锦州	10	49.08	54
71	乐山师范学院	乐山	12	59.43	70	96	东北师范大学	长春	10	41.50	56
72	云南师范大学	昆明	12	57.83	78	97	中南民族大学	武汉	10	40.25	47
73	深圳职业技术学院	深圳	12	55.67	65	98	义乌工商学院	义乌	10	35.67	39
74	东北林业大学	哈尔滨	12	54.31	68	99	浙江海洋学院	舟山	10	33.83	36
75	郑州大学	郑州	12	47.58	52	100	西安交通大学	西安	10	28.67	39
76	中国海洋大学	青岛	12	42.58	47	101	湖州师范学院	湖州	10	26.50	31
77	江苏师范大学	徐州	12	39.43	65	102	山东师范大学	济南	10	22.68	29
78	北京交通大学	北京	12	38.64	50	103	广东技术师范学院	广州	10	22.03	25
79	河南财经政法大学	郑州	12	37.73	42	104	太原师范学院	太原	10	15.17	22

注:1.中国科学院包括设在全国各地的研究所或研究中心、大学含设在各地的分校或校区。

2.1995年3月国家教委批准佛山大学和佛山农牧高等专科学校合并组建佛山科学技术学院,所以佛山大学的成果一并计入佛山科学技术学院。

资料来源:张凌云整理,2013。

从高等院校（科研院所）等机构的 h 指数计算结果分布看（见表 5），h 指数在 10 以上的机构有 104 家，中山大学、安徽师范大学和北京大学位列前三名，h 指数位列前七名的高等院校从事旅游学科研究的团队全部是以地理学为主，这再次说明地理学在旅游学科中所处的特殊地位。

四、结论与讨论

本文研究得出的结论与我们对国内旅游学术研究现状的直观印象基本吻合。一般来说，表 5 中排名靠前的学术机构，其机构名下的学术团队进入表 4 的人数也较多，如中山大学、安徽师范大学、华东师范大学等，由此可看出这些院校学术团队和梯队建设较为成功。也有一些学院如北京大学，虽然没有设立旅游院系，但一些从事人文地理学研究的教师，及其指导的博士、硕士研究生每年都撰写了不少旅游方面的论文。所以，尽管在表 4 中北京大学只有一人进入 h 指数前百名之列，但机构排名也很靠前（见表 5）。也有一些旅游院校出现类似情况可能是由一些 h 指数较高的教师的工作调动造成发表论文时署名的机构与目前所在的机构不一致造成的。如果将表 4 和表 5 进行多个指标综合比较的话，可以得到更多的有关学者个人、学术机构的论文数量和被引数量之间关系方面的信息。利用现有的文献数据库也可以进行他引数量（即剔除自引量）的统计，对 h 指数进行修正。还可以通过数据挖掘对引文和被引文所发表的学术期刊等级进行更深入的研究。

总之，引入 h 指数研究 2003~2012 年我国旅游学术共同体的发展格局，弥补了单纯以论文数量来测度和评价学术共同体成员（如学术期刊、研究者和学术机构等）成果学术影响力和贡献度的不足，增加了旅游学术影响力的评价维度，也有利于我国旅游学术共同体走出去，参与国际学术界交流，便于国外同行从整体上认识近年来我国旅游学术共同体的发展格局。

比较本文通过 h 指数计算得到的评价结果与"前文"不尽相同，但从这两个不同的维度可以更加全面地认识我国旅游学术共同体的发展格局。然而，任何一种评价方式都难以做到完美无缺，h 指数也一样。虽然《旅游学刊》的 h 指数高达 88，说明有 88 篇论文至少被引用了 88 次，但这 88 篇论文作者们的个人 h 指数没有一人是超过 20 的。这就是说，h 指数对作者被大量引用的某一篇或几篇文章并不敏感。因此，即使是 h 指数较低的作者，也可能有某一篇或几篇论文的引用量大大超过 h 指数较高作者的论文。此外，h 指数使用的引文频次包含了作者的自引频次。因此，要克服 h 指数的这些弱点，还应该增加新的评价维度，如增加对于最高他引频次论文、作者最高他引频次、作者平均他引频次等单项指标的研究。更深入地看，其实不同性质的引文对于学术贡献度也不相同，即有所谓的积极引用和消极引用之分，如一些作者的论文观点明显不严谨、不科学，但由于非常"惊世骇俗"，往往成为这一领域的"反面教材"，从而提高了论文作者的引文频次。要区分此类引文现象，需要利用大数据技术，对于引文文本结合语境进行语义分析，从而判定引文的性质。此外，由于研究的领域和方向不同,不同研究选题之间,论文产出的总体数量也很不平衡,目前在旅游学界对于基础理论研究还很薄弱,无论是论文数量,还是作者人数都处于边缘状态,尽管其引文频次可能不高,但不能据此就说其学术影响力和贡献度低,这就有待于我们去探索和寻找更加科学严谨、更加全面客观的评价方法。

参考文献

[1] Chris Ryan. 中国旅游研究:一个海外学者的视角[J]. 旅游学刊,2014,29(2):3-7.

[2] 张凌云,兰超英,齐飞,吴平. 近十年我国旅游学术共同体的发展格局与分类评价——基于旅游学术期刊论文大数据的视角[J]. 旅游学刊,2013,28(10):114-125.

[3] 何燕,朱紫阳. 传统学术评价方法与h指数的比较[J]. 图书馆学刊,2008(3).

[4] 蒋颖,金碧辉,刘筱敏. 期刊论文的作者合作度与合作作者的自引分析[J]. 图书情报工作,2000,43(12):23-28.

[5] 邱均平,温芳芳. 作者合作程度与科研产出的相关性分析——基于《图书情报档案学》高产作者的计量分析[J]. 科技进步与对策,2011(05):1-5.

[6] 刘垣贞. 考虑合著者的h指数的修正——国际研究回顾[J]. 中国科技期刊研究,2012(06):987-994.

[7] 张甫,吴新年. h类指数分类体系研究[J]. 情报理论与实践,2012,35(7).

[8] 张春霆. 学术评价的评价[J]. 中国科学基金,2010,24(6).328-332.

[9] Hu X J, Rousseau R, Chen J. In those fields where multiple authorship is the rule, the h-index should be supplemented by role based h-indices[J]. *Journal of Information Science*, 2010,36(1):73-85.

[10] Hirsch J E. An index to quantify an individual's scientific research output that takes into account the effect of multiple coauthorship[J]. *Scientometrics*, 2010,85(3):741-754.

[11] 周春雷. 作者h指数分布规律研究[J]. 情报杂志,2013,32(7).

[12] 梁振辉,魏顺平. h指数在研究人员评价中的应用——以中国大陆地区教育技术学领域研究人员科研绩效评价为例[J]. 现代教育技术,2009,19(1).

[13] 彭爱东. 我国综合性社科期刊的h指数分析——基于CSSCI(2000-2007年度)数据[J]. 西南民族大学学报(人文社科版),2009(10):83-89,297.

[14] 赵基明,舒明全. 基于CSSCI的《中国图书馆学报》h指数及核心作者测定[J]. 中国图书馆学报,2008(02):98-102.

[15] 杨建林,朱惠. 我国经济学期刊的h指数分析——基于CSSCI(2000-2007年)的数据[J]. 西南民族大学学报(人文社科版),2009(08):83-87.

[16] 邱均平,缪雯婷. h 指数在人才评价中的应用——以图书情报学领域中国学者为例[J]. 评价与管理,2007(02): 1 - 5.

[17] 朱丹浩. 我国社会学期刊的 h 指数分析——基于 CSSCI(2000 - 2007 年度)数据[J]. 西南民族大学学报(人文社科版),2009(09): 82 - 85.

[18] 教育部学位与研究生教育发展中心,2009 年学科评估重要改革措施[J]. 中国研究生,2009(1):49 - 50.

[19] Batista P D, Campiteli M G, Kinouchi O, et al. Is it possible tocompare researchers with different scientific interests? [J]. *Scientometrics*, 2006, 68(1):179 - 189.

[20] Schreiber M. To share the fame in a fair way, hm modifies h for multi - authored manuscripts[J]. *New Journal of Physics*,2008,10(4):211 - 216.

[21] Schreiber M. A case study of the modified hirsch index hm accounting for multiple co-authors[J]. *Journal of the American Society for Information Science and Technology*, 2009,60(6):1274 - 1282.

[22] Egghe L. Mathematical theory of the h - index and g - index in case of fractional counting of authorship[J]. *Journal of the American Society for Information Science and Technology*, 2008,59 (12):1608 - 1616.

[23] Prathap G. The fractional and harmonic p - indices for multiple authorship[J]. *Scientometrics*, 2011, 86(2):239 - 244.

[24] Egghe l. Methods for accrediting publications to authors or countries: consequences for evaluation studies[J]. *Journal of the American Society for Information Science*, 2000, 51(2):145 - 157.

原载于《旅游学刊》2014 年 10 月,第 29 卷第 10 期

近年来国际旅游学术期刊和论文选题的特征分析

张凌云

旅游学术期刊是旅游学界进行学术交流的重要平台,其数量和质量是衡量旅游学术研究繁荣程度的标志之一,其选题偏好和价值取向也在一定程度上代表着旅游学科的发展方向和学术前沿。因此,我们对于近年来国际旅游学术期刊以及发表的论文做一概述和分析,由此可窥见国际旅游学术研究的近今发展走向以及与我国主流旅游学术研究之间的差异。文中表1~表8的内容均由作者整理。

表1 160种境外旅游学界/业界主要相关专业杂志(包括在线杂志)一览表

一、旅游学、旅游业及旅游分支学科(36种)
1. *Annals of Tourism Research*,旅游研究纪事
2. *Journal of Tourism Studies*,旅游业研究杂志
3. *Journal of Travel Research*,旅行研究杂志
4. *Journal of Travel & Tourism Research*,旅行与旅游研究杂志
5. *International Journal of Tourism Research*,国际旅游研究杂志
6. *Tourism Analysis*,旅游业分析
7. *Travel & Tourism Analyst*,旅行与旅游分析
8. *Travel & Tourism Intelligence(TTI) Country Reports*,旅行与旅游资讯国家报告
9. *Tourist Studies*,旅游者研究
10. *Tourism Today*,现代旅游
11. *Anatolia: An International Journal of Tourism and Hospitality Research*,安纳托利亚:国际旅游和饭店业研究杂志
12. *TEOROS International*,旅游研究评论(国际版)
13. *The Tourist Review*,旅游者评论
14. *Tourism Review /Revue de Tourisme /Zeitschrift fuer Tourismus*,旅游评论(英文/法文/德文)
15. *Current Issues in Tourism*,旅游热点问题
16. *Tourism Economics*,旅游经济学
17. *Tourism Geographies*,旅游地理学

续表

18. *Journal of Eco-tourism*,生态旅游杂志
19. *Journal of Sustainable Tourism*,可持续旅游杂志
20. *Tourism,Culture & Communication*,旅游、文化与交流
21. *Journal of Tourism and Cultural Change*,旅游与文化变迁杂志
22. *Tourism & Hospitality Research*,旅游和饭店业研究
23. *Tourism and Hospitality Planning & Development*,旅游饭店业规划和开发
24. *Information Technology & Tourism*,信息技术与旅游业
25. *Journal of Sports Tourism*,体育旅游杂志
26. *Journal of Human Resources in Hospitality & Tourism*,饭店业和旅游业人力资源杂志
27. *Journal of Teaching in Travel & Tourism*,旅行和旅游教学杂志
28. *Journal of Hospitality & Tourism Education*,饭店业和旅游业教育杂志
29. *International Journal of Hospitality & Tourism Administration*,国际饭店业和旅游业管理
30. *Tourism:An International Interdisciplinary Journal*,旅游:国际交叉学科杂志
31. *Business Traveler*,商务旅游者
32. *Tourism Journals*,旅游杂志
33. *Travel Weekly*,旅行周刊
34. *Travel Agent*,旅行代理商
35. *Travel Journal International*,国际旅行杂志
36. *Travel Industry World Yearbook:The Big Picture*,旅游业世界年鉴
二、休闲、游憩、度假及博彩业(23种)
37. *Leisure Sciences*,休闲科学
38. *Leisure Studies*,休闲研究
39. *Journal of Leisure Research*,休闲研究杂志
40. *Annals of Leisure Research*,休闲研究年刊
41. *Journal of Applied Recreation Research*,应用游憩研究杂志
42. *Travel and Leisure*,旅游与闲暇
43. *Vacations*,度假
44. *Journal of Park and Recreation Administration*,公园与游憩管理学报

续表

45. *Park World*,公园世界
46. *Journal of Recreation and Leisure*,游憩与休闲杂志
47. *Tourism Recreation Research*,旅游游憩研究
48. *Leisure*, *Recreation and Tourism Abstracts*,休闲、游憩及旅游文摘
49. *Loisir et Societe/Society and Leisure*,社会与休闲(法文/英文)
50. *Managing Leisure*,休闲管理
51. *Visions in Leisure and Business*,透视休闲与经营
52. *World Leisure & Recreation Association Journal*,世界休闲与游憩协会杂志
53. *Journal of Physical Education*, *Recreation and Dance*,体育、游憩与舞蹈杂志
54. *EuroSlot*,娱乐场
55. *Funworld*,游乐世界
56. *Journal of Gambling Studies*,博彩研究杂志
57. *Gaming Research & Review Journal*,博彩研究与评述杂志
58. *International Gaming & Wagering Business*,国际博彩业
59. *UNLV Gaming Research and Review Journal*,内华达大学博彩研究与评述
三、旅游业管理与市场营销(7种)
60. *Tourism Management*,旅游管理
61. *International Journal of Contemporary Hospitality Management*,国际当代饭店业管理杂志
62. *Journal of Travel & Tourism Marketing*,旅行和旅游市场学杂志
63. *Recreation*, *Leisure*, *and Transportation Journal*,游憩、休闲与交通杂志
64. *Journal of Vacation Marketing*,度假市场营销杂志
65. *Journal of Hospitality & Leisure Marketing*,饭店业与休闲营销杂志
66. *HSMAI Marketing Review*,饭店业国际营销协会述评
四、饭店业、酒店餐饮业与食品管理(46种)
67. *Cornell Hotel and Restaurant Administration Quarterly*,康奈尔饭店与餐馆管理季刊
68. *Journal of Quality Assurance In Tourism & Hospitality*,旅游与饭店业质量保证学报
69. *Progress in Tourism and Hospitality Research*,旅游和饭店业研究进展
70. *Journal of Hospitality & Tourism Research*,饭店业与旅游研究杂志

续表

71. *Tourism and Hospitality Research*,旅游与饭店业研究
72. *Hospitality Research Journal*,饭店业研究杂志
73. *International Journal of Contemporary Hospitality Management*,现代国际饭店业管理杂志
74. *International Journal of Hospitality Management*,国际饭店业管理杂志
75. *International Journal of Hospitality and Tourism Administration*,国际饭店业与旅游管理杂志
76. *Tourism and Hospitality Review*,旅游与饭店业述评
77. *Journal of International Hospitality, Leisure, and Tourism Management*,国际饭店业、休闲与旅游管理学报
78. *Journal of the International Academy of Hospitality Research*,国际饭店业研究会杂志
79. *Information Technology in Hospitality*(formerly the *International Journal of Hospitality Information Technology*),饭店业信息技术(以前刊名为国际饭店业信息与技术杂志)
80. *Hospitality Journals*,饭店业杂志
81. *AAHOA Hospitality*,亚美饭店业主协会会刊
82. *FIU Hospitality Review*,FIU 饭店业评述
83. *The Journal of Applied Hospitality Management*,应用饭店业管理学报
84. *Journal of Hospitality Financial Management*,饭店财务管理学报
85. *H & A (Hospitality & Automation) Report*,饭店业与自动化报道
86. *Hospitality Design*,饭店业设计
87. *Hotel & Motel Management*,饭店与汽车旅馆管理
88. *Hotel & Resort Industry*,饭店与度假村业
89. *Hotel Security Report*,饭店安全报道
90. *Club Industry*,俱乐部业
91. *Club Management*,俱乐部管理
92. *Cooking for Profit*,烹饪与利润
93. *Food Management*,食品管理
94. *Food service & Hospitality*,食品服务与接待
95. *Brands in Food service*,食品服务品牌
96. *Food service Director*,食品服务督导
97. *Food service Equipment & Supplies*,食品服务设备与供应

续表

98. *Food service Equipment & Supplies International*,国际食品服务设备与供应
99. *Food service Research International*,国际食品服务研究
100. *Journal of College & University Foodservice*,大学食品服务杂志
101. *School Foodservice Research Review*,学校食品服务研究述评
102. *Journal of Nutrition in Recipe & Menu Development*,菜品营养与菜单开发杂志
103. *Journal of Restaurant & Foodservice Marketing*,餐馆与食品服务营销学报
104. *Journal of the American Dietetic Association*,美国饮食协会杂志
105. *NACUFS(National Association of College & University Food Services) Journal*,美国大学食品服务协会杂志
106. *Night Club & Bar Magazine*,夜总会与酒吧杂志
107. *Nation's Restaurant News*,美国餐馆通讯
108. *Restaurant Business*,餐馆经营
109. *Restaurant Hospitality*,餐馆接待
110. *Restaurants & Institutions*,餐馆与组织机构
111. *Restaurants & Institutions Marketplace*,餐馆与组织机构市场
112. *Restaurants USA*,美国餐馆
五、会议、节庆与奖励旅游(6种)
113. *Journal of Convention & Event Tourism(formerly the Journal of Convention & Exhibition Management)*,会议和事件旅游杂志(以前刊名为会议与展览管理杂志)
114. *Meetings & Conventions*,会议与集会
115. *Corporate Meetings & Incentives*,公司会议与奖励旅游
116. *Festival Management & Event Tourism*,节庆管理与会展旅游
117. *Successful Meetings*,成功的会议
118. *Event Tourism*,节事旅游
六、区域性和国家旅游杂志(15种)
119. *Pacific Tourism Review*,太平洋旅游评述
120. *Tourism Asia*,亚洲旅游
121. *Travel Trade Gazette Asia*,亚洲旅游业杂志
122. *Asia Pacific Journal of Tourism Research*,亚太旅游研究学报
123. *China Tourism Research*,中国旅游研究

续表

124. *Scandinavian Journal of Hospitality and Tourism*,斯堪的纳维亚饭店业与旅游杂志
125. *Australian Leisure Management*,澳大利亚休闲研究
126. *Southern Africa Tourism Forum*,南非旅游论坛
127. *Australian Journal of Hospitality Management*,澳大利亚饭店管理学报
128. *Israel Central Bureau of Statistics*:*Tourism and Hotel Services Statistics Quarterly*,以色列中央统计局:旅游与饭店服务统计季刊
129. *Israel Information Letter*,以色列信息快报
130. *Travel Trade Gazette*(*UK & Ireland Edition*),旅游业杂志(英国及爱尔兰版)
131. *Travel Market Germany*,德国旅游市场
132. *Summary of International Travel to the United States*,国际旅游美国辑要
133. *Conde Nast Traveler*,康德·纳斯特旅游者(英文/意大利文)
七、其他语种刊目(27种)
134. *Tourismus Journal*,旅游杂志(法文)
135. *TEOROS*(*Revue de recherche en tourisme*),旅游研究评论(法文)
136. *ACTA Turistica*,*ANATOLIA*,国际旅游与饭店研究杂志(法文)
137. *Gazette Officielle du Tourisme*,旅游业官方公报(法文)
138. *Echo Touristique*,旅游回声(法文)
139. *Tourisme*;*Courrier des Affaires Touristiques*,旅游(法文)
140. *La Revue des Hotels*,*Restaurants*,*Collectivites*,旅馆、饭店及公共设施杂志(法文)
141. *Abenteuer und Reisen*,探险与旅游(德文)
142. *FVW International*,国际旅游经济(德文)
143. *Hotel + Touristik*,旅馆与旅游(德文)
144. *Tour TT-Revue*(*Transport und Tourismus*),交通运输与旅游杂志(德文)
145. *Touristik Aktuell*;*The Travel Trade Report*,旅游现实;旅游贸易报告(德文)
146. *Oesterreichische Touristenzeitung*,奥地利旅游报(德文)
147. *Panorama Travel*,旅游大观(意大利文)
148. *Viaggio in Italia*,意大利旅游(意大利文)
149. *Publituris*,大众旅游(葡萄牙文)
150. *Tiempo de Viajar*,旅游时代(西班牙文)

续表

151. *Turista Magazin*,旅游者杂志(匈牙利文)	
152. *Вояж и отдых*,旅行与休息(俄文)	
153. *Туризм и отды? x (справочник)*,旅游和休闲(俄文)	
154. るるぶじやばん,日本旅游(日文)	
155. 观光设施,旅游设施(日文)	
156. 观光文化,旅游文化(日文)	
157. *Travel Management*,旅游管理(日文)	
158. 旅行・观光地动向ファイル,旅行・旅游地动态文件(日文)	
159. 旅行通信,旅游信息(日文)	
160. 国际观光旅馆营业状况等调查,国际旅游饭店营业状况等调查(日文)	

一、国际旅游学界专业杂志概况

据我们对境外出版的与旅游相关专业杂志(包括在线杂志)的检索,找到了近200种,除去那些主要面向旅游者消费指南类刊物外,我们列出其中对从业人员和专家学者有参考价值的刊物共160种(其中前133种为英文刊目,见表1)。

在表1中,有许多刊物是业界内的信息和经验交流刊物,学术性的刊物只占到约20%,表2中列出的是我们从表1中遴选出的35种国际常见的旅游专业学术刊物及其出版周期、出版商和主编等信息。从中可看出,这些刊物都是英文刊物(只有《旅游评论》还同时发行有法、德文版以及中国香港地区出版的《中国旅游研究》是中英文双语版)。而主编也大多是由英语国家和地区的大学教授出任,出版商则是以跨国的专业学术出版社为主。此外,许多旅游学术刊物都聘请国外学者担任杂志主编,或由各国各地区的学者组成编委。香港理工大学酒店及旅游业管理学院的田桂成和徐惠群教授分别担任美国的两本旅游学术期刊的主编。

表2 35种境外旅游学界专业杂志一览表

刊名	中文译名	语种	年期数	出版社	主编、执行主编及工作单位
Annals of Tourism Research	旅游研究纪事	英文,间用法文	4	美国 Elsevier Science	贾法尔·贾法里,美国威斯康星州大学饭店业和旅游系
Tourism Management	旅游管理	英文	6	英国 Elsevier Science	克里斯·瑞安,新西兰怀卡托大学管理学院旅游管理系

续表

刊名	中文译名	语种	年期数	出版社	主编、执行主编及工作单位
Journal of Travel Research	旅行研究杂志	英文	4	美国 Sage Publications	理查德·珀杜,美国弗吉尼亚州立大学理工学院
Tourism and Hospitality Research	旅游和饭店业研究	英文	4	英国 Henry Stewart Publications	安德鲁·洛克伍德,英国萨里大学管理学院
International Journal of Tourism Research	国际旅游研究杂志	英文	6	美国 John Wiley & Sons	约翰·弗莱彻,英国伯恩茅斯大学
Progress in Tourism and Hospitality Research	旅游和饭店业研究进展	英文	4	美国 John Wiley & Sons	克里斯·库珀,英国伯恩茅斯大学旅游和饭店业国际研究中心
Journal of Quality Assurance in Hospitality & Tourism.	饭店业与旅游业质量保证杂志	英文	4	美国 Haworth Press	屈海林,美国俄克拉荷马州立大学饭店和餐饮管理学院
Leisure Studies	休闲研究	英文	4	英国 Routledge Taylor & Francis Ltd	戴维·克劳奇,英国德比大学
Managing Leisure	休闲管理	英文	4	英国 Routledge Taylor & Francis Ltd	彼得·泰勒,英国谢菲尔德哈勒姆大学体育产业研究中心
Leisure Sciences	休闲科学	英文	5	英国 Routledge, part of the Taylor & Francis	卡拉.A.亨德森,美国北卡罗来纳州立大学
Journal of Leisure Research	休闲研究杂志	英文	4	美国游憩和公园协会(NRPA)	金伯利.J.希纽,美国伊利诺斯大学休闲学系
Journal of Vacation Marketing	度假市场营销杂志	英文	4	美国 Sage Publications	J.S.佩里·霍布森,澳大利亚南十字大学
Tourism and Hospitality: Planning & Development	旅游饭店业规划和开发	英文	3	英国 Routledge Taylor & Francis Ltd	无主编,由19位来自英国、美国、爱尔兰、西班牙、荷兰、土耳其、加拿大、澳大利亚、新西兰、阿根廷和印度等国的大学教授组成的编委
International Journal of Contemporary Hospitality Management	国际当代接待管理杂志	英文	7	英国 Emerald	法齐·奥库穆什,美国佛罗里达中部大学饭店业罗森管理学院

续表

刊名	中文译名	语种	年期数	出版社	主编、执行主编及工作单位
International Journal of Hospitality & Tourism Administration	国际饭店业与旅游管理杂志	英文	4	美国 Haworth Press	克莱顿·W. 巴罗,美国新罕布什尔大学饭店业管理系
International Journal of Hospitality Management	国际饭店业管理杂志	英文	5	英国 Elsevier Science	亚伯拉罕·皮赞,美国佛罗里达中部大学饭店业罗森管理学院
Journal of Teaching in Travel & Tourism	旅行与旅游教学杂志	英文	4	美国 Haworth Press	徐惠群,香港理工大学酒店及旅游业管理学院
Information Technology & Tourism	信息技术与旅游业	英文	4	奥地利电子商务资格认证中心	汉内斯·韦特纳,奥地利维也纳大学软件技术和交互系统技术学院
Tourist Studies	旅游者研究	英文	3	英国 Sage Publications	阿德里安·富兰克林,澳大利亚塔斯马尼亚大学
Anatolia; An International Journal of Tourism and Hospitality Research	安纳托利亚	英文	2	土耳其 Anatolia; An International Journal of Tourism and Hospitality Research	纳兹米·科扎克,阿纳多卢大学旅游和饭店管理学院
Journal of Travel and Tourism Marketing	旅行与旅游市场学杂志	英文	4	美国 Haworth Press	田桂成,香港理工大学酒店及旅游业管理学院
Tourism Geographies	旅游地理学	英文	4	英国 Routledge Taylor & Francis	无主编,由 17 位来自美国、加拿大、英国、德国、挪威、奥地利、澳大利亚、新西兰等国的大学教授组成的编委
Tourism Recreation Research	旅游游憩研究	英文	3	印度旅游研究与开发中心(CTRD)	泰杰·维尔·辛格,印度旅游研究与开发中心(非营利组织)
Journal of Sport Tourism	体育旅游杂志	英文	4	英国 Routledge Taylor & Francis Ltd	迈克·威德,英国坎特伯雷基督教会大学
Journal of Tourism and Cultural Change	旅游与文化变迁杂志	英文	3	英国 Portland Press	迈克·鲁滨逊,英国利兹城市大学旅游和文化变迁中心
Journal of Human Resources in Hospitality & Tourism.	饭店业和旅游业人力资源杂志	英文	2	美国 Haworth Press	霍华德·阿德勒,美国普渡大学饭店业和旅游管理系

续表

刊名	中文译名	语种	年期数	出版社	主编、执行主编及工作单位
Journal of Ecotourism	生态旅游杂志	英文	3	英国 Portland Press	戴维·芬内尔,加拿大布鲁克大学游憩休闲系
Journal of Sustainable Tourism	可持续发展旅游业杂志	英文	6	英国 Channel View Publications	比尔·布兰姆韦尔,英国谢菲尔德哈勒姆大学旅游中心
Tourism Economics	旅游经济学	英文	4	英国 IP Publishing Ltd	史蒂芬·万希尔,伯恩茅斯大学服务业学院
Information Technology in Hospitality	饭店业信息技术	英文	4	美国 Hospitality Information Technology Association	安德鲁·J.弗鲁,英国玛格丽特女王大学学院
Journal of Convention & Event Tourism	会议和事件旅游杂志	英文	4	美国 Haworth Press	罗伯特·R.纳尔逊,美国特拉华大学
Festival Management & Event Tourism: An International Journal	节庆管理与会展旅游：一本国际化杂志	英文	4	美国 Cognizant Communication Corporation	唐纳德·盖茨,加拿大卡尔加利大学
Tourism Review	旅游评论	英法德多语种	4	瑞士旅游科学专家国际联合会（AIEST）	彼得·凯勒,瑞士洛桑大学 HEC 学院 Cornell Hotel & Restaurant
Administration Quarterly	康奈尔饭店和餐馆季刊	英文	4	美国康奈尔大学	无主编,由41位来自美国、英国、法国、澳大利亚、新加坡和香港等国家和地区的大学教授组成的编委
Journal of Tourism Studies	旅游业研究杂志（1990年创刊,2005年停刊）	英文	2	澳大利亚詹姆斯·库克大学商学院	菲利普·皮尔斯,澳大利亚詹姆斯·库克大学商学院
Travel & Tourism Analyst	旅行与旅游分析	英文	6	英国 Mintel International Group Ltd	亚斯米·拉扎克,英国敏特尔集团公司
China Tourism Research	中国旅游研究	中英文	2	香港理工大学	宋海岩,香港理工大学酒店及旅游业管理学院

二、国外旅游学界专业杂志选题和被引用情况

为了了解国外旅游专业学术期刊的选题情况,我们选取了其中20种杂志在2005~2006年间发表的1043篇论文进行选题统计,结果见表3。从表中可以看出,对于饭店业管理、休闲度假和旅游者的研究占到前3位,而对于旅游产品、人力资源和旅游网站等的研究则位居后3位。

表3 2005~2006年20种国外旅游类学术期刊选题统计

序列	分类	篇数	比例(%)
1	饭店业管理(饭店、航空公司、旅行社、餐馆、赌场等)	151	14.5
2	休闲/度假	122	11.7
3	旅游者(动机、行为、态度、认知度、满意度等)	96	9.2
4	生态旅游/可持续发展	93	8.9
5	市场营销	80	7.7
6	旅游目的地	70	6.7
7	旅游经济	67	6.4
8	特种旅游	66	6.3
9	理论研究(方法、模型等)	59	5.7
10	旅游教育	46	4.4
11	影响研究	40	3.8
12	规划与开发	35	3.4
13	宏观管理(政府、法规、协会、危机、趋势等)	30	2.9
14	会奖旅游/商务旅游	26	2.5
15	旅游地理/旅游环境	21	2.0
16	旅游网站/电子商务	19	1.8
17	旅游业人力资源	18	1.7
18	旅游产品	4	0.4
	合 计	1043	100

注:所选的20本期刊是:Tourism Management; Annals of Tourism Research; Journal of Travel Research; Journal of Tourism Studies; Tourism Recreation Research; Leisure Sciences; Tourism Geographises; Journal of Leisure Research; Journal of Convention & Event Tourism; Tourism Analysis; Journal of Hospitality & Tourism Education; Tourism Economics; International Journal of Hospitality & Tourism Administration; Tourism & Hospitality Research; Journal of Sport Tourism; Cornell Hotel & Restaurant Administration Quarterly; International Journal of Contemporary Hospitality Management; Tourism and Hospitality Planning & Development; Journal of Vacation Marketing; Journal of Sustainable Tourism

当然这也与所选的刊物种类有关,一些专业性较强的旅游杂志如《信息技术与旅游业》《饭店业信息技术》和《饭店业和旅游业人力资源杂志》未被选入,致使这类选题比例偏低。而饭店业管理和休闲度假类杂志入选的较多,前者多达 5 种,后者多达 4 种,且这两类选题涉及的面也较广。因此,这两类题材排在第一、二位也是理所当然的。值得注意的是,虽然专门研究旅游者行为和旅游基础理论的杂志较少,但这两个领域的论文数量较多,如将旅游者的研究(一般多为心理学和行为学模型研究)和旅游理论研究(除旅游者研究外的方法和模型)两个方向的论文数量相加的话,达到了 155 篇,占 14.9%,超过列在首位的饭店业管理。刊登这两个方向论文最多的是《旅游研究纪事》(以下简称 ATR 或纪事)《旅游管理》(以下简称 TM)和旅游研究杂志(以下简称 JTR)三本杂志,其中在国际学术界影响最大的是《旅游研究纪事》(以下简称 ATR)和《旅游管理》(以下简称 TM)两本,这两本刊物也是国际旅游学界仅有的两本被美国社会科学引文索引(SSCI)收录的专业性杂志(此外,虽然《旅行医学杂志》也被 SSCI 收录。但一般认为,这是一本医学杂志)。这两本杂志的出版方都是同一家以出版学术著作著称的跨国出版公司——爱思唯尔科学(Elsevier Science)出版社。这两本杂志刊登的论文涉及的领域较广,《旅游管理》也并不局限于刊登旅游业管理方面的文章,事实上,在《旅游管理》上发表的管理学论文数量并不多。这两本杂志的主编都是在国际旅游学术界享有盛名的资深学者,ATR 的主编是美国威斯康星州大学的加法尔·加法里教授,而 TM 的主编是新西兰怀卡托大学的克里斯·瑞安教授。有意思的是,这两位教授的学术背景都不是研究旅游经济或旅游管理的,而是从事旅游社会学和旅游人类学研究的。这也许从一个侧面反映出西方旅游研究的学术重心和价值取向。国内旅游学术界对于这两种期刊并不陌生,我国许多学者都是通过这两本杂志来了解国外旅游相关专题的研究动态,进行综述评述和比较研究的。可以说,近年来见诸各种旅游或相关的学术刊物上,利用 ATR 和 TM 期刊进行综述和中外比较研究的论文比比皆是(见表4),这两本期刊的学术地位由此也可见一斑。

表 4 我国学者引用 ATR 和 TM 期刊进行综述和中外比较研究的情况

论文名称	论文作者	主要引用刊物	论文发表的刊物
近十几年来国内外生态旅游研究进展	陈忠晓、王仰麟、刘忠伟	TM 和 ATR 等	地球科学进展,2001 年第 4 期
旅游社会学研究的理论流派	黄福才、张进福	ATR 和 TM 等	厦门大学学报(哲学社会科学版),2002 年第 6 期
国外城市旅游研究进展——Annals of Tourism Research 所反映的学术态势	陶伟、钟文辉	ATR	城市规划,2003 年第 8 期
国外遗产旅游研究 17 年——Annals of Tourism Research 所反映的学术态势	陶伟、岑倩华	ATR	城市规划汇刊,2004 年第 1 期

续表

论文名称	论文作者	主要引用刊物	论文发表的刊物
《旅游研究纪事》文献分析——兼论旅游学科体系	吴宇华	ATR	旅游科学，2004年第2期
近期国外旅游学研究进展——Annals of Tourism Research 文献分析	张立生	ATR	旅游学刊，2004年第3期
从《旅游学刊》和 Annals of Tourism Research 的比较看中外旅游研究的异同和趋向	朱竑、刘迎华	ATR	旅游学刊，2004年第4期
国外闲暇研究进展——Annals of Tourism Research	郑春霞、陶伟	ATR	桂林旅游高等专科学校学报，2004年第3期
国外游憩需求研究20年——Annals of Tourism Research 所反映的学术态势	陶伟、黎碧茵	ATR	热带地理，2005年第2期
国外旅游目的地研究综述——基于 Tourism Management 近10年文章	钟行明、喻学才	TM	旅游科学，2005年第2期
国外"游憩"研究进展——Annals of Tourism Research 反映的学术态势	陶伟、胡盈盈	ATR	地理与地理信息科学，2005年第3期
国外旅游地形象研究进展	张海霞、张旭亮	ATR	新疆师范大学学报（自然科学版），2005年第3期
国外旅游地居民旅游感知和态度研究综述	赵玉宗、李东和、黄明丽	ATR 和 TM	旅游学刊，2005年第4期
旅游学学科树构建及旅游学研究的时空特征分析——《旅游研究纪事》30年	吴必虎、邢珏珏	ATR	旅游学刊，2005年第4期
近10年文化旅游研究进展——Tourism Management、Annals of Tourism Research 和《旅游学刊》研究评述	朱桃杏、陆林	ATR 和 TM	旅游学刊，2005年第6期
旅游学分支学科相关性及其进展态势分析——《旅游研究纪事》30年	邢珏珏、李业锦、吴必虎、齐莉娜	ATR	人文地理，2006年第1期
国外旅游目的地游客管理研究进展	曹璇、吴承照	TM 和 ATR	人文地理，2006年第2期
国外工业旅游及其研究进展	李同升、张洁	ATR 和 TM 等	世界地理研究，2006年第2期
国外近年来遗产旅游研究评述	夏必琴、陆林、路幸福、王莉	ATR	安徽师范大学学报（人文社会科学版），2006年第2期
国外民族文化遗产旅游原真性问题研究述评	马晓京	ATR 等	广西民族研究，2006年第3期

续表

论文名称	论文作者	主要引用刊物	论文发表的刊物
近十年国外遗产旅游研究述评	黄亮	ATR	安徽商贸职业技术学院学报(社会科学版),2006年第3期
近十年国外城市旅游研究进展	郑擅婷、陆林、章锦河、杨钊	ATR和TM	经济地理,2006年第4期
计量经济分析方法在国外旅游研究中的应用——基于ATR和TM所载文献的统计分析	李爽、黄福才、饶勇、魏敏	ATR和TM	旅游科学,2006年第5期
近期国外旅游影响研究综述——Annals of Tourism Research文献分析	曾军	ATR	云南地理环境研究,2006年第6期
国外社区旅游研究进展	程怡、章意锋	ATR和TM	云南地理环境研究,2007年第1期
国外中国旅游研究进展——Annals of Tourism Research、Tourism Management和Journal of Travel Research研究述评	李星群、赵伟兵	ATR和TM等	旅游学刊,2007年第3期

从表4可看出,ATR和TM已经成为我国学术界了解国外旅游研究的主要媒介,而其中对于发表在ATR上的论文引用要多于TM。对于ATR和TM(当然还包括其他有限的几种旅游研究类期刊),国内外都有许多学者做过比较研究,我们仅选择2002~2005年间在旅游和休闲方面最有影响的4本刊物,即《旅游研究纪事》《旅游管理》《休闲科学》和《休闲研究杂志》上发表的论文被引用情况做一简要说明(见表5~表8)。

表5 2002~2005年《旅游研究纪事》发表的论文被引用的情况

引用的期刊名称	篇数	比例(%)
旅游研究纪事	55	39.9
旅游管理	33	23.9
休闲科学	2	1.4
国际服务业管理杂志	1	0.7
航空运输管理杂志	1	0.7
体育运动管理杂志	1	0.7
其他	45	32.6
总计	138	100

表6 2002～2005年《旅游管理》发表的论文被引用的情况

引用的期刊名称	篇数	比例(%)
旅游管理	53	40.8
旅游研究纪事	32	24.6
航空运输管理杂志	5	3.8
体育运动管理杂志	2	1.5
国际服务业管理杂志	1	0.8
其他	37	28.5
总计	130	100

表7 2002～2005年《休闲科学》发表的论文被引用的情况

引用的期刊名称	篇数	比例(%)
休闲科学	23	28.4
休闲研究杂志	20	24.7
旅游管理	3	3.7
旅游研究纪事	1	1.2
体育运动管理杂志	1	1.2
旅行医学杂志	1	1.2
交通运输评论	1	1.2
其他	31	38.3
总计	81	100

表8 2002～2005年《休闲研究杂志》发表的论文被引用的情况

引用的期刊名称	篇数	比例(%)
休闲研究杂志	18	23.7
休闲科学	15	19.7
旅游管理	2	2.6
旅游研究纪事	1	1.3

续表

引用的期刊名称	篇数	比例(%)
旅行和旅游市场学杂志	1	1.3
国际服务业管理杂志	1	1.3
体育运动和社会问题杂志	1	1.3
其他	37	48.7
总计	76	100

从表5~表8中,我们可以看出,在《旅游研究纪事》(ATR)上发表的论文被引用的次数最多,达138篇,其中被本刊引用的占近40%,被旅游管理引用的约占24%,而被其他刊物引用的比例较低;论文被引用的数量位列第二的是《旅游管理》(TM),共130篇,其中被本刊引用的超过40%,而被《旅游研究纪事》引用的超过24%。总的来看,这两本杂志的论文被引用和互相引用的数量都远高于另外两本休闲研究类期刊。从这4本学术刊物上发表的论文被引用情况可以发现,旅游与休闲类杂志之间互相引用的并不多。而且引用在该本杂志上曾发表过的论文要明显多于其他杂志,这或许是作者阅读和参考的杂志范围相对固定所致以及与杂志选稿制度安排中的路径依赖有关。

三、我国旅游学术研究"国际化"问题

总体上看,在ATR和TM上发表论文的作者大多以英语国家为主,对于一些母语为非英语的作者来讲,语言障碍是他们的研究成果较难以在这些英文学术刊物上发表的一个重要原因,这也是在国外学术刊物较少见到中国大陆本土学者(包括其他非英语国家学者)论文的因素之一。近年来国外学术界对于中国旅游业的发展越来越关注,但在国外学术刊物上发表的关于中国旅游问题的研究论文,大多数是由在海外执教的华人学者(包括香港学者和华裔学者)、中国留学生与国外教授合作撰写的。据吉里·若加拉特南等人(2005)的研究[1],1992~2001年期间在ATR、JTR和TM三大刊物上发表论文超过5篇的35位学者中只有2名华人学者,一位是美国俄克拉荷马州立大学饭店和餐饮管理学院的屈海林教授,另一位则是香港理工大学酒店及旅游业管理学院的徐惠群教授。无独有偶,他们两人还分别是在美国出版的《饭店业与旅游业质量保证杂志》和《旅行与旅游教学杂志》的主编(见表2),而中国大陆本土学者无一人入围。究其原因,除了语言因素外,主要是与我国旅游业发展所处的特殊阶段有关,我国旅游业起步较晚,发展很快,并且与大多数西方国家的发展模式迥然不同,旅游业是在我国社会由计划经济向市场经济转型的大背景下,在政府主导和制度变迁的诱发下亦步亦趋地发展起来的,在这一过程中,出现的问题和解决的办法对较为成熟

的西方国家来说是不存在的,也不会成为他们的研究选题。此外,国内外在学术研究习惯、研究方法、选题思路、学术规范等方面存在着不少差异。国内的学者一般不太适应国外的旅游学术研究规范(即撰写学术论文应遵循的"洋八股"),但在目前西方国家握有国际旅游学术话语权的情形下,我们如要跻身于国际旅游学术界只能主动去适应这些我们尚不习惯的研究规范和文本格式。从选题上看,国内学者(尤其是一些著名学者)的论文往往都选契合当下发展形势需要的"重大题材",宏大叙事式的论文构架比较符合政府部门制定政策和行业管理的需要。而西方学者在旅游研究中似乎采取的是"无政府主义",很少研究旅游业的宏观运行体制和机制以及政府在旅游业发展中的作用,而是更多地从细节上关注微观层面、技术层面和个体层面上的问题。也就是说,国内学者热衷于探讨价值理性问题,而国外学者更多地研究工具理性问题。因此,国内学者的论文中流行的时势政治词汇屡见不鲜,论文的时效性较强,紧跟形势。而西方学者往往喜欢在个案研究中,设计数理模型或构建概念模式。应用量化研究方法已经成为许多西方旅游学者提高论文"科学性"的一大法宝和流行趋势,甚至成为某些西方学术刊物是否录用稿件的一个主要标准或"潜规则"。数理分析技术作为一种分析工具确有其科学严谨的一面,这值得我们认真学习、借鉴、消化和吸收。但同时也应该看到数理分析作为一种工具,在使用时需要注意不被滥用和误用。《旅游管理》杂志主编克里斯·瑞安教授(2005)认为"研究人员的一些纯技术性的量化研究成果更容易获得出版,而实际上这些文章对新理论的贡献是非常有限的"[2]。另一方面,中国旅游发展的多元性、多样性和复杂性,使得在中国很难简单地套用某一个理想化的、单一的发展模式来解释和解决各地旅游发展中遇到的实际问题。事实上,中国无论是在自然和人文旅游资源、历史遗产资源,还是在旅游供需市场方面,从规模数量到种类结构都是非常巨大和齐全的。同时,在发展过程中,由于我国幅员辽阔,地区间发展不平衡,在当今中国,旅游业的各个发展历史阶段在全国各地以共时态的方式并存,在一种国家制度的框架下,我们既有可与西方发达国家媲美的一流城市旅游饭店业,也有与一些欠发达国家相似的以土著居民生活的原始乡村作为旅游目的地。这些地区的旅游业快速发展和社会实践可以为旅游经济学、旅游地理学、旅游社会学、旅游人类学等学科产生新理论提供一个"开放性的实验室"。我们深信在不远的将来,中国作为世界最大的旅游目的地国家,在国际旅游学术讲坛上中国本土学者能发出更多的声音,我们更期待在众多的旅游理论中可以看到"中国学派"的身影。

参考文献

[1] Jogaratnam Giri, Chon Kaye, McCleary Ken, Mena Miguela, Yoo Joanne. An analysis of institutional contributors to three major academic tourism journals: 1992~2001 [J]. *Tourism Management*, 2005(5):641-648.

[2] Ryan Chris. The ranking and rating of academics and journals in tourism research [J].

Tourism Management, 2005(5):657 – 662.

[3] Bob McKercher, Rob Law, Terry Lam. Rating tourism and hospitality journals [J]. *Tourism Management*, 2006(6):1235 – 1252.

原载于《旅游科学》2008 年 6 月,第 22 卷第 3 期

国际旅游学术共同体研究成果述介

张凌云

在国际旅游学界虽然没有以"旅游学术共同体"这一概念进行研究的,但对于旅游学术期刊、旅游院校、旅游学者的评价和排序之类的论文并不少见。这些研究所涉及的范围和内容,与我们所做的旅游学术共同体的研究基本类似。国际上的研究重点也是以在旅游学术期刊上发表的成果作为基本信息和评价依据。近年来被收入美国社会科学引文索引(Social Science Citation Index,SSCI)的旅游学术期刊发展较快,从早期的《Annals of Tourism Research》《Tourism Management》和《Journal of Travel Research》三本,发展到目前20多本(表1)。随着SSCI旅游类刊物增加,上述3本的旅游类刊物的影响因子都出现了一定程度的下降,2013年没有一本旅游类期刊的影响因子在3以上,近两年《Journal of Sustainable Tourism》的影响因子增长较快,并已超过《Tourism Management》,位列第二,这说明了近年来对于可持续旅游研究的关注度逐年提高。

表1 近年来国际旅游、休闲和体育类学术期刊影响因子排序

排序	期刊名称	影响因子(2013)	影响因子(5年平均)	影响因子(2012)	影响因子(2011)	影响因子(2010)
1	International Review of Sport and Exercise Psychology	3.353	—	—	—	—
2	Annals of Tourism Research	2.795	3.216	3.683	3.259	1.949
3	Journal of Sport & Exercise Psychology	2.593	3.787	2.452	2.658	2.823
4	Journal of Sustainable Tourism	2.392	3.134	3.000	1.929	1.539
5	Tourism Management	2.377	3.382	2.571	2.597	2.620
6	Journal of Travel Research	1.884	2.487	1.899	1.579	1.549
7	International Journal of Hospitality Management	1.837	2.466	1.692	1.771	1.382
8	Psychology of Sport and Exercise	1.768	2.405	1.719	1.867	2.218
9	International Journal of Contemporary Hospitality Management	1.623	—	1.266	0.929	—

续表

排序	期刊名称	影响因子（2013）	影响因子（5年平均）	影响因子（2012）	影响因子（2011）	影响因子（2010）
10	Sport Education and Society	1.333	1.642	1.172	0.824	0.857
11	Tourism Geographies	1.327	1.302	0.731	0.840	0.633
12	Research Quarterly for Exercise and Sport	1.261	1.794	1.108	1.490	1.191
13	Journal of Sport and Health Science	1.227	1.227	—	—	—
14	Cornell Hospitality Quarterly	1.165	1.694	1.892	0.878	0.549
15	Journal of Hospitality & Tourism Research	1.125	1.602	0.820	0.943	0.653
15	Sociology of Sport Journal	1.125	1.382	0.727	0.917	0.778
17	Leisure Sciences	1.109	1.862	1.018	1.066	0.917
18	Journal of Applied Sport Psychology	1.098	1.789	1.159	1.547	1.264
19	Leisure Studies	1.096	1.237	0.887	0.556	0.604
20	Journal of Sport & Social Issues	1.049	1.410	1.300	1.050	0.692
21	International Journal of Tourism Research	1.024	1.498	0.861	0.816	0.802
22	Current Issues in Tourism	0.958	1.241	1.307	0.836	0.542
23	Sport Psychologist	0.933	1.382	1.018	0.982	1.054
24	Scandinavian Journal of Hospitality and Tourism	0.882	1.087	1.089	0.630	0.282
25	Journal of Sport Management	0.727	1.108	0.543	0.814	0.797
26	International Review for the Sociology of Sport	0.725	1.140	1.125	0.827	0.311
27	Journal of Travel & Tourism Marketing	0.695	0.966	—	—	0.835
28	European Sport Management Quarterly	0.638	0.586	0.489	0.875	0.818
29	Journal of Leisure Research	0.592	1.382	0.870	0.508	1.000
30	Tourism Economics	0.573	0.901	0.800	0.579	0.614
31	Asia Pacific Journal of Tourism Research	0.566	—	0.359	0.300	—
32	Journal of Sports Economics	0.544	0.875	0.743	0.718	0.528

续表

排序	期刊名称	影响因子（2013）	影响因子（5年平均）	影响因子（2012）	影响因子（2011）	影响因子（2010）
33	International Journal of Sports Science & Coaching	0.516	1.068	0.606	0.925	1.076
34	International Journal of Sport Psychology	0.453	1.177	0.867	1.034	0.961
35	International Journal of the History of Sport	0.291	—	0.376	0.256	—
36	Journal of the Philosophy of Sport	0.250	0.329	0.324	0.176	0.346
37	*Journal of Tourism and Cultural Change*	0.238	—	0.182	0.175	—

注：1. 按2013年的影响因子排序。
2. 斜体为旅游和休闲类期刊。
资料来源：Web of Science – Journal Report（JCR），http://isiknowledge.com/jcr。

表2 旅游和体育类期刊引用量和影响因子排序（2012年）

排序	期刊名称	引文总数	影响因子
1	旅游研究纪事（ATR）	4544	3.683
2	可持续旅游杂志（JST）	1148	3.000
3	旅游管理（TM）	4815	2.571
4	体育心理学杂志（JSEP）	2561	2.452
5	旅行研究杂志（JTR）	2351	1.899
6	康奈尔酒店和餐馆管理季刊（CHQ）	364	1.892
7	运动心理学（PSE）	1407	1.719
8	国际饭店业管理杂志（IJHM）	1454	1.692
9	旅游热点问题（CIT）	428	1.307
10	体育社会热点（SSI）	455	1.300
11	国际当代饭店业管理杂志（IJCHM）	925	1.266
12	体育教育与社交（SES）	459	1.172
13	体育心理学杂志（JASP）	974	1.159

续表

排序	期刊名称	引文总数	影响因子
14	体育社会学国际评论(IRSS)	470	1.125
15	体育社会学研究季刊(RQES)	2905	1.108
16	斯堪的纳维亚饭店和旅游杂志(SJHT)	176	1.089
17	体育心理学(SP)	961	1.018
17	休闲科学(LSC)	926	1.018
19	休闲研究(LSt)	507	0.887
20	休闲研究杂志(JLR)	1313	0.870
21	国际体育心理学杂志(IJSP)	688	0.867
22	国际旅游研究杂志(IJTR)	557	0.861
23	饭店业与旅游研究杂志(JHTR)	459	0.820
24	旅游经济(TE)	597	0.800
25	体育经济杂志(JSE)	375	0.743
26	旅游地理(TG)	403	0.731
27	社会体育学杂志(SSJ)	594	0.727
28	国际体育科学与教练(IJSSC)	224	0.606
29	体育管理杂志(JSM)	427	0.543
30	欧洲体育管理季刊(ESMQ)	114	0.489
31	国际体育史杂志(IJHS)	411	0.376
32	亚太旅游研究杂志(APJTR)	148	0.359
33	国际体育财经杂志(IJSF)	44	0.300
34	旅游和文化变迁杂志(JTCC)	58	0.182
35	饭店、休闲、体育、旅游杂志(JHLST)	48	0.113

资料来源:同表1。

除影响因子指标外,还有一个指标是引文总数,即被引文的数量,一般来讲,被引文数量越多,说明其影响力越大,但由于刊物发行周期不同(如月刊、双月刊、季刊等),每种期刊的印张不同(通俗一点讲,就是开本和厚薄),因此每年每种期刊的发文总量差异较大。SSCI的影响因子是通过统计文献引用和论文刊发数量之比得出的。从表2可以看出影响因子高的期刊,其引文总数不一定就高。如《可持续旅游杂志》

的影响因子高达3.0,但2012年全年的引文为1148篇,而《国际饭店业管理杂志》的引文达1454篇,影响因子仅1.69,反之亦然。

尽管SSCI指标在科学评价中被广泛引用,但对其科学性的质疑也不在少数,其中也包括西方学者。从入选的SSCI期刊目录看,都是英文期刊,这对于母语是非英语的学者很不利。不仅是中国学者,包括日本、德国、法国的学者,在这些学术期刊上发文量都不大。来自美国和英联邦国家的作者占据明显的优势。这是在科学评价中通过制定规则,掌握话语权的一个现实的例子。其次,进入SSCI的旅游学术期刊只占很小一部分,对于非SSCI的旅游学术期刊也应有评价方法和排序。这里我们推介海外学者在不同时期所做的5篇相关研究论文,从我们可以了解到海外学者对于旅游学术共同体成员(学术期刊、研究机构和专家学者)的排序,以及分析框架、研究重点和评价方法。这5篇论文分别是:

1. Giri Jogaratnam 等,学术机构对三大主要旅游学术杂志的贡献分析(1992~2001);

2. Chris Ryan,旅游研究期刊的排序与学术产出率;

3. Bob McKercher 等,旅游与饭店期刊评价;

4. Kwangmin Park 等,饭店和旅游研究按照作者、大学和国家排名:新千年的第一个十年里——基于六种主要的期刊;

5. Dogan Gursoy 等,饭店与旅游期刊最新排序。

一、学术机构对三大主要旅游学术杂志的贡献分析(1992~2001)

作者:

1. Giri Jogaratnam,美国东密歇根大学饭店和餐饮管理系
2. Kaye Chon,香港理工大学酒店及旅游业管理学院
3. Ken McCleary,美国弗吉尼亚技术大学和州立大学帕姆普林商学院
4. Miguela Mena,香港理工大学酒店及旅游业管理学院
5. Joanne Yoo,香港理工大学酒店及旅游业管理学院

原文标题:An Analysis of Institutional Contributors to Three Major Academic Tourism Journals
原文出处:*Tourism Managment*, Oct. 2005, vol. 26 Issue 5, pp,641-648

【论文摘要】

在过去的几十年中,旅游领域的大学、学院和相关专业相继出现,数量不断增长,旅游业的发展对旅游研究也产生了巨大的需求,各类学术机构也越来越重视研究成果的发表。学术研究成果在大学或学术界推出的数量已经影响到人们对某个学科专业或学术机构质量的看法。另外,研究能力已经成为一个院系的业绩评估中的一部分,这种评估将决定一个院系是否能够存续。

分析研究机构的学术成果产出率和学术贡献度是很重要的,这主要是由于以下几

方面的原因。一个最重要的原因是学术机构的管理者可以依此为薪资定级、人员晋升和资源分配的依据。这些信息在招生和院系划分也是非常重要的,它可以放在招生简章中,给潜在的学生、学院管理机构和评估机构看。了解研究产出率可以方便评定学术机构的等级和设定学术成果的评价标准,对于那些尚无明确、书面的学术评价原则的机构,这个信息尤其重要(Roberts,1998)。研究出版成果的记录也方便人们了解研究成果的历史发展情况,也是院系是否跟得上学术发展步伐的一个指标(Clark,1986)。

自 1989 年以来,已经有不少针对旅游饭店学术出版物的质量进行评价(Weaver 和 McCleary,1989;Weaver,1997/1998;Samenfink 和 Rutherford,2002),这些研究分析和评价了机构和个人对学术产出的贡献度,这些研究采取了多种分析方法,如问卷调查、引用分析、内容分析、时间序列分析和德菲尔法等。以往的研究有的是数出版文章数量,有的是计算出版物页数,也有的是计算出版文章的引用频率,用这些方法来评价学术产出是否合适也存在一些争议(Oppermann 和 Roehl,1995;Woods 和 Schmidgall,1995;Losekoot,Verginas 和 Wood,2001;Rutherford 和 Samenfink,2002),由于到目前为止,人们还没有找到评价出版物的最佳方法,因此任何方法都可能招致批评。

本文的研究是对以往谢尔登(1991)的研究进行复制,谢尔登当时研究的是 1980~1989 年间的旅游研究贡献,为了便于比较,本文采用了同样的研究方法,分析了同样的三个杂志,即《旅游研究纪事》(ATR)、《旅游研究杂志》(JTR)和《旅游管理》(TM),唯一不同的是本文研究的是 1992~2001 年最近十年的出版信息。

【研究方法】

根据以往的研究(Laband,1985;Moore 和 Taylor 1980;Niemi,1987;Sheldon,1991),本研究的重点放在作者所在的学术机构的总产出上,为此本研究主要从数量角度来衡量学术贡献程度,包括作者在刊物上出现的频次或论文数。需要说明的是,如果一篇文章有多个作者,那么每个作者都会有相同的得分,与作者独立发表文章的得分是一样的,这种计算方式与巴里(1990)和谢尔登(1991)的计算方式是一样的。当然,赫克和库利(1988)和巴里(1990)曾指出这种方法会使计算出的产出量被放大了,因此在合作文章中将每个作者的得分根据贡献大小进行调整会使研究结果更真实。不过由于本文的重点评价是雇用作者的学术机构而不是作者本人,因此本研究没有对合作者的得分进行调整。

尽管现在新出的旅行和旅游杂志很多,但本文研究的三本一直以来是被认为是质量最高,被最广泛引用的旅游杂志(Sheldon,1990)。为了更有可比性和时效性,本文选取了最近 10 年(1992~2001 年)的数据进行研究,研究的对象只有杂志发表的论文,研究笔记、会议报告、专项报告和编者的信等都不在本研究之列。

【研究结果】

1. 作者分析

这一部分是根据机构所管理的作者的贡献对机构进行评价,机构的得分取决于其下属作者发表论文的数量。表1列出的是在1992~2001年期间在三大杂志(ATR、JTR、TM)上发表论文超过20篇的机构。发表论文的作者人数会影响学术机构的总分,不过需要注意的是表1所列出的数字是作者数,是与某个大学相关的所有作者的总数而不是某个院系的作者人数。

表1共列出了21家旅游教育和研究机构,其中10家是美国机构,4家是澳大利亚的,加拿大和英国各2家,新加坡、新西兰、中国香港各一家。其中名列前五位的机构依次是得克萨斯农工大学、香港理工大学、萨里大学、威尔士大学和夏威夷大学。每个机构都有超过20名学者发表过文章。

除了作者人数外,每个作者的平均产出率也是一个重要影响因素,从表1看出中佛罗里达大学、普渡大学和伊利诺伊大学这三所美国大学的作者产出率最高,平均产出率分别是3.00、2.69和2.60。不过在引用这个数据时需要比较谨慎,因为有些作者会在这三大杂志以外的其他杂志上发表论文,因此这个数据并不能代表机构学者的真正产出率。

另外,我们还对在三本杂志上发表文章最多的机构(即贡献了20篇论文以上的机构)进行了评价。评价的依据是看最多产的机构中的作者姓名在三本杂志上的出现次数占所有作者出现次数的比例。从表1中可以看出,这些主要机构对三本杂志的贡献是非常大的,表中列出的21家最多产的机构的作者姓名出现次数达742次,占总数2202(1992~2001年间作者人次总数)的34%。这些作者在ATR中出现的次数是173,占总数665的26%;在JTR中出现的次数是310,占总数779的39%;在TM中出现的次数是259,占总数758的34%。

我们把本次研究的结果与1991年谢尔登的研究结果进行了对比(见表2),前十家机构中只有四家与谢尔登列出的机构重合,这四家是美国的得克萨斯农工大学、英国的萨里大学、美国的夏威夷大学和加拿大的卡尔加里大学。本研究中其他名列前十的六家机构都是新进入前十列名的机构,他们是:香港理工大学、威尔士大学、格里菲斯大学、弗吉尼亚技术大学、普渡大学和拉斯维加斯大学。学术机构产出效率的变化在一定程度上能反映出各机构院系调整和人员流动的情况,同时这种变化也与各机构的相关课程设置,对旅游学科的重视程度和支持力度有关。

学者们选择什么样的杂志发表文章有各自的选择理由,谢尔登(1991)发现美国的机构很少在以英国为基地的杂志(如TM)上发表文章,只有极少数例外。本次研究有类似的结果,美国的学术机构对TM的贡献文章不足30%,而在JTR上美国机构的文章占绝大多数。这可能与编辑政策和/或审稿人的偏见有关。除了上述因素外,基本上所有机构在三个杂志上的发稿量比较平均,除了香港理工大学在ATR中没有发过任何文章,宾夕法尼亚大学在TM上没有发表过文章(见表1)。

表1 各大学对杂志的学术贡献(1992~2001)

作者排名	大学名称	地理区域	论文篇数	作者人数	平均产出	ATR篇数	JTR篇数	TM篇数
1	得克萨斯农工大学	美国	62	27	2.30	15	37	10
2	香港理工大学	中国香港	58	29	2.00	0	20	36
3	萨里大学	英国	42	23	1.83	17	3	22
4	威尔士大学	英国	41	23	1.78	10	5	28
5	夏威夷大学	美国	41	23	1.78	15	19	7
6	格里菲斯大学	澳大利亚	40	19	2.11	15	13	12
7	弗吉尼亚技术大学	美国	38	15	2.53	4	21	13
8	卡尔加里大学	加拿大	35	15	2.33	12	13	11
9	普渡大学	美国	35	13	2.69	1	22	12
10	内华达拉斯韦加斯大学	美国	31	16	1.94	6	22	3
11	亚利桑那州立大学	美国	30	15	2.00	9	14	7
12	詹姆斯·库克大学	澳大利亚	29	14	2.07	11	9	9
13	宾夕法尼亚大学	美国	28	22	1.27	10	20	0
14	滑铁卢大学	加拿大	28	14	2.00	9	3	16
15	梅西大学	新西兰	26	14	1.86	4	1	22
16	伊利诺伊大学	美国	26	10	2.60	5	21	1
17	中佛罗里达大学	美国	24	8	3.00	2	13	9
18	维多利亚大学	澳大利亚	22	13	1.69	4	12	4
19	昆士兰大学	澳大利亚	21	14	1.50	4	8	11
20	新加坡国立大学	新加坡	21	15	1.40	7	9	5
21	科罗拉多大学	美国	20	9	2.22	8	9	3

注:1. 指至少发表了20篇论文的机构。
　　2. 指论文包括独立作者的论文和合著者的论文,作者人数是作者出现的次数。
　　3. 指按论文篇数排序。

表2 1992～2001与1980～1989之间研究贡献度的对比

排名	大学[a]	1992～2001		排名	大学[b]	1980～1989	
		论文篇数	作者人数			论文篇数	作者人数
1	得克萨斯农工大学	62	27	1	夏威夷大学	47	18
2	香港理工大学	58	29	2	滑铁卢大学	31	13
3	萨里大学	42	23	3	萨里大学	27	16
4	威尔士大学	41	23	4	布拉德福大学	27	10
5	夏威夷大学	41	23	5	得克萨斯农工大学	27	18
6	格里菲斯大学	40	19	6	卡尔加里大学	20	8
7	弗吉尼亚技术大学	38	15	7	南卡罗来纳大学	16	8
8	卡尔加里大学	35	15	8	北卡罗来纳大学	16	7
9	普渡大学	35	13	9	西蒙弗雷泽大学	16	6
10	内华达拉斯韦加斯大学	31	16	10	亚利桑那州立大学	15	10
11	亚利桑那州立大学	30	15	11	克莱姆森大学	14	12
12	詹姆斯·库克大学	29	14	12	希伯来大学	13	6
13	宾夕法尼亚大学	28	22	13	华盛顿州立大学	13	7
14	滑铁卢大学	28	14	14	坎特伯雷大学	12	4
15	梅西大学	26	14	15	詹姆斯·库克大学	12	3
16	伊利诺伊大学	26	10	16	亚拉巴马大学	12	3
17	中佛罗里达大学	24	8	17	图伦大学	12	6
18	维多利亚大学	22	13	18	宾夕法尼亚大学	11	8
19	昆士兰大学	21	14	19	威斯康星大学	11	7
20	新加坡国立大学	21	15	20	伯明翰大学	10	6
21	科罗拉多大学	20	9	21	中佛罗里达大学	10	6
				22	肯塔基大学	10	5

注：1. a 指根据谢乐登1991年排序。
2. b 指根据论文篇数排序。

2. 作者多次发稿分析

为了了解不同作者对杂志的贡献程度，根据谢尔登（1991）的方法，我们同样把作者分为仅投稿一次的作者、中等贡献作者（投稿超过一次，少于五次）和频繁贡献作者

（投稿超过五次）。表3列出了相关信息。

大部分文章（76%）是由一次性作者贡献的，这与谢尔登（1991）的研究结果（75%）接近，这个比例要低于单个杂志的该项统计结果，因为有些作者可能会在不同的杂志上发表文章。中等贡献作者和频繁贡献作者的比例（21%和4%）也与谢尔登（1991）的结果（19%和4%）接近。虽然这些比例与谢尔登（1991）的研究结果相近，但这些杂志的作者总数要高得多，谢尔登（1991）研究时作者总数是646人，一次性作者人数485，中等贡献作者143人；而本次研究作者总人数1402人，其中一次性作者人数1071，中等贡献作者269人。

为了进一步了解频繁贡献作者的发表文章情况，我们把这十年间在三大杂志上发稿超过五篇文章的作者在表4中列出，需要说明的是数量并不代表质量。另外，这些作者并不一直属于某一个学术机构，在研究的十年间，这些作者可能会调动过。因此研究这些作者在某一所大学里的稳定时间也能从侧面说明学术机构是否有能力留住研究人员。

表3 作者重复发稿分析（1992~2001）

杂志名称	作者总人数	一次性作者[a]		中等贡献作者[b]		频繁贡献作者[c]	
		人数	比例（%）	人数	比例（%）	人数	比例（%）
ATR	560	486	86.8	73	13.0	1	0.2
JTR	596	491	82.4	96	16.1	9	1.5
TM	598	500	83.6	93	15.5	5	0.8
总计	1402	1071	76.4	269	19.2	62	4.4

注：1. a 指只发表过一篇论文的作者，下同。
2. b 指发表的论文超过一篇，但不足五篇的作者，下同。
3. c 指发表过五篇论文以上的作者，下同。

表4 在三大杂志上发表论文超过五篇的作者统计

排序	作者	杂志名称			
		ATR	JTR	TM	总计
1	John Crompton	8	14	2	24
2	Daniel Fesenmaier	4	12	—	16
2	Chris Ryan	5	—	11	16*
4	Martin Oppermann	7	6	2	15
5	Douglas Pearce	4	4	5	13

续表

排序	作者	杂志名称			
		ATR	JTR	TM	总计
5	Abraham Pizam	3	5	5	13
7	Muzaffer Uysal	—	9	3	12
7	Richard Prentice	4	—	8	12
7	Stephen Witt	6	2	4	12
10	Bill Faulkner	2	4	4	10
11	Peter Williams	1	5	3	9
11	Tom Baum	1	2	6	9
13	Donakll Getz	3	—	5	8
13	Bob McKercher	2	3	3	8
13	Sevil Sonmez	2	5	1	8
13	Geoffrey Wall	3	—	5	8
13	Richard Perdue	1	6	1	8*
18	Alastair Morrison	—	3	4	7
18	Geoffrey Crouch	2	4	1	7
18	Hailin Qu(屈海林)	—	2	5	7
18	Brent Ritchie	—	3	4	7
18	Robin Ritchie	—	4	3	7
18	Lee Choong Ki(李崇基)	1	3	3	7
18	Bill Bramwell	2	1	4	7
18	David Weaver	3	1	3	7
26	Joseph O'Leary	—	4	2	6
26	Rob Law(罗振雄)	—	2	4	6
26	Glenn Ross	2	2	2	6
26	Mary Ann Littrell	4	2	—	6
26	James Mak	1	5	—	6
26	Ady Milman	1	3	2	6

续表

排序	作者	杂志名称			
		ATR	JTR	TM	总计
26	Clive Morley	3	2	1	6
26	Egon Smeral	3	1	2	6
26	Stephen Wanhill	2	2	2	6
35	Perry Hobson	—	3	2	5
35	Wesley Roehl	—	4	1	5
35	Christine Vogt	2	3	—	5
35	Seyhmus Baloglu	1	3	—	5
35	Cathy Hsu(徐惠群)	2	3	—	5
35	Stephen Page	2	—	3	5
35	Ken McCleary	2	3	—	5
35	Philip Pearce	3	1	1	5
35	Bruce Prideaux	—	1	4	5
35	Roger Riley	3	1	1	5
35	William Stewart	—	5	—	5

注：Chris Ryan 发到 TM 上的 11 篇论文中，7 篇是他成为杂志编委之前发表的，Richard Perdue 也一样，所有的论文都是他成为 JTR 杂志编委之前发表的。

3. 机构多次发稿分析

在各机构中一次性作者的数量也大多超过半数（见表5），其中普渡大学和维多利亚大学的一次性作者数最少，分别是38.5%和53.8%，一次性作者比例最高有宾夕法尼亚大学，占86.4%，还有昆士兰大学，占78.6%。普渡大学和萨里大学的中等贡献作者比例最高，分别是38.5%和39.1%。中佛罗里达大学和科罗拉多大学的频繁贡献作者比例最高，分别是25%和22.2%。在统计频繁贡献作者的绝对数量时，我们发现有四家学术机构（美国夏威夷大学、澳大利亚格里菲斯大学、美国弗吉尼亚技术大学和加拿大卡尔加里大学）的这类作者人数最多，每个大学都有三个频繁作者，其他20个机构中平均每个都只有一到两个频繁作者在1992～2001年间发稿五篇以上。

这些研究结果与谢尔登(1991)的研究结果没有太大差异，即三大杂志的大部分作者是一次性作者，这些一次性作者中有很多是大学的研究生，他们发表过了自己的论文后就不再继续学术研究了，另一个可能的原因是因为旅游学术杂志数量不断增加，分散了作者的投稿集中度。另外，谢尔登(1991)认为由于旅游的跨学科性质也会分散作者的稿件投向,因为有些旅游方面的论文会投向人类学、经济学和地理学等专业的学术杂志。

表5 机构多次发稿分析(1992~2001)

大学名称	作者总人数[d]	一次性作者[a]		中等贡献作者[b]		频繁贡献作者[c]	
		人数	比例(%)	人数	比例(%)	人数	比例(%)
得克萨斯农工大学	27	19	70.4	6	22.2	2	7.4
香港理工大学	29	17	58.6	10	34.5	2	6.9
萨里大学	23	14	60.9	9	39.1	0	0.0
威尔士大学	23	16	69.6	5	21.7	2	8.7
夏威夷大学	23	17	73.9	3	13.0	3	13.0
格里菲斯大学	19	13	68.4	3	15.8	3	15.8
弗吉尼亚技术大学	15	9	60.0	3	20.0	3	20.0
卡尔加里大学	15	9	60.0	3	20.0	3	20.0
普渡大学	13	5	38.5	6	46.2	2	15.4
内华达拉斯韦加斯大学	16	10	62.5	4	25.0	2	12.5
亚利桑那州立大学	15	9	60.0	5	33.4	1	6.6
詹姆斯·库克大学	14	8	57.1	4	28.6	2	14.3
宾夕法尼亚大学	22	19	86.4	3	13.6	0	0.0
滑铁卢大学	14	8	57.1	5	35.7	1	7.1
梅西大学	14	8	57.1	5	35.7	1	7.1
伊利诺伊大学	10	7	70.0	2	20.0	1	10.0
中佛罗里达大学	8	5	62.5	1	12.5	2	25.0
维多利亚大学	13	7	53.8	4	30.8	2	15.4
昆士兰大学	14	11	78.6	2	14.3	1	7.1
新加坡国立大学	15	10	66.7	5	33.3	0	0.0
科罗拉多大学	9	7	77.8	0	0.0	2	22.2

注:d 指根据所有三大杂志(ATR、JTR、TM)的统计。

4. 不同地区的贡献度分析

表6列出的是世界各地区对三大杂志的贡献度,根据谢尔登(1991)的研究,我们主要统计作者机构的所在国家而不是作者本人的国籍。从两次的研究中结果看,北美

一直是最大的贡献地区,但贡献比例有所下降,从原来的65.1%降到了46.6%,而亚太地区(含亚洲、澳大利亚和新西兰)的贡献从原先的7.0%迅速增长到了23.9%(此段文字系由笔者加粗,意在提请读者注意这些观点或结论,下同),欧洲一直保持着第二的位置,前一次的研究结果是24.8%的贡献度,这一次是26.4%。

北美是JTR的主要稿源地,谢尔登(1991)的研究结果显示有90%的文章是来源于北美,本次研究的结果是70%的文章源自北美。亚太区作者对JTR的贡献度增长近4倍,达20%,欧洲作者对JTR的贡献度从4.4%上升到8.8%。ATR也主要依靠北美的稿源,不过欧洲和亚洲也有相当比例的贡献,分别是27.3%和21.6%。ATR各地区贡献度的变化趋势与JTR相类似。欧洲作者仍是TM的最大稿源,不过其贡献度已经从53.3%降到了42.9%,北美对TM的贡献度也同样在下降,从36.4%降到了24.9%,这两个地区贡献度下降的部分被亚太地区近三倍的增长幅度消化了。

表6 研究贡献的地域分布

地区	总计		ATR		JTR		TM	
	2003 %[a]	1991 * %	2003 %	1991 %	2003 %	1991 %	2003 %	1991 %
亚洲[b]	7.6	1.9	4.5	0.3	8.0	1.5	10.2	4.1
澳新	16.3	5.1	17.1	7.4	12.2	4.0	19.7	3.8
北美	46.6	65.1	44.8	66.4	69.9	89.7	24.9	36.4
欧洲	26.4	24.8	27.3	19.4	8.8	4.4	42.9	53.3
其他[c]	3.0	3.2	6.2	6.5	1.0	0.6	2.1	2.5

注:1. * 指根据谢尔登研究结果Sheldon(1991)。
2. a指%指论文比例。
3. b指含中国、新加坡、马来西亚、印度。
4. c指含中东、南非和南美。

【讨论与结论】

出版的研究成果是引领学科发展的,突出的科研力量与高质量的教学是密不可分的(Heck和Cooley,1998,P.107)。尽管评价学术机构质量的尺度有很多,但出版的研究成果的数量显然会影响评价结果(Heck和Cooley,1998)。当然,这并不是说论文的质量不重要,以往也有很多研究是针对论文的质量评价问题的(如Woods和Schmidgall,1995;Howey Savage,Verbeeten和Van Hoof,1999)。学术杂志的匿名审稿制度和对论文的严格筛选能在一定程度上保证所发表论文的质量(Heck和Cooley,1988)。我们这里对论文数量的研究并不等于说数量比质量重要,而只是客观地呈现事实和数据,不加以任何评判。

与任何研究一样,本研究也存在一定的局限性。学术成果除了杂志论文外还包括会议论文、专著、学位论文、行业杂志文章等。另外旅游行业的杂志数量越来越多,本研究仍只是局限于三大杂志,而且本研究只针对论文数量进行分析,没有涉及论文的质量问题。这些都是可以在以后的研究中加以丰富和深入的,如选取更多的杂志,可以采用其他的分析方法。在各种分析方法中,引用分析在很多学科中是比较常用的。是否被引用可以更好地说明作者个人及其所属机构对学术发展的影响力,也就是说文章被引用的频率越高,说明文章的学术贡献越大,学术地位越高。

虽然引用分析法优于其他评价方法,但它也不一定总能非常客观真实地反映现实。例如,课本经常被引用,在引用分析法的评价结果中课本往往名列前茅,但事实上,课本中的原创信息很少,课本作者只是把别人的知识信息以适合的方式表达出来,并编辑合成教材。另一个问题是教材作者和原创作者的贡献一样大吗?这是一个目前尚待解决的问题。

施密德高尔和伍兹曾列出了一个饭店业杂志引用索引,这其中也包括一些旅游文章(Schmidgall 和 Woods, 1997/1998; Woods 和 Schmidgall, 1995),这是一项很有意义的工作。虽然引用分析法目前仍存在争议,它还远未过时。如果主流旅游杂志也能列出这样的一个引用清单,它能给人们一种明确的指导,这样以后再做类似的研究,就只需要数出作者在引用清单中出现的次数就能知道此人的学术地位了。

参考文献

[1] Barry, T. Publication productivity in the three leading US advertising: Journals: Inaugural issues through 1988[J]. *Journal of Advertising*, 1990,19(1):52 – 60.

[2] Clark, G. L. Leading marketing departments in the United States: Who is publishing where and how much are they publishing? [M]. Chicago: American Marketing Association, 1990.

[3] Leading contributors to insurance research[J]. *Journal of Risk and Insurance*, 2001,57(2):260 – 282.

[4] Dale, C., Robinson, N. The theming of tourism education: A three – domain approach. *International Journal of Contemporary Hospitality Management*, 2001,13(1):30 – 34.

[5] Heck, J. L., Cooley, P. L. Most frequent contributors to the finance literature: 1946 ~ 1985[J]. *Financial Management*, 1988,17(3):100 – 108.

[6] Howey, R. M., Savage, K. S., Verbeeten, M. J., van Hoof, H. B. Tourism andhospitality research journals: Cross – citations among research communities[J]. *Tourism Management*, 1999,(20):133 – 139.

[7] Laband, D. N. An evaluation of 50 ranked economics departments—by quantity and quality of faculty publications and graduate student placement and research success. *Southern Economics Journal*, 1985,(52):216 – 240.

[8] Losekoot, E., Verginas, C. S., Wood,. C. Out for the count: Some methodological questions in publications counting literature. *International Journal of Hospitality Management*, 2001,20(3):233-244.

[9] Moore, L. J., & Taylor, B. W. A study of institutional publications in business - relatedacad emic journals 1972~1978[J]. *Quarterly Review of Economics and Business*, 1980,20:87-97.

[10] Niemi, A. W. Research productivity of American businessschools 1975-1985[J]. *Review of Business and Economic Research*, 1987,23(2):1-17.

[11] Oppermann, M., Roehl, W. S. A reflection on hospitality's influential authors[J]. *Hospitality and Tourism Educator*, 1995,7(4):55-56.

[12] Roberts, C. Academic authorship trends in hospitality and business journals[J]. *Journal of Hospitality and Tourism Education*, 1998,10(1):56-61.

[13] Rutherford, D. G., Samenfink, W. H. Most frequent contributors to the hospitality literature[J]. *Hospitality Research, Journal*, 1992,16(1):23-29.

[14] Samenfink, W. H., Rutherford, D. G. Most frequent contributors to the hospitality literature: A ten-year update[J]. *Journal of Hospitality and Tourism Education*, 2002, 14(3):5-15.

[15] Schmidgall, R. S., Woods, R. H. Rating the influence scholars have on their field: A citation analysis of hospitality management education 1989~1996[J]. *Journal of Hospitality and Tourism Education*, 1998,4(9):74-79.

[16] Sheldon, P. J. Journal usage in tourism: Perceptions of publishing faculty[J]. *Journal of Tourism Studies*, 1990,(1):42-48.

[17] Sheldon, P. J. An Authorship analysis of tourism research[J]. *Annals of Tourism Research*, 1991,(18):473-484.

[18] Weaver, P. A., McCleary, K. W. Academic contributors: An analysis of academic contributors to four major hospitality journals[J]. *Ohio Hospitality Journal*, 1989, (2):6-11.

[19] Weaver, P. A., McCleary, K. W., Farrar, A. Academic contribution to four major hospitality journals revisited[J]. *Hospitality and Tourism Educator*, 1990,2(3):30-32.

[20] Woods, R. H., Schmidgall, R. S. Hospitality's influential authors: Using citation analysis to evaluate the research and contributions of hospitality faculty and programs [J]. *Hospitality and Tourism Educator*, 1995,7(1):33-39.

二、旅游研究期刊的排序与学术产出率

作者:Chris Ryan,新西兰怀卡托大学旅游管理系

原文标题:The ranking and rating of academics and journals in tourism research
原文出处:Tourism Managment, Oct. 2005, vol. 26 Issue 5, pp, 657-662

【论文摘要】

第一,要说明的是,以下评论完全是个人见解,不代表本杂志的观点(本文作者系《旅游管理》杂志的主编——译者注)。第二,本文写作的初衷是对本刊作者 Jogaratnam 等人论文的一个回应,同时也对 Pechalaner(2004)等美国及世界其他地区旅游研究发展趋势的研究者的一种回应。本文列举了 22 篇论文,但论文的选择并没有什么明确的指导原则。第三,我认为要想更好地理解等级问题,可能需要解决关于等级的一些问题。这个过程让我更客观深入地了解等级排行问题,这可能是其他读者或研究者所无法做到的。第四,我要说的是,在探讨这个话题时我的思想非常矛盾。1995年,我注意到在《旅游管理》上发表的一篇文章(当时我还不是该刊的编辑)表现出了对当时保守党撒切尔政府领导下的英国大学体制的不满(Ryan, 1995)。这种现状是英国和其他英语国家多年来政策的结果。大学教育从某种程度上说已经普及了,在英国、澳大利亚和新西兰,18 到 30 岁的年轻人中有 40% 在读大学,这个比例与 20 世纪 60 年代比起来已经有天壤之别了。1950 年,英国只有 6.8 万名大学生。大学教育已成为"大众消费体验",而前面提到的几个英语国家都曾一度以大学入学严格、竞争激烈而著称,这种改变是痛苦的,因为学术界已经习惯了过去的那种精英教育系统。美国一直有一种不同的传统,一种平均主义的传统,虽然这种传统一直备受争议。美国会尽可能让更广泛的群体接受大学教育(除了种族和收入方面的考虑以外),但为了保持一定的学术水平,美国的大学也有明显的等级体系,如常青藤大学和州立大学。在英国的传统中,入学机会是有限的,因此竞争激烈,一旦被录取,学生肯定会得到统一规范的教学待遇。

在大众消费体系盛行的今天,这种传统正被逐步蚕食。这种趋势的一个决定因素就是政府的投入不足,政府给每个学生的投资正在日渐减少,教职员工的薪资也落后于其他同等职业人士,甚至连教学楼的维修费用都受到了影响。人们尝试了很多不同的解决办法,从"一切全免"(即鼓励大学之间的竞争,扩大招生从而获得更高额的学费收入)到现行的"财政救星"(即扩大海外学生的招生数量,目前海外学生的比例越来越高)。学校的规模越来越大,政府总想通过资金占有比例来控制大学的管理,于是学校里就出现了一个越来越大的管理行政团体负责吸纳越来越稀缺的资金。目前,很多大学里的学术方面的员工人数不到学校总员工人数的 50%。

在这种情况下,资金的使用方向和使用"效率"就是一个很重要的问题了。各大学都想鼓吹自己在研究方面的杰出成就,想证明自己不仅是知识的传播者更是知识的创造者。不过科研往往是昂贵的,而且研究结果的效能是无法保障的,因为科研往往只是好奇使然,这显然与商业社会对资金使用的效率评判标准格格不入。随着人们对公共资金的使用要求提高有效率和增加透明度的呼声越来越高,那些用于资助研究的经费也往往伴随着更多的研究评估。Page 在 2003 年曾撰文分析这种文化的变迁。

我同意 Page 的观点，即现在的研究本质已经从真正意义上的研究向出版物方面转移了，人们更倾向于去看研究所得出的物质结果，尽管这种物质结果可能对知识体系本身没有多大的贡献，而更多的是重复以往的知识，这是一种把学术研究当成市场研究报告来做的错误方向。Page 指出，所有的研究和所有的研究者都已经被一把刷子驯服了。也许这种说法有点极端，但它确实指出了当前学术环境和学术氛围的现状。如果真的有好的研究，有好的学者，我相信这是存在的，但即使那些对知识体系有真正贡献的研究和研究者真的存在，高校的学生和新教职员如何了解这些研究呢？在当今的世界里，人们已经被键盘敲击出来的信息所包围，这是他们了解知识的唯一渠道。于是对论文的梳理和等级排序就变得很有必要。2004 年，新西兰推出了一个类似英国的"研究评价体系"的评价体系，名为"基础研究资金效能评价"，这个体系的实施需要对论文进行认真和清晰的评价，否则这个体系就形同虚设，最多不过是一个研究机构和研究人员研究现状的不完全的指南。需要说明的是，新西兰的做法是把旅游与市场营销列在一组里，在这个领域里，167 名研究人员中有 8 名被定为"A 级"，即国际顶级水平（New Zealand Tertiary Education Commission，2004）。在 8 个人中有 4 名是旅游方面的教授，这意味着相对市场学来说，旅游的学术地位还是不错的。

为了更好地评价现存的信息类别，评价他们的效用，同时避免 Trinet（旅游研究信息网）上已经出现的一些常见的问题，我列出了以下几个清单：

（1）根据 CAB 国际出版集团在 leisuretourism.com 网站上发布的数据中根据"点击"次数列出"一流"期刊；

（2）根据同一网的数据列出自 1990 年 1 月到 2004 年 5 月之间最多产学者；

（3）根据爱思唯尔（Elsevier）的科学目录网列出被引用次数最多的文章。

选择这几个网站的原因是它们是目前最大的学术数据库，覆盖了绝大部分旅游领域的期刊。

表 1～表 3 就是上述三个清单。CAB 国际出版集团的做法是根据点击次数确定期刊排名，排出前 10 大期刊。也就是说本月排名第一的杂志得了 10 分，第二的得了 9 份，依此类推。作者排名是根据作者在统计期间出现的次数确定，但不考虑作者是文章的第一、第二还是第三作者。

那么这几个清单有什么用呢？

第一，表 1 列出排名前三位的杂志是《旅游研究纪事》《旅游管理》和《旅行研究杂志》，这与雷希拉纳、泽海尔、马策和阿布福尔特等人的研究（2004）不谋而合，也得到了很多非美国学者研究结果的印证。比较新的杂志如《可持续旅游》等也排在了比较好的位置。不过这个表格所列出的杂志不仅有旅游方面，还涉及休闲、游憩、饭店业、运动管理，甚至是环境科学领域，也就是说它涉及旅游研究以外更广的学术群体，因此各学科的排列未必平衡。第二，它依据的是点击数，也就是说只针对那些上网的研究者。第三，"大"杂志往往点击次数多，理由很简单，因为其文章量大，《旅游研究纪事》

一年的杂志页数约 1000 页,《旅游管理》约 760 页。第四,有些杂志可能认为他们的点击数低是因为很多读者是通过杂志自己的网站(如 Elsevier 的 www.sciencedirect.com)而不是 CABI 的网站点击文章的。这是有可能的,也就是说点击次数与是否通过这个网站能进入杂志和文章有关。除了上述几点,我认为一些杂志的名声和编辑政策也会影响排名,三大主要杂志已经在行业内屹立多年,几乎已经成为"正教",而其他新出现的期刊的影响力可能更多地集中在某个研究领域或某个地区。

表1 期刊排名

期刊名称	2002.10	2002.11	2003.1	2003.2	2003.3	2003.9	2003.12	得分
旅游研究纪事	10	10	10	10	9	10	0	59
旅游管理	9	6	5	8	7	5	1	41
旅行研究杂志	8	5	7	5	4	0	7	36
可持续旅游杂志	2	7	1	9	10	0	0	29
休闲研究	0	0	8	4	8	6	0	26
休闲研究杂志	0	8	6	0	6	2	0	22
休闲管理	0	0	0	2	0	0	10	12
休闲科学	1	0	9	0	0	0	0	10
保健游憩杂志	0	0	0	0	2	8	0	10
旅游业研究杂志	3	3	0	0	0	4	0	10
旅行及旅游分析	0	9	0	0	0	0	0	9
世界休闲杂志	0	0	0	0	0	9	0	9
旅行及旅游情报	0	0	0	0	0	0	9	9
旅游分析	0	2	0	0	0	3	3	8
国际饭店与旅游管理杂志	—	—	0	0	0	0	8	8
旅游游憩研究	0	0	0	7	0	0	0	7
国际旅游研究杂志	0	0	0	0	5	0	2	7
旅游者研究	7	0	0	0	0	0	0	7
环境管理	0	0	0	0	0	7	0	7
旅行及旅游市场杂志	0	0	0	6	0	0	0	6
公园与游憩管理杂志	—	0	0	0	0	0	6	6
旅游文化与传播	5	0	0	0	0	0	0	5

续表

期刊名称	2002.10	2002.11	2003.1	2003.2	2003.3	2003.9	2003.12	得分
康奈尔酒店和餐馆管理季刊	0	0	0	0	0	0	5	5
体育杂志	0	0	4	0	0	0	0	4
旅游经济	0	0	0	3	1	0	0	4
安纳托利亚	4	0	0	0	0	0	0	4
饭店杂志	0	4	0	0	0	0	0	4
媒体、文化与社会	0	0	0	0	0	0	4	4
应用游憩研究杂志	0	0	3	0	0	0	0	3
运动社会学	0	0	0	0	3	0	0	3
旅游分析师	0	0	2	0	0	0	0	2
休闲经理人	2	0	0	0	0	0	0	2
文化经济杂志	0	0	0	1	0	0	0	1
信息技术与旅游	0	1	0	0	0	0	0	1
欧洲体育杂志	0	0	0	0	0	1	0	1

表 2 列出的是杂志中出现次数最多的作者,但这是否能代表这些学者的影响力呢？不一定,举个例子,Jafar Jafari 这样的著名和有影响力的学者在表中的排名并不靠前,Jafari 不仅是《旅游研究纪事》的主编,还是旅游研究国际学术委员会的奠基者之一。再举个例子,Butler 以目的地生命周期理论和旅游的游憩机会范围理论著称,这样的学者也未被列入表中。在我看来,这个清单还没能反映出 Michael Hall 的影响力,因为他的理论主要反映在书中,而不是杂志中。我个人认为要建立新的理论范式,书是一种比较好的工具,因为新的理论范式会打破或挑战传统的理论模式,而这往往很难被杂志编委接受和采用。

在我的印象中,很多美国学者一般都会采用定量方法进行研究,得出一些积极的结论。这主要是由美国的博士教育中有相当一部分时间是用于论文授课,而学生自己的独立研究时间跟欧洲比起来相对较少,在这种情况下,花一个学期的时间对调查结果进行研究要相对来说容易一些。而更类似人类学方面的研究则需要较长时间地投入一个特定的社会环境中进行研究。不过,从另一方面来讲,美国的博士生在统计方面的能力要高于其他地方的学者。当然这也不是绝对的。例如 Stephen Witt 不仅在旅游文献方面颇有建树,而且在经济学杂志中的排名也是最高的。Stephen Wanhill 和 Egon Smeral 等一些非美国的学者在统计和计量经济方面的排名也比较高。

所以表 2 虽然很有意思,但也有值得商榷的地方。对一个学者的评价会受其个人研究兴趣的影响,同时要综合考察其出版的著作,给政府和其他机构做的工作,指导的博士生,以及其他行政管理职务等,而在杂志上发表论文的数量只是评价指标之一。这个观点与 Bob McKercher 相同。

表2 1990年1月到2004年5月间各作者发表的论文数量

姓名	ATR	JTR	TM	JTTM	JoST	JTS	TRR	Asia	TE	IJTR	JVM	TA	Vis	Ana	CIT	Tzag	小计	其他	总计
John Cropmton	13	17	2	0	0	0	0	1	0	0	0	0	0	0	0	0	33	59	92
Chris Ryan	7	1	16	4	7	0	3	1	5	4	2	0	0	0	1	0	51	7	58
Joseph O.Leary	1	4	3	7	1	9	1	3	0	0	2	5	1	0	0	0	46	7	53
Muzzaffer Uysal	4	8	4	5	2	0	0	0	1	0	0	1	4	2	0	1	32	16	48
Alastair Morrison	0	3	5	7	1	9	0	2	0	0	5	0	0	1	0	0	42	3	45
Rob Law	1	2	6	13	0	0	0	7	0	0	0	0	0	0	0	0	29	9	38
Glen Ross	2	2	4	2	0	2	2	0	0	0	1	0	4	1	0	1	23	15	38
Stephen Witt	8	8	8	2	0	0	0	1	2	0	0	0	0	0	0	0	29	6	35
Martin Oppermann	7	5	4	3	0	2	5	1	0	1	1	0	0	0	0	0	31	3	34
Tom Baum	2	2	6	0	0	0	2	2	2	4	0	0	0	2	2	0	24	9	33
Daniel Fesenmaier	4	15	0	6	0	0	0	0	0	0	3	0	0	0	0	0	28	4	32
Abraham Pizam	4	8	6	1	0	0	0	0	1	0	0	0	0	0	0	0	20	8	28
J. R. Brent Ritchie	1	6	4	2	2	2	2	0	2	0	0	1	1	0	0	0	25	2	27
Gianna Moscardo	2	1	0	1	2	7	2	0	0	0	1	0	0	0	0	0	23	4	27
Bill Faulkner	2	5	7	0	1	0	0	0	1	0	1	2	0	0	1	2	22	4	26
Douglas Pearce	4	5	6	1	1	1	0	0	2	0	1	0	0	0	1	1	24	1	25
Bob McKercher	3	4	6	2	3	0	0	0	0	5	0	0	0	0	0	0	23	1	24
Philip Pearce	3	3	1	1	3	3	1	2	0	1	0	0	0	0	0	0	22	2	24
Richard bulter	2	2	3	0	1	2	2	1	0	1	0	1	0	0	2	0	19	5	24
Donald Getz	3	1	4	1	4	3	3	0	0	0	0	0	0	0	0	1	20	3	23
Colin Micha	0	2	1	2	2	1	6	0	0	1	0	0	1	1	1	1	20	2	22
Bruce Prideaux	0	1	7	1	1	0	0	3	0	0	6	0	0	0	1	0	20	1	21

续表

姓 名	ATR	JTR	TM	JTTM	JoST	JTS	TRR	Asia	TE	IJTR	JVM	TA	Vis	Ana	CIT	Tzag	小计	其他	总计
Geoffrey Wall	3	0	6	1	2	1	1	1	2	1	0	1	0	0	0	0	20	0	20
Stephen Page	2	1	8	0	2	0	2	0	0	0	0	0	0	1	2	0	18	1	19
Richard Perdue	2	10	2	1	0	0	0	0	0	0	0	0	1	0	0	0	16	3	19
Sevil Sonmez	3	7	1	1	0	0	0	0	0	1	1	1	1	1	0	0	17	2	19
Perry Hobson	0	3	5	3	1	0	0	1	0	0	1	0	1	0	0	1	16	3	19
Chris Cooper	1	1	5	1	2	1	3	0	0	0	2	0	0	0	0	0	17	1	18
Geoffrey Crouch	2	5	1	1	0	1	0	1	0	0	1	2	0	0	0	0	15	2	17
Seyhmus Baloglu	1	4	2	1	0	0	0	0	0	0	0	1	0	3	0	0	12	5	17
Qu Hailing	0	0	4	7	0	0	1	0	0	0	0	0	0	0	0	0	12	5	17
Richard Printice	5	0	9	0	0	0	0	0	0	0	0	0	0	0	0	0	14	2	16
Bill Bramwell	4	1	5	0	3	0	2	0	0	1	0	0	0	0	0	0	16	0	16
Clive Morley	3	3	1	0	0	2	0	1	4	0	0	0	0	0	0	0	16	0	16
Stephen Wanhill	2	2	3	0	0	0	0	0	2	1	0	0	0	0	0	0	10	6	16
Ady Milman	2	6	3	0	0	0	0	0	0	0	0	0	1	0	0	0	12	2	14
Ken McCleary	2	4	0	1	0	0	0	0	0	0	0	1	0	0	0	0	8	6	14
Robin Shaw	0	4	3	2	0	1	0	0	0	0	1	0	0	0	1	0	13	1	14
David Weaver	3	3	2	0	1	0	0	0	0	0	0	0	0	0	0	0	9	5	14
Cathy Hsu	2	4	1	2	0	0	0	2	0	0	0	0	0	0	0	0	11	2	13
Wesley Rochl	0	5	1	3	0	0	1	0	0	0	0	0	0	0	0	0	10	3	13
Egon Smeral	3	2	3	0	0	0	0	0	3	0	0	0	0	0	0	0	11	2	13
Christine Hope/Witt	1	2	4	0	0	0	0	0	2	0	0	0	0	0	0	0	9	4	13
Tony Seaton	0	1	3	1	1	1	1	0	0	2	1	0	0	0	0	0	12	0	12
Graham Dann	4	1	0	0	0	0	1	0	0	0	1	0	0	0	0	0	7	4	11
Kim Seongseop	3	2	5	0	0	0	0	0	0	0	0	0	0	0	0	0	10	0	10
Peter Williams	1	5	3	1	0	0	0	0	0	0	0	0	0	0	0	0	10	0	10
Keith Hollinshead	0	0	2	0	0	0	0	0	1	0	1	0	0	1	1	0	6	4	10
Mary Ann Littrell	6	3	0	0	0	0	0	0	0	0	0	0	0	0	0	0	9	0	9

续表

姓名	ATR	JTR	TM	JTTM	JoST	JTS	TRR	Asia	TE	IJTR	JVM	TA	Vis	Ana	CIT	Tzag	小计	其他	总计
James Mak	1	6	0	0	0	0	0	0	0	0	0	0	0	0	0	0	7	1	8
Jafar Jafari	0	1	1	0	0	2	1	0	0	1	0	0	0	0	0	0	8	0	8
Roger Riley	3	1	1	1	0	0	0	0	0	0	0	0	1	0	0	0	7	0	7
论文发表总数	132	192	187	88	43	50	42	30	29	24	28	21	16	12	13	10	964	235	1199

注：Ana = Anatolia 安纳托利亚；Asia = Asia Pacific Journal of Tourism Research 亚太旅游研究杂志；ATR = Annals of Tourism Research 旅游研究纪事；CIT = Current Issues in Tourism 旅游业热点问题；IJTR = International Journal of Tourism Research 国际旅游研究杂志；JOST = Journal of Sustainable Tourism 可持续旅游杂志；JTR = Journal of Travel Research 旅行研究杂志；JTS = Journal of Tourism Studies 旅游业研究杂志；JTTM = Journal of Travel and Tourism Marketing 旅行及旅游杂志；JVM = Journal of Vacation Marketing 度假营销杂志；TA = Tourism Analysis 旅游分析；TCC = Tourism Culture and Communication 旅游文化与传播；TE = Tourism Economics 旅游经济；TM = Tourism Management 旅游管理；TRR = Tourism Recreation Research 旅游游憩研究；Tzag = Tourism Zagreb 萨格勒布旅游；Vis = Vision in Leisure and Business 休闲与商务视界

表3列出的是爱思唯尔（Elsevier）网站上2001年在《旅游研究纪事》中"点击率最高"的文章。这告诉我一个道理，即要认真思考标题，一定要把诱人的"关键词"放在标题里，这样能吸引更多的人（特别是那些研究能力较弱的学生群体）去"点击"文章，从而提高被引用的频度。

表3　2001年《旅游研究纪事》中点击最多的文章

作者	题目	类型
A. Paptheodorou	人们为什么要去不同的地方旅游？	全文
J. P. Taylor	旅游业的真实性和真诚度	全文
G. Griffin	旅游者的态度对环境的影响	全文
B. Garrod	管理遗址旅游	全文
L. Murphy	探讨背包客的社会互动	全文
C. Goossens	旅游信息与愉悦动机	全文
P. Mason	居民对未来旅游发展的态度	全文
K. Lindberg	旅游开发：评价社会得失	全文
K. Greenidge	预测旅游需求：一种STM方法	短讯
C. C. Lee	预言旅游者对目的地的青睐	全文
L. Johnston	其他机构与旅游研究	全文

续表

作者	题目	类型
R. Loon	生态旅游地:穷人还是富人?	会议
D. Buhalis	旅游与数字空间	全文
D. A. Baker	质量、满意与行为意向	全文
C. Ryan	凝视、表演与生态旅游	全文
R. E. Mitchell	社区融合:秘鲁的岛屿旅游	讨论
A. Collins	以经济思维看可持续旅游	全文
L. Campbell	乡村发展中社区的生态旅游	会议
K. G. Debbage	旅游2000年	全文
S. K. Nepal	保护区旅游:尼泊尔的喜马拉雅山	书评
R. Buckley	书评:《生态旅游概述》	全文
C. Halewood	徒步遗址旅游:真实性与商品化	全文
M. J. Walpole	印尼的龙旅游对当地的经济影响	短讯
S. W. Litvin	消费者态度与行为	全文
M. Kousis	旅游与环境:从社会运动角度分析	全文
M. Kneafsey	文化经济:乡村旅游与社会关系	全文
E. Herold	女性旅游者与沙滩男孩:浪漫还是性旅游	全文
R. W. Riley	定性旅游研究的现状	全文
J. Williams	社区问题和居民对旅游的态度	全文
R. Buckley	书评:《可持续旅游:一种市场学的观点》	书评
P. Brunt	从主人的角度看社会文化影响	全文
J. Aramberri	主人的迷失:旅游理论中的范式	讨论
C. Ryan	旅游者与脱衣舞者:阈限的舞台	全文
A. M. William	从旅游的集体供给到商品化?	全文
D. Pearce	城市旅游研究综合框架	全文
C. A. Joseph	冲突调解:旅游与接待社区	全文
V. L. Smith	太空旅游	会议
M. P. Velikova	可持续旅游有多可持续?	讨论
S. L. J. Smith	旅游经济影响定量测度	会议

【结论】

从这种归纳中我们能得出什么结论呢？首先，旅游研究领域是活的、动态的，而且从"名字"出现的角度来讲是平均的，研究的产出只是总量中很小的一部分。从研究的数量来看，"名字"的积累主要取决于研究者对研究思路理论化和设计研究方法的能力，这与其他学科是一样的。从消极方面来讲，我有一种感觉，大学和政府的研究评估导致了学者的一种"博弈行为"，在那些希望获得学术职业生涯的年轻学者当中这种行为尤为盛行。杂志数量的增加意味着研究人员的一些纯技术性的量化研究成果更容易获得出版，而实际上这些文章对新理论的贡献是非常有限的。我对计量经济方面的文章总存在一种担忧，研究者可以对一套数据不同的分析方法进行分析，然后将结果分别在不同杂志上发表，甚至有的研究者先有意将研究变量减少将研究结果发表，然后再将变量逐个添加进去用于以后的论文。《旅游管理》杂志的一个作者就承认了这种做法，而且声称"经济学家都是这样做研究的"。这就迫使我们的审稿委员会必须看过投稿人的全部论文，而不仅是评价其所投的稿件。同时我认为一味地鼓励博士生大量地发表论文，不如让他踏踏实实地做研究，出两篇真正高质量的论文。当然，我知道这些问题并不只存在于旅游研究，它们普遍存在于社会科学研究领域。作为评判者，我们必须做到公正统一。就所列的清单而言，它肯定存在漏洞，但有一点必须搞清楚，这些清单只是示意性的，它更多地反映了清单编制者关心的问题，而不是论文的质量。从这个意义上来说，清单本身的可信度必须经过检验，就像我们运用其他数据时做的一样。

参考文献

[1] Halsey, A. H. British universities and intellectual life[M]. In A. H. Halsey, J. Floud & C. A. Anderson (Eds.). Education, economy and society: A reader in the sociology of education. London: Collier – MacMillan Ltd, 1961.

[2] New Zealand Tertiary Education Commission. Evaluating research excellence: The 2003 assessment—Appendix A Part 1—Figure A – 27[M]. Wellington: New Zealand Tertiary Education Commission, 2004.

[3] Page, S. J. Evaluating research performance in tourism: The UK experience[J]. *Tourism Management*, 2003, 24(6): 607 – 622.

[4] Pechalaner, H., Zehrer, A., Matzler, K. & Abfalter, D. A ranking of international tourism and hospitality journals[J]. *Journal of Travel Research*, 2004, 42(4): 328 – 332.

[5] Ryan, C. Tourism courses: A new concern for new times[J]. *Tourism Management*, 1995, 16(2): 97 – 100.

三、旅游与饭店期刊评价

作者：
1. Bob Mckercher，香港理工大学酒店及旅游业管理学院
2. Rob law（罗振雄），香港理工大学酒店及旅游业管理学院
3. Terry lam（林振钦），香港理工大学酒店及旅游业管理学院

原文标题：Rating tourism and hospitality journals

原文出处：*Tourism Managment*，Oct. 2006，vol. 27 Issue 6，pp，1235-1252

【论文摘要】

学者们必须不断地在"高品质"的期刊上发表论文，这样才能达到学术机构或国家级的研究工作评估要求，获得提升或被续聘。与其他成熟的学科不同，旅游和饭店类的杂志没有一个被广泛接受的等级体系，大学的管理者和高等教育资助机构都只能依靠自己的等级清单来填补这个空白。显然，这种做法是备受争议的，而且有失偏颇，也很难全面反映旅游饭店业期刊出版领域动态变化的特征。新的期刊不断涌现，而且很多新期刊正迅速建立起自己高品质的声誉。由于很多旅游饭店类杂志未被列出引用索引中，使这个问题的解决变得更加复杂。15年前，旅游和饭店类英文杂志只有不到30份，现在这个数字已经突破了70，有些分析家甚至认为已经超过了100。因此旅游界必须不断地让高等教育管理者了解其学术文献的深度和广度。

在过去的15年中，关于期间的评价和等级排名已经有了一定的研究，但基本上都限于比较小的样本规模、有限的范围和一定的地理区域内。本文力求运用同行评价法对全球旅游和饭店研究方面的期刊进行研究，从而填补这方面研究的空白。本文的研究涉及来自15个国家和地区的103所大学的500余名学者。本文只是将研究的结果公之于众，而不是对所评价的期刊的价值做任何评判。另外，作者也不想将这些期刊分组编入一种等级体系。

期刊评价和等级评判方法：

学术期刊的评价和等级划分一直是个备受争议的问题，不论是在新兴学科内还是在传统学科内。本文作者在过去15年的文献中找出40篇关于此话题的论文，这个话题之所以一直被热衷谈论是因为尽管人们尝试了各种排序方法，但始终没有找到一个绝对的、长盛不衰的排序方法。很多人采用一些现有的排序指标作为替代办法评价旅游期刊，比较常用的五种指标包括：被引系数；录用率；从网络或图书馆电子文库中下载的次数；专家讨论；同行评价。每种方法有自己的长处也有自己的不足。下面将对这些方法分别进行介绍。

1. 被引系数

最常用也最受争议的方法就是被引系数。我们发现，在过去的10年中这种方法被屡次地应用于运营管理（Vokurka，1996）、决策科学（Holsapple，Johnson，Manakyan

和 Tanner,1995)、企业计算机(Holsapple,Johnson,Manakyan 和 Tanner,1993)、广告(Zinkhan 和 Leigh,1999)、国际商务(Dubois 和 Reeb,2000)、房地产(Redman,Manakyan 和 Tanner,1999)、技术革新(Linton 和 Thongpapanl,2004)、医药(Joseph 和 Hoey,1999)、牙科医学(Linde,1998;Sloan 和 Needleman,2000)、管理学和饭店业(Howey,Savage,Verbeeten 和 Van Hoof,1999;Schmidgall 和 Woods,1997/1998)等领域。

被引系数法是根据一篇文章在一定时期内被其他杂志或文章引用的频度对这篇文章进行评价的一种方法(Garfield,1994a)。Garfield(1994a,b)认为,引用的频度说明了某个期刊的学术意义,因此可以用于期刊的排序、平价和等级划分。被引用越频繁的期刊,在某个领域的影响力越大,因此也可以证明期刊的质量较高。这是一种期刊评价的量化方法(Thomson,2004),优点是比较客观公正(Schmidgall & Woods,1997/1998)。Thomson 的 ISI 尺度(2004)是最著名的引用法的应用,其中包括了社会科学引文索引(SSCI)等指标体系,这种方法曾用于 8750 种期刊的评价。

被引系数也遭受了一些批评。Morgan 和 Janca(2000)指出了以这种方法评价期刊影响时存在的一些局限性,包括数据来源有限(仅限于杂志而不包括书籍),明显偏重于在北美发行的英语杂志,另外引用系数不能区分正面引用和负面引用。另外,Joseph 和 Hoey(1999)、Sloan 和 Needleman(2000)还指出引用系统会比较倾向于较老的、成熟的期刊,因为这些期刊会收录更多的、覆盖面更广的论文,而新期刊或专业期刊收录的论文数量肯定会相对较少。期刊中发表的综述文章被引用的次数会比较频繁,而这种文章在发展较快的学科领域内尤为多见。相对于不知名的作者,著名的作者所写的文章会被引用得比较频繁(Brown,2003)。总之,这个方法会使强者更强。

这种方法招致争议的另一个原因是它比较容易被操纵。影响因子的计算方法是用文章在 2 年内的被引次数除以过去 2 年内杂志发表的论文总数(Linde,1998)。也就是说要想有"影响"文章必须一经发表就开始被引用。这个系统对于运转周期较短的杂志比较有利,而那些等待编辑的论文较多的杂志来说就不太公平了(而在旅游饭店行业这种情况很多见)。分母决定影响要素的值,分母是指那些"可供引用的文章"(Morgan 和 Janca,2000),而如何界定什么文章是可供引用的则比较困难。《加拿大医药协会杂志》的编辑指出,科学被引系数体系所使用的分母将他们自己计算的可供引用的科学论文数字扩大了 75%,因此使杂志的影响因子从他们自己计算的 3.2 降到了 1.6。

另外,引用系数只有在某个学科领域杂志数量非常众多的情况下才有效。在 SSCI(社会科学引文索引)中只有三个杂志是与旅游和饭店研究有关的,其中一个《旅行医学杂志》还是一份医学杂志。由于杂志数量有限,缺乏广泛的代表性,因此所得出的影响力评价结果是有局限性的。

2. 录用率

发稿率或者更准确地说退稿率也是评价杂志质量的一个指标。人们认为录用率与杂志质量是呈反比的。也就是说论文越难以被杂志接受,说明真正发表在杂志上的论文质量越高。Vastag 和 Montabon（2002）曾指出审稿专家组对杂志质量的态度与他们是否接受稿件和同意刊发多少稿件是密切相关的。Ferreira 等（1998）发现录用率是饭店课程导师对杂志评价的一个重要指标。

这种方法虽然有可圈可点之处，但它在以下四个方面是存在问题的。第一，虽然编辑和出版人一直要跟踪这个数据，但这些信息是很少公开的，录用率一直以来是学术媒体圈内人们严加保守的一个秘密，只有少数几本录用率较低或发稿率极低的精英杂志才会公开这些数据。因此这个方法几乎很难做到独立公正。第二，和上一种方法一样，分子和分母是可以被操纵的，从而人为地提高数字结果。这里的分母是指所有投稿，包括研究笔记和会议报告，而分子仅限于全文发表的论文。有些编辑甚至会把一些非正式的稿件前期意向（即真正的论文尚未完稿）加入分母中，有人还指出一些修改后再次投递的稿件也会被一些编辑计入新稿件数量中。第三，有些学者也不会毫无头绪地将稿件投到一些根本发表无望的顶尖杂志去充数。这些稿件投到杂志社后，作者往往得到的通知是"在审阅中"，但实际上这些稿件几乎无发表的可能。最后，由于过去10年研究旅游饭店业的学者数量增加的速度很快，使得很多成熟的杂志不断加版或增刊。例如，《旅游管理》发表的论文数已从 2000 年的 46 篇增至 2004 年的 60 篇；《旅行与旅游市场学杂志》发表的论文数从 2000 年的 20 篇增至 2003 年的 41 篇。同样的增长也表现在饭店行业的期刊中，如《饭店与旅游研究杂志》《国际饭店管理杂志》和《当代国际饭店管理杂志》目前发表的论文数均比 4 年前增加了 15%～20%。由于版数的增加，各类期刊可以刊发更多的论文，这样做的结果是提高了发稿率。

3. 从网络或图书馆电子文库中下载的次数

第三种方法是记录从电子数据库中下载的次数。这种方法最近被 Ryan（2005）用于旅游杂志的研究，Brown（2003）曾将这种方法用于财会领域的研究。Polonsky 等（1999）在图书馆电子文库中也使用了类似的方法。这种方法的第一个好处是，它是需求导向的，可以对单篇论文进行微观层面的分析。另一个好处是这种搜索引擎中可以包括大量的杂志、会议论文和工作论文，从而扩大了论文库的范围（Brown，2003）。从 scholar.google.com 网站中现在可以找到在任何一个网站上出现的杂志文章、会议文章和学术报告。

Ryan（2005）和 Brown（2003）虽然都曾经用过这种方法，但他们都提出了这种方法在使用中需要注意的问题，即要注意可能出现的偏颇之处：只能评价数据库中列出的杂志，而且这种评价仅限于那些能进入数据库的人。人们下载论文不一定就真会看这篇论文，就像网站的点击率并不能作为实际使用的指标一样。另外，知名作者的文章会被频繁下载（Brown，2003），而 Ryan（2005）认为成熟的综合性杂志会比发行量小的新杂志在吸引下载频率方面明显有优势。

4. 专家讨论

第四个方法是专家讨论。这种方法曾被成功地用于一些饭店业（Ferreira, de-France 和 Rappole，1994；Ferreira 等，1998）、人力资源管理（Caligiuri，1999）和管理信息系统（Nord 和 Nord，1995）类杂志的评价。同样，这种方法也有自己的优点。原则上，专家们会对自己的行业发展有比较深入的了解。如果评价机构或评审委员会是一个独立的机构或组织，能给出不偏不倚的评价，这种方法是可行的。目前这种方法多用于机构内部（Ferreira 等，1998）和政府部门的研究评估。

当然，它也存在一些弱点。专家不一定能全面地了解本行业的所有杂志。J. Nord 和 G. Nord（1995，转引自 Vastag 和 Montabon，2002）发现一般一位经济学家只了解 6 到 8 本行业内杂志，而实际上这个学科的杂志数量超过 100 种。而且评价结果会受到专家个人偏好的影响（Caligiuri，1999）。另外，专家的意见可能受到一些不可见要素的影响，如想象中的退稿率、杂志编委会成员的名声、杂志发行的年份等（Ferreira 等，1998）。不过最大的问题可能是用这种方法评价出的杂志范围会比较有限，可能仅限于少数的几种杂志（Caligiuri，1999）。

5. 同行评价

第五种方法是同行评价，这种方法在过去 10 年中越来越常用，因为学术圈内的人总想找出本行业的等级排序和评价体系，而不是依靠外部机构的排名。同行评价法曾被用于运营管理（Soteriou，Hadjinicola 和 Patsia，1999）、管理信息系统（Mylonopoulos 和 Theoharakis，2001）、建筑管理（Wing，1997）、国际商务（Dubois 和 Reeb，2000）和旅游饭店业（Hsu & Yeung，2003；Pechlaner，Zehrer，Matzler 和 Abfalter，2004；Schmidgall，Woods 和 Rutherford，1996；Sheldon，1990）。旅游行业的此类文章偏多的原因主要是由于人们不认可用其他方法对这个行业的期刊进行评价。

理论上，同行评价法在终端用户看来是最可靠的一种方法。现实中，这种方法的效果却受制于一些方式方法上的问题。上面提到的很多研究所包括的杂志数量都非常有限，Brown（2003）认为研究样本的代表性不足是这种方法的一个主要缺陷，另外样本量少和反馈意见比较主观也是比较突出的弱点。还有学者指出这种方法调查的范围有地域局限性，评论仅限于受访者自己发表过论文的杂志，受访者本人可能就是某本杂志的编委、评审专家或来自杂志的上级单位等，会影响评价的公正性。

样本数量有限，既指受访者人数，也指样本的地域范围，这是之前几个旅游饭店类杂志研究中出现的一个问题。Pechlaner 等人（2004）的研究只选取了 40 个国家的 142 名受访者，他们最后的研究结果主要是根据不到 50 名受访者的反馈。Hsu 和 Yeung（2003）只调查了 52 名在澳门和香港参加学术会议的人，Sheldon（1990）的研究调查了 103 名受访者，Ferreira 等人（1994）调查的是 52 名国际饭店、餐馆及机构膳宿组织（CHRIE）成员。

另外，这种方法或侧重于调查质量，或侧重于了解知名度（影响面），而不能两者兼顾。质量是指杂志的等级评价，影响面是看有多少受访者能对杂志提出自己的看法。主要的研究方法是询问受访者，让他们给自己熟悉的杂志打分。很少有受访者能给所有杂志打分的，这说明影响面本身也是一个自变量。Wing（1997）指出在他的研究中，只有 5% 的受访者对所有 22 个建筑杂志都打了分。在对 50 种 MIS 杂志的调查中,979 名受访者中,回馈人数最少的杂志只有 79 人打分,回馈人数最多的杂志有 850 人打分(Mylonopoulos 和 Theoharakis,2001)。在旅游业的杂志以往的调查中也出现了同样的问题。Sheldon(1990)在对 15 份杂志进行调查中,给分人数最多的杂志获得了 65 个分数,最少的只有 14 个,而受访者总量是 103 人。在 Hsu 和 Yeung(2003)的研究中,这个比例是 24:52 到 44:52,Schmidgall 等人(1996)研究中此比例是 49:100 到 74:100。

如果只考察质量不考察影响力,这等于天平少了一半,如果杂志的质量很高但发行量很小,它在行业内的影响力可能不敌质量一般但渗透程度极高的杂志。DuBois 和 Reeb(2000)在研究国际商务类杂志时就只采用了质量评价这一个标准,他们发现行业内位居第三的杂志只有 27.5% 的受访者对它做了评价,而位列第九和第十的杂志却有 50% 以上的受访者打了分。可以看出一些质量排名略低的杂志其实比那些高质量的杂志读者面更广,在行业内的影响力更大。

由于旅游学者不了解饭店杂志,而饭店学者不了解旅游杂志,这又提出了另一个方法论的问题。Hoey 等人(1999)在研究中发现行业的引用率要比跨行业的引用率高很多。如果学者们对相邻学科的杂志不熟悉,是不会做出任何评价的。Sheldon(1990)的研究是唯一一个把旅游和饭店作为两个相互独立的学科进行研究的。她发现两个群体对不同行业的杂志的熟悉程度和质量评价截然不同。因此,有学者指出,要更准确地评价不同类型的杂志,必须将旅游和饭店两个学术圈分离开,分别对本行业内的杂志进行评价。

【研究方法】

本文采用了同行评价法进行研究,不过本文力求避免上面提到的这种方法的缺陷,力求扩大研究地域范围,尽可能使样本量最大化,囊括绝大部分旅游和饭店业杂志,同时对旅游和饭店业的专家加以区分。

调查方法是采用重点团体讨论的形式,于 2004 年 4 月组织了 9 名来自大专院校饭店和旅游专业的学者召开了一次研讨会。调查由四部分组成,A-C 分别列出了 30 个英语饭店和餐饮管理方面的杂志,40 个旅游杂志和 16 个休闲游憩类杂志。有些休闲和游憩类杂志没有包含在这篇论文中,因为反馈率太低。D 收集的是被调查者的个人情况,包括学术职称、所在地区、在学术机构的年限、最高学历和专长等信息。调查表最后还包括了一个开放式问题,要求被访者说明"他们评价杂志的标准是什么?""如何区分出高质量的研究?"

杂志的清单及其分类(旅游、饭店、餐饮管理和休闲类杂志)改编自 Morrison(2004)曾列出的杂志清单,《住宿、餐厅和旅游索引》(2004)和 Egger(2004)的杂志分类网站。本研究所收录的杂志已经比较全面,它比以往的同类研究的杂志数量多出两倍。另外被访者自己还可以添加不在名单上的杂志,调查结果显示这些学者增加了 14 个杂志和一些行业内部刊物。由于后填的杂志所得到的评价样本数非常少,因此这些杂志未被列入本文的研究范围中。

如果杂志的名称变更了,两个名称将列在一栏内以免发生混淆(如《国际旅游回顾》和《太平洋旅游回顾》)。不过,有三本更名杂志没做到这一点,它们的两个名称都被列在调查表中了,这三本杂志是取代《会议与节庆旅游杂志》的《会议与展览管理杂志》,取代《食品企业研究杂志》的《餐厅与食品业市场营销杂志》,还有取代《美食科学与技术杂志》的《食谱营养与菜单编制杂志》。由于两个名称的同一本杂志出现在了调查表中,我们只对其中一个杂志名称的评价进行统计和分析,以尽可能使研究结果贴近真实。例如,对 JCET(会议与节庆旅游杂志)作出评价的人数是 75 人(这个数字是把 JCET 和 JCEM"会议与展览管理杂志"的两栏下的评价人数加总得出的,实际上对 JCET 作出评价的学者只有 58 人)。同样的原则也应用于其他几本杂志。

A – C 部分中,问卷首先了解被访者是否能对每本所列杂志作出评价,如果答案是否定则直接看调查问卷的第 4 部分。如果被访者了解所列杂志,则要求被访者给杂志的质量打分,5 分制,5 分表示质量最好,以此类推被访者也可以选择"没感觉/不了解"这个选项。调查对"质量"没有给出明确的定义,因为这是一个主观变量,每个人的理解都可能不一样。在最后的开放式问题的答案中,我们共归纳出了 860 个关于杂志质量的说明。

调查开始于 2004 年 5、6 月在香港、澳大利亚、美国和英国的四所大学里进行。最后大规模的调查是 2004 年下半年进行的。我们采用了滚雪球式的抽样法以获得更高的反馈率。研究人员在全世界找出了 521 家有旅游和/或饭店专业(包括本科和研究生)的大学。我们在每所大学里都有一个主要联系人,让这个主要联系人帮我们向大学里的教职员工发放问卷,并负责回收问卷,同时这个联系人本人也是一个潜在受访者。最后一共有 195 所大学同意参加这项研究,我们共邮寄出了 2370 份调查问卷,回收了来自 15 个国家的 103 所大学寄回的 577 份问卷。

经过筛选,我们共得到了 505 份有效问卷,本科生和研究生以及其他一些我们认为没有资格评价旅游和饭店杂志的人的问卷被剔除掉了。我们把有效问卷分为两组,其中旅游专家组人数是 314 人,饭店专家组人数是 191 人(其中包括餐饮服务业)。这里两大专业的划分是根据受访者本人对自己的专业领域和研究兴趣方向的说明而定的。虽然有很多人都认为自己两方面都有研究,但我们需要的是真正能了解和评价本专业内杂志的学者。

被调查者中包括很多世界知名的旅游和饭店管理方面的专家学者。超过 60% 的被访者是男性,半数以上有博士学位或同等学力,半数以上可以被称为资深学者,有副教授或其他高职称(英制高级讲师以上)。约不足三分之一的人在学术界工作 1 ~ 5 年,四分之一的人在这个领域从事学术研究 6 ~ 10 年,约五分之二的人有 10 年以上的研究经历。被访者中,旅游学者以亚太地区居多(包括澳大利亚和新西兰),而饭店业学者以北美居多,这可能是因为美国更重视饭店管理方面的研究。有趣的是,有很大一部分(42%)受访者从来没有引用过英语的饭店和/或旅游杂志的文章,包括半数以上(58%)的亚太地区受访者,另有近一半(47%)的欧洲受访者从未在英语杂志上发表过文章,同样未在英语杂志上发表过文章的人占北美受访者的16%。受访者的出版经历、从业年限和性别都是影响他们对杂志质量看法的重要因素。

表1 受访者个人情况

受访者所属地域	旅游专家人数(n=314)	饭店专家人数(n=191)
北美	22.6%	45.0%
欧洲	30.3%	23.6%
亚太	47.1%	31.4%
学术等级	(n=293)	(n=180)
副教授以上(高级讲师以上)	58.0%	52.2%
助教/讲师或平级	37.5%	42.2%
研究员/研究助理	2.7%	1.7%
管理人员(系主任等)	1.7%	3.9%
从业年限	(n=278)	(n=173)
1~5年	33.1%	28.3%
6~10年	26.3%	28.3%
11年以上	40.6%	43.4%
出版经历(是否曾在英语旅游或饭店杂志上发表过文章?)	(n=295)	(n=184)
是	54.2%	64.1%
否	45.8%	35.9%
性别	(n=301)	(n=183)
男	64.8%	62.3%
女	35.2%	37.7%
最高学历	(n=300)	(n=184)
学士/硕士	48.7%	47.3%
博士	51.3%	52.7%

【调查结果】

1. 同行对旅游及饭店业杂志的评价

旅游与饭店业杂志分别列在了表2和表3中,排名顺序是根据其重要性得分总数按降序排列的。表格的第一列是杂志名称,第二列是相关领域的对该杂志给出评价的专家人数,第三列是知名度,第四列是平均质量评分,第五列是重要性得分总数。最后一个数据的计算方法是,专家给杂志的重要性打分,最高分为5分。以《旅游研究纪事》为例,该杂志此项得分是78.8,即(n×m)/(N×5)×100 = (269×4.6)/(314×5)×100 = 78.8。

这个重要性总分应被看成是杂志在专业领域的相对重要程度,而不是评价一本杂志比另一本杂志好多少的绝对数。如果一本杂志得分是60,另一本杂志得分是15,这说明得分高的杂志比得分低的杂志影响面广,而且被普遍认为质量较高,但并不能说得分高的那本杂志比另一本杂志"好"三倍。

旅游杂志的知名度和质量得分(r = 0.866, p = 0.000)之间有很高的相关性(见表2),这说明杂志越著名,人们给它的质量打分越高。另外,旅游杂志的存在年限(可以从杂志的卷数看出)与知名度(r = .533, p = 0.000)和质量得分(r = 0.593, p = 0.001)之间也有较高的相关性。

饭店业杂志(见表3)也呈现类似的模式,知名度和质量得分(r = .746, p = 0.000)之间有很高的相关性(见表2),杂志的存在年限和质量得分(r = .491, p = 0.020)之间也有较高的相关性。不过,饭店业杂志年限与知名度没有明显的相关性。

表2 旅游杂志评分(N = 314)

评价项目 杂志名称	参与评价 专家人数(n)	知名度(%) (n/314)	平均质量得分 (m)(5分制)	重要性得分总 数(最大分值的%)
旅游研究纪事	269	85.7	4.6	78.8
旅游管理	249	79.3	4.3	68.2
旅行研究杂志	223	71.0	4.2	59.7
可持续旅游杂志	188	59.9	3.8	45.5
旅行与旅游市场营销杂志	192	61.1	3.6	44.0
国际旅游研究杂志	176	56.1	3.5	39.2
旅游分析	159	50.6	3.6	36.5
亚太旅游研究杂志	167	53.2	3.4	36.2
旅游分析杂志	168	53.5	3.3	35.3
旅游经济	138	43.9	3.8	33.4
旅游地理	141	44.9	3.7	33.2
旅游业当前问题	141	44.9	3.6	32.3
生态旅游杂志	142	45.2	3.3	29.8
旅游游憩研究	132	42.0	3.4	28.6

续表

杂志名称 \ 评价项目	参与评价专家人数(n)	知名度(%)(n/314)	平均质量得分(m)(5分制)	重要性得分总数(最大分值的%)
旅游与饭店研究	131	41.7	3.4	28.4
度假营销杂志	136	43.3	3.1	26.9
节庆管理	113	36.0	3.1	22.3
国际旅游回顾	105	33.4	2.9	19.4
信息技术与旅游	86	27.4	3.3	18.1
旅游与文化变迁杂志	86	27.4	3.2	17.5
安纳托利亚	100	31.8	2.6	16.6
旅游、文化与沟通	76	24.2	3.3	16.0
旅游者研究	75	23.9	3.3	15.8
旅游业研究杂志	72	22.9	3.4	15.6
旅游回顾	85	27.1	2.8	15.2
运动旅游杂志	77	24.5	3.0	14.7
旅行与旅游教学杂志	76	24.2	3.0	14.5
会议与节庆旅游杂志	75	23.8	3.0	14.3
旅游:国际跨学科杂志	67	21.3	3.0	12.8
东盟饭店与旅游杂志	58	18.5	3.1	11.5
节庆旅游	60	19.1	2.9	11.1
旅游与饭店质量保证杂志	58	18.5	3.0	11.1
北欧饭店与旅游杂志	41	13.1	3.1	8.1
旅游业杂志	43	13.7	2.9	7.9
今日旅游	47	15.0	2.6	7.8
ACTA旅游(Turistica)	45	14.3	2.7	7.7
国际旅游法杂志	39	12.4	2.9	7.2
国际Teoros	30	9.6	3.1	5.9
PASOS-旅游与文化遗址杂志	32	10.2	2.8	5.7
旅游业的问题	28	8.9	2.8	5.0

表3 饭店杂志评分（N=191）

杂志名称 \ 评价项目	参与评价专家人数(n)	知名度(%)(n/314)	平均质量得分(m)(5分制)	重要性得分总和(最大分值的%)
康奈尔饭店和餐馆管理季刊	168	88.0	4.1	72.1
国际饭店业管理杂志	161	84.3	4.0	67.4
饭店和旅游业研究杂志	136	71.2	4.2	59.8
当代国际饭店管理杂志	135	70.7	3.6	50.9
饭店与旅游教育杂志	118	61.8	3.2	39.5
FIU饭店业回顾	114	59.7	3.2	38.2
饭店与休闲市场营销杂志	104	54.5	3.4	37.0
国际饭店与旅游管理杂志	94	49.2	3.5	34.5
食品业研究杂志	77	40.3	3.3	26.6
饭店与旅游人力资源杂志	66	34.6	3.2	22.1
Praxis-实用饭店管理杂志	70	36.6	2.9	21.3
美国美食协会杂志	47	24.6	4.0	19.7
饭店与旅游管理杂志	58	30.4	3.1	18.8
信息技术与饭店业	55	28.8	3.1	17.9
饭店财务管理杂志	51	26.7	3.3	17.6
国际食品业研究	47	24.6	3.3	16.2
大学食品业杂志	53	27.7	2.9	16.1
NACUFS(美国大学食品业协会)杂志	48	25.1	3.1	15.6
国际饭店学术研究杂志	42	22.0	3.3	14.5
饭店、休闲、运动与旅游教育杂志	45	23.6	3.0	14.1
英国食品杂志	38	19.9	3.5	13.9
博彩研究与回顾杂志	40	20.9	3.1	13.0
饭店、休闲、运动与旅游杂志	41	21.5	2.8	12.0
厨艺与技术杂志	29	15.2	2.8	8.5
学校食品业研究回顾	27	14.1	2.9	8.2
博彩研究杂志	25	13.1	2.8	7.3

续表

杂志名称 \ 评价项目	参与评价专家人数(n)	知名度(%)(n/314)	平均质量得分(m)(5分制)	重要性得分总和(最大分值的%)
食品营销杂志	25	13.1	2.6	6.8
饭店与老年人休闲杂志	15	7.9	2.9	4.6
协会杂志:HBCU杂志	14	7.3	2.8	4.1
老年人营养杂志	13	6.8	2.9	3.9

2. 两个研究领域杂志的比较

旅游与饭店业在研究和杂志方面的界限往往比较模糊,以往的研究都将两个领域合二为一,不加以区别地进行调查。本次研究在调查问卷中将两者加以区分,不过研究也发现有些杂志是同时面对两个领域的,为两方面的学术圈服务的。表4将旅游和饭店所有杂志的知名度水平和平均质量得分进行了对比。

经过对比,我们发现了三个特征。第一,有相当一部分杂志是跨两个领域的,特别是一些行业内的顶尖杂志。第二,一个专业的学者对另一个专业的杂志了解相对较少,即旅游学者对饭店业杂志的了解远不如饭店业的学者,反之亦然。不过总的来讲,两个学术团体的平均质量打分差别不多,但六本饭店业杂志除外(其中包括总分最高的四本杂志),这是我们发现的第三个特别之处。旅游学者认为这六本杂志的质量比较差,同样有两本旅游杂志被饭店业学者认为质量较差,而其中有一本总分排名第四。这个特征也突显了两个学术圈之间是存在差异和分歧的。

表4 专家对杂志评价的对比(N=505)

杂志名称 \ 评价项目	旅游专家(N=314)		饭店专家(N=191)		质量评价差异
	平均质量得分	认知度(%)	平均质量得分	认知度(%)	
旅游杂志					
ACTA旅游(Turistica)	14.3	2.7	3.1	3.3	
安纳托利亚	31.8	2.6	14.7	3.0	饭店专家给分较高*
旅游研究纪事	85.7	4.6	53.4	4.8	
东盟饭店与旅游杂志	18.5	3.1	11.0	3.0	
亚太旅游研究杂志	53.2	3.4	34.0	3.5	
旅游业当前问题	44.9	3.6	17.3	3.2	

续表

杂志名称 \ 评价项目	旅游专家（N=314）		饭店专家（N=191）		质量评价差异
	平均质量得分	认知度（%）	平均质量得分	认知度（%）	
旅游杂志					
节庆管理	36.0	3.1	19.4	3.1	
节庆旅游	19.1	2.9	11.5	2.9	
信息技术与旅游	27.4	3.3	11.0	3.3	
国际旅游研究杂志	56.1	3.5	29.8	3.5	
国际旅游法杂志	12.4	2.9	5.2	3.3	
会议与节庆旅游杂志	23.8	3.0	20.0	3.0	
生态旅游杂志	45.2	3.3	11.0	3.4	
旅游与饭店质量保证杂志	18.5	3.0	15.2	3.1	
运动旅游杂志	24.5	3.0	10.5	2.6	
可持续旅游杂志	59.9	3.8	20.9	3.3	旅游专家给分较高**
旅行与旅游教学杂志	24.2	3.0	19.4	3.0	
旅游与文化变迁杂志	27.4	3.2	6.8	3.2	
旅游研究杂志	53.5	3.3	15.7	3.4	
旅行与旅游市场营销杂志	61.1	3.6	19.9	3.7	
旅行研究杂志	71.0	4.2	37.7	3.4	
度假营销杂志	43.3	3.1	24.6	3.0	
PASOS-旅游与文化遗址杂志	10.2	2.8	2.1	3.0	
旅游业的问题	8.9	2.8	2.1	2.8	
北欧饭店与旅游杂志	13.1	3.1	5.8	2.8	
国际Teoros	9.6	3.1	1.6	3.3	
旅游回顾	27.1	2.8	8.9	3.4	
旅游分析	50.6	3.6	19.4	3.4	
旅游与饭店研究	41.7	3.4	23.6	3.6	
旅游经济	43.9	3.8	14.7	3.5	

续表

杂志名称 \ 评价项目	旅游专家(N=314)		饭店专家(N=191)		质量评价差异
	平均质量得分	认知度(%)	平均质量得分	认知度(%)	
旅游杂志					
旅游地理	44.9	3.7	7.3	3.0	旅游专家给分较高*
旅游管理	79.3	4.3	38.7	4.0	
旅游游憩研究	42.0	3.4	5.8	3.6	
旅游研究杂志	22.9	3.4	9.9	3.7	
国际旅游回顾	33.4	2.9	15.2	3.0	
今日旅游	15.0	2.6	5.2	3.2	
旅游、文化与交流	24.2	3.3	6.3	3.1	
旅游:国际跨学科杂志	21.3	3.0	5.8	3.2	
旅游杂志	13.7	2.9	3.1	3.7	
旅游研究	23.9	3.3	4.7	2.7	
饭店杂志					
英国食品杂志	6.4	3.1	19.9	3.5	
康奈尔饭店和餐馆管理季刊	43.0	3.8	88.0	4.1	饭店专家给分较高**
FIU饭店业回顾	20.7	2.9	59.7	3.2	
国际食品研究	7.0	3.2	24.6	3.3	
博彩研究与回顾杂志	9.6	3.0	20.9	3.1	
信息技术与饭店	15.3	3.2	28.8	3.1	
国际当代饭店管理杂志	30.6	3.5	70.7	3.6	
国际饭店与旅游管理杂志	25.2	3.4	49.2	3.5	
国际饭店管理杂志	40.4	3.7	84.3	4.0	饭店专家给分较高**
大学食品杂志	6.1	3.0	27.7	2.9	
厨艺与技术杂志	4.8	2.7	14.1	2.8	
食品营销杂志	5.7	2.7	13.1	2.6	
食品企业研究杂志	9.6	3.1	40.3	3.3	

续表

杂志名称 \ 评价项目	旅游专家(N=314)		饭店专家(N=191)		质量评价差异
	平均质量得分	认知度(%)	平均质量得分	认知度(%)	
饭店杂志					
博彩研究杂志	9.2	3.2	13.1	2.8	
饭店与老年人休闲杂志	8.9	3.5	7.9	2.9	
饭店与休闲营销杂志	28.3	3.4	54.5	3.4	
饭店与旅游教育杂志	25.2	2.9	61.8	3.2	饭店专家给分较高**
饭店与旅游研究杂志	29.6	3.7	71.2	4.2	饭店专家给分较高**
饭店与旅游管理杂志	22.6	3.3	30.4	3.1	
饭店财务管理杂志	10.8	3.3	26.7	3.3	
饭店、休闲、运动与旅游杂志	18.5	3.0	21.5	2.8	
饭店、休闲、运动与旅游教育杂志	21.3	3.1	23.6	3.0	
饭店与旅游人力资源杂志	14.3	3.2	34.6	3.2	
老年人营养杂志	4.8	2.9	6.8	2.9	
美国美食协会杂志	6.1	3.3	24.6	4.0	饭店专家给分较高**
国际饭店学术研究杂志	10.2	3.3	22.0	3.3	
NACUFS(美国大学食品协会)杂志	5.7	2.9	25.1	3.1	
Praxis-实用饭店管理杂志	10.2	2.5	36.6	2.9	
学校食品研究回顾	5.1	2.8	14.1	2.9	
协会杂志:HBCU杂志	6.1	3.2	7.3	2.8	

注:1. *指统计上有明显差异,p=.05。
  2. **指统计上有明显差异,p=.01。

3. 影响旅游和饭店业杂志得分的要素

表5和表6列出了影响平均质量得分的一系列因素,这些因素是由被访者提出的,包括被访者在学术界的工作年限、学术地位、国籍和以往论文发表历史有关。

打分者以往在英语旅游和饭店杂志的论文发表历史是一个比较重要的影响要素。打分的学者如果没在某个杂志上发表过文章,他/她对这个杂志的打分就比较慷慨。当然也存在例外,如在《饭店与旅游研究杂志》《旅游研究纪事》《旅游研究杂志》和《旅游管理》这些杂志上发表过文章的学者对他们的评价更高。

在学术界工作的年限和受访者的学术地位也会影响到旅游杂志的重要性得分。统计数字显示,14本旅游杂志的得分受打分者在学术界的工作年限影响明显,10本杂志受打分者的学术地位影响较大。一般来讲,在学术界工作年头长的人打分会比新入行的学者低,同样学术地位较高的学者打分会比初级一些的学者苛刻。不过资深的学者可能会更倾向于比较成熟、发行年头较长的杂志,而不是新杂志,这是采用专家小组的调查方法可能会面临的一种风险。当然这种质量打分应该也是动态的,随着时间的推移,新杂志也会逐渐成熟,资深的学者会逐渐退休,于是新杂志的重要性得分会在未来的5~10年内发生显著的变化。

另外,性别也是越来越重要的一个影响因素,统计显示,10本旅游杂志和2本饭店业杂志受到了这个因素的影响,女性打分普遍比男性高。

表5 影响旅游杂志质量打分的要素(N=314)

杂志名称	平均质量得分	从业年限的差异	学术地位的差异	所属地域差异	英语旅游或饭店类期刊出版经验差异	性别差异
ACTA旅游(Turistica)	2.7			亚太地区给分最高**	未出版过给分较高**	
安那托利亚(Anatolia)	2.6	6~10年给分最高,11年以上给分最低*			未出版过给分较高**	
旅游研究纪事	4.6				出版过的作者给分较高**	
东盟饭店与旅游杂志	3.1				未出版过给分较高**	
亚太旅游研究杂志	3.4				未出版过给分较高**	
旅游业当前问题	3.6		副教授和讲师给分最高*			
节庆管理	3.1	1~5年给分最高,11年以上给分最低**			未出版过给分较高**	女性给分较高**
节庆旅游	2.9			亚太地区给分最高*		
信息技术与旅游	3.3	1~5年给分最高,11年以上给分最低*				女性给分较高**

续表

杂志名称	平均质量得分	从业年限的差异	学术地位的差异	所属地域差异	英语旅游或饭店类期刊出版经验差异	性别差异
国际旅游研究杂志	3.5				未出版过给分较高*	
国际旅游法杂志	2.9					
会议与节庆旅游杂志	2.8	11年以上给分最低,其他给分相等*	副教授和讲师给分最高*		未出版过给分较高**	
生态旅游杂志	3.3				未出版过给分较高**	
旅游与饭店质量保证杂志	3.0	1~5年给分最高,11年以上给分最低*			未出版过给分较高**	
运动旅游杂志	3.0				未出版过给分较高*	
可持续旅游杂志	3.8	1~5年给分最高,11年以上给分最低*	副教授和讲师给分最高*			女性给分较高*
旅行与旅游教学杂志	3.0				未出版过给分较高**	
旅游与文化变迁杂志	3.2	1~5年给分最高,11年以上给分最低*	研究员/管理人员给分最高**			女性给分较高*
旅游研究杂志	3.3				未出版过给分较高*	女性给分较高*
旅行与旅游市场营销杂志	3.6	11年以上给分最低,其他给分相等*			未出版过给分较高**	
旅行研究杂志	4.2				未出版过给分较高**	
度假营销杂志	3.1			北美地区给分最高**	未出版过给分较高**	女性给分较高*

续表

杂志名称	平均质量得分	从业年限的差异	学术地位的差异	所属地域差异	英语旅游或饭店类期刊出版经验差异	性别差异
PASOS-旅游与文化遗址杂志	2.8			亚太地区给分最高*		
旅游业的问题	2.8	1~5年给分最高,11年以上给分最低*				
北欧饭店与旅游杂志	3.1	1~5年给分最高,11年以上给分最低*				
国际Teoros	3.1	1~5年给分最高,11年以上给分最低*	副教授和讲师给分最高*	北美地区给分最高*		
旅游回顾	2.8		副教授和讲师给分最高*		未出版过给分较高**	女性给分较高*
旅游分析	3.6		副教授、讲师和研究员/管理人员给分最高*			
旅游与饭店研究	3.4	11年以上给分最低,其他给分相等*			未出版过给分较高**	
旅游经济	3.8					
旅游地理	3.7				出版过的作者给分较高*	
旅游管理	4.3	5~10年和11年以上给分最高,1~5年给分最低*			未出版过给分较高**	
旅游游憩研究	3.4		副教授和讲师给分最高*			

续表

杂志名称	平均质量得分	从业年限的差异	学术地位的差异	所属地域差异	英语旅游或饭店类期刊出版经验差异	性别差异
旅游研究杂志	3.4		研究员/管理人员给分最高*			
国际旅游回顾	2.9				未出版过给分较高**	女性给分较高*
今日旅游	2.6	11年以上给分最低,其他给分相等*			未出版过给分较高**	
旅游、文化与交流	3.3		研究员/管理人员给分最高*			女性给分较高*
旅游:国际跨学科杂志	3.0				未出版过给分较高**	女性给分较高*
旅游杂志	2.9	11年以上给分最低,其他给分相等*			未出版过给分较高**	
旅游研究	3.3					

注:1. *指统计上有明显差异,$p = .05$。
2. **指统计上有明显差异,$p = .01$。

表6　影响饭店杂志质量打分的要素(N = 191)

杂志名称	平均质量得分	从业年限的差异	学术地位的差异	所属地域差异	英语旅游或饭店类期刊出版经验差异	性别差异
英国食品杂志	3.5					
康奈尔饭店与餐厅管理季刊	4.1		研究员、管理人员给分最低*		未出版过给分较高*	

续表

杂志名称	平均质量得分	从业年限的差异	学术地位的差异	所属地域差异	英语旅游或饭店类期刊出版经验差异	性别差异
FIU饭店业回顾	3.2					
国际食品研究	3.3					
博彩研究与回顾杂志	3.1		副教授和讲师给分最高*			
信息技术与饭店	3.1					
国际当代饭店管理杂志	3.6			欧洲、亚太地区给分最高*	未出版过给分较高*	
国际饭店与旅游管理杂志	3.5				未出版过给分较高*	
国际饭店管理杂志	4.0					
大学食品杂志	2.9					
厨艺与技术杂志	2.4					女性给分较高*
食品营销杂志	2.6			亚太地区给分最高*		
食品企业研究杂志	3.5	6~10年给分最高*				
博彩研究杂志	2.8					
饭店与老年人休闲杂志	2.9					
饭店与休闲营销杂志	3.4					
饭店与旅游教育杂志	3.2			北美、亚太地区给分最高*		

续表

杂志名称	平均质量得分	从业年限的差异	学术地位的差异	所属地域差异	英语旅游或饭店类期刊出版经验差异	性别差异
饭店与旅游研究杂志	4.2			北美地区给分最高*	出版过的作者给分较高**	
饭店与旅游管理杂志	3.1				未出版过给分较高*	
饭店财务管理杂志	3.3					
饭店、休闲、运动与旅游杂志	2.8				未出版过给分较高*	
饭店、休闲、运动与旅游教育杂志	3.0		副教授和讲师给分最高*		未出版过给分较高*	
饭店与旅游人力资源杂志	3.2					
老年人营养杂志	2.9					
美国美食协会杂志	4.0					
国际饭店学术研究杂志	3.3		1~5年给分最高,11年以上给分最低**			
NACUFS(美国大学食品协会)杂志	3.1					
Praxis-实用饭店管理杂志	2.9					
学校食品研究回顾	2.9					
协会杂志:HBCU杂志	2.8					

注:1. *指统计上有明显差异,p=.05。
　　2. **指统计上有明显差异,p=.01。

4. 与其他研究的对比

自1990年以来,针对旅游和饭店杂志的同类研究共有七次,表7列出了这几次调查研究结果情况的对比。其中三个研究采用了同行评价法(Hsu & Yeung, 2003; Pechlaner et al., 2004; Sheldon, 1990); Ryan(2005)根据网站 leisuretourism.com 上的点击数对杂志进行了评价; Schmidgall 和 Woods(1997/1998)采用了引用分析法; Ferreira 等人(1994)采用了专家小组讨论法。同行评价和专家小组讨论研究的样本量比较少。上述几次研究中,只有 Pechlaner 等人(2004)的研究限于相对较小的地域范围内。所有这些研究的对象杂志数量都比较少(不超过 25 个),而且对旅游和饭店两个专业没有区分。要承认的是 20 世纪 90 年代中期以前,旅游杂志的数量还比较少,Sheldon(1990)利用专家给旅游和饭店杂志打分的形式对杂志进行研究确实在这方面开了先河。

这些研究在顶级类的 3~5 个杂志的评价方面没有多少差别,但在其他杂志的评价上差异较大。没有区分旅游和饭店方面的专家、样本量较小、地域范围有限和研究对象杂志较少等因素都会影响评价结果。不区分旅游和饭店的研究对学者研究领域以外的杂志不公平,因为旅游学者会给饭店杂志打分较低,反之亦然。与以往的研究相比,本研究还收录了一些新杂志。研究的地域局限性和样本数量较少等因素都会影响到研究结果的客观和公正。

【讨论与结论】

本文采用同行评价法对旅游和饭店业杂志进行评价,在研究方法上与以往的研究在以下四个方面有所不同:

(1)总体评分是根据影响力和质量评价得出的;
(2)涉及的杂志数量众多;
(3)把旅游和饭店方面的专家区分开来;
(4)样本不受地域或任何组织成员的限制。

研究综合了旅游和饭店学者对本领域杂志的影响力和质量的评价。总体研究模式可见表 2 和表 3,其中顶尖的杂志的重要性得分高于 70,其中三大杂志的得分都在 60 分以上。影响力和质量有明显的相关性,这说明越著名的杂志,人们认为它的质量越高。研究还发现将旅游和饭店学术圈加以区分的好处,是使整个研究结果更接近真实情况。

研究结果还显示评分是动态变化的,年轻的、资历浅的学者与资深学者的看法是有差别的,随着时间的推移,随着新杂志逐渐建立起了自己的知名度,得分将会发生变化。最后,研究还涉及了一个文化问题,即被访者如果没有在英语的旅游和饭店杂志上发表过论文,他们给分的平均值会高过已经发表过文章的被访者,而这种现象不存在于行业内顶尖的几本杂志,这些杂志的情况正好相反。

虽然不能说本文的研究能给每个学术杂志一个明确的等级评定,但本文的研究覆盖全球,样本规模较大,囊括杂志数量较多,对旅游和饭店学者及杂志加以区别对待,这些都使本文有别于以往的同类研究,迄今为止是最全面的一个研究分析,希望本文的研究结果能推动旅游和饭店杂志的等级评定问题的讨论。

表7 不同学者研究的结论比较

研究结论 杂志名称	本文	瑞安	Pechlaner等 (2004)美国 样本	Pechlaner等 (2004)其他 国家样本	Hsu & Yeung (2003)	谢尔登(1990) 旅游样本	谢尔登(1990) 饭店样本	Ferreira 等(1998)	Schmidgall 等(1997)	Ferreira 等(1994)
饭店杂志										
康奈尔酒店和餐饮管理季刊	1	23	3	9	4	4	1	1	1	2
国际饭店业管理杂志	2		8	7	11	7	3	3	11	1
饭店和旅游业研究杂志	3		7	8	5			2	4	3
当代国际饭店管理杂志	4		13	18	10			14		
饭店与旅游教育杂志	5		14	17	14	6	2	4	5	8
FIU饭店业回顾	6							9	14	10
饭店与休闲市场营销杂志	7		12	16	12		4	4		13
国际饭店和旅游业管理杂志	8	14								
食品业研究杂志	9		19	22				7		14
饭店旅游人力资源杂志	10									
Praxis－实用饭店管理杂志	11									
美国美食协会杂志	12									
饭店和旅游管理杂志	13									
信息技术与饭店业	14									
饭店财务管理杂志	15									

255

续表

研究结论 杂志名称	本文 瑞安	Pechlaner等(2004)美国样本	Pechlaner等(2004)其他国家样本	Hsu & Yeung (2003)	谢尔登(1990)旅游样本	谢尔登(1990)饭店样本	Ferreira等(1998)	Schmidgall等(1997)	Ferreira等(1994)
国际食品业研究	16						18		12
大学食品业杂志	17								11
NACUFS(美国大学食品业协会)杂志	18						18		
国际饭店学术研究杂志	19						11		
饭店,休闲,运动与旅游教育杂志	20								
英国食品杂志	21								
博彩研究与回顾杂志	22						16		
饭店,休闲,运动与旅游杂志	23								
厨艺与技术杂志	24						15		
学校食品业研究回顾	25								
博彩研究杂志	26								6
食品营销杂志	27								
饭店与老年人休闲杂志	28								15
协会杂志:HBCU杂志	29								
老年人营养杂志	30								

续表

研究结论 / 杂志名称	本文	瑞安	Pechlaner等(2004)美国样本	Pechlaner等(2004)其他国家样本	Hsu & Yeung (2003)	谢尔登(1990)旅游样本	谢尔登(1990)饭店样本	Ferreira等(1998)	Schmidgall等(1997)	Ferreira等(1994)
旅游杂志										
旅游研究纪事	1	1	2	1	1	1		6	16	5
旅游管理	2	2	6	2	2	3	5		27	
旅行研究杂志	3	3	1	3	3	2	7	8	9	4
可持续旅游杂志	4	4	11	4	16					
旅行与旅游市场营销杂志	5	20	4	5	6			10		
国际旅游研究杂志	6	16		10	18					7
旅游分析	7	14	9	19	8					
亚太旅游研究杂志	8	8	16	6	13			12		
旅游分析杂志	9	8	10	12	7					
旅游经济	10	24	20							
旅游地理	11									
旅游业当前问题	12			13						
生态旅游杂志	13									
旅游研究	14	16	17					17		
旅游与饭店研究	15				9					

研究结论 / 杂志名称	本文	瑞安	Pechlaner等(2004)美国样本	Pechlaner等(2004)其他国家样本	Hsu & Yeung(2003)	谢尔登(1990)旅游样本	谢尔登(1990)饭店样本	Ferreira等(1998)	Schmidgall等(1997)	Ferreira等(1994)
度假营销杂志	16		15	15						
节庆管理	17				19					
国际旅游回顾	18									
信息技术与旅游	19	33	18	20						
旅游与文化变迁杂志	20	24								
安那托利亚(Anatolia)	21	22			20					
旅游、文化与沟通	22									
旅游者研究	23									
旅游研究杂志	24			21	11					
旅游回顾	25					17				
运动旅游杂志	26							8		
旅行与旅游数学杂志	27									
会议与节庆旅游杂志	28									
旅游:国际跨学科杂志	29			22	21					
东盟饭店与旅游杂志	30									
节庆旅游	31									

续表

续表

杂志名称	本文	瑞安	Pechlaner等(2004)美国样本	Pechlaner等(2004)其他国家样本	Hsu & Yeung (2003)	谢尔登(1990)旅游样本	谢尔登(1990)饭店样本	Ferreira等(1998)	Schmidgall等(1997)	Ferreira等(1994)
旅游与饭店质量保证杂志	32									
北欧饭店与旅游杂志	33									
旅游业杂志	34									
今日旅游	35									
ACTA 旅游 (Turistica)	36									
国际旅游法杂志	37									
国际 Teoros	38									
PASOS-旅游与文化遗址杂志	39									
旅游业的问题	40									

注：瑞安根据 leisuretourism.com 上的点击率分析；列出了 35 本杂志，其中包括休闲类杂志。
Pechlaner 等(2004)美国样本 n 约为 50 份答卷(具体数据未体现)；列出了 22 本杂志。
Pechlaner 等(2004)其他国家样本 n 约为 90 份答卷，来自 40 个国家(具体数据未体现)；列出了 22 本杂志。
Hsu & Yeung(2003) n = 参加亚洲旅游业香港双年会的澳门旅游研究生论坛的 52 名会议代表；列出了 21 本杂志。
谢尔登(1990)旅游样本 n = 44 名 TTRA 成员和 AMHA 旅行及旅游教育社团成员；列出了 15 本杂志。
谢尔登(1990)饭店样本 n = 44 名 TTRA 成员和 AMHA 旅行及旅游教育社团成员；列出了 15 本杂志。
Ferreira 等(1998) n = 53 名 CHRIE 成员，这些成员都是 4 年饭店课程的导师；列出了 20 本杂志。
Schmidgall 等(1997)对五个饭店业杂志进行引用分析；53 本杂志被引用了 30 次以上。
Ferreira 等(1994) n = 52 名 CHRIE 成员，这些成员都是 4 年饭店课程的导师；列出了 13 本杂志。

参考文献

[1] Brown, L. Ranking journals using social science research network downloads[J]. Review of Quantitative Finance and Accounting, 2003,(20):291-307.

[2] Caligiuri, P. The ranking of scholarly journals in international human resource management[J]. The International Journal of Human Resource Management, 1999,10(3):515-519.

[3] DuBois, F., Reeb, D. Ranking the international business journals[J]. Journal of International Business Studies, 2000,31(4):689-704.

[4] Egger, R. (2004). Electronic-tourism.com. http://www.electronic-tourism.com/html/index.html.

[5] Ferreira, R. R., deFranco, A. L. & Rappole, C. L. Rating the hospitality journals[J]. International Journal of Hospitality Management, 1994,13(3):209-218.

[6] Ferreira, R. R., DeFranco, A. L. & Rappole, C. L. Hospitality program directors' rating on hospitality journals[J]. Journal of Hospitality and Tourism Educator, 1998,10(1):46-52.

[7] Garfield, E. (1994a). The impact factor. http://www.isinet.com/essays/journal citation reports/7.html.

[8] Garfield, E. (1994b). Using the impact factor. http://www.isinet.com/essays/journal citation reports/8.html.

[9] Holsapple, C., Johnson, L., Manakyan, H., Tanner, J. A citation analysis of business computing research journals[J]. Information and Management, 1993,(25):231-244.

[10] Holsapple, C., Johnson, L., Manakyan, H., Tanner, J. An empirical assessment and categorization of journals relevant to DSS research[J]. Decision Support Systems, 1995,(14):359-367.

[11] Howey, R. M., Savage, K. S., Verbeeten, M. J., Van Hoof, H. B. Tourism and hospitality research journals: Cross-citations among research communities[J]. Tourism Management, 1999,(20):133-139.

[12] Hsu, C. H. C., Yeung, M. Perceived ranking of hospitality and tourism journals and school. In Proceedings of the first APacCHRIE among research communities[J]. Tourism Management, 2003,(20):133-139.

[13] Hsu, C. H. C., Yeung, M. Perceived ranking of hospitality and tourism journals and school. In proceedings of the first APacCHRIE conference[J]. Tourism Management, 2003:529-537.

[14] Joseph, K., Hoey, J. CMAJ's impact factor: Room for recalculation[J]. Canadian

Medical Association Journal, 1999, 161(8): 977 - 979.

[15] Linde, A. Editorial: On the pitfalls of journal ranking by impact factor[J]. *European Journal of Oral Sciences*, 1998, (106): 525 - 526.

[16] Linton, J., Thongpapanl, N. Perspective: Ranking the technology management innovation journals[J]. *Journal of Product Innovation Management*, 2004(21): 123 - 139.

[17] Lodging, Restaurant and Tourism Index. http://www.whatt.net/content/html/homepage, 2004.

[18] McNulty, J., Boekeloo, J. Two approaches to measuring journal quality: Application to finance journals[J]. *Journal of Economics and Finance*, 1999, 23(1): 30 - 38.

[19] Morgan, V., Janca, A. Revising the journal impact factor[J]. *Australian Psychology*, 2000, 8(3): 230 - 235.

[20] Morrison, A. Tourism, hospitality and leisure journals. http://omni.cc.purdue.edu/_alltson/journals.htm, 2004.

[21] Mylonopoulos, N., Theoharakis, V. Global perceptions of IS journals: Where is the best IS research published? [J] *Communications of the ACM*, 2001, 44(9): 29 - 33.

[22] Nord, J., Nord, G. MIS journals: Journal status assessment and analysis[J]. *Information and Management*, 1995(29): 29 - 42.

[23] Pechlaner, H., Zehrer, A., Matzler, K., Abfalter, D. The ranking of international tourism and hospitality journals[J]. *Journal of Travel Research*, 2004, 42(4): 328 - 332.

[24] Polonsky, M., Jones, G., Kearsley, M. Accessibility: An alternative method of ranking marketing journals[J]. *Journal of Marketing Education*, 1999, 21(3): 181 - 193.

[25] Redman, A., Manakyan, H., Tanner, J. A normalized citation analysis of real estate journals[J]. *Real Estate Economics*, 1999, 27(1): 169 - 182.

[26] Ryan, C. The ranking and rating of academics and journals in tourism research[J]. *Tourism Management*, 2005, 26(6): 657 - 662.

[27] Schmidgall, R., Woods, R. H. Rating the influence scholars have on their field: A citation analysis of hospitality management education, 1989~1996[J]. *Journal of Hospitality and Tourism Education*, 1997, 9(4): 74 - 79.

[28] Schmidgall, R., Woods, R. H., Rutherford, D. G. Journal and periodical usefulness as rated by hospitality faculty members[J]. *Cornell Hotel and Restaurant Administration Quarterly*, 1996: 47 - 55.

[29] Sheldon, P. J. Journals in tourism and hospitality—the perceptions of publishing faculty[J]. *The Journal of Tourism Studies*, 1990, 1(1): 42 - 49.

[30] Sloan, P., Needleman, I. Impact factor[J]. *British Dental Journal*, 2000, 189

(1):1.

[31] Soteriou, A., Hadjinicola, G., Patsia, K. Assessing production and operations management related journals: The European perspective[J]. *Journal of Operations Management*, 1999(17):225-238.

[32] Tahai, A., Meyer, M. A revealed preference study of management journals' direct influence[J]. *Strategic Management Journal*, 1999,20(3):279-296.

[33] Thomson. Thomson—about us. http://www.isinet.com/aboutus.

[34] Vastag, G., Montabon, F. Journal characteristics, ranking and social acculturation in operations management[J]. *Omega*, 2002(30):113-126.

[35] Vokurka, R. The relative importance of journals used in operations management research: A citation analysis[J]. *Journal of Operations Management*, 1996(14):345-355.

[36] Wing, C. K. The rankings of construction management journals[J]. *Construction Management and Economics*, 1997,15(4):387-398.

[37] Zinkhan, G., Leigh, T. Assessing the quality ranking of the journal of advertising[J]. *Journal of Advertising*, 1999,28(2):52-70.

四、饭店和旅游研究按照作者、大学和国家排名：新千年的第一个十年里——基于六种主要的期刊

作者：
1. Kwangmin Park,韩国世宗大学
2. WooMi Jo Phillips,美国北达科他州州立大学
3. Deborah D. Canter,美国堪萨斯州立大学
4. JéAnna Abbott,美国休斯敦大学

原文标题：Rankings by author, university, and country using six major journals: The first decade of the new millennium

原文出处：Journal of Hospitality & Tourism Research, August 2011. vol. 35 No. 3: 381-416

【论文摘要】

新千年开始以来10年过去了,在这第一个十年里,酒店及旅游研究已日益增多(Airey & Tribe, 2000; Dale & Robinson, 2001; Jogaratnam, Chon, McCleary, Mena & Yoo, 2005)。

随着酒店及旅游业的快速增长,越来越多政府认识到旅游产业对于国家和地方经济的贡献,一些学术机构也开始关注旅游学科和专业的学术期刊、研究成果、研究团队等旅游学术共同体的发展现状。

目标期刊的选择和计算方法

这类研究的一个关键因素就是决定选用何种期刊进行分析。一般来说,期刊出版物是知识创新和学术成果的主要载体。然而,并不是所有的(学术)成果都一样。也就是说,并不是所有的出版物都可以同等地显示影响深远、卓有成效的学术成就。而经过精挑细选的和最富影响力的出版物是研究水平的象征,因此,在学术界享有很高的声誉。饭店业和旅游学术界要求的学术期刊的数量迅速扩大。一些先前的研究(Ferreira 等,1994;Frechtling,2004;McKercher,2005;McKercher 等,2006;Pechlaner 等,2004;Ryan,2005)研究了接待及旅游业期刊所做出的贡献和所取得的成就。尽管不是所有的学者都认可这些成果,但他们的研究确实揭示了公共认知度最高的饭店业和旅游学术期刊的事实。在饭店业内,以下期刊是最具影响力的:饭店和旅游业研究杂志(*Journal of Hospitality & Tourism Research*,*JHTR*),国际饭店业管理杂志(*International Journal of Hospitality Management IJHM*),以及康奈尔饭店和缘缩管理季刊(*Cornell Hospitality Quarterly*,*CHQ*)。而在旅游研究领域,旅游管理(*Tourism Management*,*TM*),旅游研究纪事(*Annals of Tourism Research*,*ATR*),以及旅行研究杂志(*Journal of Travel Research*,*JTR*)排名最高。与上述选择对象一致,Svensson.(2009a,2009b)也同样以这6种期刊作样本,Jogaratnam 等(2005)收集的数据也来自这三本旅游杂志。因此,因袭之前的研究成果,本研究课题也同样选择了这六种酒店和旅游期刊进行分析。

正如 Jogaratnam 等人所指出的,在对学术成果的研究中,可以采用多种方法来评估作者和学术性高校的贡献:调查法、引文分析法、内容分析法或 Delphi 分析法,一种传统的分析方法是简单地统计出学术期刊上发表的文章数量。例如,Laband 和 Wells(1998)统计出了发表在经济学排名一直居前三甲的期刊上的每一篇文章的页数。他们发现,一篇文章的平均长度取决于其文章主题。然而,McKercher(2008)通过计算学者的影响力报道了在旅游研究领域最多产的学者,而学者的影响力是由他们的学术文章的被引用的次数决定的。最近使用的另一种方法(Jogaratnam 等,2005;Severt,Tesone,Bottorff & Carpenter,2009)是计算作者和高校在一个期刊文章样本集合中出现的频率和"实例",例如,如果一篇文章是由三所不同高校的作者共同撰写的,每一位作者和每所高校都会因为这篇文章得到一分。如果一篇文章是由某所大学的一位作者独立发表的,作者本人和其所在高校也因为这篇文章各自得到一分。采用这种实例计分方法,Jogaratnam 等人(2005)分析了上述三种旅游期刊从 1991 年至 2001 年刊载的论文情况。在他们的研究中,他们简单的统计了作者在已发表的文章中出现的次数,作者每出现一次就给一分,不考虑作者的顺序(第一作者、第二作者、第三作者甚至是第四作者),也不考虑合著作者的人数。Severt 等人(2009)采用了与 Jogaratnam 等人(2005)相同的方法去统计高校、文章和作者出现的次数"实例"。

然而,实例计分法夸大了多作者合著文章的分量,却降低了单一作者文章的分量。为克服这一缺陷,我们的研究使用的是一种分数计分法。例如,一篇文章是由某所高校的一位作者单独撰写的,每类各得一分(这个作者或这所大学),但是,如果一篇文章是由三所不同高校的三位作者合著的,作者们和这三所高校就均分,各获得1/3的分数。分数计分法的优点是,不管合著者的人数多少、作者们供职的高校或者所在国家的数量多少,发表的文章的贡献既不会被夸大也不会被缩小。而且,作者、高校和国家的总数和同期发表的文章总数一致。例如,一种期刊一年时间内发表了由500位相关作者完成的100篇文章,实例计分法的总数就会是500。然而,采用分数计分法,其总数就是100,与该期刊文章总数一致。相应地,分数计分系统清晰地反映了作者、高校和国家的研究贡献和学术生产力的情况。

但是,在测量高校和国家的学术生产力以及他们对学术研究的贡献方面,分级计分法也面临着一个问题:每个饭店和旅游项目组(研究部门或学院)规模上有所不同,这可能会影响学术生产力。例如,如果A高校的项目组有5个教职工,而B高校的项目组有20个教职工,从逻辑上来讲,在控制了所有其他因素之后,B高校的得分应该高于A高校。因此,测量高校和国家层面上的学术生产力和贡献时,各机构或者国家的规模是至关重要的。为克服这一缺陷,本研究采纳了一种加权分级计分法,即按照各个饭店和旅游研究团队(部门、学校)的人数计算平均分。在高校层面,分级分数显示了总的学术研究成果数量,而加权分级分数代表了那个高校每个员工的平均学术成果数量。但是,在国家层面应用加权分级计分法是不可能的,因为,要对所有饭店和旅游领域的大学划分层次是很困难的。尽管在国家层面使用分级计数法受限,分级分数依然可以显示出在饭店和旅游研究领域哪个国家发表了更多的成果。本研究在作者、高校以及国家层面上应用了分级计数,并且在分析大学层面上应用了分级和加权分级计数法。

数据和分析

本研究分析了2000~2009年间发表在三大饭店业期刊(JHTR、IJHM、CHQ)和三大旅游期刊(TM、ATR、JTR)上的研究性文章,其中包括大型的学术论文和研究纪要,但剔除了编者的评论、简报、评注和书评。在本研究中格式我们对饭店和旅游相关的文章进行了分级计分,然后按照作者、高校和国家统计总分来确定他们的整体学术产量和贡献。尽管本研究的样本数据来自于三大饭店期刊和三大旅游期刊格式但是部分刊载在饭店期刊上文章内容是关于旅游的,也有部分关于饭店研究的文章刊载在旅游期刊上。因此,本研究在对文章进行归类时,不是按照期刊是属于饭店业还是旅游业,而是按照文章本身的内容进行分类的。这是为了使研究更合乎逻辑,并且能为学术利益相关者提供更精确的信息。第二,我们为每一篇饭店和旅游研究的文章确定了子类。我们检查文章的篇名、摘要以及关键词,将每一篇文章进行归类,分成饭店类、旅游类或者一个特别的子类。如果其类别并不明显,我们就会对全文内容进行彻底检查。最后,本研究按照期刊计算和报告了作者、高校和国家的分级得分。这一信息显示出不同期刊中作者、高校和国家的出版趋势。此外,加权分级得分也可以显示机构规模上的偏差。教职工的数量(包括学术职员,但是不包括访问学者、助理和荣誉教授)是在2010年8月的前两周从每一个饭店和旅游研究项目组、部门、学院的网页上收集的。

本研究使用了分级计数方法,检查了11个饭店研究类别和21种旅游研究类别,最后确定了在饭店和旅游研究领域学术产量综合排名前50的作者和高校。同时,我们也列出了在所有饭店和旅游业刊物中,产量排名前100位作者或高校。此外,我们还给出了饭店和旅游研究领域综合排名前20的国家和地区,以及所有饭店业和旅游刊物中发表刊物(产量)排名前30的国家和地区。

表1 饭店和旅游研究发表的文章数量统计(2000~2009)

期刊名称	饭店研究文章	旅游文章	文章总数	出现的作者总数	每篇文章的平均作者数
JHTR	201	46	247	552	2.23
IJHM	426	10	436	910	2.09
CHQ	352	27	379	786	2.07
小计	979	83	1062	2248	2.12
TM	76	722	798	1733	2.17
ATR	17	536	553	1041	1.88
JTR	10	411	421	949	2.25
小计	103	1669	1772	3723	2.10
总计	1082	1752	2834	5971	2.11

注:JHTR = Journal of Hospitality & Tourism Research; IJHM = Journal of International Journal of Hospitality Management; CHQ = Cornell Hospitality Quarterly; TM = Tourism Management; ATR = Annals of Tourism Research; JTR = Journal of Travel Research

【研究结果】

表1显示了样本期内出版的饭店和旅游业文章的总体信息。在21世纪的前十年,六大期刊共出版了2834篇文章;三大饭店期刊出版了1062篇文章,旅游业期刊出版了1772篇文章。在这六大期刊中,JHTR出版的数量最少(247篇),TM出版的最多(798篇)。表1还显示出了作者出现在所有期刊文章上面的次数。总计2834篇已出版的文章上面出现了5971位作者,平均每篇2.11位作者。此数据与六大期刊中每种期刊的数据极为相近。ATR的数值最小(每篇1.88位作者),JTR数值最大(每篇2.25位作者)。

1. 饭店研究排名

表2显示了三大饭店期刊内发表文章最多的50位作者。即使饭店业文章出版在旅游期刊上,本研究也依然将其归类为饭店业研究的作品。从饭店业研究获得的总分数为280.33分,占其总分数的25.9%(总数为1082篇文章)。经调查鉴定,在样本期内,Anna S. Mattila(宾夕法尼亚州立大学)发表了28篇饭店业作品并获得了最高的分数(16.33分)。排名第二、三的分别是Soo Cheong(Shawn)Jang(普渡大学,获得了

12.50分)和Cathy A. Enz(康奈尔大学,获得了11.25分)。当前作者的分数归属(隶属于哪所高校)还提供了附加信息。然而,作者的分数并不一定会影响他们现任高校的分数归属。作者在发表论文时所归属的高校即为分数所分配的对象,即使他们在过去十年间变换了高校。在出版作品最多的50个人里,有13个来自于康奈尔大学,是分数分配最多的。另外,表2记录了不同领域内作者积极进行的研究工作。例如,Anna S. Mattila热衷于饭店业营销研究,她在营销领域的分数在50名作者中排名最高。David S. Sherwyn在饭店业法律领域方面作品最多,而Zheng Gu(顾铮)在饭店业会计和财务研究方面产量最高,Wilco W. Chan则在饭店业绿色环保问题上发文量最大。

表2 按作者对饭店研究进行排序

排序	作者	目前工作单位	总分	饭店研究领域											总文章数
				ACF	EDU	ENV	FSM	HRM	IT/MIS	LAW	MKT	ORM	STM	OTH	
1	Anna S. Mattila	美国宾夕法尼亚州立大学	16.33	0.67	—	—	—	—	—	—	12.67	1.50	0.50	1.00	28
2	Soo Cheong (Shawn) Jang	美国普渡大学	12.50	5.67	0.25	—	—	1.25	—	—	4.00	—	1.00	0.33	28
3	Cathy A. Enz	美国康奈尔大学	11.25	—	—	—	3.83	0.33	—	—	2.00	0.33	1.67	3.08	19
4	Sheryl E. Kimes	美国康奈尔大学	10.92	—	—	—	—	1.00	—	—	2.08	7.83	—	—	17
5	Woo Gon Kim	美国佛罗里达州立大学	9.83	2.50	—	—	—	0.67	0.33	—	5.67	0.33	0.33	—	24
6	Michael Lynn	美国康奈尔大学	9.50	—	—	—	—	1.00	—	—	8.50	—	—	—	12
7	Rob Law	香港理工大学	8.03	—	—	—	—	—	3.83	—	0.67	0.50	1.00	2.03	18
8	Gary M. Thompson	美国康奈尔大学	8.00	—	0.50	—	—	—	—	—	—	7.50	—	—	10
9	Haemoon Oh	美国麻省大学	7.50	—	—	—	—	0.33	—	—	6.50	—	0.33	0.33	11

续表

排序	作者	目前工作单位	总分	饭店研究领域										总文章数
				ACF	EDU	ENV	FSM	HRM	IT/MIS	LAW	MKT	ORM	STM	OTH	
10	John W. O'Neill	美国宾夕法尼亚州立大学	7.17	3.50	—	—	—	0.42	—	—	2.08	—	1.17	—	15
10	Zheng Gu	美国内华达拉斯韦加斯大学	7.17	6.17	—	—	—	—	—	—	—	1.00	—	—	13
12	David S. Sherwyn	美国康奈尔大学	6.78	—	—	—	—	1.00	—	5.78	—	—	—	—	15
13	Michael C. Sturman	美国康奈尔大学	6.37	—	—	—	—	3.67	—	0.20	0.50	—	—	2.00	10
14	Peter O'Connor	法国埃塞克商学院	6.25	—	—	—	—	—	3.50	—	1.25	1.00	—	0.50	9
15	Seoki Lee	美国天普大学	6.17	3.50	—	—	—	—	—	—	0.33	0.50	1.83	—	11
15	Dennis Reynolds	美国华盛顿州立大学	6.17	—	—	—	0.50	2.33	—	—	—	2.83	0.50	—	10
17	Robert J. Harrington	美国阿青色大学	6.08	—	1.08	—	—	0.50	—	—	—	—	4.50	—	9
18	Osman M. Karatepe	塞浦路斯东地中海大学	5.70	—	—	—	—	4.70	—	—	1.00	—	—	—	11
19	J. Bruce Tracey	美国康奈尔大学	5.33	—	—	—	—	3.83	—	0.50	1.00	—	—	—	11
19	Vincent P. Magnini	美国弗吉尼亚理工学院	5.33	—	—	—	—	3.00	—	—	1.00	—	1.00	0.33	8

续表

排序	作者	目前工作单位	总分	饭店研究领域										总文章数
				ACF	EDU	ENV	FSM	HRM	IT/MIS	LAW	MKT	ORM	STM	OTH	
21	Terry Lam	香港理工大学	4.83	—	0.50	—	—	2.00	0.33	—	1.17	—	0.50	0.33	11
21	Michael D. Olsen*	美国弗吉尼亚理工学院ª	4.83	1.00	—	—	—	0.50	—	—	0.50	0.33	1.50	1.00	9
21	Zvi Schwartz	美国伊利诺伊大学香槟分校	4.83	—	—	0.33	—	0.50	—	—	—	4.00	—	—	8
24	Alex M. Susskind	美国康奈尔大学	4.67	—	—	—	—	0.83	—	—	3.50	0.33	—	—	8
25	Kate Walsh	美国康奈尔大学	4.50	—	—	—	—	0.50	—	—	1.00	—	0.67	2.33	7
25	Robert J. Kwortnik, Jr.	美国康奈尔大学	4.50	—	—	—	—	—	—	—	1.00	—	0.50	3.00	5
27	Wilco W. Chan	香港理工大学	4.46	—	—	3.46	—	0.50	—	—	—	0.50	—	—	9
28	Karthik Namasivayam	美国宾夕法尼亚州立大学	4.17	—	—	—	—	1.33	0.33	—	1.50	—	—	1.00	8
29	Linda Canina	美国康奈尔大学	4.08	1.75	—	—	—	—	—	—	—	0.33	0.67	1.33	9
29	Prakash K. Chathoth	香港理工大学	4.08	0.50	—	—	—	0.25	1.50	—	—	0.33	1.50	—	8
31	Ki-Joon Back	美国休斯敦大学	4.00	—	—	—	—	—	—	—	4.00	—	—	—	8

续表

排序	作者	目前工作单位	总分	饭店研究领域											总文章数
				ACF	EDU	ENV	FSM	HRM	IT/MIS	LAW	MKT	ORM	STM	OTH	
31	Sunmee Choi	韩国延世大学	4.00	—	—	—	—	—	—	—	0.50	3.50	—	—	6
33	Chekitan S. Dev	美国康奈尔大学	3.83	—	—	—	—	—	—	—	2.92	—	0.67	0.25	9
34	Robert H. Woods	美国内华达拉斯韦加斯大学	3.75	—	0.33	—	—	1.08	—	—	0.50	—	1.83	—	8
35	Dogan Gursoy	美国华盛顿州立大学	3.67	0.33	0.50	—	0.33	0.83	—	—	0.83	0.33	0.50	—	9
35	Hyunjoon Kim	韩国东亚大学	3.67	3.67	—	—	—	—	—	—	—	—	—	—	8
37	Timothy R. Hinkin	美国康奈尔大学	3.50	—	—	—	—	2.00	—	—	1.50	—	—	—	7
37	Jen—te Yang	台湾高雄餐旅大学	3.50	—	—	—	—	3.50	—	—	—	—	—	—	4
37	Mark R. Testa	美国圣地亚哥州立大学	3.50	—	—	—	—	3.00	—	—	0.50	—	—	—	4
40	Anthony F. Lucas	美国内华达大学拉斯韦加斯分校	3.42	—	—	—	—	—	—	—	0.50	2.08	0.50	0.33	8
41	Alan C. B. Tse	香港中文大学	3.37	—	—	—	—	—	—	—	1.53	—	1.50	0.33	7
42	Clark Hu	美国天普大学	3.33	—	0.25	—	0.33	0.67	—	—	0.58	—	0.50	1.00	9

续表

排序	作者	目前工作单位	总分	饭店研究领域										总文章数
				ACF	EDU	ENV	FSM	HRM	IT/MIS	LAW	MKT	ORM	STM	OTH	
42	Hyun Jeong Kim	美国华盛顿州立大学	3.33	0.33	—	—	—	2.33	—	—	0.67	—	—	—	8
42	Arun Upneja	美国宾夕法尼亚州立大学	3.33	3.00	—	—	—	—	—	—	—	—	0.33	—	7
42	Lokman Mia	澳大利亚格里菲斯大学	3.33	1.50	—	—	—	1.33	0.50	—	—	—	—	—	7
42	Randall S. Upchurch	美国中佛罗里达大学	3.33	—	—	—	—	0.67	—	—	—	0.67	1.50	0.50	7
42	Amrik Singh	美国丹佛大学	3.33	3.00	—	—	—	—	—	—	—	—	0.33	—	5
48	H. G. Parsa	美国中佛罗里达大学	3.25	0.25	0.33	—	—	—	—	—	1.17	1.50	—	—	8
49	Karin Weber	香港理工大学	3.20	—	0.50	—	—	—	—	—	1.50	—	1.00	0.20	5
50	Andrew H. Feinstein	美国加州州立理工大学	3.17	—	0.50	—	0.33	1.33	—	—	0.33	0.33	0.33	—	7
50	Paul A. Lynch	英国斯特拉斯克莱德大学	3.17	—	—	0.33	—	—	—	—	0.50	—	0.33	2.00	5

注:1. ACF = 会计和财务;EDU = 教育;ENV = 绿色、环保问题;FSM = 食品服务管理;HRM = 人力资源管理;IT/MIS = 信息技术和管理信息系统;LAW = 法律问题;MKT = 营销;ORM = 经营管理;STM = 战略管理;OTH = 其他。

2. *指作者现在已经从大学退休。

表 3 显示的是饭店业研究方面产量最多的 50 所高校。在样本期内,这 50 所高校在饭店业研究上得到 702.69 分,相当于饭店业文章总数的 64.9%。在部分分数上,康奈尔大学在饭店业营销、经营管理和人力资源管理方面优势明显。香港理工大学居次,获得 64.41 分,在饭店业研究论文大约占 6%,其最擅长的研究主题是人力资源管理、绿色环保问题以及战略管理。宾夕法尼亚州立大学最擅长的则是饭店业营销。采用分级计数法产量最高的 50 所高校里,牛津布鲁克斯大学居首位(4.61);而且他们单位教职工研究产量也在 50 所高校中列在首位。以上结果有助于未来的研究生就学、教员的跳槽,以及高校招聘引进人才等。

表 4 显示的是对饭店业研究贡献最大的 20 个国家和地区,美国在饭店业研究上实力最强,其次是中国香港和英国。美国获得了 639.20 分,占最近十年饭店业研究总量的 59.1%。这大概是因为美国饭店业项目和学院的数量比其他国家多。尽管中国香港在总分中排名第二,为 88.28 分,但它在绿色和环保问题研究领域处于领先地位。英国和澳大利亚研究的重点更多是在人力资源管理和饭店业营销上,而中国台湾则是人力资源管理和经营管理。

尽管香港是中华人民共和国的一个特别行政区,但我们是将中国香港和中国内地分别单独计数,而不是共同计数,来提供更加具体的信息。如果把中国香港的总分(88.28)和中国大陆的总分(5.94)相加,其总分就是 94.22 分,这样,中国就排在第二位,对饭店业研究的贡献率大约是 8.7%。

表 3 饭店研究按照大学排名

排序	大学	总分	研究领域											加权分数	总数
			ACF	EDU	ENV	FSM	HRM	IT/MIS	LAW	MKT	ORM	STM	OTH		
1	美国康奈尔大学	134.88	10.17	0.50	1.00	1.00	23.50	4.92	8.07	33.83	25.75	8.90	17.25	1.95	248
2	香港理工大学	64.41	3.00	3.00	9.63	—	11.58	8.50	—	8.53	2.83	9.00	8.33	1.13	140
3	美国宾夕法尼亚州立大学	50.17	9.00	0.50	—	—	7.42	0.50	—	24.75	2.50	3.00	2.50	1.52	101
4	美国内华达拉斯韦加斯大学	41.67	8.50	1.08	—	1.00	3.92	0.33	1.25	10.33	7.67	6.92	0.67	0.72	94
5	美国普渡大学	25.92	7.50	1.25	—	—	5.17	0.33	1.25	8.25	0.50	1.67	—	1.18	63

续表

排序	大学	总分	研究领域											加权分数	总数
			ACF	EDU	ENV	FSM	HRM	IT/MIS	LAW	MKT	ORM	STM	OTH		
6	澳大利亚格里菲斯大学	23.58	5.00	1.00	—	—	6.42	1.00	—	8.17	—	1.00	1.00	0.62	56
7	美国弗吉尼亚理工学院	23.08	1.50	0.33	—	—	6.00	0.50	—	8.83	0.33	4.33	1.25	1.21	52
8	美国中佛罗里达大学	19.58	—	2.33	—	—	5.08	1.50	—	4.00	1.33	2.33	3.00	0.49	40
9	美国华盛顿州立大学	19.33	0.67	1.50	—	2.00	7.17	—	—	2.67	1.83	2.50	1.00	1.21	40
10	美国天普大学	16.17	4.00	0.50	—	—	1.50	2.00	—	2.25	1.25	3.17	1.50	0.85	38
11	香港中文大学	14.53	1.00	—	—	—	0.50	0.67	—	6.28	0.33	4.00	1.75	0.39	40
12	美国堪萨斯州立大学	14.00	2.50	—	1.00	1.00	1.33	0.50	—	5.50	1.00	0.50	0.67	0.56	32
13	英国牛津布鲁克斯大学	13.83	1.00	2.00	—	—	5.33	0.50	—	1.50	0.50	1.00	2.00	4.61	21
14	英国萨里大学	13.27	—	—	—	3.60	1.50	0.50	—	6.67	—	—	1.00	0.60	32
15	美国爱荷华州立大学	13.08	—	—	—	0.50	—	2.00	—	7.58	—	1.00	2.00	0.69	24
16	美国俄克拉荷马州立大学	12.50	2.83	—	—	—	2.00	0.67	—	6.33	0.33	0.33	—	1.25	31
17	美国佛罗里达州立大学	11.33	0.83	—	—	—	3.00	0.33	0.50	2.67	—	3.00	1.00	1.26	31

续表

排序	大学	总分	研究领域											加权分数	总数
			ACF	EDU	ENV	FSM	HRM	IT/MIS	LAW	MKT	ORM	STM	OTH		
18	美国密歇根州立大学	10.83	1.50	0.33	—	0.67	4.00	0.50	—	2.00	1.00	0.33	0.50	0.36	27
19	塞浦路斯东地中海大学	10.50	—	—	—	—	9.50	—	—	1.00	—	—	—	0.38	23
20	以色列内盖夫本—古里安大学	8.83	—	—	—	1.00	1.50	—	—	—	3.00	1.33	2.00	N/A	16
21	美国俄亥俄州立大学	8.42	0.75	—	—	—	2.83	—	—	1.83	3.00	—	—	0.47	20
22	美国伊利诺大学香槟分校	7.83	—	—	—	—	—	1.50	—	1.33	4.00	1.00	—	0.52	15
22	英国曼彻斯特城市大学	7.83	—	—	—	0.50	3.33	—	1.50	—	—	1.00	1.50	N/A	14
24	挪威斯塔万格大学	7.67	—	—	—	—	4.00	—	—	2.67	—	—	1.00	N/A	15
25	美国休斯敦大学	7.10	1.00	—	—	1.00	0.50	0.33	—	3.17	0.50	0.60	—	0.23	16
26	西班牙拉斯帕尔马斯大学	7.00	—	—	—	1.00	—	—	—	1.00	1.00	3.00	1.00	N/A	17
27	英国斯特拉斯克莱德大学	6.67	—	1.00	0.33	—	2.17	—	—	1.50	—	—	1.67	0.32	12
28	韩国世宗大学	6.58	0.67	1.25	—	—	—	—	—	3.33	1.00	—	0.33	0.39	14

续表

排序	大学	总分	研究领域											加权分数	总数
			ACF	EDU	ENV	FSM	HRM	IT/MIS	LAW	MKT	ORM	STM	OTH		
29	美国圣地亚哥州立大学	6.33	1.00	—	—	—	3.33	—	—	1.00	—	1.00	—	0.53	10
30	法国（巴黎）国际饭店管理学院	6.25	—	—	—	—	1.50	2.50	—	1.25	—	0.50	0.50	0.57	9
31	美国西雅图大学	6.00	—	—	—	—	—	—	—	1.00	3.00	1.00	1.00	N/A	17
32	美国麻省大学	5.83	—	—	—	—	—	—	3.00	0.83	—	2.00	—	0.49	8
33	美国丹佛大学	5.50	3.00	—	—	—	0.83	—	—	—	—	0.67	1.00	0.42	9
34	美国夏威夷大学	5.17	3.83	—	—	—	0.33	—	—	—	—	1.00	—	0.29	11
35	台湾高雄餐旅学院	5.00	—	—	—	—	4.00	—	—	1.00	—	—	—	N/A	6
36	加拿大维多利亚大学	4.50	—	1.00	—	—	2.00	—	—	0.50	0.50	—	0.50	N/A	10
37	澳大利亚西澳大学	4.33	—	—	—	—	—	2.17	—	1.33	0.33	—	0.50	N/A	12
37	韩国庆熙大学	4.33	0.33	—	—	—	—	—	—	2.00	0.67	1.33	—	0.14	10
37	新西兰怀卡托大学	4.33	—	—	—	—	—	—	—	1.00	2.33	—	1.00	0.43	7
40	美国特拉华大学	4.17	0.33	—	—	—	—	—	—	1.33	1.83	0.67	—	0.26	13

续表

排序	大学	总分	研究领域											加权分数	总数
			ACF	EDU	ENV	FSM	HRM	IT/MIS	LAW	MKT	ORM	STM	OTH		
40	乔治·华盛顿大学	4.17	0.50	0.50	—	—	0.33	—	—	0.33	—	0.83	1.67	0.22	9
42	英国玛格丽特皇后大学	4.00	—	—	0.67	1.00	—	1.00	—	—	—	0.33	1.00	0.17	7
42	韩国延世大学	4.00	—	—	—	—	0.67	—	—	0.33	3.00	—	—	N/A	7
44	美国佛罗里达国际大学	3.83	0.50	—	—	—	1.00	—	—	0.33	1.00	—	1.00	0.16	7
45	美国得克萨斯理工大学	3.67	—	—	—	—	0.67	—	—	3.00	—	—	—	0.20	12
46	美国东密歇根大学	3.50	—	1.00	—	—	0.25	—	—	1.00	—	0.50	0.75	N/A	9
46	英国利兹城市大学	3.50	—	1.00	—	—	—	—	—	1.00	—	1.00	0.50	0.23	7
46	美国北亚利桑那州大学	3.50	—	1.00	—	—	—	—	—	2.00	—	—	0.50	0.16	7
46	加拿大圭面夫大学	3.50	—	—	—	—	0.50	—	1.00	—	2.00	—	—	0.16	4
50	台湾中正大学	3.33	3.00	—	—	—	0.33	—	—	—	—	—	—	N/A	6
50	澳大利亚昆士兰大学	3.33	—	1.00	—	—	2.33	—	—	—	—	—	—	0.13	6

注:ACF = 会计和财务;EDU = 教育;ENV = 绿色、环保问题;FSM = 食品服务管理;HRM = 人力资源管理;MIS = 信息技术和管理信息系统;LAW = 法律问题;MKT = 营销;ORM = 经营管理;STM = 战略管理;OTH = 其他;N/A = 无法获得

表 4 饭店研究按照国家(地区)排序

排序	国家/地区	总分	饭店研究领域											频次
			ACF	EDU	ENV	FSM	HRM	IT/MIS	LAW	MKT	ORM	STM	OTH	
1	美国	639.20	71.50	15.08	4.00	12.67	114.00	20.25	30.00	178.20	73.75	65.67	54.08	1362
2	中国香港	88.28	4.00	3.50	10.63	0.33	13.75	10.50	—	15.90	4.17	14.67	10.83	203
3	英国	87.78	3.00	7.50	1.00	7.00	25.17	3.00	2.20	18.17	2.50	6.83	11.42	167
4	澳大利亚	54.50	5.00	4.00	—	—	16.33	3.83	—	15.00	4.00	3.33	3.00	118
5	中国台湾	33.92	3.00	1.25	—	—	10.83	—	—	6.00	9.08	3.75	—	65
6	韩国	26.58	2.50	1.58	—	—	2.00	1.67	—	9.67	4.33	4.17	0.67	61
7	西班牙	22.67	1.00	—	1.00	—	5.67	2.33	—	3.00	1.67	7.00	1.00	58
8	土耳其	21.67	1.00	—	2.00	—	12.50	—	—	4.50	0.67	1.00	—	44
9	加拿大	13.08	—	—	—	—	1.50	2.00	1.00	2.83	—	4.50	1.25	27
10	法国	12.70	—	—	—	—	2.50	2.50	0.20	4.25	1.00	1.00	1.25	26
11	以色列	10.83	—	—	1.00	—	1.50	—	—	2.00	3.00	1.33	2.00	19
12	挪威	10.50	1.00	—	—	—	4.00	—	—	2.00	—	—	3.50	22
13	新西兰	8.50	—	—	—	—	0.50	—	1.00	3.67	2.33	—	1.00	13
14	中国大陆	5.94	—	0.25	0.38	—	1.33	—	—	1.73	—	0.83	1.42	20
15	瑞士	5.58	—	—	—	—	1.00	0.25	—	2.33	0.50	1.50	—	14
16	新加坡	4.25	—	—	—	—	—	—	1.00	1.25	0.50	—	1.50	7
17	希腊	4.17	—	0.50	—	—	—	—	—	—	3.00	0.33	0.33	8
18	葡萄牙	3.00	—	—	—	—	—	—	1.00	—	2.00	—	—	5
18	瑞典	3.00	—	—	2.00	—	1.00	—	—	—	—	—	—	5
20	德国	2.93	—	0.33	—	—	1.00	—	0.60	—	1.00	—	—	7

2. 旅游业研究排名

表 5 显示的是旅游业研究产量最高的 50 位作者,这 50 位作者分级计分的总分为 306.36 分,占旅游业研究作品总数的 17.5%(总数为 1752 篇文章)。和饭店业内产量

前50名研究者25.9%的贡献率相比,旅游业内产量前50名研究者所做的贡献(17.5%)相对较少,采用总分和发表文章总数进行排名其差异更加明显。例如,采用分级计数法,Bob McKercher(香港理工大学)排在旅游业发文量的首位;但以发表文章总数进行排名,他已发表20篇文章,就排在第三位。按饭店业内总分(分级计数法)和发表文章总数进行排名(实例计数法),其结果就更加一致。例如,Anna S. Mattila 在总分和发表文章总数上都排名第一。

以上结果清楚地显示了实例计数法和分级计数法的差异。根据分级计数法计算,Bob McKercher 在旅游业研究中总共获得了11.25分,也就是在出版的1752篇旅游业研究文章中,他大约贡献了11篇文章,而实例法调查出其贡献的文章总数是20篇。这就是本研究做出的特殊贡献。在先前的研究中,分级计数比实例计数更加具体。

表5也显示出旅游业文章作者的归属关系。有7位作者来自(归属于)香港理工大学,是单所高校中数量最多的。在不同的旅游业研究主题上,James F. Petrick 研究了服务管理,John T. Coshall 和 Haiyan Song(宋海岩)集中研究了经济影响和计量经济学,Cathy H. C. Hsu(徐惠群)专注于游客感知和行为,Chris Ryan 和 Carla Almeida Santos 则是积极参与特种旅游研究,如遗产、农场、文化和食品旅游业。Bob McKercher 的研究多种多样,不一而足。

表6显示了旅游业研究贡献最大的50所高校,这些高校的分级计数总分为790.24分,占近十年出版的旅游业文章总数的45.1%(总数为1752篇旅游业文章)。这一比例低于饭店业研究排名前50高校的贡献率64.9%。将两个数值进行对比(64.9% vs.45.1%),产量排名前50高校在饭店业上的贡献率远高于旅游业研究前50的学院。

按照分级计数法,香港理工大学获得了72.60分,也就是说该高校在旅游业研究中大致贡献了4%。他们研究的重点是经济影响和计量经济学以及游客感知和行为。澳大利亚格里菲斯大学的研究重点在特种旅游,英国萨里大学则主要侧重旅游业经济影响和经济计量学。得克萨斯农工大学的研究在所有旅游业研究领域中较为均衡。根据强化型分级计数法,英国诺丁汉大学(2.07分)是旅游业研究最多产的大学(见表6)。

表7显示出过去十年间,美国为旅游业研究所做的贡献最大(476.57分)。英国居次席,排名第三的是澳大利亚。美国在所有旅游业主题中都贡献巨大,但是英国显示了其在危机和安全管理、旅游业教育以及政治、政策、法律和政府事务上的优势。澳大利亚重点研究了旅游业的特种旅游和可持续旅游业和生态旅游。而西班牙和中国香港的研究重点就是经济影响和计量经济学。因此,20个国家的研究重点都有所不同,这可能是因为各国及地区的特质不一。

表 5 旅游业研究按作者排名

排名	作者	所在单位	总分	研究领域																			频次
				ATT	CSM	DMKT	DVP	ECO	EDU	GEO	GMKT	IMG	IT	MICE	PLN	PPL	SCM	SEG	SIT	SMT	SUT	TPB	OTH	
1	Bob McKercher	香港理工大学	11.25	0.33	0.50	1.50	1.50	—	—	—	0.33	0.33	—	—	—	—	—	1.00	1.17	—	—	1.75	2.83	20
2	James F. Petrick	美国得克萨斯农工大学	10.92	—	—	—	—	—	—	—	1.08	1.00	—	0.33	—	—	—	1.50	2.83	3.83	—	0.33	—	19
3	Cathy H. C. Hsu	香港理工大学	9.67	—	—	—	1.50	—	—	—	1.00	0.83	—	—	—	—	—	1.67	0.50	2.00	—	2.17	—	18
4	Chris Ryan	新西兰怀卡托大学	9.42	—	—	0.50	0.83	—	—	—	0.50	1.00	—	—	—	—	—	—	3.42	—	1.33	—	1.83	18
5	Samuel Seongseop Kim	韩国世宗大学	8.92	—	—	0.33	0.50	0.83	—	—	2.00	0.83	—	0.33	—	1.42	—	0.25	1.08	0.50	—	0.83	—	22
6	Joseph S. Chen	美国印第安纳大学	8.67	—	—	—	2.33	—	—	—	0.50	1.83	1.00	—	—	—	—	2.00	0.50	—	—	0.50	—	12
7	Stephen W. Litvin	美国查尔斯顿学院	8.58	—	—	1.00	—	—	—	—	0.33	0.50	—	—	—	0.25	—	—	1.00	—	—	2.00	3.50	13
8	Daniel R. Fesenmaier	美国天普大学	8.50	—	—	0.50	0.25	—	—	—	0.33	0.50	5.58	—	—	—	—	—	0.33	—	—	1.00	—	21

续表

排名	作者	所在单位	总分	ATT	CSM	DMKT	DVP	ECO	EDU	GEO	GMKT	IMG	IT	MICE	PLN	PPL	SCM	SEG	SIT	SMT	SUT	TPB	OTH	频次
9	Carla Almeida Santos	美国伊利诺伊大学香槟分校	8.17	—	—	—	—	—	—	—	—	2.17	—	0.50	—	—	—	—	3.00	—	—	0.50	2.00	15
10	Stephen J. Page	英国斯特林大学	7.62	—	2.45	—	—	—	—	0.50	—	—	—	0.33	—	0.50	—	—	1.00	—	0.33	0.50	2.00	15
11	Rob Law	香港理工大学	7.58	—	—	—	—	3.58	—	—	—	—	2.50	—	—	—	—	—	0.50	—	—	0.50	0.50	15
12	Choong—Ki Lee	韩国庆熙大学	7.25	—	—	—	1.58	0.50	—	—	0.83	0.83	—	1.33	—	—	—	1.08	—	0.25	0.50	0.33	—	17
13	Ercan Sirakaya—Turk	美国南卡罗米纳大学	7.17	—	—	—	1.00	0.50	—	—	0.50	1.00	—	—	—	—	—	1.17	—	0.33	2.67	—	—	16
13	Metin Kozak	土耳其穆拉大学	7.17	—	—	2.00	—	0.33	—	—	2.00	—	—	—	—	—	—	—	0.33	1.50	—	1.00	—	9
15	Dogan Gursoy	美国华盛顿州立大学	7.08	0.50	—	—	2.25	5.00	—	—	1.50	—	1.00	0.67	—	—	—	—	—	—	—	0.83	—	17
16	John T. Coshall	伦敦大都会大学	7.00	—	1.00	—	—	—	—	—	—	1.00	—	—	—	—	0.58	—	—	0.33	—	—	—	7
17	Haiyan Song	香港理工大学	6.50	—	—	—	—	4.75	—	—	0.83	—	—	—	—	—	—	—	—	—	—	—	0.33	18

279

续表

排名	作者	所在单位	总分	ATT	CSM	DMKT	DVP	ECO	EDU	GEO	GMKT	IMG	IT	MICE	PLN	PPL	SCM	SEG	SIT	SMT	SUT	TPB	OTH	频次
17	Stephen L. J. Smith	加拿大滑铁卢大学	6.50	—	—	0.33	0.33	1.00	—	—	—	0.33	—	—	—	—	0.50	—	—	—	—	—	4.00	12
17	Bruce Prideaux	澳大利亚詹姆斯·库克大学	6.50	—	—	1.00	2.50	0.33	—	—	0.50	—	—	—	—	0.83	—	—	—	1.00	—	0.33	—	11
17	Douglas G. Pearce	新西兰惠灵顿维多利亚大学	6.50	—	—	1.00	—	—	—	—	1.50	—	—	0.50	1.00	—	1.00	—	1.00	—	—	0.50	—	8
21	SooCheong (Shawn) Jang	美国普渡大学	6.17	—	—	—	—	2.58	—	—	0.75	—	—	0.50	—	—	—	0.33	0.50	0.50	—	0.50	—	13
22	Atila Yüksel	土耳其阿德南·曼德列斯大学	5.83	—	—	0.50	1.00	—	—	—	1.00	—	—	—	—	0.33	—	0.50	—	0.50	—	1.00	1.00	9
23	Yaniv Poria	以色列内盖夫本-古里安大学	5.50	—	—	—	—	—	—	—	—	—	—	—	—	—	—	—	2.50	1.00	—	—	2.00	10
23	David B. Weaver	澳大利亚格里菲斯大学	5.50	0.50	—	—	2.00	—	—	—	—	—	—	—	—	—	—	0.50	—	—	2.50	—	—	8

续表

排名	作者	所在单位	总分	研究领域																		频次
				ATT	CSM	DMKT	DVP	ECO	EDU	GEO	GMKT	IMG	IT	MICE	PLN	PPL	SCM	SEG	SIT	SMT	SUT	TPB	OTH	
23	Konstantinos Andriotis	塞浦路斯理工大学	5.50	—	—	—	4.50	—	—	—	—	—	—	—	—	—	—	—	1.00	—	—	—	—	6
26	Alastair M. Morrison	美国普渡大学 a	5.37	—	—	0.33	—	—	—	—	—	2.17	0.67	—	—	—	—	0.78	—	0.50	—	0.92	—	15
27	John Tribe	英国萨里大学	5.33	—	—	—	—	—	2.33	—	—	—	—	—	—	—	—	—	—	—	—	—	3.00	6
28	John C. Crotts	美国查尔斯顿学院	5.25	—	—	0.50	—	—	—	—	0.50	—	0.67	—	—	—	—	—	—	—	—	—	—	11
29	John L. Crompton	美国得克萨斯农工大学	5.00	—	—	—	—	1.33	—	—	—	—	—	1.33	—	0.25	—	0.33	1.50	—	—	1.50	—	9
29	Honggen Xiao	香港理工大学	5.00	—	—	—	—	—	1.00	—	—	—	—	—	—	1.00	0.50	0.33	—	0.50	—	0.50	0.50	8
31	Arie Reichel	以色列内盖夫本-古里安大学	4.92	—	0.67	—	0.67	—	—	—	0.33	—	—	—	—	—	—	—	1.50	0.33	—	0.42	1.00	14
32	Natan Uriely	以色列内盖夫本-古里安大学	4.83	—	0.67	—	0.67	—	—	—	0.33	—	—	—	—	—	—	—	0.50	—	—	1.83	0.83	11

续表

排名	作者	所在单位	总分	ATT	CSM	DMKT	DVP	ECO	EDU	GEO	GMKT	IMG	IT	MICE	PLN	PPL	SCM	SEG	SIT	SMT	SUT	TPB	OTH	频次
32	Karin Weber	香港理工大学	4.83	—	—	0.33	—	—	—	—	—	—	—	2.00	—	—	—	—	1.00	0.50	—	1.00	—	7
32	Cevat Tosun	土耳其穆斯塔法凯末尔大学	4.83	—	—	—	3.00	—	—	—	0.33	—	—	—	—	—	—	—	—	—	1.00	0.50	—	6
35	Stephen F. Witt	香港理工大学	4.75	—	—	0.50	—	4.25	—	—	—	—	—	—	—	—	—	—	—	—	—	—	—	12
35	Youcheng Wang	美国中佛罗里达大学	4.75	—	—	2.00	—	—	—	—	—	—	2.17	0.25	—	—	—	—	0.33	—	—	—	—	10
37	Graham A. Miller	英国萨里大学	4.67	—	0.20	—	0.33	—	—	—	0.25	—	—	—	—	0.67	—	—	—	0.33	—	—	1.58	10
37	Aliza Fleischer	以色列耶路撒冷希伯来大学	4.67	—	—	—	0.50	1.50	—	—	0.50	—	—	0.50	—	—	—	0.33	—	—	0.33	1.00	—	9
37	Deepak Chhabra	美国亚利桑那州立大学	4.67	—	—	—	—	1.00	—	—	1.00	—	—	0.33	—	—	—	—	0.33	—	—	1.00	1.00	6
40	Joanne Connell	英国斯特林大学	4.53	0.50	—	—	2.00	—	—	—	—	—	—	—	—	—	—	—	2.50	—	—	—	—	7
41	Laura J. Lawton	澳大利亚格里菲斯大学	4.50	—	—	—	—	—	—	—	2.50	—	—	—	—	—	—	0.50	—	—	1.50	—	—	7
41	Juan L. Nicolau	西班牙阿利坎特大学	4.50	—	—	—	—	1.00	—	—	2.50	—	—	—	—	—	—	—	—	—	—	—	1.00	6

续表

排名	作者	所在单位	总分	ATT	CSM	DMKT	DVP	ECO	EDU	GEO	GMKT	IMG	IT	MICE	PLN	PPL	SCM	SEG	SIT	SMT	SUT	TPB	OTH	频次
43	Duarte B. Morais	美国宾夕法尼亚州立大学	4.42	—	—	—	0.83	—	—	—	0.33	0.75	—	—	—	—	—	—	1.00	0.67	—	0.83	—	12
43	Ralf Buckley	澳大利亚格里菲斯大学	4.42	—	—	—	—	—	—	—	—	—	—	—	—	—	—	—	1.83	—	1.58	—	1.00	7
45	Geoffrey Wall	加拿大滑铁卢大学	4.33	—	—	—	0.67	0.50	0.50	—	—	—	—	—	0.50	—	—	—	1.17	—	0.50	0.50	—	10
45	Donald Getz	澳大利亚昆士兰大学	4.33	—	—	—	—	—	—	—	—	—	—	1.50	—	—	—	—	1.00	0.33	—	—	1.50	8
45	Bill Bramwell	英国谢菲尔德哈勒姆大学	4.33	—	—	—	1.50	—	—	—	—	—	—	—	—	2.33	—	—	0.50	—	—	—	—	7
45	Neil Carr	新西兰奥塔哥大学	4.33	0.33	—	—	—	—	—	—	—	—	—	—	—	—	—	—	—	—	—	3.00	1.00	5
49	Arch G. Woodside	美国波士顿大学	4.17	—	—	—	—	—	—	—	0.83	—	—	—	—	0.50	—	—	—	0.33	1.00	1.00	0.50	8
49	Seyhmus Baloglu	美国内华达斯ף加斯大学	4.17	—	—	—	0.50	—	—	—	—	1.83	0.50	0.50	—	—	—	—	—	—	—	0.83	—	8

注：1. ATT＝景点管理；CSM＝危机和安全管理；DMKT＝目的地营销与管理；DVP＝旅游业的发展；ECO＝经济影响和经济计量学；EDU＝教育；GEO＝地理问题；GMKT＝一般的营销；IMG＝形象和品牌；IT＝信息技术；MICE＝会议、奖励旅游、会展，包括节日和事作旅游；PLN＝旅游规划；PPL＝政治、政府、法律和政府问题；SCM＝供应链管理；SEG＝分割；SIT＝特种旅游，如遗产、餐饮酒、文化、农场、文化、餐饮旅游；SMT＝服务管理；SUT＝可持续旅游和生态旅游；TPB＝游客感知和行为；OTH＝其他。
2. a 指作者现在已经从该大学退休。

表 6 旅游业研究按照大学排名

排名	大学	总分	ATT	CSM	DMKT	DVP	ECO	EDU	GEO	GMKT	IMG	IT	MICE	PLN	PPL	SCM	SEG	SIT	SMT	SUT	TPB	OTH	加权分数	频次
1	香港理工大学	72.60	1.00	1.00	1.83	3.33	17.00	—	—	7.17	2.50	4.00	3.83	—	—	1.17	2.67	3.75	3.83	—	12.58	6.93	1.27	163
2	美国得克萨斯农工大学	37.98	—	—	0.33	2.00	3.92	—	—	3.00	3.67	2.83	2.50	—	—	—	3.73	3.83	5.17	4.17	1.17	1.67	1.31	81
3	澳大利亚格里菲斯大学	37.33	—	2.00	2.00	4.42	3.33	—	—	2.00	—	—	1.00	—	2.00	—	—	8.50	0.50	4.83	1.50	5.25	0.98	71
4	英国萨里大学	33.50	—	—	0.50	0.83	6.42	1.67	—	0.50	2.33	1.25	—	0.50	1.50	—	—	3.25	1.17	1.00	0.50	12.08	1.52	76
5	澳大利亚昆士兰大学	28.37	—	—	0.67	2.00	0.83	—	—	4.00	2.00	—	0.50	—	1.83	—	0.67	1.50	1.50	4.53	2.83	5.50	1.13	56
6	以色列内盖夫本-古里安大学	25.26	—	1.33	—	2.00	—	—	—	1.00	0.33	—	—	—	1.00	—	—	4.83	1.67	—	4.26	8.83	n/a	52
7	美国伊利诺伊大学香槟分校	24.08	—	—	0.33	1.25	1.00	—	—	0.50	3.83	4.17	1.00	—	—	—	0.33	6.17	—	—	2.50	3.00	1.61	53
8	美国普渡大学	21.73	—	—	1.33	—	1.33	—	—	1.58	5.17	1.67	0.50	—	1.00	—	1.65	0.50	1.00	0.67	4.83	0.50	0.99	55
9	西班牙巴利阿里群岛大学	20.33	—	—	—	1.50	7.33	—	—	2.00	—	—	—	0.50	2.00	—	—	1.00	1.00	2.00	1.00	2.00	n/a	50
10	加拿大滑铁卢大学	20.33	—	—	0.83	1.67	1.50	0.50	0.33	—	0.33	1.00	—	1.00	1.00	1.00	—	1.83	—	0.50	1.00	7.83	1.27	43
11	美国弗吉尼亚理工大学	18.78	0.50	—	1.00	3.83	0.50	—	—	1.25	2.67	1.50	0.33	—	2.00	—	0.33	1.83	0.83	—	1.00	1.20	0.99	39
12	新西兰怀卡托大学	18.62	—	—	2.50	1.50	—	—	—	1.33	2.50	0.33	—	—	—	—	—	5.20	—	1.33	—	3.92	1.86	38
13	韩国世宗大学	18.33	—	—	0.33	0.83	1.17	—	—	2.75	1.50	0.67	1.83	—	1.75	—	1.00	1.75	1.75	—	3.00	—	1.08	47

续表

排名	大学	总分	ATT	CSM	DMKT	DVP	ECO	EDU	GEO	GMKT	IMG	IT	MICE	PLN	PPL	SCM	SEG	SIT	SMT	SUT	TPB	OTH	加权分数	频次
14	美国宾夕法尼亚州立大学	17.65	—	—	—	2.67	0.75	—	—	2.50	1.50	—	0.50	—	—	—	—	3.33	0.67	0.67	3.23	0.83	0.53	45
15	美国中佛罗里达大学	16.09	1.00	—	2.00	1.00	4.00	—	—	0.83	—	1.83	2.50	—	—	—	—	1.00	0.33	0.33	0.92	0.33	0.40	35
16	美国亚利桑那州立大学	15.32	—	—	1.00	3.50	2.00	—	—	2.00	1.00	—	—	—	—	—	0.33	0.67	0.50	0.50	3.23	—	n/a	35
17	澳大利亚拉筹伯大学	15.27	—	0.50	1.00	2.00	2.00	—	—	0.42	—	0.50	1.50	1.00	0.58	1.00	1.67	2.85	—	—	0.83	—	0.95	28
18	英国斯特林大学	14.02	—	3.52	1.00	—	—	—	0.50	—	—	—	—	—	—	—	—	3.50	—	0.67	1.00	3.00	n/a	26
19	美国查尔斯顿学院	13.92	—	0.50	1.50	1.67	—	—	—	0.83	1.00	1.50	0.33	—	0.50	—	0.33	2.50	—	—	3.00	2.00	1.99	27
20	以色列耶路撒冷希伯来大学	13.67	—	0.33	—	2.00	2.50	—	—	1.00	1.00	1.00	1.00	—	0.75	—	2.00	0.50	0.33	—	1.00	1.00	n/a	26
21	澳大利亚詹姆斯库克大学	13.37	—	—	2.00	0.50	—	1.00	—	1.50	1.00	—	—	1.00	—	—	0.60	1.60	0.33	0.33	1.50	2.00	1.67	26
22	新西兰奥塔哥大学	13.28	—	1.25	—	1.67	—	—	—	0.50	—	—	—	—	0.33	—	0.83	1.20	0.33	2.50	1.50	2.50	1.11	25
23	加拿大卡尔加里大学	12.62	—	—	1.50	1.00	—	—	—	0.75	1.17	0.50	1.00	0.33	0.75	—	1.00	1.70	0.67	0.50	—	2.83	n/a	27
24	加拿大维多利亚大学	12.50	0.33	—	—	—	4.50	—	—	2.00	0.50	1.50	1.00	—	—	—	—	1.00	0.50	—	0.33	3.00	n/a	25
25	美国华盛顿州立大学	11.50	0.50	—	0.50	3.25	0.33	—	—	1.50	1.00	1.50	1.33	—	—	—	1.17	0.25	0.67	—	0.67	—	0.72	28
26	澳大利亚莫纳什大学	11.45	—	—	—	—	3.83	—	—	2.75	—	0.50	—	1.00	0.50	—	—	1.00	—	0.20	0.50	1.00	n/a	27
27	美国天普大学	11.25	0.50	—	1.50	—	—	—	—	0.58	—	4.83	—	—	—	—	—	0.33	—	—	1.50	1.00	0.59	26

续表

排名	大学	总分	ATT	CSM	DMKT	DVP	ECO	EDU	GEO	GMKT	IMG	IT	MICE	PLN	PPL	SCM	SEG	SIT	SMT	SUT	TPB	OTH	加权分数	频次
28	美国内华达斯韦加斯大学	11.00	—	—	—	0.50	2.00	—	—	1.25	2.17	0.50	1.00	0.33	—	—	0.25	—	—	—	2.33	0.67	0.19	27
29	西班牙加那利·拉斯帕尔马斯大学	10.50	—	—	2.00	—	1.00	—	—	—	3.50	—	—	—	1.00	—	—	—	1.00	—	—	1.00	n/a	21
30	英国诺丁汉大学	10.36	1.00	—	—	1.00	5.53	—	—	—	—	—	—	—	1.67	—	—	—	0.50	—	0.50	0.67	0.67	25
31	新西兰惠灵顿维多利亚大学	10.33	—	1.33	—	1.50	0.50	—	—	2.00	1.00	—	0.50	—	1.00	—	—	1.00	—	1.00	1.00	—	n/a	15
32	英国谢菲尔德哈勒姆大学	10.17	—	1.50	—	—	1.00	—	—	—	—	—	0.50	—	3.17	0.50	0.50	3.00	—	—	—	2.00	n/q	18
33	西班牙阿利坎特大学	10.00	—	1.00	—	—	1.00	—	—	4.00	—	—	—	2.00	—	—	—	—	—	—	—	2.00	n/a	15
34	美国密歇根州立大学	9.92	—	—	0.50	1.25	1.50	—	—	0.33	0.67	—	—	—	—	—	0.50	1.33	—	—	0.50	2.33	0.33	21
35	澳大利亚西澳大学	9.67	—	0.67	—	1.00	3.17	—	—	2.33	—	1.00	—	—	—	—	—	0.50	—	—	—	1.00	n/a	21
36	澳大利亚卧龙岗大学	9.67	—	—	—	—	1.00	—	—	0.67	—	0.67	—	—	—	—	2.67	2.00	—	1.50	0.50	0.67	n/a	20
37	澳大利亚新南威尔士大学	9.48	—	1.00	—	—	2.00	—	—	1.25	—	1.50	—	—	—	—	0.33	1.00	—	0.40	0.50	1.50	0.33	22
38	新西兰梅西大学	9.42	—	2.08	—	2.00	—	—	—	—	—	—	1.67	—	—	—	—	2.00	—	1.67	—	—	0.36	19
39	美国堪萨斯州立大学	9.08	—	—	—	2.67	1.25	—	—	—	0.50	—	—	—	1.00	—	1.17	0.50	1.00	—	1.00	—	0.36	16
40	美国佛罗里达大学	9.00	—	—	—	0.50	0.50	—	—	2.33	—	—	—	—	—	—	—	1.67	—	1.50	2.50	—	0.28	19

续表

排名	大学	总分	ATT	CSM	DMKT	DVP	ECO	EDU	GEO	GMKT	IMG	IT	MICE	PLN	PPL	SCM	SEG	SIT	SMT	SUT	TPB	OTH	加权分数	频次
41	西班牙瓦伦希亚大学	8.83	—	—	—	—	1.00	—	—	—	2.67	—	—	—	—	—	1.00	—	3.17	—	—	1.00	n/a	23
41	美国夏威夷大学	8.83	—	—	—	1.00	3.67	—	—	—	—	—	—	0.50	0.50	—	—	—	—	—	2.17	1.00	0.49	19
43	美国南卡罗来纳大学	8.67	1.00	—	—	1.00	—	—	—	1.25	0.75	—	—	—	—	—	—	—	0.33	3.33	—	—	0.48	15
43	土耳其穆拉大学	8.67	—	—	2.00	—	1.50	—	—	2.50	1.17	—	1.00	—	—	—	—	—	0.50	—	1.00	—	n/a	14
45	新加坡国立大学	8.50	0.33	—	—	—	2.00	—	—	—	—	—	—	—	—	—	—	0.50	—	—	0.50	2.17	n/a	19
45	新加坡南洋理工大学	8.50	—	1.00	1.00	—	—	—	—	—	0.50	—	—	—	0.67	—	—	2.00	1.00	—	1.00	2.00	0.34	12
47	新西兰林肯大学	8.33	—	—	—	—	—	—	—	—	—	—	—	0.33	1.00	—	—	1.33	—	2.00	2.50	1.00	n/a	16
48	美国俄克拉荷马州立大学	8.08	—	0.50	0.50	0.33	1.00	—	—	1.33	0.67	2.00	0.67	—	—	—	0.67	0.25	—	—	0.83	—	0.81	22
48	英国伯恩茅斯大学	8.08	1.33	—	1.33	—	—	—	—	—	—	—	0.50	—	0.50	—	—	0.67	—	—	2.00	—	0.22	17
50	韩国庆熙大学	8.00	—	—	—	1.83	0.50	—	—	0.67	1.33	0.33	—	—	—	1.58	—	—	0.25	0.50	0.67	0.25	0.26	21
50	英国桑德兰大学	8.00	—	—	—	—	—	—	—	1.00	1.00	—	0.50	—	—	—	—	3.50	—	—	2.00	—	1.14	13

注：1. ATT = 景点管理；CSM = 危机和安全管理；DMKT = 目的地营销与管理；DVP = 旅游业的发展；ECO = 经济影响和经济计量学；EDU = 教育；GEO = 地理问题；GMKT = 一般的营销；IMG = 形象和品牌；IT = 信息技术；MICE = 会议、奖励旅游、会展，包括节日和事件旅游；PLN = 旅游规划；PPL = 政治、政策、法律和政府问题；SCM = 供应链管理；SEG = 分润；SIT = 特种旅游，如遗产、文化、酒、餐饮旅游；SMT = 服务管理；SUT = 可持续旅游和生态旅游；TPB = 游客感知和行为；OTH = 其他。

2. "总分"是各部分之和，"加权分数"是"各部分加权分数"，计算公式为教职人员数量除以总分。

表 7 旅游研究按照国家排序

排名	国家/地区	总分	ATT	CSM	DMKT	DVP	ECO	EDU	GEO	GMKT	IMG	IT	MICE	PLN	PPL	SCM	SEG	SIT	SMT	SUT	TBP	OTH	频次
1	美国	476.57	7.33	8.50	19.33	45.50	46.50	—	1.00	44.83	32.70	35.67	16.83	7.83	11.92	—	19.50	45.80	17.17	23.33	48.51	44.42	1041
2	英国	242.07	4.00	10.58	8.67	15.50	25.03	4.67	1.75	14.67	7.87	3.58	3.83	3.00	18.67	1.00	1.00	35.42	8.33	18.50	16.09	39.92	451
3	澳大利亚	218.53	0.33	8.83	6.17	15.17	24.17	1.00	—	22.00	4.50	8.00	5.50	3.17	6.17	1.00	8.60	39.60	4.67	20.33	10.58	28.75	446
4	西班牙	111.76	1.00	—	3.00	8.50	20.00	—	1.00	10.00	12.50	5.50	—	2.50	3.00	1.00	5.00	4.50	14.57	8.17	2.09	9.33	257
5	中国香港	87.35	1.33	1.00	3.83	3.33	17.67	—	1.00	7.67	2.83	7.83	3.33	0.67	0.50	1.75	2.67	5.08	4.33	0.50	14.08	7.93	199
6	加拿大	81.07	0.33	1.00	7.17	10.50	3.50	0.50	0.67	3.00	5.03	2.33	2.00	4.00	1.00	2.00	3.50	12.87	1.00	4.50	2.33	13.83	175
7	中国台湾	72.33	—	1.33	—	6.17	13.83	1.50	—	7.58	1.50	10.00	1.00	1.00	1.42	1.00	1.00	6.33	11.00	2.33	3.00	8.50	161
8	新西兰	71.73	—	4.08	3.83	6.17	0.50	—	0.50	6.83	4.50	1.67	3.67	1.33	0.50	1.00	2.00	10.73	0.33	9.83	5.50	8.75	136
9	韩国	55.99	—	—	2.00	3.50	3.92	—	—	7.33	5.17	2.67	4.33	1.33	2.75	—	5.82	4.83	3.67	2.67	5.01	1.00	141
10	以色列	43.42	—	1.67	—	4.00	2.50	—	—	2.50	1.33	1.00	—	1.00	1.00	—	2.00	6.33	1.67	0.67	5.26	12.50	88
11	土耳其	43.08	—	—	3.00	7.00	4.67	2.00	—	3.83	1.67	1.50	—	—	1.33	—	1.50	1.25	3.50	2.33	4.00	5.50	73
12	荷兰	22.58	3.50	—	1.50	1.33	—	—	—	5.75	0.67	—	—	0.50	1.00	—	—	2.50	—	2.00	2.50	1.33	49

续表

排名	国家/地区	总分	ATT	CSM	DMKT	DVP	ECO	EDU	GEO	GMKT	IMG	IT	MICE	PLN	PPL	SCM	SEG	SIT	SMT	SUT	TBP	OTH	频次
13	新加坡	19.50	0.67	1.00	1.00	1.67	2.33	—	—	0.50	0.50	—	—	—	1.67	—	—	2.50	1.00	—	2.00	4.67	37
14	挪威	17.25	1.00	1.00	0.50	0.25	—	—	—	1.00	1.00	1.00	1.00	—	—	—	0.67	0.83	—	1.00	2.00	6.00	33
15	中国大陆	17.08	—	—	0.33	4.67	0.33	1.00	—	0.50	0.33	—	1.00	0.83	0.75	0.25	0.25	1.33	0.33	2.50	2.00	0.67	38
16	奥地利	16.68	—	0.50	2.50	—	5.00	1.00	—	1.60	1.00	2.58	—	—	—	—	1.50	—	1.00	—	—	—	36
17	希腊	12.08	—	—	1.00	4.50	1.00	0.33	—	—	—	1.25	—	—	—	—	—	—	—	—	—	2.00	18
18	丹麦	11.83	—	—	1.00	1.00	2.00	—	—	1.00	—	0.33	—	—	0.50	—	0.50	2.00	—	2.00	—	3.50	17
19	德国	9.92	—	0.50	1.00	1.00	—	—	—	—	1.00	0.25	—	—	—	—	2.00	—	—	1.75	0.09	1.33	16
20	瑞典	9.90	—	1.00	—	0.67	—	—	—	—	0.40	—	0.50	0.33	—	—	—	0.50	—	2.50	1.00	3.00	17

注：ATT=景点管理；CSM=危机和安全管理；DMKT=目的地营销与管理；DVP=旅游业的发展；ECO=经济影响和经济计量学；EDU=教育；GEO=地理问题；GMKT=一般的营销；IMG=形象和品牌；IT=信息技术；MICE=会议、奖励旅游、会展，包括节日和事件旅游；PLN=旅游规划；PPL=政治，政策，法律和政府问题；SCM=供应链管理；SEG=分割；SIT=特种旅游，如遗产、农场生产、文化、酒、餐饮旅游；SMT=服务管理；SUT=可持续旅游和生态旅游；TPB=游客感知和行为；OTH=其他

3.饭店业和旅游业研究的联合排名

饭店业和旅游业研究产量最高的100位作者呈现在表8上,采用分级计数,这100位作者的总分达到了647.11分,占样本期内六大饭店业和旅游业研究期刊作品总量(共计2834篇)的22.8%。也就是说这100位作者平均每人发表了至少1~5篇饭店及旅游业方面的文章。这一结果显示,Soo Cheong(Shawn)Jang(普渡大学)发表文章最多,达41篇,其研究重点在于饭店业研究而不是旅游业研究(饭店业12.50;旅游业6.17)。列Soo Cheong(Shawn)Jang之后的是Anna S. Mattila,他的研究重点也是饭店业研究(饭店业16.33;旅游业0.87)。居第三席的是Rob Law(饭店业8.03;旅游业7.58)。这些项目中最有用的是表8中的每一位作者研究领域的清单。例如,Bob McKercher, Cathy H. C. Hsu 和 James F. Petrick可以归类为旅游业研究者,而Cathy A. Enz, Woo Gon Kim 和 Sheryl E. Kimes则可以归属为饭店业研究者。在100位作者中,有13位作者来自于康奈尔大学,12位作者来自香港理工大学,5位作者来自于格里菲斯大学,还有4位分别来自内盖夫本—古里安大学和宾夕法尼亚州立大学。

表8 饭店和旅游业研究按作者排序

排名	作者	所在学校	总分	研究领域		杂志						总文章数
				饭店	旅游	JHTR	IJHM	CHQ	TM	ATR	JTR	
1	SooCheong (Shawn) Jang	美国普渡大学	18.67	12.50	6.17	4.67	8.08	—	3.92	1.00	1.00	41
2	Anna S. Mattila	美国宾夕法尼亚州立大学	17.20	16.33	0.87	7.33	4.17	4.83	0.50	0.17	0.20	31
3	Rob Law	香港理工大学	15.61	8.03	7.58	2.70	5.17	—	5.42	1.00	1.33	33
4	Bob McKercher	香港理工大学	12.12	0.87	11.25	0.20	0.33	—	4.75	3.50	3.33	23
5	Cathy A. Enz	美国康奈尔大学	11.92	11.25	0.67	—	0.33	11.25	—		0.33	21
6	Woo Gon Kim	美国佛罗里达州立大学	11.16	9.83	1.33	3.33	4.67	1.33	1.83	—		28
7	Cathy H. C. Hsu	香港理工大学	11.04	1.37	9.67	4.70	0.33	—	1.67	1.00	3.33	22
8	James F. Petrick	美国得克萨斯农工大学	10.92	—	10.92				3.08	2.33	5.50	19
8	Sheryl E. Kimes	美国康奈尔大学	10.92	10.92	—		0.33	10.58				17
10	Dogan Gursoy	美国华盛顿州立大学	10.75	3.67	7.08	1.67	3.33	—	2.08	3.17	0.50	26
11	Chris Ryan	新西兰怀卡托大学	10.42	1.00	9.42	—	0.50	0.50	4.50	2.33	2.58	20

续表

排名	作者	所在学校	总分	研究领域		杂志						总文章数
				饭店	旅游	JHTR	IJHM	CHQ	TM	ATR	JTR	
12	Haemoon Oh	美国马萨诸塞大学	9.67	7.50	2.17	3.83	1.67	1.00	2.33	0.50	0.33	15
13	Samuel Seongseop Kim	韩国世宗大学	9.50	0.58	8.92	—	0.33	—	5.17	2.67	1.33	24
13	Michael Lynn	美国康奈尔大学	9.50	9.50	—	0.50	5.00	4.00	—	—	—	12
15	Joseph S. Chen	美国印第安纳大学	9.17	0.50	8.67	4.00	0.50	—	2.17	2.00	0.50	13
16	Stephen W. Litvin	美国查尔斯顿学院	8.91	0.33	8.58	—	—	1.00	2.33	2.50	3.08	14
17	Daniel R. Fesenmaier	美国天普大学	8.75	0.25	8.50	—	0.25	—	1.67	1.33	5.50	22
18	Carla Almeida Santos	美国伊利诺伊大学香槟分校	8.67	0.50	8.17	0.50	—	—	0.33	5.83	2.00	16
19	Karin Weber	香港理工大学	8.03	3.20	4.83	1.70	1.00	1.00	1.00	1.50	1.83	12
20	Gary M. Thompson	美国康奈尔大学	8.00	8.00	—	—	0.50	7.50	—	—	—	10
21	Stephen J. Page	英国斯特林大学	7.62	—	7.62	—	—	—	6.12	1.17	0.33	15
22	Choong—Ki Lee	韩国庆熙大学	7.25	—	7.25	—	—	—	5.42	1.83	—	17
23	Haiyan Song	香港理工大学	7.20	0.70	6.50	0.95	0.33	—	2.25	—	3.67	20
24	Ercan Sirakaya—Turk	美国南卡罗来纳大学	7.17	—	7.17	0.50	—	—	1.33	2.50	2.83	16
24	John W. O'Neill	美国宾夕法尼亚州立大学	7.17	7.17	—	1.50	0.33	5.08	—	0.25	—	15
24	Zheng Gu	美国内华达拉斯韦加斯大学	7.17	7.17	—	3.83	2.33	—	1.00	—	—	13
24	Metin Kozak	土耳其穆拉大学	7.17	—	7.17	1.00	0.33	—	2.33	3.00	0.50	9
28	Kevin K. F. Wong	香港理工大学	7.04	2.96	4.08	2.08	0.96	0.50	1.75	—	1.75	18
29	Stephen L. J. Smith	加拿大滑铁卢大学	7.00	0.50	6.50	—	0.50	—	1.83	2.67	2.00	13
29	John T. Coshall	英国伦敦城市大学	7.00	—	7.00	—	—	—	1.00	2.00	4.00	7
31	David S. Sherwyn	美国康奈尔大学	6.78	6.78	—	—	—	6.78	—	—	—	15
32	Atila Yüksel	土耳其阿德南·曼德列斯大学	6.66	0.83	5.83	1.50	—	—	4.83	0.33	—	11

续表

排名	作者	所在学校	总分	研究领域		杂志						总文章数
				饭店	旅游	JHTR	IJHM	CHQ	TM	ATR	JTR	
33	John C. Crotts	美国查尔斯顿学院	6.58	1.33	5.25	1.83	0.50	—	1.33	0.50	2.42	14
34	Bruce Prideaux	澳大利亚詹姆斯·库克大学	6.50	—	6.50	—	—	—	4.67	1.83	—	11
34	Douglas G. Pearce	新西兰惠灵顿维多利亚大学	6.50	—	6.50	—	—	—	1.00	2.00	3.50	8
36	Michael C. Sturman	美国康奈尔大学	6.37	6.37	—	—	0.50	5.87	—	—	—	10
37	Peter O'Connor	法国埃塞克商学院	6.25	6.25	—	—	1.00	5.25	—	—	—	9
38	Terry Lam	香港理工大学	6.16	4.83	1.33	2.17	2.17	—	1.17	0.33	0.33	14
38	Seoki Lee	美国天普大学	6.17	6.17	—	1.50	4.17	0.50	—	—	—	11
38	Dennis Reynolds	美国华盛顿州立大学	6.17	6.17	—	2.33	2.00	1.83	—	—	—	10
41	Alastair M. Morrison	美国普渡大学 a	6.12	0.75	5.37	0.25	0.50	—	3.42	0.83	1.12	17
42	Arie Reichel	以色列内盖夫本—古里安大学	6.09	1.17	4.92	0.67	0.83	—	1.17	2.00	1.42	17
43	Robert J. Harrington	美国阿肯色州大学	6.08	6.08	—	3.83	2.25	—	—	—	—	9
44	Beverley A. Sparks	澳大利亚格里菲斯大学	6.00	2.83	3.17	1.83	0.67	0.33	2.00	0.50	0.67	13
44	Ki—Joon Back	美国休斯顿大学	6.00	4.00	2.00	3.67	0.33	—	1.00	0.50	0.50	12
44	Seyhmus Baloglu	美国内华达拉斯韦加斯大学	6.00	1.83	4.17	0.50	0.33	1.00	2.83	0.33	1.00	11
47	Zvi Schwartz	美国伊利诺伊大学香槟分校	5.83	4.83	1.00	2.33	1.00	1.00	0.50	—	1.00	10
48	Osman M. Karatepe	塞浦路斯东地中海大学	5.70	5.70	—	—	3.50	0.50	1.70	—	—	11
49	Ming—Hsiang Chen	台湾中正大学	5.50	3.00	2.50	0.33	3.00	—	2.17	—	—	10

续表

排名	作者	所在学校	总分	研究领域		杂志						总文章数
				饭店	旅游	JHTR	IJHM	CHQ	TM	ATR	JTR	
49	Yaniv Poria	以色列内盖夫本—古里安大学	5.50	—	5.50	1.00	—	—	—	2.50	2.00	10
49	David B. Weaver	澳大利亚格里菲斯大学	5.50	—	5.50			1.00	2.00	1.50	1.00	8
49	Juan L. Nicolau	西班牙阿利坎特大学	5.50	1.00	4.50	—	—	—	3.00	1.50	1.00	7
49	Joan C. Henderson	新加坡南洋理工大学	5.50	1.50	4.00	—	1.00	0.50	3.00	1.00	—	6
49	Konstantinos Andriotis	塞浦路斯理工大学	5.50	—	5.50	1.00	—	—	2.00	2.00	0.50	6
55	J. Bruce Tracey	美国康奈尔大学	5.33	5.33	—	0.50	—	4.83	—	—	—	11
55	Michael D. Olsen	美国弗吉尼亚技术大学 a	5.33	4.83	0.50	0.50	3.33	1.00	—	0.50	—	10
55	Vincent P. Magnini	美国弗吉尼亚技术大学	5.33	5.33	—		4.00	1.33				8
55	Cevat Tosun	土耳其穆斯塔法·凯末尔大学	5.33	0.50	4.83		0.50	—	3.50	1.33	—	7
55	John Tribe	英国萨里大学	5.33	—	5.33					3.33	2.00	6
60	Youcheng Wang	美国中佛罗里达大学	5.25	0.50	4.75		0.50	—	1.92	—	2.83	11
61	Arch G. Woodside	美国波士顿大学	5.17	1.00	4.17	—	—	—	1.83	0.50	2.83	9
62	Alex M. Susskind	美国康奈尔大学	5.00	4.67	0.33	2.25	0.25	2.17	—	—	0.33	9
62	John L. Crompton	美国得克萨斯农工大学	5.00	—	5.00	—	—	—	0.33	1.00	3.67	9
62	Aviad A. Israeli	以色列内盖夫本—古里安大学	5.00	2.83	2.17	0.33	2.83	—	0.50	0.33	1.00	8
62	Honggen Xiao	香港理工大学	5.00	—	5.00				1.50	3.00	0.50	8
62	Robert J. Kwortnik, Jr	美国康奈尔大学	5.00	4.50	0.50		5.00		—		—	6
67	Chekitan S. Dev	美国康奈尔大学	4.83	3.83	1.00		4.50		—		0.33	12
67	Natan Uriely	以色列内盖夫本—古里安大学	4.83	—	4.83	0.33	—	—	0.33	3.00	1.17	11
67	Donald Getz	澳大利亚昆士兰大学	4.83	0.50	4.33	—	0.50	—	3.00	0.50	0.83	9

续表

排名	作者	所在学校	总分	研究领域 饭店	研究领域 旅游	JHTR	IJHM	CHQ	TM	ATR	JTR	总文章数
70	Stephen F. Witt	香港理工大学	4.75	—	4.75	0.25	—	—	1.25	0.50	2.75	12
71	Graham A. Miller	英国萨里大学	4.67	—	4.67	—	—	—	2.83	1.25	0.58	10
71	Aliza Fleischer	以色列耶路撒冷希伯来大学	4.67	—	4.67	—	1.00	—	0.50	1.00	2.17	9
71	Deepak Chhabra	美国亚利桑那州立大学	4.67	—	4.67	1.00	—	—	—	1.33	2.33	6
74	Joanne Connell	英国斯特林大学	4.53	—	4.53	—	—	—	4.53	—	—	7
75	Karthik Namasivayam	美国宾夕法尼亚州立大学	4.50	4.17	0.33	2.50	0.33	0.83	0.50	—	0.33	9
75	Kate Walsh	美国康奈尔大学	4.50	4.50	—	—	0.33	4.17	—	—	—	7
75	Laura J. Lawton	澳大利亚格里菲斯大学	4.50	—	4.50	—	—	—	1.00	0.50	3.00	7
75	Egon Smera	奥地利经济研究中心	4.50	1.00	3.50	—	—	—	—	0.50	4.00	6
79	Wilco W. Chan	香港理工大学	4.46	4.46	—	1.83	2.63	—	—	—	—	9
80	Duarte B. Morais	美国宾夕法尼亚州立大学	4.42	—	4.42	—	—	—	0.33	1.67	2.42	12
80	Ralf Buckley	澳大利亚格里菲斯大学	4.42	—	4.42	—	—	—	2.00	1.92	0.50	7
82	Hyun Jeong Kim	美国华盛顿州立大学	4.33	3.33	1.00	0.67	2.67	—	1.00	—	—	11
82	Geoffrey Wall	加拿大滑铁卢大学	4.33	—	4.33	—	—	—	2.83	1.50	—	10
82	Fevzi Okumus	美国中佛罗里达大学	4.33	2.50	1.83	—	2.50	—	0.67	1.17	—	8
82	Bill Bramwell	英国谢菲尔·德哈勒姆大学	4.33	—	4.33	—	—	—	—	3.83	0.50	7
82	Neil Carr	新西兰奥塔哥大学	4.33	—	4.33	—	—	—	3.33	1.00	—	5
87	Judy A. Siguaw	美国康奈尔大学	4.25	3.08	1.17	—	—	3.42	—	—	0.83	10
88	Hailin Qu	美国俄克拉荷马州立大学	4.16	1.33	2.83	0.33	1.00	0.67	2.17	—	—	12

续表

排名	作者	所在学校	总分	研究领域		杂志						总文章数
				饭店	旅游	JHTR	IJHM	CHQ	TM	ATR	JTR	
89	Clark Hu	美国天普大学	4.08	3.33	0.75	0.50	2.58	0.50	0.50	—	—	11
89	Linda Canina	美国康奈尔大学	4.08	4.08	—	0.75	0.33	3.00				9
89	Prakash K. Chathoth	香港理工大学	4.08	4.08	—	0.75	3.33					8
92	Bill Faulkner	澳大利亚格里菲斯大学 a	4.00	—	4.00	—	—		2.17	1.50	0.33	8
92	Michael Riley*	英国萨里大学	4.00	2.83	1.17		2.00			1.67	0.33	8
92	Simon C. K. Wong	香港理工大学	4.00	2.00	2.00		1.00		2.50		0.50	7
92	Ching—Fu Chen	台湾成功大学	4.00	2.00	2.00				3.00		1.00	6
92	Richard Prentice	英国桑德兰大学	4.00	—	4.00				1.50	2.50	—	6
92	Sunmee Choi	韩国延世大学	4.00	4.00	—	1.00	0.50	2.50				6
92	Andrew Holden	英国贝德福德大学	4.00	—	4.00				1.00	3.00		4
92	Fong—Lin Chu	台湾大学	4.00	—	4.00				4.00			4
100	Ken W. McCleary	美国弗吉尼亚技术大学	3.95	2.42	1.53	2.17	0.25	0.50	0.20	0.50	0.33	11

注:1. JHTR = Journal of Hospitality & Tourism Research; IJHM = Journal of International Journal of Hospitality Management; CHQ = Cornell Hospitality Quarterly; TM = Tourism Management; ATR = Annals of Tourism Research; JTR = Journal of Travel Research。

2. *指作者现在已经从该大学退休。

表9显示了对饭店业和旅游业研究贡献最大的100所高校,它们的分级计数总分值为1770.65,或者说占样本期内六大期刊出版饭店业和旅游业文章总数的62.5%。根据分级计数,康奈尔大学排名第一,其优势在于饭店业研究。康奈尔大学获得了140.88分,也就是说它对样本期内饭店业研究的贡献率为5.0%。有趣的是,康奈尔大学获得了CHQ总分的85.0%,也就是说它基本上都依赖于出版自己的期刊(CHQ)。在另一方面,香港理工大学和普渡大学在饭店业和旅游业研究上保持了很好的平衡。同样,宾夕法尼亚州立大学、内华达拉斯维加斯大学以及弗吉尼亚技术大学都更喜欢饭店业研究,而格里菲斯大学、萨里大学和得克萨斯农工大学则更倾向于旅游业研究。因此,有些高校就可以称作饭店学院或者旅游学院,而其他高校在二者间保持平衡(饭店和旅游大学)。按照强化计数法,查尔斯顿学院(2.44分)是单位教

职工产量最高的研究机构,高校管理者们现在正在考虑可能需要运用此类信息增加新的教员职位,来强化他们的计划并进一步增强其优势领域的研究。同样如此,未来的研究生也有可能运用此类信息来找到最能发挥他们研究兴趣的领域。

表9 饭店和旅游研究按大学排序

排名	大学	总分	研究领域		杂志						加权分数	总文章数
			饭店	旅游	JHTR	IJHM	CHQ	TM	ATR	JTR		
1	美国康奈尔大学	140.88	134.88	6.00	8.08	11.42	119.72	—	—	1.67	2.04	263
2	香港理工大学	137.01	64.41	72.60	26.45	39.88	2.83	35.68	9.08	23.08	2.40	303
3	美国宾夕法尼亚州立大学	67.82	50.17	17.65	21.83	13.33	13.25	4.33	6.42	8.65	2.06	146
4	澳大利亚格兰菲斯大学	60.91	23.58	37.33	10.42	13.17	2.00	19.33	10.08	5.92	1.60	127
5	美国内华达拉斯韦加斯大学	52.67	41.67	11.00	12.75	11.92	17.33	5.17	2.67	2.83	0.91	121
6	美国普渡大学	47.65	25.92	21.73	8.67	13.25	4.00	10.92	3.67	7.15	2.17	118
7	英国萨里大学	46.77	13.27	33.50	2.00	8.10	1.00	4.92	18.08	12.67	2.13	108
8	美国弗吉尼亚技术大学	41.86	23.08	18.78	10.17	12.58	3.33	6.53	3.83	5.42	2.20	91
9	美国德克萨斯农工大学	39.15	1.17	37.98	0.50	0.33	0.50	13.15	9.17	15.50	1.35	84
10	美国中佛罗里达大学	35.67	19.58	16.09	3.50	11.00	5.25	8.00	2.17	5.76	0.89	75
11	以色列内盖夫本—古里安大学	34.09	8.83	25.26	4.50	4.33	1.00	4.67	13.17	6.42	n/a	68
12	美国伊利诺伊大学香槟分校	31.91	7.83	24.08	1.50	1.50	3.83	5.00	9.83	10.25	2.13	68
13	澳大利亚昆士兰大学	31.70	3.33	28.37	0.50	2.83	—	18.03	7.00	3.33	1.27	62
14	美国华盛顿州立大学	30.83	19.33	11.50	8.17	13.67	—	3.00	5.50	0.50	1.93	68
15	美国天普大学	27.42	16.17	11.25	2.25	12.17	2.00	2.33	1.83	6.83	1.44	64
16	韩国世宗大学	24.91	6.58	18.33	1.33	1.33	0.50	14.58	4.33	2.83	1.47	61
17	西班牙巴利阿里群岛大学	23.13	2.80	20.33	—	0.33	—	10.50	10.30	2.00	n/a	59
18	美国堪萨斯州立大学	23.08	14.00	9.08	10.17	4.50	1.17	1.75	2.50	3.00	0.92	48
19	新西兰怀卡托大学	22.95	4.33	18.62	—	1.83	1.50	11.58	2.33	5.70	2.30	45
20	英国牛津布鲁克斯大学	21.25	13.83	7.42	0.50	13.83	0.50	1.75	2.33	2.33	7.08	33
21	加拿大滑铁卢大学	20.83	0.50	20.33	—	0.50	—	9.17	7.67	3.50	1.30	44
22	美国密歇根州立大学	20.75	10.83	9.92	1.92	0.92	8.33	1.83	2.25	5.50	0.69	48

续表

排名	大学	总分	研究领域		杂志						加权分数	总文章数
			饭店	旅游	JHTR	IJHM	CHQ	TM	ATR	JTR		
23	美国俄克拉荷马州立大学	20.58	12.50	8.08	5.00	6.50	2.00	6.25	0.33	0.50	2.06	53
24	香港中文大学	18.20	14.53	3.67	2.35	9.02	5.42	—	0.75	0.67	0.49	52
25	澳大利亚拉筹伯大学	17.60	2.33	15.27	—	1.33	1.00	7.60	3.00	4.67	1.10	31
26	美国爱荷华州立大学	17.58	13.08	4.50	5.67	4.83	1.58	2.00	2.00	1.50	0.93	33
27	西班牙加那利·拉斯帕尔马斯大学	17.50	7.00	10.50	1.00	2.00	1.00	6.00	6.00	1.50	n/a	38
28	美国亚利桑那州立大学	17.32	2.00	15.32	1.00	—	2.00	1.75	4.83	7.73	n/a	40
29	美国查尔斯顿学院	17.09	3.17	13.92	2.17	1.33	—	3.50	3.50	6.08	2.44	36
30	澳大利亚维多利亚大学	17.00	4.50	12.50	—	3.50	1.00	3.17	2.33	7.00	n/a	35
31	新西兰奥塔哥大学	15.78	2.50	13.28	—	1.00	2.50	5.95	5.50	0.83	1.32	28
32	澳大利亚詹姆斯·库克大学	14.62	1.25	13.37	0.25	1.00	—	2.93	5.83	4.60	1.83	28
33	英国斯特林大学	14.35	0.33	14.02	—	0.33	—	12.18	1.50	0.33	n/a	27
34	澳大利亚西澳大学	14.00	4.33	9.67	—	1.50	1.83	6.67	3.50	0.50	n/a	33
34	美国夏威夷大学	14.00	5.17	8.83	2.83	0.83	0.50	2.00	1.50	6.33	0.78	30
36	美国佛罗里达州立大学	13.70	11.33	2.37	3.83	3.17	4.00	1.00	0.50	1.20	1.52	38
37	以色列耶路撒冷希伯来大学	13.67	—	13.67	—	1.00	—	2.50	6.00	4.17	n/a	26
38	加拿大卡尔加里大学	13.62	1.00	12.62	—	0.50	—	5.03	3.00	5.08	n/a	29
39	塞浦路斯东地中海大学	13.17	10.50	2.67	—	6.00	1.00	6.17	—	—	0.47	28
40	英国曼彻斯特城市大学	12.83	7.83	5.00	—	7.83	—	4.00	1.00	—	n/a	23
41	澳大利亚莫纳什大学	12.45	1.00	11.45	1.00	1.00	—	5.03	1.00	4.42	n/a	29
42	韩国庆熙大学	12.33	4.33	8.00	1.50	1.83	0.67	7.00	1.33	—	0.40	31
43	西班牙阿利坎特大学	12.00	2.00	10.00	—	—	—	7.00	4.00	1.00	n/a	19
44	新加坡南洋理工大学	11.33	2.83	8.50	—	1.00	1.83	4.50	3.00	1.00	0.45	17
45	英国谢菲尔德哈勒姆大学	11.17	1.00	10.17	1.00	1.50	—	1.50	6.67	0.50	n/a	20
46	台湾高雄餐旅大学	10.92	5.00	5.92	0.33	1.00	—	9.33	0.25	—	n/a	18
47	新西兰惠灵顿维多利亚大学	10.66	0.33	10.33	0.33	—	0.33	5.00	5.00	—	n/a	16

续表

排名	大学	总分	研究领域		杂志						加权分数	总文章数
			饭店	旅游	JHTR	IJHM	CHQ	TM	ATR	JTR		
48	澳大利亚新南威尔士大学	10.65	1.17	9.48	0.67	—	—	5.65	1.50	2.83	0.37	25
49	美国南卡罗来纳大学	10.50	1.83	8.67	0.83	1.00	—	3.75	2.00	2.92	0.58	19
50	英国诺丁汉大学	10.36	—	10.36	—	—	—	1.94	8.42	—	2.07	25
51	美国佛罗里达大学	10.33	1.33	9.00	0.33	—	1.00	0.83	5.50	2.67	0.32	22
51	美国北亚利桑那大学	10.33	3.50	6.83	2.50	—	1.00	2.50	2.33	2.00	0.47	21
53	新加坡国立大学	10.25	1.75	8.50	1.00	—	1.08	2.00	4.83	1.33	n/a	22
54	西班牙瓦伦希亚大学	9.66	1.33	8.83	—	1.33	—	4.17	4.67	—	n/a	27
55	美国休斯顿大学	10.10	7.10	3.00	2.83	2.83	1.43	1.00	—	2.00	0.33	21
56	英国波恩茅斯大学	10.08	2.00	8.08	0.50	0.50	—	3.33	3.75	2.00	0.28	20
57	挪威斯塔万格大学	10.00	7.67	2.33	—	3.00	1.00	5.17	0.50	0.33	n/a	22
57	英国斯特拉斯克莱德大学	10.00	6.67	3.33	1.00	2.50	—	4.50	1.33	0.67	0.48	20
59	澳大利亚卧龙岗大学	9.67	—	9.67	—	—	—	1.83	3.50	4.33	n/a	20
59	土耳其穆拉大学	9.67	1.00	8.67	1.33	1.00	—	2.33	4.00	1.00	n/a	15
61	新西兰梅西大学	9.42	—	9.42	—	—	—	5.75	3.00	0.67	0.36	19
62	土耳其阿德南·曼德列斯大学	9.33	2.50	6.83	2.50	0.50	—	6.00	0.33	—	0.31	17
63	美国乔治华盛顿大学	9.25	4.17	5.08	0.50	1.00	1.17	2.00	0.75	3.83	0.49	19
64	中国文化大学（中国台湾）	8.83	2.00	6.83	0.50	0.50	—	7.17	0.67	—	0.52	23
64	加拿大圭而夫大学	8.83	3.50	5.33	1.50	0.50	1.00	1.00	3.50	0.83	0.40	17
66	美国俄亥俄州立大学	8.67	8.42	0.25	3.67	2.17	2.58	0.25	—	—	0.48	21
67	新西兰林肯大学	8.33	—	8.33	—	—	—	5.33	1.50	1.50	n/a	16
68	英国布莱顿大学	8.20	1.20	7.00	—	1.20	—	3.00	4.00	—	0.17	12
69	台湾铭传大学	8.17	2.00	6.17	0.33	—	—	6.83	1.00	—	0.39	19
70	美国得克萨斯理工大学	8.00	3.67	4.33	2.75	—	0.67	0.50	1.33	2.75	0.44	20
70	英国利兹城市大学	8.00	3.50	4.50	—	3.50	—	2.00	2.50	—	0.53	13
70	美国马萨诸塞大学	8.00	5.83	2.17	1.33	0.50	4.00	0.33	—	1.83	0.67	13
70	英国桑德兰大学	8.00	—	8.00	—	—	—	4.50	3.50	—	1.14	13

续表

排名	大学	总分	研究领域		杂志						加权分数	总文章数
			饭店	旅游	JHTR	IJHM	CHQ	TM	ATR	JTR		
74	美国西雅图大学	7.67	6.00	1.67	—	3.00	3.33	—	0.33	1.00	n/a	22
74	香港大学	7.67	1.25	6.42	0.33	—	0.92	3.83	1.33	1.25	n/a	18
76	西班牙马拉加大学	7.33	2.00	5.33	1.00	—	—	4.00	1.33	1.00	n/a	24
77	美国科罗拉多州立大学	7.25	0.83	6.42	0.83	—	0.83	2.92	0.33	2.33	n/a	18
78	美国圣地亚哥州立大学	7.20	6.33	0.87	1.00	2.00	3.33	0.67	—	0.20	0.60	13
79	荷兰鹿特丹伊拉斯姆斯大学	7.17	—	7.17	—	—	—	3.00	3.83	0.33	n/a	16
80	澳大利亚悉尼科技大学	7.11	0.33	6.78	—	—	0.33	2.62	3.50	0.67	0.27	16
81	英国玛格丽特皇后大学	7.00	4.00	3.00	—	4.50	0.50	—	1.00	—	0.29	12
82	美国乔治梅森大学	6.83	0.50	6.33	—	0.50	—	1.50	1.33	3.50	0.20	13
82	英国威斯敏斯特大学	6.83	—	6.83	—	—	—	4.58	2.00	0.25	0.85	11
84	澳大利亚皇家墨尔本理工大学	6.58	—	6.58	—	—	—	4.33	2.00	0.25	n/a	16
85	美国丹佛大学	6.50	5.50	1.00	1.50	2.33	1.67	—	—	1.00	0.50	11
86	奥地利维也纳大学	6.33	—	6.33	—	—	—	2.00	1.00	3.33	n/a	11
87	台湾嘉义大学	6.25	2.25	4.00	0.33	1.00	—	3.25	0.33	1.33	1.56	15
87	法国商学院	6.25	6.25	—	—	3.00	3.25	—	—	—	0.57	9
87	英国诺森比亚大学	6.25	1.25	5.00	0.25	1.00	—	4.00	1.00	—	n/a	8
90	台湾中正大学	6.16	3.33	2.83	1.00	3.00	—	2.17	—	—	n/a	12
90	美国佛罗里达国际大学	6.16	3.83	2.33	0.33	1.00	2.50	1.00	1.33	—	0.26	11
90	英国格拉斯哥卡利多尼亚大学	6.17	2.00	4.17	—	2.00	—	3.17	1.00	—	0.28	11
93	瑞士圣加伦大学	6.03	1.00	5.03	—	1.00	—	0.50	—	4.53	n/a	15
94	美国密苏里大学	6.00	2.25	3.75	0.50	1.08	0.67	1.58	—	2.17	0.86	15
94	英国威尔士学院大学	6.00	2.00	4.00	—	1.50	—	3.00	1.50	—	0.46	14
94	英国白金汉郡奇尔特恩斯大学学院	6.00	—	6.00	—	—	—	2.00	3.00	1.00	n/a	7
94	英国伦敦城市大学	6.00	0.50	5.50	—	0.50	—	1.50	3.00	1.00	1.20	7
98	美国克莱姆森大学	5.50	—	5.50	—	—	—	0.33	0.67	4.50	0.16	15

续表

排名	大学	总分	研究领域		杂志						加权分数	总文章数
			饭店	旅游	JHTR	IJHM	CHQ	TM	ATR	JTR		
98	台湾成功大学	5.50	2.67	2.83	—	—	0.67	3.83	—	1.00	0.61	10
98	英国埃克塞特大学	5.50	—	5.50	—	—	—	4.50	1.00	—	n/a	9
98	澳大利亚南澳大学	5.50	1.00	4.50	—	1.00	—	3.50	—	1.00	n/a	8

注：1. JHTR = Journal of Hospitality & Tourism Research；IJHM = Journal of International Journal of Hospitality Management；CHQ = Cornell Hospitality Quarterly；TM = Tourism Management；ATR = Annals of Tourism Research；JTR = Journal of Travel Research。

2. "总分"是各部分得分之和，"加权分数"是"各部分加权分数"，计算公式为教职人员数量除以总分。

表10 按国家排序的酒店和旅游研究

排名	国家或地区	总分	研究领域		杂志						总文章数
			饭店	旅游	JHTR	IJHM	CHQ	TM	ATR	JTR	
1	美国	1115.77	639.20	476.57	159.37	178.83	319.33	132.70	135.50	190.04	2403
2	英国	329.85	87.78	242.07	5.75	71.70	3.50	102.73	108.83	37.34	618
3	澳大利亚	273.03	54.50	218.53	16.33	33.00	6.17	108.52	62.75	46.27	564
4	中国香港	175.63	88.28	87.35	31.55	53.73	11.00	41.85	12.17	25.33	402
5	西班牙	134.43	22.67	111.76	2.00	6.33	3.00	74.50	37.00	11.59	315
6	中国台湾	106.25	33.92	72.33	4.25	12.08	3.25	73.92	8.25	4.50	226
7	加拿大	94.15	13.08	81.07	2.00	5.50	4.58	31.48	31.33	19.25	202
8	韩国	82.57	26.58	55.99	7.33	9.50	3.50	44.23	12.08	5.92	202
9	新西兰	80.23	8.50	71.73	0.67	3.83	4.00	37.20	19.17	15.37	149
10	土耳其	64.75	21.67	43.08	3.83	11.67	2.00	36.25	9.67	1.33	117
11	以色列	54.25	10.83	43.42	5.50	6.33	1.00	7.67	21.83	11.92	107
12	挪威	27.75	10.50	17.25	—	5.50	—	12.17	5.08	5.00	55
13	荷兰	25.08	2.50	22.58	—	1.50	—	10.00	11.17	2.42	55
14	新加坡	23.75	4.25	19.50	1.00	1.00	2.92	6.50	8.83	3.50	44
15	中国大陆	23.03	5.94	17.08	—	3.44	2.25	6.92	4.00	6.42	58
16	奥地利	19.43	2.75	16.68	0.25	—	—	4.25	3.00	11.93	42

续表

排名	国家或地区	总分	研究领域 饭店	研究领域 旅游	杂志 JHTR	杂志 IJHM	杂志 CHQ	杂志 TM	杂志 ATR	杂志 JTR	总文章数
17	法国	17.53	12.70	4.83	0.75	8.70	3.25	2.00	—	2.83	35
18	希腊	16.25	4.17	12.08	2.00	2.67	—	5.00	5.83	0.75	26
19	瑞士	14.15	5.58	8.57	—	4.33	0.75	1.50	2.83	4.73	32
20	丹麦	13.33	1.50	11.83	—	0.50	—	3.50	7.83	1.50	19
21	瑞典	12.90	3.00	9.90	—	1.00	1.67	3.90	5.33	1.00	22
22	德国	12.85	2.93	9.92	1.33	0.60	1.00	5.00	2.00	2.92	23
23	意大利	11.26	1.75	9.51	—	1.00	1.25	6.58	1.83	0.59	23
24	南非	10.34	1.00	9.34	—	—	—	6.25	4.00	0.09	18
25	葡萄牙	7.67	3.00	4.67	1.50	1.50	—	1.00	3.00	0.67	17
26	日本	7.50	1.50	6.00	—	1.00	0.50	3.00	2.00	1.00	16
27	芬兰	7.00	1.00	6.00	—	1.00	—	1.50	4.50	—	11
28	泰国	6.83	1.08	5.75	0.58	—	1.33	2.33	0.58	2.00	13
29	斯洛文尼亚	5.50	1.00	4.50	—	1.00	—	3.00	1.50	—	14
30	巴西	4.92	0.67	4.25	—	0.67	—	1.00	2.75	0.50	9

注：JHTR = Journal of Hospitality & Tourism Research；IJHM = Journal of International Journal of Hospitality Management；CHQ = Cornell Hospitality Quarterly；TM = Tourism Management；ATR = Annals of Tourism Research；JTR = Journal of Travel Research

过去十年,全球发表了相当多的饭店业和旅游业研究方面的文章。多数国家或地区的重点在于旅游业研究而不是饭店业研究,但美国更倾向于饭店业研究,而英国、澳大利亚、西班牙都是倾向于旅游业研究,中国香港居两者之间。

【结论】

本论文研究了在 21 世纪前十年内,作者、高校以及国家或地区在饭店业和旅游业的研究贡献。我们采取了分级和强化分级计数法来更加精确的分析作者、高校以及国家的研究贡献,避免了夸大或者压低研究数量。因此,本研究的结果比先前研究(采用实例计数)更加客观。此外,本研究从研究文章的两个方面结合了分级和强化分级计数。因此,本研究以更加准确的视角,观察个人和团队对饭店业和旅游业研究所做的贡献。

本研究的结果为各种学术利益相关者提供了借鉴信息,无论是研究生、教职工或者是管理者。另外,本研究可以促使饭店业和旅游业研究者把握新的研究机会来拓展专业领域。例如,饭店业和旅游业的一个热点话题就是绿色环保问题,但迄今为止,这类研究论文并不多。尽管营销、战略管理和人力资源是饭店业最热门的研究领域,但环保问题、食品服务以及法律问题方面的研究依然不够。同样,旅游学者对一些特殊兴趣旅游或特种旅游(如遗产、乡村、文化以及美食旅游等)和经济影响与计量经济学关注较多,然而对于景点管理、地理问题和供应链管理等方面鲜有研究。对旅游业而言,这些领域都至关重要,未来的研究可以在这些领域大有作为。

最后,未来的研究应该重新估测各种饭店业和旅游业研究学科的子范畴(子类别)。尽管以上研究顾及了饭店业和旅游业的很多类别,但或许并没有覆盖这些领域的所有类别。例如,本研究包含了食品服务管理这一类别,但在饭店业研究的寄宿管理上还没有归类。尽管通过合并新的研究课题,本研究改进了饭店业和旅游业研究的分类类别,但是目前还没有在任何领域的子类别上达成一致,后期饭店业和旅游业研究还是要进行深入探讨。

五、饭店与旅游期刊最新排序

作者:
1. Dogan Gursoy,美国华盛顿州立大学,南非约翰内斯堡大学
2. Jennifer Kaye Sandstrom,美国华盛顿州立大学

原文标题:An Updated Ranking of Hospitality and Tourism Journals

原文出处:*Journal of Hospitality & Tourism Research*,published online 4 June 2014,DOI:10.1177/1096348014538054

【论文摘要】

期刊评价为决定发表的研究成果的质量提供一个工具,也使学者和管理者能够识别期刊质量的变化,这对于快速发展的酒店与旅游业领域是非常重要的。期刊排序也为作者提供反馈,即学术界如何认定他们的论文成果(DuBois Reeb,2000)。期刊排序允许其他人做出任职或晋升决定,这些人可能是在一些特定的领域有所建树。虽然期刊排序是一个有限的工具,但领域外的人可能需要某种度量工具来评估产出。"排序常常服务于代替质量检测"(McKercher,2011)。大学管理者需要更多期刊排序的信息来准确地评价教师表现和生产能力,聘用那些研究方向跟他们学校专业方向一致的教师,促进跨学科研究(Alexander,Scherer 和 Lecoutre 2007)。此外,期刊排序在项目评价中经常被用来参考评价实体机构的实力。

虽然识别酒店与旅游领域的顶级期刊相对容易,但是其他出版物的迅速增加使得学者和管理者在判定顶级期刊之外的其他期刊的质量或影响上更加困难。在过去的40年里,酒店与旅游领域见证了学者数量、学术期刊数量和这些领域不同方面产生的大量信息的巨大增长(Cheng,Li,Petrick 和 O'Leary,2011;Nunkoo,Gursoy 和 Ramkissoon,2013)。根据 McKercher,Law 和 Lam(2006)的研究,在 19 世纪 70 年代中叶,只有一小部分酒店与旅游期刊是可被利用的;但是,在 2013 年发布的最新的 TRI-

NET 认证的酒店与旅游领域中的期刊超过 250 种。

研究者指出将酒店与旅游领域区分开来可能是很有必要的。McKercher 等（2006）认为，"有必要根据他们研究相对应的领域区分旅游与酒店机构的人群，以此来增加他们对每个期刊群体相对重要性更准确地理解。""旅游、酒店、休闲和娱乐是完全不同的领域，他们应该有各自的排序和评级体系"（Jamal，Smith 和 Watson，2008）。尽管期刊可能对酒店与旅游领域不同的读者具有吸引力，但是以往大多数研究结合了几组期刊，并没有区分这二者中的读者。因此，本研究是分别探索旅游与酒店期刊的最新排序。

本文的目的不是讨论期刊排序的必要性和有效性，相反，本文只是试图提供酒店与旅游期刊的最新的、相关的、单独的排序。本研究利用的两组数据来源于酒店与旅游领域 100 名顶级研究者中的 62 位研究者和该领域其他的 463 位研究者。本研究的目的是通过提供一个附加的工具来充实相关文献，管理者和新的研究者可以利用这个工具来评价期刊影响力，正如他们的同行所理解的那样。

前人研究使用的方法

在许多研究领域，关于应当怎样对期刊进行排序和为什么不应当对期刊进行排序有激烈的辩论。根据 McKercher 等（2006）的研究，期刊排序最常用的五种方法是：被引系数和影响因子，录用率，网站或电子图书馆下载量，专家讨论，同行评价。在这五种方法中，有两种在文献中占主导地位，第一种方法是使用同行评价对期刊的感知质量进行排序，第二种方法是使用相关学科学术文献中的期刊引文进行排序（Law 和 van der Veen，2008）。

基于调查的排序方法是利用同行评价对特定研究领域或学科的期刊质量进行评价，这种方法假设特定学科的研究者、作者和管理者能够对期刊质量进行准确的评估，通常情况下，这种方法使用一项调查来确定总体观点，进而产生排序。

基于引用率的方法利用影响因子对期刊进行评级。最常用的影响因子每年由科学信息学院和社会科学引文索引（SSCI）提供。其缺点在于只有一小部分酒店与旅游期刊被列入 SSCI（Ryan，2005）；大多数酒店与旅游期刊没有正式排序。汤姆森 ISI 衡量体系覆盖了 SSCI 期刊，对 8750 种期刊进行评价。2013 年，SSCI 包含"酒店、休闲、运动、旅游"门类的 38 种期刊，其中的 20 种是和酒店与旅游直接相关的（Thomson Reuters，2013）。

虽然和酒店与旅游相关期刊的具体数量是很难确定的，但是根据 McKercher（2013）制作的列表，经过同行评议的学术性的酒店与旅游期刊超过 250 种。顶级期刊被 SSCI 收录，代表性期刊所占比例很低，这预示着需要其他的评价措施，这对酒店领域更加重要，因为 SSCI 影响因子中收录的酒店类期刊比旅游类期刊更少。

由于不全面的代表性，酒店与旅游领域研究者被迫发展自己所在领域的排序系统（McKercher，2005）。为了克服这一局限，研究者们利用修正过的基于引文的方法进行期刊排序。这些研究包括：McKercher（2012）的研究计算影响因子；Ryan（2005）的研究考虑论文接受互联网的点击数；Law 和 van der Veen（2008）的研究计算谷歌学术搜索引擎中的在线引用数量。由于这些方法没有被普遍接受，超过 250 种的期刊中只有 20 种被收录在 SSCI，该领域的研究者没有其他选择，只能提供自我生成的各自领域的期刊排序。尽管同行排序没有质量保证，但是在决定论文投稿以供发表的备用期刊时，他们为学者提供了另一个评价顶级期刊之外的评价其他期刊的方法。

酒店与旅游类期刊排序研究

自 2003 年以来，有五项研究正式对酒店与旅游期刊进行排序，其他的几项研究注重学科知识发展、知识转移、独立作者和大学影响、研究贡献和生产能力。自 2003 年以来，有五项关于酒店与旅游期刊排序的研究与我们的研究最相关，其总结概括可在表 1 中找到。

表 1 2003~2013 年旅游和酒店期刊排序研究

作者	重点	方法	样本	排序
Hsu 和 Yeung（2003）	在学者中产生一个感知性的酒店与旅游期刊的排序；作者有另外两个目标与本项研究不相关	在两个单独的酒店和旅游相关会议上展开一项调查，共分布了 251 个调查（澳门 120 个，香港 130 个），包括一个含有 21 种期刊的列表，留出空白区域以供填写未被列出的其他期刊；让受访者将每种期刊定级为高级、中级或低级	总量是 52（澳门 22，香港 30）；酒店与旅游会议的与会者	旅游和酒店期刊联合排序 1. ATR 2. TM 3. JTR 4. CHQ 5. JHTR 6. JTTM 7. TE 8. APJTR 9. THR and JLR (tie) 10. IJCHM
Pechlaner, Zehrer, Matzler 和 Abfalter（2004）	产生旅游与酒店期刊的合并排序；测量科学性和实用性影响；重点在美国和非美国研究者的差异	将标准化的调查问卷发给旅游与酒店学术界的 1054 位成员；包括一个含有 22 种期刊的列表，用李克特量表 7 分法进行评价	总量是 142，48 位美国的研究者和 94 位非美国的研究者	美国 1. JTR 2. ATR 3. CHQ 4. JTTM 5. JLR 非美国 1. ATR 2. TM 3. JTR 4. JST 5. JTTM

续表

作者	重点	方法	样本	排序
Ryan(2005)	产生一个基于"点击数"的主要旅游期刊的列表;此外,列出了该领域最多产的学者和最常被引用的文章	基于点击量赋值分数,点击量来源于CAB国际休闲旅游网站发布的数据	N/A	旅游类期刊 1. ATR 2. TM 3. JTR 4. JST 5. LS
McKercher, Law 和 Lam(2006)	基于同行对期刊感知和质量的排序评价,产生旅游与酒店类期刊的独立排序表	将同行评价调查送给旅游与酒店领域专家;将期刊分为三种类型,包括30种酒店和餐饮期刊,40种旅游期刊和16种休闲娱乐期刊,不需排序,但确定重要比率(占最大分值的百分比),用李克特量表5分法评价每种期刊	总量是505,314位旅游专家,191位酒店专家	旅游期刊 1. ATR 78.8 2. TM 68.2 3. JTR 59.7 4. JST 45.5 5. JTTM 44.0 酒店期刊 1. CHQ 72.1 2. IJHM 67.4 3. JHTR 59.8 4. IJCHM 50.9 5. JHTE 39.5
McKercher(2012)	基于影响比率排序,产生单独的和组合的旅游与酒店期刊排序列表;没有产生一个"排序",但考虑将期刊影响力水平分为三类:不匀称地高(>1.2);成比例(在0.8和1.2之间);不匀称地低(<0.8)	通过比较引用份额和已发表文章的份额,使用谷歌学术和出版软件来计算影响比率;排序栏列出了影响水平高于0.8的期刊,McKercher认为他们有适度影响力,或者影响力水平更高	主要有54种期刊:13种酒店期刊,37种旅游期刊,4种酒店与旅游联合期刊	旅游期刊 1. TM 2.30 2. JTR 2.15 3. JST 1.75 4. ATR 1.64 5. JVM 1.63 6. IJTR 1.14 7. EM 1.00 8. TG 0.87 9. SJHT 0.84 10. TE 0.80 11. JHLSTE 0.76 酒店期刊 1. IJHM 2.71 2. JHTR 1.36 3. IJCHM 1.21 4. SJHT 1.11 5. JHLSTE 1.01 6. JHTM 0.86 7. CHQ 0.76

注:ATR = Annals of Tourism Research;APJTR = Asia Pacific Journal of Tourism Research;CHQ = Cornell Hospitality Quarterly;EM = Event Management;IJCHM = International Journal of Contemporary Hospitality Management;IJHM = International Journal of Hospitality Management; IJTR = International Journal of Tourism Research;JHMM = Journal of Hospitality Marketing and Management;JHTE = Journal of Hospitality and Tourism Education;JHTM = Journal of Hospitality and Tourism Management;JHTR = Journal of Hospitality & Tourism Research;JHLSTE = Journal of Hospitality, Leisure, Sport and Tourism Education;JLR = Journal of Leisure Research;JST = Journal of Sustainable Tourism;JTR = Journal of Travel Research;JTTM = Journal of Travel & Tourism Marketing;JVM = Journal of Vacation Marketing;LS = Leisure Studies;SJHT = Scandinavian Journal of Hospitality and Tourism;TE = Tourism Economics;TG = Tourism Geographies;THR = Tourism and Hospitality Research;TM = Tourism Management;N/A = 无法获得

Hsu 和 Yeung(2003)在两个酒店和旅游会议期间进行过一项调查。作者将调查问卷分发给 251 位与会者,让受访者将 21 种酒店与旅游期刊评级为高级、中级或低级,作者结合这项研究中酒店与旅游期刊,衍生出一项数值排序。尽管包括 21 种需要评级的期刊,也预留空间,以便受访者填写那些并未列出的期刊,但这项研究的局限在于它不是一个随机选择的样本,样本量小,回收率低,作者认为亚洲的代表性可能过高(60% 的受访者来自亚洲)。

Pechlaner 等(2004)根据科学界的感知对酒店与旅游期刊进行定级,学术界的感知是评估期刊的读者频率、科学性和实用性关联、整体声誉、论文发表在期刊上对受访者学术生涯的重要性等因素。作者还考虑到受访回复中有关不同变量的国际差异;期刊的实用性和科学性关联对期刊总体声誉的影响;以及期刊声誉对读者频率的影响。较小的样本容量和缺乏独立的酒店与旅游期刊的排序是这项研究的局限。同时,与会者被提供 22 种和酒店与旅游相关的期刊来进行评估,而不被允许评估未列入名单的期刊。

Ryan(2005)通过测试读者、生产力和引文,对个人、机构和期刊的表现进行评级。在这项研究中,作者主要研究旅游期刊。这项研究产生一个基于"点击数"的主要旅游期刊的列表和一个从 1990 年 01 月至 2004 年 05 月多产学者的列表,点击量来源于 CAB 国际休闲旅游网站发布的数据,多产学者的列表也来源于该网站。此外,Ryan 提供了 Elsevier 的 Science Direct 网站中被引用最多的文章的列表。这项研究的局限在于只使用了一个基于引文的方法,并且只研究旅游期刊。

McKercher 等(2006)基于人们评价创建了一个综合性的期刊列表。McKercher 批判先前的研究通过同行评价或者评估感知水平,或者评价期刊质量,而没有同时完成这两项任务。在他们 2006 年的研究中,McKercher 等学者研究者了这两种方法。作者设立了一个含有 30 种酒店期刊、40 种旅游期刊、16 种休闲娱乐期刊的列表,让受访者对每一种期刊的意识和质量感知进行评价。他们使用同行排序来确定期刊的重要性、意识和质量。这项研究似乎是最全面的,其样本容量是来自 15 个地区 103 所高校的近 500 位学者。但提供一个预置的期刊列表,而不允许受访者使用顶级头脑意识被认为是这项研究的一个不足。

McKercher(2012)使用了一种方法替代先前研究中使用的基于引文的排序方法,他基于每种期刊产生的引文份额计算影响比率,将其与那种期刊上发表的文章份额相

比较。这项研究的数据来自谷歌学术,使用发表软件进行分析。这项研究只采用了一个基于引用的方法,并未使用任何形式的同行评价。

这些研究都具有特定优势,丰富了旅游与酒店期刊排序的文献。在本项研究设计中,考虑了先前研究中的弱点和不足。首先,一些研究中没有单独考虑酒店与旅游期刊,正如 Jamal 等(2008)指出,旅游、酒店、休闲和娱乐是十分不同的领域。区分这些高度相关但相互独立的研究领域的不同目标,产生期刊焦点以调整适应每个学科,这都使得酒店与旅游期刊应当被单独研究。先前研究的第二个不足是样本量较少,研究的样本容量和目前研究是最相似的,容量范围从较低的 52 变化到较高的 505。McKercher 等(2006)的研究是小样本趋势的例外,其样本容量为 505,是最大样本容量。先前研究的第三个不足是包含特定的期刊名称,必须从这些期刊中进行选择。在所有的基于调查的研究案例中,期刊表形成于使用面板,或者来源于他们自己所熟悉的期刊,或者通过咨询旅游与酒店业其他的教学人员等,这些预置的期刊列表可能导致代表产生偏差或者迫使研究者评价不熟悉的期刊,本研究通过顶级专家的头脑风暴和让参与者列出他们认为最有影响力的期刊来避免这项不足。

【研究方法】

数据取自两个群体:(1)酒店与旅游领域的 100 位顶级研究者;(2)酒店与旅游领域的其他研究人员。100 位顶级研究者认证和来源于五项之前已发表的研究,这些研究对酒店与旅游领域的顶级研究者进行排序(Jogaratnam, McCleary, Mena 和 Yoo, 2005;Law, Ye, Chen 和 Leung, 2009;McKercher, 2008;Park, Phillips, Canter 和 Abbott, 2011;Way, Harrington 和 Ottenbacher, 2012),这些研究中提到的但已经退休或去世的研究者则没有被考虑。这项研究的第一组样本产生了 62% 的回复率,62 份可用调查。第二个样本是由其他的 1529 个研究者组成的列表,这个列表源自于学术期刊和会议论文,由于有些论文来源于无效的电子邮件地址,使得样本容量缩减到 1280,36.17% 的回复率产生,463 份可用调查。两组样本的结合产生含有 525 位研究者的样本总量。

参与者被要求运用顶级头脑意识,从他们所认为的该领域最有影响力的期刊开始,按照顺序列出酒店与旅游期刊。酒店期刊调查陈述为"请按顺序列出酒店期刊,从你认为该领域最有影响力的期刊开始",问题 1 是"该领域最有影响力的期刊",问题 2 是"该领域第 2 个最有影响力的期刊",直到第 10 个问题是"该领域第 10 个最有影响力的期刊",问题 11 允许参与者计入他们认为有影响力的任何期刊,但不包括他们认为最有影响力的前 10 名期刊。旅游期刊调查运用同样的问题。

为了计算出期刊排序,每项回答配置一个特定分值,被受访者认为是该领域最有影响力的期刊可以获得 15 分,同样回复的排在第二影响力的期刊可以获得 14 分,排在第三影响力的期刊可以获得 13 分,以此类推,排在第十一或者更低的期刊将获得 0 分。同样的程序重复适用于每一项回答。每种期刊的得分加总起来决定总体得分,每组参与者都如此操作。

为了结合两组参与者的总得分,总分被转换为一个整体的"指数"。在每个领域中每组参与者的顶级期刊被赋予指数100,每个后续期刊的分数被得分最高的期刊分数平分,例如,100位顶级研究者评定的旅游领域得分最高的期刊是《Annals of Tourism Research》,其总分是2584,该期刊被分配指数100(2584表示2584的100%),第二高分期刊《Tourism Management》的总分是2363,当被最高分数期刊的分数平分时,它获得指数91.45(2363除以2584,然后乘以100),一旦算出所有期刊的指数,这些期刊就被结合为一个整体的排序指数,相同的权重被赋予两组研究参与者。如果一个期刊同时代表旅游与酒店,并且两个领域的研究者都对其进行排序,它就被收录和排序在拥有该期刊最多回复的领域。

【研究结果】

在第一组受访者中,酒店和旅游领域的100位顶级研究者中的62位研究者,有24位(或者40.7%)受访者认为他们是酒店研究者,16位(或者27.1%)受访者认为他们是旅游研究者,16位(或者27.1%)受访者认为他们是酒店和旅游研究者,小比例(3或者5.1%)受访者选择"其他"[①]。

在第二组受访者中,463位其他的酒店与旅游研究者中,有66位(或者14.3%)受访者认为他们是酒店研究者,242位(或者52.3%)受访者认为他们是旅游研究者,130位(或者28.1%)受访者认为他们同时是酒店与旅游研究者,小比例(25或者5.4%)受访者选择"其他"。100位顶级研究者的回复率是62%,其他的酒店与旅游研究者的回复率是36.17%。

旅游期刊结果

旅游期刊排序的结果来自100位顶级研究者和所有的其他研究者,该结果与先前的研究结果很相似。表2给出了两个组的受访者对旅游期刊的分数。根据这个多产的研究者小组,5大最具影响力的旅游期刊是《Annals of Tourism Research》《Journal of Travel Research》《Tourism Management》《Journal of Sustainable Tourism》和《Journal of Travel & Tourism Marketing》。酒店和旅游领域其他研究者组成的第二个小组产生的结果稍微不同,决定的5大最具影响力的旅游期刊是《Annals of Tourism Research》《Tourism Management》《Journal of Travel Research》《Journal of Sustainable Tourism》和《Current Issues in Tourism》。当这些旅游期刊根据他们的总分排序时,前4名或5名(依据本项研究)期刊排序和其他的排序研究结果相一致(见表2)。

表2 旅游期刊指数和分数排序

所有的其他研究者			100位顶级研究者		
期刊名称	总体指数	分数排序	期刊名称	总体指数	分数排序
Annals of Tourism Research	2584	100.00	Annals of Tourism Research	675	100.00
Tourism Management	2363	91.45	Journal of Travel Research	562	83.26

---

① 原文如此,此处数字计算恐有误——作者注。

续表

所有的其他研究者			100位顶级研究者		
期刊名称	总体指数	分数排序	期刊名称	总体指数	分数排序
Journal of Travel Research	1619	62.65	Tourism Management	545	80.74
Journal of Sustainable Tourism	1246	48.22	Journal of Sustainable Tourism	266	39.41
Current Issues in Tourism	656	25.39	Journal of Travel & Tourism Marketing	183	27.11
Journal of Travel & Tourism Marketing	617	23.88	Tourism Analysis	166	24.59
Tourism Analysis	601	23.26	Current Issues in Tourism	146	21.63
International Journal of Tourism Research	545	21.09	Tourism Economics	114	16.89
Tourism Geographies	499	19.31	Tourism Geographies	81	12.00
Tourism Economics	334	12.93	International Journal of Tourism Research	74	10.96
Tourist Studies	174	6.73	Journal of Vacation Marketing	42	6.22
Asia Pacific Journal of Hospitality and Tourism Research	165	6.39	Tourism Recreation Research	37	5.48
Journal of Vacation Marketing	159	6.15	Asia Pacific Journal of Hospitality and Tourism Research	34	5.04
Tourism Recreation Research	146	5.65	Tourist Studies	34	5.04
Journal of Ecotourism	121	4.68	Journal of Policy Research in Tourism, Leisure and Events	26	3.85
Tourism Review	95	3.68	Anatolia: An International Journal of Hospitality and Tourism Research	17	2.52
Tourism, Culture and Communication	85	3.29	Journal of China Tourism Research	15	2.22
Tourism Review International	85	3.29	Journal of Heritage Tourism	14	2.07

续表

所有的其他研究者			100位顶级研究者		
期刊名称	总体指数	分数排序	期刊名称	总体指数	分数排序
Journal of Tourism and Cultural Change	84	3.25	Journeys	12	1.78
Event Management	75	2.90	Scandinavian Journal of Hospitality and Tourism	11	1.63
Journal of Heritage Tourism	74	2.86	eReview of Tourism Research	10	1.48
Journal of Travel and Tourism Research	70	2.71	Information Technology and Tourism	10	1.48
Anatolia: An International Journal of Hospitality and Tourism Research	49	1.90	—	—	—
Tourism and Hospitality Research	43	1.66	—	—	—
Tourism and Hospitality Planning & Development	39	1.51	—	—	—
Journal of Convention and Event Tourism	38	1.47	—	—	—
Scandinavian Journal of Hospitality and Tourism	36	1.39	—	—	—
International Journal of Tourism Sciences	31	1.20	—	—	—
International Journal of Tourism Policy	21	0.81	—	—	—
Journal of China Tourism Research	21	0.81	—	—	—

注:从100位顶级研究者小组获得分数低于10的期刊和从所有的其他研究者小组获得分数低于20的期刊没有包含在列表中。

酒店期刊结果

如表3所示,来自100位顶级研究者和所有的其他研究者对酒店期刊的排序结果与先前的研究结果相似。根据100位顶级研究者的排序,5大最具影响力的酒店期刊是《International Journal of Hospitality Management》《Journal of Hospitality & Tourism Research》《International Journal of Contemporary Hospitality Management》《Cornell Hospitality Quarterly》和《Journal of Hospitality Marketing and Management》。其他研究者组成的第二个小组产生稍微不同的结果，决定的 5 大最具影响力的酒店期刊是《Journal of Hospitality and Tourism Research》《International Journal of Hospitality Management》《Cornell Hospitality Quarterly》《International Journal of Contemporary Hospitality Management》和《Journal of Hospitality Marketing and Management》。表 4 给出了两个小组的受访者对酒店与旅游类期刊的联合排序结果。

表 3　酒店期刊指数和分数排序

所有的其他研究者			100 位顶级研究者		
期刊名称	总体指数	分数排序	期刊名称	总体指数	分数排序
International Journal of Hospitality Management	1048	100.00	Journal of Hospitality & Tourism Research	568	100.00
Journal of Hospitality & Tourism Research	821	78.34	International Journal of Hospitality Management	537	94.54
International Journal of Contemporary Hospitality Management	762	72.71	Cornell Hospitality Quarterly	521	91.73
Cornell Hospitality Quarterly	653	62.31	International Journal of Contemporary Hospitality Management	409	72.01
Journal of Hospitality Marketing and Management	561	53.53	Journal of Hospitality Marketing and Management	244	42.96
Journal of Hospitality & Tourism Education	156	14.89	Journal of Hospitality & Tourism Education	76	13.38
Journal of Hospitality and Tourism Management	135	12.88	Journal of Foodservice Business Research	66	11.62
International Journal of Hospitality & Tourism Administration	104	9.92	International Journal of Hospitality & Tourism Administration	60	10.56
Journal of Hospitality, Leisure, Sport & Tourism Education	101	9.64	Journal of Quality Assurance in Hospitality & Tourism	26	4.58
Journal of Foodservice Business Research	98	9.35	Journal of Hospitality and Tourism Management	25	4.40

续表

所有的其他研究者			100 位顶级研究者		
期刊名称	总体指数	分数排序	期刊名称	总体指数	分数排序
Journal of Human Resources in Hospitality and Tourism	98	9.35	Hospitality & Society	15	2.64
Journal of Quality Assurance in Hospitality & Tourism	79	7.54	Food and Foodways	14	2.46
Hospitality & Society	55	5.25	Journal of Hospitality Financial Management	13	2.29
Journal of Hospitality & Tourism Technology	42	4.01	Journal of Restaurant & Foodservice Marketing	11	1.94
Journal of Hospitality Financial Management	31	2.96	Appetite	10	1.76

注：从100位顶级研究者小组获得分数低于10的期刊和从所有的其他研究者小组获得分数低于20的期刊没有包含在列表中。

表4 基于综合得分的分值最高的旅游和酒店期刊概览

得分最高的旅游期刊	综合得分	得分最高的酒店期刊	综合得分
Annals of Tourism Research	200.00	International Journal of Hospitality Management	194.54
Tourism Management	172.19	Journal of Hospitality & Tourism Research	178.34
Journal of Travel Research	145.91	Cornell Hospitality Quarterly	154.03
Journal of Sustainable Tourism	87.63	International Journal of Contemporary Hospitality Management	144.72
Journal of Travel & Tourism Marketing	50.99	Journal of Hospitality Marketing and Management	96.49
Tourism Analysis	47.85	Journal of Hospitality & Tourism Education	28.27
Current Issues in Tourism	47.02	Journal of Foodservice Business Research	20.97
International Journal of Tourism Research	32.05	International Journal of Hospitality & Tourism Administration	20.49
Tourism Geographies	31.31	—	—
Tourism Economics	29.81	—	—

【讨论和启示】

本文提供了酒店与旅游期刊的同行评价。本研究主要有三个优势:第一,我们在这项研究中分解为两个独立研究,尽管酒店与旅游是相互关联的领域,参加者依据他们的研究和发表论文的兴趣,可以评议旅游期刊、酒店期刊或者二者均可;第二,本研究利用了一个较大样本,样本容量为525,包括62位顶级研究者和该领域其他的463位研究者,由于参与者的选择是基于研究成果和参与这些领域的研究,样本没有地理限制;第三,本研究让参与者注重顶级头脑意识,而不是可能考虑到的预置的期刊列表,这使得研究者能够在他们各自的领域内产生他们自己认为具有影响力的期刊排序。

这项研究表明,尽管旅游与酒店领域的顶级期刊多年来保持相对稳定,但他们的位置是有波动的。顶级期刊之外的其他期刊,相对没有一致性,这使得新的研究者和管理者难以识别影响力相对较高的较低级期刊。有几种可能的方法来解释为什么顶级期刊保持在顶级。McKercher(2005)表示"正向反馈回路的存在使得强者越强,弱者则保持相对的弱"。正如研究者们寻找地方发表他们的研究,他们倾向于以那些最被认同、引用最频繁、支撑任职或晋升目标的期刊为目标,因此,他们试图在他们领域的领先期刊上发表。

之前的排序研究对引领旅游领域的三种顶级旅游期刊没有争议。是 Hsu 和 Yeung(2003)的研究、Perlancher(2004)的美国研究者调查、Ryan(2005)的点击量分析、McKercher 等(2006)的期刊意识和质量的同行评价排序的研究结果和本研究中的顶级旅游期刊一致。本研究确定的酒店期刊排序和之前酒店期刊排序研究的结果也一致。尽管对排序顺序有一些不同意见,但所有的酒店期刊排序研究都将《International Journal of Hospitality Management》《the Journal of Hospitality & Tourism Research》《the International Journal of Contemporary Hospitality Management》和《the Cornell Hospitality Quarterly》列为酒店领域的前4名期刊(McKercher,2012;McKercher 等,2006)。

在众多出版物存在的环境中,自然选择将会出现,随着时间的推移,基于期刊的范围、接受论文的困难和对领域的影响,期刊将被分为领先者、优秀的参与者、良好的参与者、追随者和一般参与者(McKercher,2005)。

酒店与旅游期刊已经证明了这种自然选择。旅游领域的《the Journal of Sustainable Tourism》和酒店领域的《the Journal of Hospitality Marketing & Management》(之前曾用名为《Journal of Hospitality & Leisure Marketing》)这些年已经获得了主导地位。

尽管酒店与旅游领域的学者熟悉酒店与旅游领域的顶级期刊,但对具有相对影响力较大的其他期刊的排序仍然没有达成共识。大量的其他出版渠道的可利用性使得学者和管理者更难确定这些出版渠道的质量和影响。虽然在顶级期刊发表能够提供最大化公开,但是在其他具有相对影响力较大的期刊上发表也可能使研究者将成果传播给更大的受众群体,并且对该领域的知识创造产生重要影响。考虑到顶级期刊之间激烈竞争和在顶级期刊发表需要较长等待时间的事实,新的学者在其余出版物中作出选择时需要额外的指导。通过提供酒店与旅游领域顶级期刊之外的其他期刊的排序,这项研究为新的研究者和管理者识别具有相对影响力较大的低等级出版物提供附加的工具。

【结论】

旅游与饭店领域继续发展壮大,研究领域继续发展,与其相关的期刊数量继续增长,期刊排序作为对该领域发展的重要贡献而继续服务。伴随其他评估影响力的研究,知道该领域的哪种期刊最受重视对新的研究者很重要,因为他们寻求生产出对其职业生涯有影响的出版物。

本研究的贡献在于利用头脑风暴法通过同行评价提供旅游与酒店领域的期刊排序。具体而言,通过寻求这些领域顶级生产能力的研究者的意见,结合更广阔的旅游与酒店领域研究者的意见,酒店与旅游领域被认为最具影响力的期刊就被确定了。本研究结果更新了之前的研究,它使用同行评价来对旅游与酒店期刊评估和排序,提供了最新信息。此外,这项研究提供了顶级期刊和其他期刊的最新排序,这些期刊被认为对这两个领域的知识创造具有重要影响。这项研究结果有可能为新的研究者和管理者识别具有相对高影响力的低等级期刊提供辅助工具。

【研究局限】

期刊评价和排序的过程是比较不完善的。我们可能在方法选择、调查问题的结构和使用研究者作为受访者中存在偏差,具体来说,我们可能通过使用网络调查而不是传统的电子邮件回复而引入偏差。本研究中的调查允许受访者对多达十项的回复进行排序,如果受访者认为有影响力的期刊超过十种,"十种"的局限将限制了回复。一般而言,同行意见是有偏差的,我们让受访者他们自己定义具有影响力的期刊的衡量方法,让每个研究者根据他们自己的衡量方法进行评价。本研究假设酒店与旅游领域学者是获得期刊排序数据的可靠资源,因为他们是被排序期刊的使用者。本研究的另一个局限是我们仅仅考虑了同行排序,没有考虑引用计数或者其他潜在的排序方案。

参考文献

[1] Alexander, J., Scherer, R., Lecoutre, M. A global comparison of business journal ranking systems[J]. *Journal of Education for Business*, 2007(82):321-328.

[2] Cheng, C., Li, X., Petrick, J., O'Leary, J. An examination of tourism journal development[J]. *Tourism Management*, 2011(32):53-61.

[3] DuBois, F., Reeb, D. Ranking the international business journals[J]. *Journal of International Business Studies*, 2000(31):689-704.

[4] Hsu, C., Yeung, M. Perceived ranking of hospitality and tourism journals and school. In Proceedings of the First APac-CHRIE Conference[M]. Hong Kong SAR: APac-CHRIE,2003.

[5] Jamal, T., Smith, B., Watson, E. Ranking, rating and scoring of tourism journals: Interdisciplinary challenges and innovations[J]. *Tourism Management*, 2008(29):

66－78.

［6］Jogaratnam, G., McCleary, K. W., Mena, M. M., Yoo, J. J. -E. An analysis of hospitality and tourism research: Institutional contributions［J］. *Journal of Hospitality & Tourism Research*, 2005(29):356－371.

［7］Law, R., van der Veen, R. The popularity of prestigious hospitality journals: A Google Scholar approach［J］. *International Journal of Contemporary Hospitality Management*, 2008(20):113－125.

［8］Law, R., Ye, Q., Chen, W., Leung, R. An analysis of the most influential articles published in tourism journals from 2000 to 2007［J］. *Journal of Travel & Tourism Marketing*, 2009(26):735－746.

［9］McKercher, B. A case for ranking tourism journals［J］. *Tourism Management*, 2005(26):649－651.

［10］McKercher, B. A citation analysis of tourism scholars［J］. *Tourism Management*, 2008(29):1226－1232.

［11］McKercher, B. Influence ratio: An alternate means to assess the relative influence of hospitality and tourism journals on research［J］. *International Journal of Hospitality Management*, 2012(31):962－971.

［12］McKercher, B. (2013, September 17). Journal list—September 2013 ［Electronic mailing list message］. Retrieved from http://www.tim.hawaii.edu/timlistserv/about_trinet.aspx.

［13］McKercher, B., Law, R., Lam, T. Rating tourism and hospitality journals［J］. *Tourism Management*, 2006(27):1235－1252.

［14］Nunkoo, R., Gursoy, D., Ramkissoon, H. Developments in hospitality marketing and management: Social network analysis and research themes［J］. *Journal of Hospitality Marketing & Management*, 2013(22):269－288.

［15］Park, K., Phillips, W., Canter, D., Abbott, J. Hospitality and tourism research rankings by author, university and country using six major journals: The first decade of the new millennium［J］. *Journal of Hospitality & Tourism Research*, 2011(35):381－416.

［16］Pechlaner, H., Zehrer, A., Matzler, K., Abfalter, D. A ranking of international tourism and hospitality journals［J］. *Journal of Travel Research*, 2004(42):328－332.

［17］Ryan, C. The ranking and rating of academics and journals in tourism research［J］. *Tourism Management*, 2005(26):657－662.

［18］Thomson Reuters. (2013, July 22). Social Sciences Citation Index. Retrieved from http://thomsonreuters.com/social-sciences-citation-index/.

[19] Way, K., Harrington, R., Ottenbacher, M. Hospitality author and university productivity in the 21st century [J]. *Journal of Culinary Science & Technology*, 2012 (10):239-258.

结论与展望

　　由海外学者的研究可以看出,首先,目前在国际旅游学术圈中,专家学者主流还是来自于英语国家或地区,但从旅游学科或专业看,世界顶尖大学中很少开设旅游专业,如在美国的常春藤院校联盟中,只有康奈尔大学设有酒店管理专业,英国、澳大利亚、新西兰也类似。比较而言,我国的旅游专业设置的院校层级高于英、美等国,规模也较它们大得多;其次,德国、法国、意大利、瑞士、日本等都是旅游发达国家,但因其母语非英语,这些国家的学者基本都被边缘化,而像澳大利亚、新西兰、新加坡等英联邦成员国家的学者个人研究成果容易得到广泛的传播,连以前曾是英国殖民地的我国香港地区的学者在国际上都颇具影响,其中香港理工大学的整体实力名列全球前茅,而在西方学者给出的排行榜上,中国大陆还没有一所院校、一位学者入选,这显然与事实不符。其中最主要的原因就是母语为英语的学者在 SSCI 上发表的论文较多,容易成为国际旅游学术"俱乐部"的成员。事实上,香港的学者中,有不少是研究中国大陆旅游业的,西方学者也是通过他们来了解中国旅游的最新进展。此外,还有一些外籍华人学者活跃在主流学术圈中,对于推广国内旅游学术成果也起着积极作用;再次,从规模上看,由于我们的"人海战术",虽然"单项"没有拿到名次,但"团体"还是位列全球第 15 名,处于中游水平,落后与我国港台地区、新加坡和韩国等。但另一方面,应该看到中国旅游学术研究的国际化已经取得了长足的进步,中国内地的综合排名不仅遥遥领先于金砖国家(况且印度和南非两国的官方语言都是英语),而且也高于德国、法国、意大利以及北欧国家。对于这一现象的合理性,西方学者也是见仁见智,莫衷一是。从根本上看,该如何评价旅游学术共同体的学术成果和影响力,只以学术论文单一指标来评价是否合适?尤其是只以发表在 SSCI 上的论文作为考察对象是否偏颇? SSCI 的期刊遴选是否科学?最后,中国旅游学术共同体除了积极主动了解和熟悉"国际规则",参与国际学术交流,以及参与"国际规则"制定等一系列"走出去"举措之外,还应基于中国旅游业的实践创立我们自己的"中国学派",有我们自己的原创性理论和学说,发出我们自己的"中国声音",制定更加科学合理、符合中国旅游业发展实际的"中国规则"。可喜的是,中国知网暨中国学术期刊电子杂志社、中国科学文献计量评价中心与清华大学图书馆联合研制开发了"中国最具国际影响力学术期刊"的评价方法和标准,每年发布《中国学术期刊国际引证报告》(CAJ - IJCR),为打造中国版的 SSCI 和 SCI 迈出了坚实的一步。中国是世界重要的一分子,中国旅游业在世界旅游业中占据重要地位,目前,中国已经成为全球第一出境旅游客源国,全球第四入境旅游接待国,中国旅游学术研究具有深厚的实践土壤和实际需要,拥有一支庞大的旅游研究人才队伍,如何将这些规模优势转化为产业和学术的核心竞争力,是中国旅游学术共同体成员必须认真思考的问题。中国旅游学术研究应该与中国旅游业界一样在世界范围内做出应有的贡献。我们有理由相信,中国旅游学术研究的崛起必将改变现有的世界旅游学术生态,成为未来国际旅游学术界的新常态。

后　记

　　2001年底,我从深圳的商海上岸到北京第二外国语学院旅游科学研究所(后更名为旅游发展研究院,现已撤并),时任院长的杜江教授对于旅游学科的发展非常重视,嘱我对此可多加关注,并邀我一起合作研究。由于我离开院校的时间较长,开始不太理解研究这个问题的必要性和紧迫性。杜院长给我回忆了20世纪90年代中后期旅游学科差点从《学科目录》和《专业目录》中撤下,当时他任南开大学旅游学系主任,通过教育部旅游学科组、全国主要旅游院校领导和专家学者的共同努力,《旅游学科》才得以保留,成为工商管理项下的二级学科和专业。后来我们合作撰写的《解构与重构:旅游学学科发展的新思维》一文,刊载在《旅游学刊》2004年第3期,时至今日,该文还经常被人引用。

　　随着我在高校工作经历的积累,才慢慢体会到像旅游学科这样的新兴学科,在高校学科地位对于学科发展是何等重要。正是由于杜院长的远见卓识和对旅游学科的格外钟爱,才使得北二外在从国家旅游局划归北京市教委后,旅游学科非但没有受到影响,反而步入了发展快车道。他求贤若渴,独具慧眼,不拘一格,广揽英才,为二外旅游学科注入了新鲜血液,戴斌教授就是其中的杰出代表,而当时戴斌只是硕士学历,是在安徽一所地方普通院校任教的青年教师,但今天他已经成为国家最高旅游主管部门的决策智囊中的核心成员,中国旅游研究院院长、博士、博士生导师。除了引进人才外,杜院长对二外旅游学科的制度性安排和战略性布局,消解了旅游学科从属于工商管理而带来的不利影响,给二外旅游带来了蓬勃气象。尽管二外是属于"四不一没有"的学校,即不是985院校、不是211院校、不是教育部院校、不是大学(只是学院,在目前的体制内这两者的差异是显而易见的)、也没有博士点,但二外旅游学科的实力和地位在全国旅游学术圈内是有目共睹、有口皆碑的,在武汉大学中国科学评价研究中心发布的《中国大学及学科专业评价报告》中,当年北二外旅游管理专业曾列全国第二,仅次于中山大学,超过许多其他985、211院校。那是二外旅游人的"花样年华",羡煞旁人。那时虽然一些985和211院校也设有旅游系或旅游专业,但普遍处于边缘化状态,孤家寡人,单兵作战,没有团队和梯队,学校支持乏力,学术资源匮乏。而二外地处北京,又与国家旅游局有着特殊的渊源关系,校领导对于重点发展旅游学科的认识统一,支持力度大,可谓天时地利人和,一度成为全国旅游学术研究的中心,被誉为中国旅游学界的"黄埔军校"。随着杜江院长、戴斌院长助理和旅游学科带头人张辉教授相继离开二外,二外的旅游学科元气大伤。但我心无旁骛地在二外专心做我的旅游学术研究,想坚定地做一名麦田守望者。尽管旅游产业的地位在步步攀升,直至国家战略,但旅游学科的地位却在节节败退,守土无望。事与愿违,我最后成为一名失望者和绝望者。正如圣经故事隐喻的那样,上帝给你关上一道门,同时给你打开一扇窗。让我绝处逢生的是遇到了北京联合大学副校长、旅游学院院长黄先开教授,尽管他本人的学术背景是数学,但他强烈的事业心和礼贤下士,以及对于旅游学科的重视程度和执着追求令我这个旅游学人感动不已,引为知己,也重新寻回了我的精神家园。相信国内大多数纠结于旅游管理与工商管理学术环境中的旅游院校老师都会与我一样地感同身受,或许正是我个人起伏跌宕的经历,使我更加坚定地相信,我国旅游学科的发展壮大不能只依赖于目前教育体制内的制度性安排,一味地把赌注压在本单位领导,要求他们对于旅游学科格外关照,那是可遇不可求的小概率事件。目前在科研管理和学术评价中带有明显的行政化管理思维,学科的类别和分类决定了学科的地位,旅游学科仍然处于弱势和边缘地位,在短期内这一状况恐难以有根本性的改变。旅游学人要抱团取暖,将碎片化地分布在各个院校、各个学科、各个专业中的旅游学者(成果)凝聚起来、融合发展,构建一个更加开放、更加包容、跨部门、跨行业、跨学科的松散型的旅游专业化学术同行虚拟性组织,这就是旅游学术共同体,共同构筑我国旅游研究的学术大平台和学术大生态圈,在旅游学界内形成类似于罗纳德·科斯所称的"思想市场",以此彰显旅游的学科价值和学术尊严。

近年来,由于我先后担任《北京第二外国语学院学报》(旅游版)编委、《旅游科学》学术委员、《旅游学刊》执行编辑、人大复印资料《旅游管理》学术顾问、中国旅游研究院第一、二届学术委员,我每年阅读、评审和审阅大量的学术文献,包括未发表论文,由此激发了我进一步开展对于旅游学术共同体的研究兴趣,我和我的团队先后发表了多篇相关论文,其中大部分收录在本书中,从中可以窥见在各个时期,我国旅游学科发展的曲折过程,以及旅游学界对此的思考和探索。

当下我国旅游产业发展势不可挡,国家层面政策利好迭出,暖风频吹;社会各界期望甚殷,需求旺盛;资本市场蠢蠢欲动,跃跃欲试。尤其是国家旅游局杜江副局长,虽身居庙堂之高,却又心系学术,努力为旅游学科搭建发展平台,大加奖掖,提携新人,贡献良多。有如此浓厚学术情怀的主管官员,此乃旅游学界之大幸!2014年7月,中国旅游研究院决定在北京联合大学旅游学院设立学术评价研究基地,本书也是献给该研究基地的一份奠基礼,开篇《我国旅游学术共同体的形成和发展》和末篇《国际旅游学术共同体研究成果述介》是我首次发表的新作。本书在编写过程中,得到了北京联合大学旅游学院宋志伟和乔向杰、西南财经大学博士生兰超英、中国社会科学院研究生院博士生齐飞、北京第二外国语学院原旅游发展院研究生黄晓波、旅游教育出版社编辑张萍等人的热心帮助,特此深表谢忱!

由于本人学识和能力有限,书中可能还存在一些不妥之处,欢迎同行和读者批评指教,共同为旅游学科的繁荣贡献一份心力。

张凌云

2014年9月1日于北京定福庄